新时代新理念职业教育教材·铁道机车车辆类
动车组检修技术专业系列教材
校企“双元”合作开发教材

动车组运用与管理

主　编　梁炜昭
副主编　胡文龙　林　森
主　审　曹　卫　曹民建

北京交通大学出版社
·北京·

内 容 简 介

本书根据铁路相关技术文件，结合动车组运用部门的生产实际及高等职业教育、中等职业教育教学特点，对动车组运用维修管理、一级检修作业、二级检修作业、随车机械师作业、各级复位操作、应急故障处理、应急预案、相互救援与回送作业，以及信息化工作等内容进行了详细介绍。一级检修作业、二级检修作业、随车机械师一次出乘作业和途中故障应急处理等需要明确具体车型的情况，均以 CR400BF 系列动车组为例。

本书内容丰富、体系完整，适合作为高等职业院校、中等职业学校动车组检修技术等专业的教材，也可供相关工程技术人员参考。

图书在版编目（CIP）数据

动车组运用与管理 / 梁炜昭主编. —北京：北京交通大学出版社，2022.6
ISBN 978-7-5121-4730-0

Ⅰ. ① 动… Ⅱ. ① 梁… Ⅲ. ① 动车-组织管理 Ⅳ. ① U266

中国版本图书馆 CIP 数据核字（2022）第 080135 号

动车组运用与管理
DONGCHEZU YUNYONG YU GUANLI

责任编辑：刘　辉
出版发行：北京交通大学出版社　　电话：010-51686414　　http://www.bjtup.com.cn
地　　址：北京市海淀区高梁桥斜街 44 号　　邮编：100044
印 刷 者：艺堂印刷（天津）有限公司
经　　销：全国新华书店
开　　本：210 mm×285 mm　　印张：20　　字数：675 千字
版 印 次：2022 年 6 月第 1 版　　2022 年 6 月第 1 次印刷
印　　数：1～2 000 册　　定　　价：49.90 元

本书如有质量问题，请向北京交通大学出版社质监组反映。对您的意见和批评，我们表示欢迎和感谢。
投诉电话：010-51686043，51686008；传真：010-62225406；E-mail：press@bjtu.edu.cn。

前 言

本书针对高等职业教育动车组检修技术专业学生编写，也兼顾中职相关专业学生和在职人员使用。本书依托“教学做”一体化的教学模式，旨在突出职业能力培养，提高学生的岗位技能。

本书根据铁路相关技术文件，结合动车组运用部门的生产实际及高等职业教育、中等职业教育教学特点，对动车组运用维修管理、一级检修作业、二级检修作业、随车机械师作业、各级复位操作、应急故障处理、应急预案、相互救援与回送作业，以及信息化工作等内容进行了详细介绍。一级检修作业、二级检修作业、随车机械师一次出乘作业和途中故障应急处理等需要明确具体车型的情况，均以 CR400BF 系列动车组为例。

本书由天津铁道职业技术学院梁炜昭担任主编，中国铁路北京局集团有限公司车辆部胡文龙、中国铁路北京局集团有限公司北京动车段林森担任副主编，中国铁路北京局集团有限公司北京动车段曹卫、曹民建担任主审。全书共分 9 个项目，项目 1 由中国铁路北京局集团有限公司北京动车段张军芳编写，项目 2、3、4 由梁炜昭编写，项目 5 由天津铁道职业技术学院李笑编写，项目 6 由胡文龙编写，项目 7 由林森编写，项目 8 由中国铁路北京局集团有限公司北京动车段李猛编写，项目 9 由中国铁路青藏集团有限公司西宁车辆段陈相东编写。

近年来，我国铁路企业不断创新经营管理机制，释放内生动力和市场活力。2017 年 10 月，中国铁路总公司撤销运输局，机务部与车辆部整合为机辆部；2017 年 11 月 19 日，全国 18 个铁路局正式挂牌改制为铁路局集团有限公司；2018 年 7 月，各铁路局集团有限公司车辆处相继优化、整合为车辆部；2019 年 6 月 18 日，中国铁路总公司改制为中国国家铁路集团有限公司。由于部分技术规章公布于各项企业改制、机构调整之前，目前并未废止，所以本书存在沿用车辆处、铁路局、运输局和总公司等称谓的情况。

随着动车组管理信息系统的普及，许多作业记录已采用在计算机系统中填写的方式，实现了无纸化，因此本书中的大部分作业记录采用系统中的表格样式。

由于我国动车组技术发展日新月异，加上编者水平、精力有限，本书不妥之处在所难免，希望广大读者批评、指正。反馈本书意见，索取相关教学资源，请与出版社编辑刘辉联系（邮箱：cbslh@jg. bitu.edu.cn；QQ：39116920）。

编 者

2022 年 6 月

目　　录

项目1　动车组运用维修管理

项目描述

动车组运用维修管理是指针对动车组的运用、检修、临修、整备等作业进行管理的活动。动车组运用所是对动车组进行日常运用维修的场所，承担动车组运用、检修、整备等工作。本书项目2“一级检修作业”和项目3“二级检修作业”属于运用检修，由动车组运用所的地勤机械师承担；项目4“随车机械师作业”由动车组运用所的随车机械师承担；项目5“各级复位操作”和项目6“应急故障处理”属于随车机械师必须掌握的《动车组途中应急故障处理手册》的内容；项目 7“应急预案”是针对动车组运行中可能遇到的突发情况提前制定的预案；项目8“相互救援与回送作业”是动车组运用中的关键项目；项目9“信息化工作”是在动车组运用维修过程中不断推进的重要工作。

本书的主要内容属于动车组运用维修范畴，而《铁路动车组运用维修规则》是指导动车组运用维修工作的基础性技术文件，本项目任务1.1，全面介绍动车组运用维修的基本管理制度，帮助学生对动车组运用维修工作形成整体认识。

安全是铁路永恒的主题，动车组运用维修的安全项点很多，接触网的高压触电风险就是其中之一。本项目任务1.2通过介绍动车段《隔离开关管理办法》，帮助学生掌握隔离开关供断电作业的安全卡控措施，自觉增强安全意识，时刻绷紧安全生产这根弦。

本项目任务

任务1.1　铁路动车组运用维修规则

任务1.2　隔离开关供断电作业

教学目标

1. 知识目标

（1）熟悉《铁路动车组运用维修规则》；

（2）熟悉动车组修程修制改革内容；

（3）掌握动车段《隔离开关管理办法》。

2. 能力目标

依托高铁综合实训基地，采用角色扮演的方式，完成以下任务：

（1）填写《一体化作业申请单》（辆动－021）和《接触网供断电及登顶记录》（辆动－002）；

（2）进行隔离开关供断电作业。

3. 课程思政目标

（1）对动车组检修部门的组成及相关技术规章形成总体认识，增强行业认同感；

（2）培养严谨认真的态度、安全生产的意识、遵章守纪的作风。

任务 1.1　铁路动车组运用维修规则

任务单

任务名称	铁路动车组运用维修规则
任务分析	从总则、动车组管理、动车组运用所、动车组检修、动车组质量、动车组运用、备品及爱车，以及基础工作等方面学习《铁路动车组运用维修规则》，同时掌握动车组设计寿命、动车组出所质量规定、动车组随车机械师作业规定、动车组车辆方位及零部件位置编号规定和名词术语等内容。 随着我国高速铁路事业迅猛发展，动车组修程修制改革在持续推进中，可以预见，在不久的将来，动车组的检修周期和检修内容还会发生变化，因此本书没有列出各型动车组的检修周期，而是重点介绍了当前动车组修程修制改革的内容，读者可自行收集各类文献、网络资料，了解最新的动车组检修周期规定
实训任务	完成项目 1 任务 1.1 工作单
成果展示	项目 1 任务 1.1 工作单

学习引导文

1.1.1　研读《铁路动车组运用维修规则》（TG/CL 127—2017）

第一章　总则

第一条　动车组是铁路旅客运输的高速运载工具，动车组的运用维修工作是铁路运输的重要组成部分，其维修质量直接关系到旅客生命财产安全和企业经济效益。坚持质量第一和为运输服务的原则，贯彻修、养并重，预防为主的方针，不断加强基础工作，完善运用维修管理制度，提供质量良好的动车组，是动车组运用维修工作的基本任务。

第二条　为适应铁路运营需要，建立管理体系顺畅、规章标准健全、运力配置合理、修程修制科学、维修设施完备、生产组织有序、检修质量可控、维修成本经济、人员素质过硬、安全持续稳定的动车组运用维修管理体系，依据《铁路技术管理规程》等文件，制定本规则。

第三条　本规则是动力分散电动车组运用维修工作的主要依据。中国铁路总公司（以下简称总公司）所属企业（含国铁控股合资公司）配属及委托总公司所属企业管理的动车组，其运用维修管理应执行本规程。进入国铁线路运营的非委托总公司所属企业管理的地方动车组及境外等其他动车组，应执行本规程的质量安全有关规定。

第四条　从事动车组运用维修工作的广大职工应努力学习先进管理经验和科学技术知识，不断提高管理水平和技术业务素质，认真负责，严格执行规章、命令和作业标准，不断提高检修质量，保证质量良好地完成旅客运输任务，逐步实现管理规范化、作业标准化。

第五条　各级领导应关心动车组运用维修人员生产生活，不断改善劳动条件，为职工做好服务，提高职工安全生产的责任心、责任感。

第六条　动车组运用维修各相关部门、单位须遵守本规则的规定。

第二章　动车组管理

第一节　专业管理

第七条　动车组实行总公司、铁路局、动车（客车）段三级专业管理。

第八条　总公司负责明晰动车组相关专业管理界面；根据运输需要，规划全路动车组运用维修能力布局，统筹运力资源配置；制定动车组运用维修顶层管理规定并监督实施，指导总公司所属运输企业开展运用维修工作。

第九条　铁路局是动车组专业管理的责任主体，负责制定动车组专业管理办法，明确运输相关专业部门的管理职能，承担所属动车组运用维修的安全、质量责任。依据总公司运用维修规则等相关管理规定及动车组技术手册等，制定相关管理办法及技术标准并组织实施。

第十条　动车（客车）段（以下简称动车段）是动车组车辆运用维修工作的责任主体，贯彻执行上级相关规章制度、管理办法及技术标准。规范段内各部门的人员配备及管理，优化生产组织和流程，协调联劳单位共同做好动车组运用维修工作。

第二节　技术管理

第十一条　健全总公司、铁路局、动车段三级动车组运用维修技术管理体系和组织机构，明确职责分工。

第十二条　总公司负责组织制定动车组运用维修规则等相关管理规定；铁路局负责组织制定动车组运用维修作业办法，明确检修项目、检修周期、检修内容、技术要求及检修工艺等；动车段负责组织编制动车组运用维修作业指导书，明确作业内容、作业步骤、作业标准、工装设备、安全事项等。

第十三条　铁路局要根据动车组运用维修工作实际，配齐、配强专业技术管理人员。车辆处须明确动车组分管处长和运用、检修、安全、规章、设备、培训等专（兼）职管理的人员；动车段实行总工程师技术负责制，配备动车组运用、检修、机械、轮轴、电气、网络、牵引、制动、空调、安全、规章、设备、培训、信息化等专（兼）职管理人员。各级管理人员要努力提高技术素养，遵守技术纪律。

第十四条　铁路局须结合实际不断优化动车组运用检修项目、内容和周期。项目、内容删减及周期延长时，按规定办理。

第十五条　铁路局要规范委外检修管理，制定运用维修委外检修管理办法，明确办理流程、资质审核、质量卡控等要求。

第三节　修程修制

第十六条　动车组实行以走行公里周期为主、时间周期为辅（先到为准）的计划预防修。

第十七条　动车组修程分为 5 级。一、二级检修为运用检修，在动车组运用所内进行；三、四、五级检修为高级检修，在具备相应车型检修资质的检修单位进行。

第十八条　动车组检修周期（略）。

第四节　配属管理

第十九条　动车组须统一编号，新造出厂前由制造单位向总公司运输局申请。

第二十条　动车组实行固定配属管理，配属工作由车辆部门负责。车辆部门应根据动车组运行图、车底交路、技术特点、维修生产需求、动车组运用所检修及存放能力，做好动车组配属工作。

第二十一条　动车组配属应遵循同一线路车型相对统一、同一车型定员基本一致、同一动车组运用所担当尽量单一的原则。

第二十二条　动车组新造配属及局间转属由总公司负责；局管内段配属及段间转属由铁路局负责；段管内动车组运用所配属及动车所间转属由动车段负责，报铁路局备案。

第二十三条　铁路局可根据运输需要，向其他配属单位租借动车组，报总公司运输局批准。

第二十四条　总公司所属非运输企业配属的动车组，须委托铁路局代管；非总公司所属的动车组可按就近原则委托铁路局代管。

第二十五条　租借、代管动车组按配属动车组管理，租借、代管前，双方应签订协议，明确双方权责。

第五节　路用动车组

第二十六条　路用动车组车辆及电务车载等设备的维修由配属（代管）铁路局负责，检测、维修、试验等专业设备设施的维修由产权单位负责。

第二十七条　路用动车组执行路网性检测、维修、试验任务前，使用单位须与配属（代管）铁路局商定二级检修计划，保证检修不超期。其一级检修及运用整备（简称整备，下同）作业，由指定的铁路局负责；二级检修由配属（代管）铁路局负责。路用动车组执行线路联调联试等临时任务时，按借用办理。

第二十八条　运营动车组改为路用动车组时，须报总公司批准。运营动车组临时执行路用任务须加装试验检测设备时，装车方案应经动车组制造企业及测试单位确认，由负责试验铁路局业务主管部门和车辆部门共同批准。

第六节　动车组报废

第二十九条　动车组经鉴定具备下列条件之一时，可以申请整列或部分车辆报废：

1. 动车组整列运用达到设计寿命（附件 1），且经技术鉴定无法继续使用的。

2. 动车组整列或部分车辆发生事故或遭遇意外灾害，修理费用超过其重置价 70%的；或车体结构变形、破损严重无法修复的。

第三十条 报废程序。

1. 动车组报废鉴定由配属局组织。在事故发生地报废的，配属局可委托所在地铁路局负责；在造修企业报废的，配属局可委托造修企业组织鉴定，委托鉴定时配属局应派员参加。

2. 经鉴定报废的，产权单位应按规定办理报废手续，并报总公司批准。

第三十一条 经总公司批准报废的动车组不允许整列或部分车辆出租、销售、转让。

第七节 其他动车组

第三十二条 进入国家铁路运营的地方动车组须执行总公司的技术政策，制造技术条件由产权单位所在地铁路局确认，报总公司运输局核查；监造可委托制造单位所在地铁路局进行。

第三十三条 不进入国家铁路运营的地方动车组需临时进入国家铁路运行时，比照城市轨道客车和出口动车组过轨技术检查管理办法执行。

第三十四条 进入国家铁路运营、委托总公司所属企业管理的地方动车组车组号由总公司统一编排，出厂前由制造单位向总公司运输局申请。

第三十五条 境外运输公司所属动车组进入国家铁路运营前，须完成相应的整车型式试验项目并通过总公司技术审查和验证。

第三章 动车组运用所

第一节 基本条件

第三十六条 动车组运用所（以下简称动车所）是动车组进行日常运用维修的场所，其设立和撤销需经总公司批准。

第三十七条 动车所应设置在路网客运中心和始发终到客流较大的地区，其设置、建设、维护应符合相关规范、规定，满足快速检修、安全可靠、高效运营的技术要求。

第三十八条 新建动车所检查库原则上不少于 6 线 12 标准组位，存放线、临修库能力应与检查库能力相匹配；洗车库（线）、检测线能力应满足动车组密集入所整备、检测需要。

第三十九条 新建动车所应根据检修实际，按规定配齐、配全相关设备设施、工装器具。

第四十条 动车所应具备车辆、电务等一体化相关单位检修、整备作业条件，逐步实现动车所内车辆、运输、机务、电务、供电、客运等专业调度人员合署办公，工作场所合并设置。

第四十一条 动车所产权单位应保证动车所设备设施建设、维护投入，满足动车组运用维修需要。动车所设施设备管理相关单位要规范设备设施的“管、用、养、修”，保持技术状态良好。

第二节 基本职责

第四十二条 动车所承担动车组运用检修、整备等工作，涉及车辆、机务、供电、电务、客运、运输、公安及造修企业的售后服务等部门（单位）。

第四十三条 运用维修班组承担动车组一级、二级检修和车辆整备，负责动车组检查、维护、试验、故障处理；负责检修设备的操作及日常保养；处理外属动车组随车机械师填报的影响运行安全的重点故障和委托检修的项目。对检修范围内的质量安全负责。

第四十四条 动车组乘务组负责管理和操作动车组设备、监控列车运行和设备技术状态。动车组随车机械师须按作业标准值乘，正确判断、妥善处置动车组设备故障，办理相关交接，并承担部分行车职能。

第三节 生产组织

第四十五条 动车所实行所长负责制；根据需要设置技术室、调度室等管理股室，设置一级检修组、二级检修组、临修组等直接生产班组及乘务队，设置设备组、材料组等辅助生产班组。

第四十六条 动车所内其他专业班组设置，按其专业规定执行。

第四十七条 二级检修组和临修组原则上实行专岗、专人、专修。

第四十八条 铁路局应不断优化劳动生产组织，合理设置动车组检修班制和乘务方式。

第四十九条 各部门（专业）按各自的检修标准承担相应安全和质量责任。

第四节 存放点管理

第五十条 动车所外动车组集中存放点原则上不少于 4 线 8 组位，其设立和撤销，由铁路局批准报总公司运输局核备。集中存放点须满足以下要求：

1. 按规定设置实体防护设施，实行全封闭管理。严格进出车辆、人员及物品的安全检查措施，禁止闲杂人员进入。

2. 配备消防设施、灭火器材，交通、通信工具及视频监控、周界报警、门禁等安全防范设施，并确保完好有效。

3. 具备动车组供电、防冻等作业条件，设置固定的停车位置标和登乘平台。

4. 具备适当的办公、休息和乘务人员待乘及接送条件，设置值班、待乘、间休室及应急备品存放间等。

5. 高寒地区须设置暖库，配备融冰除雪设施。

第五十一条　集中存放点应设专（兼）职车辆调度人员、动车组地勤机械师、动车组地勤司机，并建立作业登记、动车组调车作业等管理制度，规范相关作业。

第五十二条　铁路局应制定动车组存放管理办法，做好司乘人员的出退勤（具备钥匙交接、酒精测试、命令揭示传达、IC 卡写卡等功能）、叫班、用餐、住宿、交通等后勤保障工作，加强动车组存放期间的停留看管、吸污上水、车辆防溜、防冻保温、融冰除雪、绝缘子擦拭及应急处置等作业管理。动车组在外属存放时，担当铁路局应与所在地铁路局签订相关协议。

第四章　动车组检修

第一节　运用维修资质

第五十三条　新建动车所启用或新车型配属前，铁路局须组织相关部门对动车所设备设施、规章制度、作业标准、安全管理、劳动组织、职工素质、备品备件、后勤配套等方面进行评估和资质审查，合格后方可投入使用，并向总公司报备。

第五十四条　产权单位自行运用维修的地方动车组进入国家铁路运营前，须通过所在地铁路局资质审定。

第二节　检修计划

第五十五条　动车组二级检修计划按月、周、日编制，高级检修计划按年、月编制。

第五十六条　动车组二级检修月计划由动车段负责编制；二级检修周计划、运用维修日计划由动车所编制并组织实施。

第五十七条　动车段应加强动车组运用检修计划管理，努力提高动车组检修计划兑现率。对未按计划兑现的项目，应及时调整，不得超期失修。

第五十八条　动车组高级修、临修须填写《动车组扣修单》，修竣后须填写《动车组扣修竣工单》（各类记录单由总公司运输局另行公布，下同），技术变更、专项普查、整修等需要扣车时参照办理。

第五十九条　铁路局要加强临修管理，发生临修后，各相关单位应积极组织尽快修复。

第三节　一体化作业

第六十条　动车组运用检修工作涉及多部门、多工种，必须加强统一领导、明确职责，既分工负责又协调联动，形成动车组运用检修一体化管理体系。

第六十一条　铁路局应制定动车组运用检修一体化管理办法，建立定期协调沟通及一体化激励考核机制。铁路局每季度、动车段每月组织召开动车组一体化作业联席会议，协调解决并考核各专业结合部问题。

第六十二条　动车段应统筹考虑各部门（专业）的作业特点，结合动车所设备设施、站场布局及各专业作业量等实际，制定动车组一次入（出）库综合作业流程，明确作业时间节点。

第六十三条　在动车所内作业时，各部门（专业）应在动车所的统一组织下，按作业计划、作业流程和作业标准，实施动车组检修、整备作业。

第六十四条　动车组各专业设备检修、整备须与运用检修作业同步进行。

第四节　一级检修

第六十五条　一级检修是对动车组的车顶、车下、车体两侧、车内和司机室等部位实施快速例行检查、试验和故障处理的检修作业，须在动车所检查库内实施。

第六十六条　动车组一级检修可采用无电（可接外接电源）—有电或有电—无电—有电作业模式。

第六十七条　动车组一级检修时，短编（8 辆编组）原则上由 1 个作业小组实施，长编（16 辆编组）可由 2 个作业小组实施。

第六十八条　动车段（所）应结合动车组出入所时间节点、每班工作量等，合理确定作业小组数量。

第六十九条 动车组累计备用（含热备）时间超过 48 h 上线运营前须进行一级检修。

第七十条 临修、二级检修及高级检修动车组修竣后，上线运营前须进行一级检修。

第七十一条 动车组一级检修原则上应在本所进行，下列情况除外：

1. 动车组图定入外所检修。配属段须与承修段签订委托检修协议，明确质量、安全责任、检修费用等相关内容。

2. 遇恶劣天气等特殊情况可能造成动车组一级检修过期，需入外局动车所检修。担当局应及时向所在地铁路局提出检修申请，所在地铁路局须积极组织安排，担当局做好配合。

第七十二条 一级检修后须按规定进行动车组出所质量联合检查。

第五节 二级检修

第七十三条 二级检修是对动车组各系统、零部件实施的周期性维护保养、检测、试验，不得漏项、超期。

第七十四条 二级检修可采用扣车检修或结合一级检修的方式进行。

第七十五条 铁路局应积极推进二级检修项目的均衡修。动车段应对“周期相同、部位接近、性质类似”的检修项目合理组合、科学安排检修计划，优化生产组织。

第六节 技术变更

第七十六条 动车组结构改变、性能参数调整、软件优化升级等技术变更须按有关规定审批。

第七十七条 技术变更可在动车组造修企业或具备实施条件的动车段、动车所内进行。

第五章 动车组质量

第一节 质量标准

第七十八条 铁路局应根据总公司动车组运用维修规则等制定发布动车组一二级检修标准。一二级检修动车组须符合质量标准。

第七十九条 上线运营的动车组质量标准不低于《动车组出所质量规定》（附件 2）。

第八十条 委托检修时应满足总公司检修规则要求，具体标准由双方铁路局商定。

第二节 质量监督

第八十一条 动车段应制定动车组运用维修质量管理办法，完善作业者自检、工长巡检、质量检查人员（以下简称质检员）专检的质量监督机制，落实作业者岗位负责制。

第八十二条 动车段须设置质量检查机构，配备质检员，负责动车组质量过程控制和结果确认；应制定动车组运用维修质量检查办法，明确检查范围及工作要求。质检员基本职责：

1. 一级检修作业质量抽检，重点故障处理确认。

2. 二级检修作业质量确认，根据项目的重要性对作业全过程、重要节点或结果等进行确认。

3. 临修作业质量确认。

4. 组织出所联检。

5. 动车组运用质量鉴定。

6. 技术变更质量监督。

第八十三条 铁路局、动车段应每月组织一次二级检修对规检查，对规结果按规定上报。《动车组二级检修对规办法》见附件 3。

第八十四条 总公司每年，铁路局每半年、动车段每月组织一次动车组运用质量鉴定，鉴定结果按规定上报。《动车组运用质量鉴定办法》见附件 4。

第八十五条 车辆部门管理人员应定期添乘，检查动车组设备设施质量及乘务工作。

第八十六条 车辆部门人员添乘动车组时，应持总公司或铁路局（公司）填发的《动车组添乘证》（附件 5）。发证范围如下：

1. 铁路局（公司）车辆处长、副处长、总工程师，动车科全体人员，动车调度员。

2. 动车段段长、副段长、总工程师，技术、质检、安全、调度科科长、副科长，技术、运用、检修安全专职；动车所所长、副所长，技术、运用、检修、安全专职及乘务指导。

第八十七条 《动车组添乘证》仅限添乘本局、本段担当列车，添乘区间不能超出铁路乘车证区间，动车组添乘证纳入客运管理信息系统。

第三节　检测监控

第八十八条　铁路局应不断完善动车组状态检测、人员作业监控手段，大力推进检测、监控设施建设。

第八十九条　铁路局应加强检测、监控系统运用管理，建立健全管理制度，配备设备检修和数据分析人员。

第九十条　铁路局、动车段应积极开展数据综合分析运用，不断规范业务流程，改进检修工艺，优化修程修制。

第九十一条　铁路局、动车段应加强数据管理，确保数据安全。

第四节　质量分析

第九十二条　动车段、动车所要坚持动车组故障日统计、周分析、月总结。

第九十三条　动车组质量实行全寿命周期管理，运用维修和高级检修故障均须纳入动车组故障库。

第九十四条　规范和完善信息上报制度，动车组运用维修中发生的典型故障和倾向性问题须逐级上报。

第六章　动车组运用

第一节　动车组运行图

第九十五条　列车运行图是动车组运用工作的主要依据。为确保运行图正常实施，编图时须充分考虑动车组车型、数量、主要技术参数、作业标准、技术作业时间以及检修、存放、整备能力等因素。

第九十六条　动车组主要技术作业时间如下：

1. 一级检修：检查库内预留 4 h（需融冰除雪时 6 h）。

2. 动车组随车机械师车站换乘：2 min。

3. 动车组随车机械师始发/站折/终到作业：短编 12～15 min；长编或重联 18～20 min。

技术作业时间应根据作业标准和设备人员配备同步优化。

第九十七条　热备动车组数量及热备地点应相对固定，在运行图中公布。

第九十八条　铁路局车辆部门应积极参与动车组列车开行方案论证、车底交路勾画；严格落实动车组技术作业标准，优化动车组运用，确保安全，提高效率。

第九十九条　动车段应依据动车组运行图，动车所检修、存放、整备能力及检修标准等，科学编制动车组运用计划，提高运用效率，合理使用动车组，最大限度地疏解高级检修密集到期；科学编排动车组随车机械师乘务计划，合理安排值乘交路，严禁超劳。

第一百条　铁路局应根据实际情况铺画动车组试运行交路，根据试验项目在条件允许时可利用综合检测、周末、高峰等运行线进行试运行。

第二节　动车组编组

第一百〇一条　单列动车组为固定编组，运用状态下不得解编。

第一百〇二条　两列同型短编动车组原则上可重联编组。各型动车组重联、解编作业办法另行公布。

第一百〇三条　动车组禁止加挂各型机车车辆（无动力调车时的调车机车或公铁两用车、救援或无动力回送时的机车及回送过渡车除外）。动车组禁止编入其他列车。

第三节　动车组乘务

第一百〇四条　动车组随车机械师的定员和配备由铁路局负责。按劳动定员标准核定定员时，应考虑下列因素：

1. 动车组列车需设置动车组随车机械师乘务组，按担当交路确定乘务班制，每 8 辆编组每班配备 1 名动车组随车机械师。

2. 按车型、运行线路设置乘务队，每个乘务队应不超过 20 名动车组随车机械师，配备 1 名乘务指导。

3. 考虑在职培训、后备培养等因素，合理设置动车组随车机械师预备率，一般不低于 7%。

第一百〇五条　动车组随车机械师的劳动和休息时间，应符合下列要求：

1. 继乘休息时间原则上不得少于 6 h。

2. 实行轮乘制的动车组随车机械师每月应有 1～2 次 48～72 h 的大休班时间。

第一百〇六条　动车组随车机械师应严格按《动车组随车机械师作业规定》（附件 6）作业。运行中应每 2 h 全列巡视 1 次，单程运行不足 2 h 的动车组随车机械师作业要求由铁路局规定。

第一百〇七条 动车段须制定动车组随车机械师乘务组担当交路的技术作业图表。

第一百〇八条 动车组随车机械师须持证上岗，工作时须佩戴胸牌（动车组随车机械师胸牌样式见图 1–1），凭胸牌及工作证拍发铁路电报、在公寓或招待所食宿、进出车站。

图 1–1 动车组随车机械师胸牌样式

第一百〇九条 乘务员公寓要昼夜保证动车组随车机械师（包括回送动车组随车机械师）和车辆添乘人员的住宿，住宿房间由公寓负责统一安排，动车段提前与公寓签订叫班协议，按车次明确叫班时间。原则上一个班次一个房间。公寓按规定叫班、接送，提供良好的食、宿、浴等条件。动车组随车机械师要遵守公寓的各项规章制度，尊重公寓工作人员的劳动，爱护公寓设备设施。

第一百一十条 实行轮乘制的动车组始发、折返及动车组随车机械师换乘车站应设置动车组随车机械师待乘室，并提供进出站便利通道。

第一百一十一条 动车组随车机械师应每年进行一次身体检查，健康状况不宜担任乘务工作的应及时调整。

第四节 动车组运行

第一百一十二条 严禁检修过期动车组上线运营。

第一百一十三条 动车组在特定线路运行轮对存在较大偏磨时，可组织定期换向运营。实施前车辆部门会同营运部门做好相关准备工作。

第一百一十四条 动车组应按下列规定进行制动试验，具体试验按《动车组制动试验办法》（附件 7）执行。

1. 全部制动试验。

（1）动车组一级检修时应在两端进行，CRH2/CRH380A（L）/CRH6 型动车组还应进行单端保压试验。各车型动车组一级检修后出发前不再进行全部制动试验。

（2）不检修过夜存放次日出发前应在操纵端进行。

（3）重联动车组一级检修后需解编出所时应在重联端进行。

2. 简略制动试验。

（1）一级检修后出所、始发前应在操纵端进行。

（2）换端后、断蓄电池后、途中重联或解编后开车前应在操纵端进行；CRH3C/CRH380B（G）型动车组重联后还应进行单端列车管（BP）贯通性试验，CRH5 型动车组重联后还应进行单端 BBT 备用制动试验。

（3）更换动车组司机（同向换乘除外）或紧急制动停车后开车前应在操纵端进行。

3. 机车救援、无动力回送按动车组无动力回送作业办法进行制动性能确认，动车组救援按动车组相互救援办法进行制动性能确认。

第一百一十五条 动车组在始发、终到、通过站不安排客列检进行技术作业。

第一百一十六条 CRH2C 型和 CRH380A 型动车组不允许超员，其余动车组超员率不得超过 15%。运行中人员过于集中时应进行疏散。

第一百一十七条 动车组正常运行中，严禁打开气密窗。

第一百一十八条 动车组列车运行中出现故障时，动车组司机应按车载信息监控装置的提示，按规定及时处理。需要由动车组随车机械师处理时，司机应通知动车组随车机械师；可以维持运行时，动车组随车机械师及时向司机提出运行限制条件；不能继续运行时，动车组随车机械师及时通知司机请求救援。

第一百一十九条 动车组随车机械师发现或接到车辆设备故障通知后，应及时判明故障，按《动车组途中应急故障处理手册》及有关规定进行处置；非正常运行或停车时，随车机械师立即向故障发生地所在铁路局动车调度员报告。

第一百二十条 动车组随车机械师下车作业前须按照相关规定办理作业申请。应根据实际需要提出限速要求，作业可能侵入邻线限界时提出封锁要求。

第一百二十一条　动车组随车机械师途中故障应急处置，区间超过 20 min、站内超过 30 min，仍无法判明故障原因或无法处置不能继续运行时，通知司机请求救援。请求救援后，动车组随车机械师须立即向发生地所在铁路局动车调度员报告，服从发生地所在铁路局调度的指挥，按要求做好救援准备或故障应急处置工作。

第一百二十二条　救援动车组时可采用动车组、机车两种救援方式，优先采用动车组救援。动车组救援动车组时按动车组相互救援办法执行，机车救援动车组作业参照动车组回送作业办法执行。

第一百二十三条　车辆部门应建立应急指挥中心，对动车组车辆设备故障的应急处置提供实时远程技术支持。

第一百二十四条　动车组运行途中发生故障后，担当局应在 2 h 内将故障基本信息录入动车组管理信息系统，并结合故障后续处理对数据进行补充完善。

第一百二十五条　动车组吸污在动车所内由车辆部门负责，在车站由铁路局指定部门负责。

第一百二十六条　动车组列车吸污、上水作业完毕后，作业人员须及时关（锁）闭吸污口盖板、上水口盖板并确认。

第一百二十七条　动车组设有餐车专用上货门的，上货门由餐车人员管理使用，禁止上下旅客。

第一百二十八条　旅客信息系统报站及服务信息内容由客运部门录制，车辆部门上载；列车运行交路信息由车辆部门编制、上载；音视频节目由铁路局指定部门录制和上载。编辑、存储、上载装置需专用且专人负责。

第一百二十九条　旅客信息系统自动播报功能故障或播报错误时，由客运乘务员负责进行人工播报或更正。

第五节　动车组调车

第一百三十条　动车组调车原则上采用有动力方式。

第一百三十一条　机务部门须在动车段（所）内设动车组地勤司机，负责调车作业。

第一百三十二条　采用机车调车作业时，动车组随车机械师或动车段（所）胜任人员负责过渡车钩、专用风管和电气连接线的连接和分解并打开车门，调车人员负责车钩连结与摘解、软管摘结。

第一百三十三条　动车组通过检修、检测设备的限速按具体设备技术条件执行，主要设备限速规定如下：

踏面诊断设备：通过限速 30 km/h；检测限速 8～12 km/h。

不落轮车床、转向架更换及落轮设备：通过限速 5 km/h。

洗车机：自走行时限速 3～5 km/h；牵车机牵引时限速 1.5～3 km/h。

轨道桥：限速 10 km/h。

第六节　动车组回送

第一百三十四条　动车组回送按旅客列车办理，原则上采用 ATP 控车的有动力回送方式。高铁线路与既有线并行时，尽可能安排利用高铁线路回送。

第一百三十五条　两列短编同型动车组可重联回送。

第一百三十六条　动车组回送时，动车组随车机械师由配属局担当，动车组司机由机务部门安排，配属局电务部门负责更新电务车载数据，并向机务部门提供相关操作说明。

第一百三十七条　使用过渡车钩进行无动力回送途中，应尽量避免实施紧急制动；发生紧急制动后，本务司机须通知动车组随车机械师确认过渡车钩状态良好后，方可开车。无动力回送时的限速等具体要求按动车组回送作业办法执行。

第一百三十八条　需加挂回送过渡车时，回送过渡车由使用单位与主机企业协商确定，要求派员押送，确保回送安全。

第七节　动车组交接

第一百三十九条　动车组新造出厂、高级检修、转属、租借时，须办理技术状态、随车工具备品、技术履历、技术手册、检修记录（最近一次二级检修记录）等交接。

第一百四十条　动车组的接（送）车工作由铁路局组织，车辆专业牵头，机务、电务、供电、客运等专业参加，组成接（送）车组。

第一百四十一条 新造出厂、高级检修接（送）车工作由配属局负责，客运专业可不参加；转属和租借时原则上由接入局负责，客运专业须参加。

第一百四十二条 接（送）车交接相关事宜按专业办理：

1. 车辆部门负责动车组技术状态、随车工具、车辆备品、技术履历、技术手册、检修记录等交接。
2. 机务部门负责司机室驾驶操纵设备的技术状态、技术手册等交接。
3. 电务部门负责 ATP（ATO）、LKJ、CIR、EOAS 等设备的技术状态、技术手册等交接。
4. 客运部门负责客运备品、技术手册等的交接。
5. 供电部门负责车载接触网运行状态检测装置（3C）设备的技术状态、技术手册等交接。

第一百四十三条 动车组新造出厂时，须提供动车组设备及电务车载设备等的技术手册。

第一百四十四条 动车组设备技术手册应包括动车组操作、使用、维护手册及维修图纸等内容。动车组设备维护手册应包含预防性及更正性维护项目。预防性维护项目应包含一至五级项目的维修大纲、维修卡片及记录单。

第一百四十五条 高级检修修竣在检修单位办理转属时，由转出方牵头，会同转入方与检修单位共同办理交接事宜。

第一百四十六条 新造动车组按新造出厂验收质量标准交接，高级检修动车组按高级检修规程交接，转属、租借动车组按动车组出所质量规定交接。

第一百四十七条 铁路局应制定动车组接送车管理办法，明确职责分工，规范交接程序，加强接送车组织和人员管理。

第八节　动车组试运行

第一百四十八条 遇下述情况时，须安排动车组试运行：

1. 模拟试运行（新型动车组正式上线运行前或新线开通时）。
2. 动车组新造出厂、高级检修修竣后。
3. 临修更换转向架、轮对、万向轴、主变压器、牵引电机后。
4. 专项试运行。

第一百四十九条 模拟、专项试运行由总公司组织安排。

第一百五十条 新造、高级检修、临修试运行由铁路局组织，动车段负责请令，调度所负责安排。涉及跨局试运行时，由铁路局调度所根据车辆部门的申请向总公司调度请令。

第一百五十一条 试运行内容及要求按动车组试运行管理办法执行。

第九节　司机室及钥匙管理

第一百五十二条 严格执行动车组司机室登乘制度，非操纵端司机室须锁闭，禁止任何无关人员进入司机室。

第一百五十三条 动车组操纵端司机室侧门（窗）由动车组司机管理，运行中严禁开启。

第一百五十四条 铁路局应制定钥匙交接管理办法。动车段（所）应严格执行动车组钥匙管理制度，规范领用交接管理。

第十节　动车组看管

第一百五十五条 动车组在动车所内及车站停留时，看管工作按照《铁路客车停留存放消防安全管理规定》规定执行，在其他地点停留时，由铁路局指定部门负责。铁路局应制定停留动车组看守管理办法，明确责任，落实到人，严格管理。外属动车组的看管比照本属办理。

第一百五十六条 作业完毕的动车组应清空人员、切断电源、锁闭门窗，严禁任何人员上车、过夜。

第十一节　动车组防火

第一百五十七条 铁路局应定期组织有关部门检查动车组防火工作，消除火灾隐患，确保动车组消防安全。动车段要加强电气设施设备的检修，落实动车组消防安全措施。

第一百五十八条 在动车组上使用的电气产品应按中国国家认证认可监督管理委员会 3C 认证目录范围进行 3C 认证，配备认证标识。产品额定功率不得超过允许范围。需增配、调整用电器时，须经铁路局车辆处批准。

第一百五十九条　动车组配电柜门应锁闭。严禁在配电间（室）内，配电盘、控制箱、电采暖装置等电气装置上部及附近堆放或搭挂物品。

第一百六十条　餐饮工作人员应正确使用微波炉、烤箱等用电器，使用中严禁离开操作区域，用后须及时断电并清洁。

第一百六十一条　动车组运行途中，工作人员要加强用电器具使用监管，确保用电安全。

第一百六十二条　动车组车内严禁吸烟或动用明火取暖、照明。

第一百六十三条　严禁用水冲刷车厢内地板、墙板及电器设备。

第一百六十四条　严禁临时配线，确需时须经车辆主管部门批准。

第一百六十五条　动车组须按规定配置灭火器，定期检查并确保状态良好。烟火报警系统应保持状态良好，按规定进行定期检测。

第十二节　动车组防寒

第一百六十六条　铁路局应制定动车组防寒整修及冬季防冻管理办法，并组织实施。

第一百六十七条　动车段应结合本单位实际，开展动车组防寒整修工作。重点对空调采暖、供风及制动管系、车体密封、给排水卫生等设施进行整修，对电气设备进行绝缘检测及通电试验，并根据季节需要更换润滑油（脂）、玻璃水等。

第一百六十八条　当环境温度低于 0 ℃时，应供电防冻。不具备防寒防冻条件时，动车组应进行排空作业。

第一百六十九条　动车组入高级检修前须进行排空作业。高级检修期间的动车组防冻由施修单位负责。

第一百七十条　动车组供电防冻时，车辆部门须指派专人巡视。供电间隔时间，由各单位根据实际自行确定。

第七章　备品及爱车

第一节　随车工具备品

第一百七十一条　动车组随车工具和行车、应急、客运备品应根据车型结构特点随车配备、定置定量存放。《动车组随车工具及应急备品明细》见附件 8。

第一百七十二条　各部门须加强动车组备品的维护管理，定期检查、维护保养，保持技术状态良好、数量齐全。

1. 响墩、火炬、短路铜线、手信号灯、信号旗、防护信号灯等行车备品，过渡车钩、救援风管、铁丝、接地杆、验电杆、绝缘靴、绝缘手套、安全帽、安全带、登顶梯、铁鞋、止轮器、无螺纹管件等车辆应急备品及随车工具由车辆部门使用及管理。

2. 紧急用渡板、应急梯、车门防护网、绳索，消防锤等客运应急备品及微波炉由客运部门使用及管理，需维修时客运部门向车辆部门报修。

3. 售货小车、垃圾车，座椅套、头枕、耳机、应急灯、扩音器等客运备品由客运部门使用及管理。

第一百七十三条　动车组固定服务设施由客运部门使用管理、动车段配备齐全，保持状态良好。动车组出（入）所前，车辆、客运部门应共同检查固定服务设施的状态，办理一次性交接，填写签认《动车组固定服务设施状态检查记录》，动车组随车机械师、列车长各持一份，作为交接点验的依据。

第一百七十四条　铁路局须制定动车组车内设备设施管理办法，对损坏动车组车内设备设施的，严肃追责，按价赔偿。

第一百七十五条　固定服务设施丢失或人为损坏时，列车长须与动车组随车机械师共同确认，由列车长使用客统系统客户端填写《车内设施破损记录》（客统−36）电子单，发送至动车组管理信息系统。动车段须凭“客统−36 ”修理或更换。

第一百七十六条　新造动车组出厂时，客运备品由客运部门与车辆部门办理一次性交接签认手续。动车组高级检修、转属、租借时，随车配备的备品一并办理交接。

第二节　爱车工作

第一百七十七条　铁路局应严格爱车管理，加强检查监督。

第一百七十八条 动车组乘务人员应正确合理使用车内设备设施，加强爱车宣传，引导旅客文明乘车，及时劝阻、制止不文明乘车和随意扳动、触碰安全设备等行为。

第一百七十九条 作业人员应爱护动车组设备设施，文明作业，杜绝踩踏座椅等不文明行为。

第一百八十条 动车组整备、保洁须选用合格工具、洗涤用品，不得损坏动车组设备设施。厕所内不得使用不溶于水的客服备品；不得将杂物投入盥洗盆及集便器。

第一百八十一条 运行途中产生的垃圾严禁随动车组带入动车所。

第一百八十二条 动车组爱车工作应做到：

1. 规定的揭示揭挂和固定服务设施不得任意加改或拆除。
2. 严禁在车内乱钉、乱贴、乱挂、增加摆放物品。
3. 严禁敲击、冲撞、刮蹭车体、车门及车内设施。
4. 售货等移动小车应有防撞胶皮。
5. 广告应规范设置。

第八章 基础工作

第一节 安全管理

第一百八十三条 坚持“安全第一、预防为主、综合治理”的方针，强化安全基础，落实岗位安全责任，构建动车组安全风险管理体系。

第一百八十四条 建立健全行车、人身、设备、消防安全管理制度及非正常情况下的应急预案，切实发挥作用，定期开展安全管理评估。

第一百八十五条 作业人员应通过隶属单位组织的安全培训、考试及警示教育，满足岗位安全需要。各单位要定期开展安全培训，提高职工劳动安全意识和保护能力。

第一百八十六条 在动车所内，从事或服务于动车组检修、整备作业的单位应与动车段签订安全协议。所有人员须自觉遵守安全制度、防护措施等安全要求。

第一百八十七条 动车所对入所人员、单位有安全告知义务，应在工作场所、操作规程、作业指导书中明确指出相应的安全警示信息。

第一百八十八条 动车组行车设备故障（以“安监报—1”为准）须一事一分析。影响动车组运行 20 min 及以上的车辆责任设备故障由车辆处组织分析，20 min 以下的由动车段组织分析，分析结果逐级上报。

第一百八十九条 动车组发生电器火灾、挤道岔、脱线、碾压止轮器（铁鞋）后，未经铁路局专业部门组织鉴定禁止上线运营。

第一百九十条 动车组车轮踏面硌伤超限、受电弓击打损伤、配件脱落等信息须按要求由动车所直接报总公司运输局。

第二节 队伍建设

第一百九十一条 铁路局应完善选拔任用机制，加强动车组管理、技术、作业队伍建设。

第一百九十二条 动车组机械师应按岗位标准选拔，依据铁路特有工种技能培训规范进行岗前资格性培训，并取得高速铁路岗位培训合格证书、职业资格证书。专业设备操作人员还应取得相应资格证书。

第一百九十三条 动车段应定期开展适应性培训，组织作业人员进行理论、实作考评。选树骨干，重点培养，形成良好的学技练功氛围，提高整体技能素质。

第一百九十四条 产权单位自行运用维修管理的地方动车组进入国家铁路运营前，相关人员资质按照总公司有关规定办理。

第三节 配件管理

第一百九十五条 铁路局要建立健全动车组配件管理制度，规范配件采购、入库、装车、使用、维修及报废等管理。

第一百九十六条 动车组配件由铁路局根据合理的配件消耗规律和寿命周期，制订购置计划，安排资金，按规定程序组织采购，满足动车组维修需要。动车组调拨时，配件应按规定进行调拨。

第一百九十七条 动车段要加强动车组配件管理，建立最低库存报警制度，推行维修配件配送制。

第一百九十八条 铁路局应建立配件索赔制度，明确索赔程序、期限，落实索赔责任。

第四节　置场管理

第一百九十九条　动车所办公区、检修区、生活区、材料库、工具室等置场应实行定置管理。

第二百条　动车所置场标识应符合规范，并按规定设置动车组（部件）原理图、结构图、流程图、检修限度标准、岗位职责等揭挂。

第二百〇一条　作业人员应统一着装，佩戴标志。作业场所应保持整洁，禁止吸烟。

第五节　档案管理

第二百〇二条　动车组技术档案实行段、所两级管理。动车段应制定技术档案管理办法，配备管理人员，明确管理职责。

第二百〇三条　动车组技术档案包括动车组设备技术手册、技术履历、检修记录、表报台账。

第二百〇四条　动车组技术档案实行动态管理，运用维修中大部件更换、高级检修及技术变更时，实施单位须填记检修信息、及时维护技术履历；技术变更时还须提供相关技术资料。

第二百〇五条　动车组技术履历、检修记录实行“一车一档管理”，转属时随车办理交接。一级检修记录保存 1 个月，二级检修记录保存最近 2 次（探伤记录除外），更正性检修记录保存 1 个三级检修周期。

第六节　信息化工作

第二百〇六条　动车组管理信息系统（EMIS）应与动车段、动车所同步设计、同步建设、同步使用，形成全面覆盖、高度集成的信息化平台，实现管理现代化、决策科学化。

第二百〇七条　动车组管理信息系统应遵循国家和铁路信息安全相关规定。

第二百〇八条　动车组管理信息系统应满足总公司、铁路局、动车段（造修企业）、动车所四级管理和生产需求。

第二百〇九条　动车段、动车所自动化设备及其他相关系统应与动车组管理信息系统实现信息交互。

第二百一十条　铁路局应制定信息系统使用维护管理办法，积极推进信息系统的建设、使用、维护相关工作。

第七节　售后管理

第二百一十一条　动车组造修企业应根据动车组采购、检修等合同相关要求，按照“反应快速、分工明确、联劳协作、组织有序、尽职尽责、人员精干、备件充足、质量稳定、安全可控、保障运营”的原则，在动车所设置售后服务站。售后服务站应遵守动车段相关规章制度，服从动车所一体化管理。

第二百一十二条　铁路局应为售后服务站提供必要的工作生活条件。售后服务添乘人员添乘证明由客运部门办理，纳入客运管理信息系统。

第八节　标准化工作

第二百一十三条　动车所标准化是规范动车组安全管理、检修作业、队伍建设、基础设施的重要手段。各级应开展标准化创建工作，总结交流经验，树立先进典型，创新管理方法。

第二百一十四条　总公司、铁路局每年，动车段每半年组织一次标准化动车所评估。

第九章　运用维修限度表（略）

第十章　附则（略）

《铁路动车组运用维修规则》附件 1　动车组设计寿命一览表

动车组设计寿命一览表如表 1–1 所示。

表 1–1　动车组设计寿命一览表

序号	车型（批次）	设计寿命/年
1	CRH1A/1B/1E	25
2	CRH1A–A CRH1E（改进型卧铺）	20
3	CRH2A/2B/2E/2G/2C	20
4	CRH3C	20
5	CRH5A	30
6	CRH5G	20

续表

序号	车型（批次）	设计寿命/年
7	CRH380A（L）	20
8	CRH380B（L）	20
9	CRH380CL	20
10	CRH380D	20
11	CRH6A/F	20
12	CRH3A	20
13	CR400AF/BF	30

《铁路动车组运用维修规则》附件 2　动车组出所质量规定

一、车体

1. 车体骨架结构

（1）车顶、侧墙、端墙、底架、司机室结构无变形、无破损。

（2）端墙盖板整体完整，无脱漆、无变形、无破损，安装牢固。

2. 设备舱

（1）导流罩、玻璃钢裙板、设备舱无脱漆、无变形、无破损，安装牢固。

（2）裙板外观良好，无变形、无破损，各部安装螺栓紧固无松动；各附属配件齐全、安装牢固、作用良好；格栅、滤网无变形、破损。

（3）各类盖板齐全、状态良好，外观完整无破损、无变形，防护玻璃无雾化，显示灯作用良好。

（4）牵引电机冷却风机进风口盖板锁闭良好。

（5）各部支架、骨架无裂纹，安装牢固。

3. 车体其他功能结构

（1）车体油漆良好。

（2）标记完整清晰。

（3）车体倾斜不超限。

（4）主、辅助排障器安装螺栓紧固、无丢失，安装高度符合限度要求。

4. 车窗

（1）车窗玻璃无裂损，密封良好；窗框安装牢固、胶条无脱落。

（2）司机室前窗挡风玻璃完整、无裂损，密封良好、加热系统工作良好。

（3）司机室侧窗玻璃无裂损、胶条完整、无脱落；固定框架单元无变形；支撑杆、接地线安装牢固、作用良好；活动把手安装牢固、作用良好；逃生拉手完整。

二、车端连接

1. 前端开闭机构

（1）头罩完整无变形、无破损，紧固件无松动。

（2）开闭机构完整无变形、作用良好；锁紧装置作用良好；各气缸安装牢固，功能良好。

（3）前部盖板四角锁作用良好，锁闭到位，各部件无脱漆；外部电源连接器盖板锁闭到位，无缺损。

（4）蜂鸣器状态良好。

2. 前端车钩连挂机构

（1）前端车钩配件齐全、安装牢固，作用良好；各传感器安装牢固、无破损；各空气管路无漏泄，塞门把手位置正确；车钩高度符合限度要求；橡胶缓冲器无开裂。

（2）安装座、缓冲器及后座橡胶固定螺母安装紧固。

3. 中间车钩

（1）中间车钩配件齐全、安装牢固，连接状态良好；压溃管外观无变形、无裂纹，连接卡箍状态良好，连接螺栓紧固；安全钢丝绳无丢失。

（2）车钩横向油压减振器、车端减振器状态良好，安装无松动、无漏油。

4. 车端连接管线

车钩连接风管连接状态良好，无漏泄。

5. 风挡

（1）内、外风挡，车顶风挡及防雪风挡安装牢固、无破损。

（2）渡板无破损，翻转自如；锁紧装置作用良好。

三、转向架及其辅助

1. 轮轴组成

（1）轮对及制动盘各部配件齐全、紧固件无松动；各部限度符合规定；制动盘内无杂物；轴身防腐涂层无损伤、剥落。

（2）齿轮箱整体密封良好，安装螺栓紧固，无漏油现象；油位及油色正常；附属配件齐全，安装牢固；挡水密封圈状态良好。

2. 一系悬挂及组成

（1）轴箱弹簧无断裂，橡胶护套无破损。

（2）轴箱及定位装置各部配件齐全，无松动、裂损；橡胶节点无老化、龟裂；前后盖安装螺栓紧固，无松动、甩油。

（3）垂向减振器状态良好，安装无松动、无漏油。

（4）减振器状态良好，安装无松动、无漏油；减振器座无裂纹，各橡胶节点无老化、龟裂；半主动控制装置状态良好。

（5）垂向止挡、轴箱拉杆状态良好。

（6）橡胶垫无老化、龟裂。

3. 构架组成及其附件

（1）构架、联系枕梁、天线梁、制动梁及电机吊架外观良好，无变形、裂纹及腐蚀。

（2）制动梁弹性橡胶节点无老化、龟裂，球形节点及心轴状态良好、无腐蚀。

（3）横向橡胶止挡和挡板无缺失、松动和破损。

（4）各传感器管卡、接地线及线盒等配件齐全，无破损、无松动。

4. 二系悬挂

（1）空气弹簧气囊无严重龟裂、划伤，无漏泄；附属配件齐全、安装牢固、作用良好，连接空气管系无腐蚀、裂损、漏泄。

（2）高度调整阀及托架安装牢固；定位螺栓无松动；各阀及连接管路无漏泄；高度调整杆无弯曲变形，连接可靠。

（3）牵引拉杆、中心销外观及安装状态良好；牵引座无裂纹；橡胶节点无龟裂。

（4）抗侧滚扭杆及扭杆、吊杆装置安装牢固，安全吊绳安装牢固。

5. 牵引传动耦合组件及其附件

（1）联轴器外观及安装状态良好；各连接螺栓安装紧固，无漏油。

（2）万向轴防护架无变形、无破损，安装牢固；万向轴安装螺栓齐全、紧固，无裂纹；轴承套管无变色或过热痕迹；弹性挡圈无错位；注油嘴、防尘帽无缺失；十字接头无损伤。

6. 转向架相关检测

失稳检测装置安装牢固，作用良好；各传感器、管件等配件齐全，无破损、无松动。

7. 转向架附件

转向架扫石器安装牢固；挡块及胶皮无丢失和弯曲变形、不超限。

8. 辅助增粘及轮缘润滑

（1）轮缘润滑装置、撒砂装置安装牢固，状态良好。

（2）踏面清扫装置安装正确、限度符合规定。

四、主供电

1. 高压受流

受电弓各部件安装牢固，无丢失、变形、松动，气路无漏泄；各关节转动灵活；弓头弹簧无裂损；弓角、碳滑板符合限度规定；软编线完好；气囊无裂损；升弓控制盒锁闭良好。

2. 网侧高压分配及控制

（1）真空断路器、高压隔离开关各连接点接线牢固、无松动，表面清洁；接地开关动作灵活。

（2）各绝缘子安装牢固、清洁良好，无破损、老化、龟裂，防污闪喷涂到位。

（3）高压设备箱、高压控制箱清洁、密封良好，管路无漏泄，接线、部件牢固、无破损，联锁机构良好。

（4）高压电缆，高压连接器、接头，滤波单元，避雷器，高压互感器，网端检测装置，综合测量仪，谐波滤波电路电阻器箱等接线牢固、无破损。

（5）自动过分相装置安装牢固、配件齐全、功能良好、限度符合要求。

3. 主变压器及其冷却

牵引变压器及冷却单元等清洁、接线牢固，功能良好；风扇转动无异音；液位正常，干燥剂不失效。

五、牵引

1. 牵引变流器主体及其控制

（1）牵引变流器及冷却单元、牵引辅助变流器、滤波器箱等清洁、接线牢固，功能良好；干燥剂不失效。

（2）限压电阻器、制动电阻器安装牢固、接线良好、无破损。

2. 牵引变流器冷却及其控制

牵引变流器冷却单元清洁、接线牢固，功能良好；风扇转动无异音；液位正常，干燥剂不失效。

3. 牵引电机及其冷却

牵引电机各螺栓无松动，电机安装座、吊杆、板簧无裂纹、无松动；电源线、接地线、传感器及配线无破损、状态良好；注油堵安装良好；冷却风道无破损，安装牢固；排风口良好。

六、辅助电气

1. 辅助变流器

辅助电源装置，辅助整流装置，单、双辅助变流器，单相逆变器，单相逆变电源，各电源模块功能良好。

2. 充电机蓄电池组成

蓄电池液位、电压符合要求，表面清洁；各接线端子紧固无腐蚀、无变色；蓄电池接触器、充电机功能良好，表面清洁，各接线端子紧固无变色；蓄电池箱滑道功能正常，箱体无变形、无腐蚀。

3. 辅助电源分配组件

（1）各配电盘、配电柜、配电箱、接线箱等门、柜体、箱体、保护盖安装牢固，无变形、无损坏，标识牌、线号齐全、清晰；柜内清洁，各电器元件齐全、安装牢固、作用良好、设定值符合规定；接线端子无锈蚀、无变色；电气配线外皮无老化、无破损，连接良好。

（2）各电源插座安装牢固、无裂损，插孔无烧损、导通良好。

（3）中、低压电气连接电缆连接良好，电缆外皮、护套无老化、无烧损；线盒盖安装螺栓齐全、密封良好；线卡齐全、无松动；各接地线连接良好、无破损。

七、供风制动

1. 供风

（1）主空压机、辅助空压机运行状态良好，安装牢固，电气连接器连接牢固，油位、油色正常、无漏泄。

（2）各风缸、供风管路、各阀、滤尘器等安装牢固，无损伤、无漏泄；橡胶管路无老化、无鼓泡。

2. 制动

（1）各部配件齐全、安装牢固、状态良好。

（2）停放制动手缓装置安装牢固、作用良好。

（3）制动夹钳装置配件齐全、安装牢固、无漏泄。

（4）闸片无裂损、安装正确、限度符合规定。

（5）增压缸安装牢固、无变形，悬吊部件无裂纹，管路无漏泄，行程杆符合限度要求。

（6）防滑阀状态良好。

八、网络及辅助监控

1. 列车主干网及安全回路

各监视器、列车总线，车辆总线、各控制单元、各控制模块接线无松动、功能良好。

2. 烟火报警

烟火报警器、主机安装牢固，接线无松动，人机界面显示正常，功能良好。

3. 安全视频等监控

（1）受电弓监控装置及附属部件外观状态良好，安装牢固；补光灯照明良好；操作查看监控屏功能良好。

（2）车厢视频监控装置安全牢固、功能良好。

九、旅客信息

1. 通信通告

（1）各主机及输入设备配件齐全、安装牢固、功能良好。

（2）广播联络装置配件齐全、安装牢固、功能良好。

2. 车内外显示

车内、外信息显示装置安装牢固，无变形、无破损，显示正常。

3. 娱乐

（1）影视系统配件齐全、安装牢固、功能良好。

（2）FM、GPS 天线齐全，安装座安装牢固、无变形、无裂纹。

十、空调

1. 客室空调制冷

空调机组部件安装牢固、壳体无变形；冷凝风机扇叶无抗磨、防护网完整，工作无异音；制冷、通风系统工作正常；换热器翅片无倒伏，排水畅通；各风口格栅无变形、无堵塞。

2. 司机室空调制冷

空调机组部件安装牢固、壳体无变形；冷凝风机扇叶无抗磨、防护网完整，工作无异音；制冷、通风系统工作正常；换热器翅片无倒伏，排水畅通；各风口格栅无变形、无堵塞。

3. 通风

换气装置、压力波装置等安装牢固、功能良好，表面清洁；风道无破损、无脏堵；空气过滤器清洁无杂物。

4. 加热

室内采暖装置各电加热器安装牢固、内部清洁、功能良好，各接线端子紧固无变色。

5. 空调控制及供电

（1）逆变器箱、应急逆变电源、司机室空调电源箱、司机室空调变压器功能良好，表面清洁；各接线端子紧固无变色。

（2）各传感器安装牢固。

十一、给排水卫生

1. 全列注水及排污

（1）管系、净水箱无漏泄，注水装置功能良好；防寒层无破损。

（2）污物箱、管系无漏泄；排污阀、冲洗口作用良好，无漏泄；防寒层无破损。

（3）净水箱、污物箱、管系伴热装置功能正常。

2. 客室给排水控制及配水

电气控制柜柜门无变形，锁闭状态良好；柜内接线无松动、锈蚀；各指示灯显示正常。

3. 饮水设施

电开水炉、饮水机各部配件、标识齐全、作用良好；管系无漏泄，炉体无锈蚀；积水托盘、滤网无堵塞。

4. 卫生间

（1）厕所配件齐全、安装牢固、无裂损、作用良好。

（2）照面镜无裂损；便器、洗手盆工作良好、无堵塞，滤网无缺失；皂液器功能良好；垃圾箱锁闭良好，活页门状态良好。

（3）紧急呼叫装置性能良好，婴儿护理桌及扶手状态良好。

（4）各电气装置接线良好、无锈蚀；控制柜内各气路、水路管系紧固无漏泄。

（5）卫生间门安装牢固，门板无裂损、无变形，功能良好；胶条无脱落、破损；门锁作用良好、状态指示清晰；残疾人厕所门自动开关门功能正常。

5. 洗手台及拖布清洗

温水器、洗面台、水龙头、纸盒、干手器、垃圾箱、照面镜等安装牢固、无裂损、配件齐全、作用良好。

十二、外门及车内设施

1. 外门

（1）外门门页外观良好，玻璃无裂损，滑道无杂物、排水畅通；密封胶条、防挤压胶条无破损、脱出、功能正常。

（2）指示灯，开关门按钮，防护罩，各锁、阀、门把手等配件齐全、安装牢固、外观良好。

（3）集控、本地、紧急开关门功能良好、无异音；供风管路无漏泄。

（4）脚踏、站台补偿器、翻板配件齐全、作用良好。

2. 内装结构

（1）墙板、顶板、地板无松动、无磨损、无变形；顶板不渗水，地板不积水。

（2）窗帘清洁、无破损、伸缩正常，卡扣齐全，功能良好。

3. 内门

内、外端门安装牢固，玻璃完整、无裂损；门板无变形，功能良好；胶条无脱落、破损；门锁作用良好、状态指示清晰；自动开关门功能正常。

4. 工作间门

司机室、监控室、乘务员室、多功能室等门安装牢固，门扇无裂损、无变形；玻璃完整、无裂损；胶条无脱落、破损；门锁作用良好，开关门功能正常。

5. 柜体及工作台面

（1）备品柜、储物柜、垃圾箱外观状态良好，锁闭功能正常，活页门作用良好。

（2）司机室、监控室、乘务员室、多功能室内部配件齐全、安装牢固；工作台面、座椅无破损、状态良好；各显示屏状态良好，各储物柜状态良好，锁闭到位。

6. 客室设施

（1）座椅配件齐全，固定螺栓无松动；标识齐全、调整功能良好；外壳无变形、裂损；扶手转动良好，无磨损；网兜、坐垫无破损、脏污；脚蹬作用良好、无裂损；活动茶几板、茶几扣、衣帽钩安装状态良好；旋转座椅旋转功能良好。

（2）茶桌、衣帽钩安装牢固、配件齐全、作用良好。

（3）行李架无变形、无破损，安装状态良好；大件行李架配件安装牢固。

（4）餐车、禁烟、儿童购票线等各种标识齐全，安装牢固、清晰。

7. 厨房及商务服务设施

（1）制冷、加热等餐饮电气设备齐全、外观良好、功能正常。

（2）吧台、酒吧桌、餐桌、座椅、百叶窗、展示柜、清洗池、储物柜等设备安装牢固、无破损、状态良好。

8. 车内照明

灯具及配件齐全、安装牢固、灯色一致、作用良好；灯罩清洁、无裂损。

十三、驾驶设施

1. 操作设施

（1）操纵台面板安装牢固、外观良好；各手柄、按钮、指示灯等设备安装牢固、作用良好；仪表检定不过期。

（2）各显示器显示清晰，各系统当前无故障；后视摄像机安装牢固、外体无变形、破损，镜头清洁。

（3）升换弓操作、牵引试验、制动试验、手柄试验、灯试验、集控开关门试验良好。

2. 驾驶配套设施

（1）雨刷器部件齐全、安装牢固、作用良好；前照灯、标志灯外观良好、清洁无裂损、功能正常。

（2）前舱设备齐全、安装牢固、无漏泄，各阀位置正确。

（3）风笛试验、司机安全警惕装置试验良好。

（4）司机座椅各部配件齐全、安装牢固，头枕、扶手无破损、翻转灵活，各项调节功能良好。

十四、其他

（1）应急备品配置齐全。

（2）安全锤、灭火器安装牢固、状态良好，铅封未破封。

《铁路动车组运用组织规则》附件3 动车组二级检修对规办法（略）

《铁路动车组运用组织规则》附件4 动车组运用质量鉴定办法（略）

《铁路动车组运用组织规则》附件5 《动车组添乘证》样式（略）

《铁路动车组运用维修规则》附件6 动车组随车机械师作业规定

一、出乘

1. 出乘前，应充分休息，严禁饮酒。

2. 出乘时，应按规定着装，佩戴胸卡并携带相应证件，到动车所调度室（存放点值班室）接受酒精测试，按规定领取《动车组固定服务设施状态检查记录》《动车组出所质量联检记录单》《动车组随车机械师乘务日志》《动车组故障交接记录单》（另行公布）、随车钥匙、GSM-R手持终端、无线对讲设备等，听取命令、任务、要求及注意事项，了解动车组检修、故障处理及前次运行情况。

二、接车作业

1. 作业前，设置安全防护措施。

2. 检查确认动车组头罩锁闭到位、重联端车钩连接状态良好，两侧裙板及盖板锁闭到位、空气弹簧无漏风、车端连接管线无脱落。

3. 作业完毕，撤除安全防护措施。

4. 动车组供电后，开启空调、照明、旅客信息系统等，确认工作状态。

5. 检查随车工具、材料及行车备品。

6. 巡视动车组运转情况，确认非操纵端司机室门窗锁闭，发现异常及时处置。

7. 确认重点故障处置情况。

三、始发作业

1. 到达车站后，在站台侧检查确认侧门、车外显示器、受电弓状态良好。

2. 到乘务（监控）室，与列车长交接《动车组固定服务设施状态检查记录》，监视车载信息系统。

3. 始发时，在司机室监控动车组运行情况。

四、途中作业

1. 发车后，巡视检查车内主要服务设施技术状态，监视列车运行状态。

2. 运行途中，必须按规定巡视，并在乘务（监控）室监控列车运行及设备状况，发现故障及报警时，按规定程序处置，并做好记录。

3. 动车组司机继乘前，动车组随车机械师应向动车组司机了解运行情况。动车组司机继乘后，与接班司机交接司机室驾驶操纵设备技术状态并在《动车组故障交接记录单》上签认。

五、折返站作业

1. 列车到站前，动车组随车机械师到司机室了解运行情况并做好记录。

2. 列车到站后，在站台侧检查确认侧门、车外显示器、受电弓状态良好。

六、中间站换乘作业

1. 继乘动车组随车机械师提前15 min到换乘站接车。

2. 列车到达换乘站前，退乘动车组随车机械师填写《动车组随车机械师乘务日志》《动车组故障交接记录单》，整理交接物品。

（1）折返站换乘时，继乘动车组随车机械师立岗接车，监听列车运行声音，检查受电弓等可见部位状态，列车停稳后与退乘动车组随车机械师办理出勤时领取的物品及列车运行状态交接。

（2）通过站换乘时，继乘动车组随车机械师立岗接车，继、退乘动车组随车机械师办理出勤时领取的物品及列车运行状态交接。

3. 交接后退乘动车组随车机械师在站台侧立岗送车。

4. 折返站换乘作业过程中遇有动车组故障需要应急处理时，退、继乘动车组随车机械师要协同配合，共同处理。

七、终到作业

1. 列车到站前，向动车组司机了解运行情况并做好记录。

2. 列车到站后，会同列车长巡视车厢，办理车内固定服务设施状态交接并共同填写《动车组固定服务设施状态检查记录》，填写《动车组随车机械师乘务日志》，整理交接物品。

3. 重点故障提前预报动车所。

4. 入本所后，按规定接受酒精测试，交接随车钥匙及相应记录单。不入本所时，按所在地铁路局有关管理办法执行。

八、退勤

按有关办法执行。

《铁路动车组运用组织规则》附件 7　动车组制动试验办法（略）

《铁路动车组运用组织规则》附件 8　动车组随车工具及应急备品明细（略）

《铁路动车组运用维修规则》附件 9　动车组车辆方位及零部件位置编号规定

本规定明确以车辆为参照对象时的车辆方位表述及零部件编号规则要求。

一、动车组车辆方位编号

以观察者沿车辆 2 位端面向 1 位端方向站位为基准，右手侧为 1 位侧，左手侧为 2 位侧。动车组车辆定位及配件位置编号示意图如图 1–2 所示。

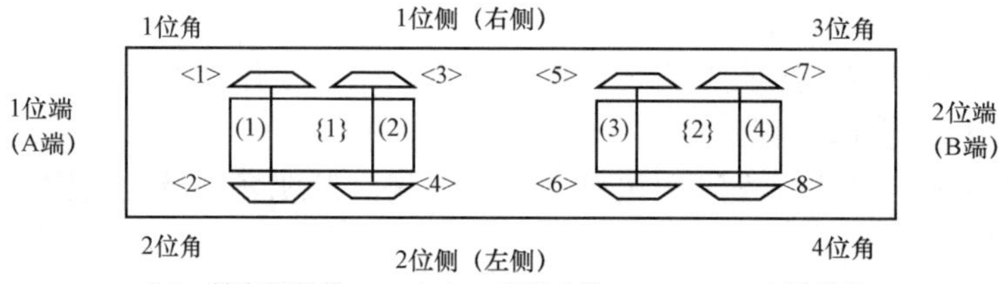

图 1–2　动车组车辆定位及配件位置编号示意图

注：图中车端、车侧括号内容为主机厂的方位名称。

二、各车型车厢 1/2 位端定义

1. CRH1、CRH380D 平台动车组车辆方位

CRH1A-200、CRH1A-250、CRH1B 型动车组各车辆以靠近客室侧门端为 1 位端（主机厂及外方称 A 端），距离客室侧门较远端为 2 位端（B 端）。

CRH1A-A 型动车组：餐车以无客室侧门端为 1 位端，有客室侧门侧为 2 位端；其他各车辆均以客室侧门所在端为 1 位端，距离客室侧门较远端为 2 位端。

CRH1E 型动车组：餐车以有配餐门端为 1 位端（A 端），无客室侧门端为 2 位端（B 端）。其他各车辆均以无客室侧门端为 1 位端（A 端），有客室侧门端为 2 位端（B 端）。

CRH1E 改进型卧铺动车组：Mc 车以有司机室端为 1 位端，有客室侧门端为 2 位端。其他各车辆均以有客室侧门端为 1 位端，无客室侧门端为 2 位端。

CRH380D 型动车组车辆：Mc 车以有司机室端为 1 位端，有空调单元端为 2 位端。其他各车辆均以有空调单元端为 1 位端，另一端为 2 位端。

2. CRH2、CRH380A（L）、CRH6 平台动车组车辆方位

各车辆以靠近 1 号车车头方向为 1 位端，相反方向为 2 位端。

3. CRH3C、CRH380B（L）平台动车组车辆方位

CRH3C、CRH380B（L）/BG/CL 型动车组车辆方位规则一致，以有司机室端为 1 位端，全列每两节车厢 1、2 位端方向反一次。各车型具体情况如下。

CRH3C 型动车组：EC（01、00）车以有司机室端为 1 位端，TC（02、07）、IC（03、06）、FC（05）

车以有卫生间端为 1 位端，BC（04）车以有乘务室端为 1 位端，另一端为 2 位端。

CRH380B/BG 型动车组：EC（01、00）车以有司机室端为 1 位端，TC（02、07）、IC（06）、FC（03、04）车以有卫生间端为 1 位端，BC（05）车以有乘务室端为 1 位端，另一端为 2 位端；CRH380BG 型动车组参照执行。

CRH380BL/CL 型动车组：EC（01、00）车以有司机室端为 1 位端，TC（02、07、10、15）、VC（03）、IC（06、08、11、14）、FC（04、05）、SC（12、13）车以有卫生间端为 1 位端，BC（09）车以有乘务室端为 1 位端，另一端为 2 位端。

4. CRH5 平台动车组车辆方位

Mc2（01）、M2s（02）、Tp（03）、T2（05）车以靠近 01 车车头方向为 1 位端，相反方向为 2 位端；M2（04）、Tpb（06）、Mh（07）、Mc1（00）车以靠近 00 车车头方向为 1 位端，相反方向为 2 位端。

三、动车组同名零部件位置编号

1. 对于排列在纵向对称轴上的零部件，由 1 位端顺次向 2 位端方向编号，如转向架、车轴、内端门等均可按此编号；

2. 对于分布在纵向对称轴左右的零部件，按先从 1 位侧向 2 位侧、再从 1 位端向 2 位端方向的顺次进行编号，如车轮、轴箱、制动盘等均可按此编号；

3. 对于上下排列的零部件按从上至下的顺序并结合左右、前后位置进行编号，如 CRH380B 统型动车组抗蛇行减振器等。

《铁路动车组运用维修规则》附件 10　名词术语

1. **车列**：若干车辆连挂在一起，称为车列。

2. **列车**：列车是指编成的车列并挂有机车及规定的列车标志。

3. **车底**：完成连挂且符合运用的车列。

4. **动车组**：由动车和拖车组成的自带动力、两端均可操纵驾驶、整列一体化设计的车列。动车组可分为动力分散型动车组、动力集中型动车组。

5. **国铁动车组**：中国铁路总公司所属企业及国铁控股合资公司所属的动车组。

6. **地方动车组**：中国铁路总公司所属企业及国铁控股合资公司以外产权单位所属的运营动车组（不含境外运输企业所属的动车组）。

7. **运营动车组**：用于客货运输的动车组。

8. **路用动车组**：用于检测、维修、试验等特定用途的动车组。

9. **支配动车组**：支配动车组包括配属动车组、代管动车组、租（借）入动车组，不包含待报废动车组、租（借）出动车组及因特殊原因封存的动车组。

10. **热备动车组**：指配备司乘人员，存放于指定地点的运营动车组。

11. **列**：计量单位，一个固定编组的动车组计为一列。

12. **标准组**：计量单位，用于换算动车组工作量。每 8 辆计为一个标准组。

13. **运用维修**：动车组的运用检修、临修、整备及各项管理活动。

14. **运用检修**：动车组一级检修和二级检修。

15. **运用整备**：简称整备。指动车组车体清洁，车内整理、清洁，吸污，上水等作业（含车辆、客运等各专业整备工作）。

16. **临修**：指运用维修中不在一二级检修时间范围内进行的检修。

17. **运用时间**：指动车组担当一次开行交路从出所始发到终到回所的累计时间，不含在段（所）、存放点存放时间。

18. **备用时间**：动车组备用状态下的全部时间，即动车组一级检修出所联检后非运用时间段的累计时间。

19. **包乘制**：乘务组按车底交路全程担当列车乘务工作的值乘方式。

20. **轮乘制**：乘务组按车底交路分段担当列车乘务工作的值乘方式。

21. **继乘**：按轮乘制方式接续担当列车乘务工作。

22. **便乘**：乘务人员因出、退乘需要乘坐列车。

23. 动车组运行安全监控系统：包含 WTDS、TEDS、TADS、THDS、TPDS 等，其中：

（1）**WTDS**：动车组车载信息无线传输系统；

（2）**TEDS**：动车组运行故障图像检测系统；

（3）**TADS**：车辆滚动轴承故障轨边声学诊断系统；

（4）**THDS**：车辆轴温智能探测系统；

（5）**TPDS**：车辆运行品质轨边动态监测系统。

《铁路动车组运用维修规则》附件 11　全路动车段、动车所简称及代号表（略）

1.1.2　相关表单

（1）《一体化作业申请单》如表 1–2 所示。

（2）《动车组扣修单》如表 1–3 所示。

（3）《动车组扣修竣工单》如表 1–4 所示。

表 1–2　一体化作业申请单

辆动 – 021

CRH	××××段××××所	版本号：201307
	一体化作业申请单	

申请单位：					
申请人			联系电话		
作业负责人			联系电话		
作业车组号					
申请作业时间	日　时　分 — 日　时　分				
作业内容					
施修要求	蓄电池	□供　□断　□无要求			
	接触网	□供　□断　□无要求			
	作业地点	□检查库　□临修库　□无要求			
	其他				
动车所审核					
动车所调度员审核		动车所技术员审核		值班所长审批	
作业完成销记					
作业完成情况					
作业完成时间			作业负责人签字		
调度核销时间			调度员签字		
备注					

填表说明：

1. 本表用于一体化单位正常一级检修作业计划外的作业申请及作业情况登记；
2. 本表由动车所负责保管，一体化作业负责人须到调度处进行申请和完工销记。

表 1－3　动车组扣修单

辆动－023

CRH	××××段××××所	版本号：201307
	动车组扣修单	

扣修单编号：　　　　　　　　　　　　　　　　　　　　　　　　　　＿＿＿＿年＿＿月＿＿日

扣修单位（部门）名称：						
扣修车次：	车型：	车组号：	定员：	走行公里：		（km）
配属：	局（集团）	段	所	检修单位：		
计划扣修时间：	年　　月　　日　　时 至	年　　月　　日　　时				
扣修原因						
施修要求						
换车计划						

动车所调度员签字：　　　　　　　　　　动车所值班领导签字：　　　　　　　　　　段调度员签字：

填写说明：

1. 本表用于动车组因集中二级检修、故障临修或高级检修到期等原因需扣修时使用，作为扣修更换动车组的依据；
2. 本表由动车所调度员填写，动车所值班领导签字确认后上报段调度员；
3. “扣修单编号”的填写格式为“年月日+流水号”，如 2022052301；
4. 在“扣修车次”栏须填写要扣修的动车组的终到车次；
5. 在“检修单位”栏填写施修主体单位；
6. 在“施修要求”栏详细填写扣修动车组进行维修作业时所需要的外部条件，包括转线、停留股道、供电状态等；在“换车计划”栏填写担当续乘车次的动车组更换方案；
7. 重联动车组扣修可以使用同一表单。

表 1–4　动车组扣修竣工单

辆动－036

CRH	××××段××××所	版本号：201307
	动车组扣修竣工单	

扣修竣工单编号：　　　　　　　　　　　　　　对应扣修单编号：

检修单位（部门）名称：　　　　竣工时间：　　年　　月　　日	
配属：　　　局（集团）　　　段　　　所	
车型：　　　车组号：　　　走行公里：　　　（km）	
扣修原因	
检修情况	

检修工长签字：　　　　　　　　　　　　　　质检员签字：

动车所调度员签字：　　　　　　　　　　　　段调度员签字：

填写说明：

1. 本表作为动车组扣修故障、二级检修竣工的依据；
2. 本表由动车所相关人员填写，由检修工长、质检员、动车所调度员签字确认后报段调度员；
3. “扣修竣工单编号”栏的填写格式为“年月日+流水号”，如 2022052401。

1.1.3　修程修制改革

优化设备修程修制是确保运输安全、提高运输效率、实现“提质降本增效”、推动铁路高质量持续健康发展的重要工作。近年来，我国铁路部门持续推进动车组修程修制改革工作。

1. 改革总体目标、指导原则和工作思路

1）总体目标

建立中国特色的动车组运维标准体系，进一步优化检修周期、检修标准和检修范围，避免过度修，防止失修，实现保证质量安全、减少检修频次、降低检修成本、提高运用效率的目标，全面提升动车组检修运用水平，为交通强国、铁路先行提供支撑。

2）指导原则

（1）坚持以确保质量安全为前提，尊重科学，把握规律，规范程序，积极稳步推进修程修制改革。

（2）坚持以挖掘潜力、提高效率为目标，推进故障预测与健康管理（PHM+），充分利用车地检测、监测设备，逐步实现计划性预防修向数字化精准预防修转变，同步实现降低成本目标。

（3）坚持目标引领和突出问题导向，统筹路内外资源，合作共赢，共同推动修程修制改革，提升装备服务保障能力。

3）工作思路

（1）按照分层、分级、分类的原则实行修程修制差异化管理。分层就是实行国铁集团、铁路局集团有限公司（以下简称铁路局）两层管理，改变国铁集团统管模式，向下放权，给予铁路局部分管理权限，国铁集团侧重于管理时速 300 km 及以上动车组。分级就是区分不同修程等级、不同速度等级、不同牵引质量等级，明确运用维修和高级修的定位，分别制订重点检查、检修范围。分类就是区分不同线路类别、不同运用环境，充分利用检修运用经验和检测、监测数据，科学制订不同的检修周期、内容和标准。

（2）落实铁路局主体责任。对于运用维修，国铁集团明确关键质量安全运用标准，铁路局结合实际情况对检修周期、范围进行自主优化；对于高级修，国铁集团在规程制订中针对影响安全和行车秩序的关键系统和部件，明确检修范围和技术标准，其他系统和部件仅给出基本原则和底线要求，由铁路局根据实际状态和需求具体明确。

（3）国铁集团统筹修程修制改革工作，机辆部组织中国铁道科学研究院集团有限公司、铁路局、主机企业、科研院所等单位共同推进，安排对影响整车检修周期的关键系统和部件开展有针对性的检测、试验和分析，摸索剩余寿命和质量变化规律，提出延长试验、验证方案。按照检修周期与故障规律相吻合，技术条件与检修周期相匹配的原则，确定检修周期和优化产品技术条件。

2. 主要内容

1）一级检修

一级检修为上线运用前的例行安全检查。重点是检查和防范走行部、裙底板、受电弓的异常损坏，进行制动系统功能试验，处理运用中发生的故障。一级检修时间周期是指从动车组一级检修后出所至下次检修入所时的累计时间，不包括一级检修检查作业时间。

（1）延长检修周期。检修周期按时速 300～350 km 运营动车组运用不大于 7 000 km+700 km（或 48 h）、时速 200～250 km 运营动车组运用不大于 6 000 km+600 km（或 72 h）、时速 200 km 以下运营动车组运用不大于 6 000 km+600 km（或 96 h）的原则把握。

时速 300～350 km 动车组可根据运行交路，对一级检修实施人机配合交替作业，运用 48 h 利用机检作业方式开展一次一级检修，机检正常的动车组无须进入检查库，人工技检一级检修的时间周期可由 48 h 延长至 72 h。机检作业需要跨局实施时，配属局要和属地局签订协议，制订相应办法，明确责任，确保安全。

机检作业是指利用车载和地面检测、监测设备进行动车组状态检查的作业，其主要包括以下方面。

① 利用车载 WTDS 对动车组数据信息进行监控及分析。

② 利用 TEDS 对走行部及裙底板状态进行检查。

③ 利用轮对踏面故障诊断系统 LY 对轮对踏面状态进行检查。

④ 利用受电弓诊断系统 SJ 对受电弓技术状态进行检查。

⑤ 利用受电弓视频监控装置（或供电 3C 设备）对车顶高压设备进行检查。

按照稳步推进、确保安全的原则，对于下述情形暂不执行 48 h 一级检修机检的规定（确因生产组织或运行交路调整，需进行 48 h 一级检修机检时，铁路局应制订安全保障措施）。

① 未实施齿轮箱温度监控、裙底板防脱、受电弓视频监控等安全专项改造的动车组。

② CRH2C/380A 平台动车组高级修延长验证的动车组，在高级修后走行超过 60 万 km 时。

③ CRH3C/380B/380C/380D 及 CR400AF/BF 平台动车组新造或高级修后走行超过 120 万 km 时。

④ 新造和高级修修竣的动车组上线运行第 1 个月内。

⑤ 遇冰雪等特殊天气条件时。

（2）优化检修范围、标准。

① 实施“库乘协作”。将原一级检修中车内设备检查项目调整为结合随车机械师出、退乘和值乘巡视作业进行，运行中发生的故障由随车机械师负责引继，库内一级检修时进行处理。

② 实施“检修分离”。一是结合各平台动车组相关系统检修实际，重新明确动车组一级检修中撒砂喷嘴、转向架排障器等部位仅进行外观状态检查，二级检修中轮对镟修、轮对更换及部件更正性维修后，对上述部件相应尺寸进行测量、调整；二是继续实施已开展的动车组碳滑板、闸片、研磨子等磨耗部件的计划修，上述部件一级检修中实施检修分离。

③ 实施“人机结合”。利用动车组 WTDS 系统，踏面诊断、受电弓检测设备，TEDS 及 TADS 等在线检测监测设备，实现故障预报，为一级检修故障处置和人工检查提供数据支撑，实现动车组一级检修“人机结合”；同时通过人工检查与设备检测结果比对，验证设备检测的准确性，为后续实施“人机分工”积累数据。

2）二级检修

二级检修为动车组周期性的深度检查、维护保养和功能检测。其重点是轮轴探伤、车轮镟修、冷却装置清洁、机械传动装置润滑、油脂性能化验等。国铁集团负责制订轮轴探伤周期及标准、车轮运用状态技术标准和检测方法；铁路局根据实际情况自主确定车轮镟修周期和其他二级检修项目的检修周期、范围，并持续优化完善。

（1）对比分析同类系统及部件，合理优化检修标准和周期。

针对动车组上部服务设施相同部件在不同车型上的检修标准、周期的差异，结合现场检修实际、部件故障率等情况，按照系统、部件、结构相同或类似的原则，将检修周期、标准进行合理优化。

（2）按照修程整体设计的思路，统筹优化一级检修与二级检修标准。

一是对于一级检修与二级检修中相同的作业内容（周期不同、项目和标准相同），纳入一级检修进行，二级检修不再进行；二是在二级检修中增加车内设施检查、整修项目，确保一级检修中车内设施检修标准调整实施后检修质量不下降。

（3）利用车载数据信息化手段，探索数字化精准预防修。

利用目前已在动车组运用维修中应用的 WTDS、PHM+等信息管理系统，对于具备数据实时传输功能的动车组，选取系统采集的牵引变压器、变流器等部分的温度、电压、电流等实测数据，通过对数据的综合分析，挖掘系统（部件）的状态变化规律，实现上述系统检查、清洁的周期可依据数据分析结果动态调整，逐步实现部分二级检修项目由定期预防修向数字化精准预防修转变。

实 训

完成项目 1 任务 1.1 工作单（见表 1–5）。

表 1–5 项目 1 任务 1.1 工作单

项目名称	项目 1 动车组运用维修管理		
任务名称	任务 1.1 铁路动车组运用维修规则		
班级名称		姓 名	
学习小组			

续表

【基础知识认知】			
1. 动车组（　　）级检修为运用检修，在动车组运用所内进行。 A. 一　　B. 二　　C. 三　　D. 四 2. 动车组修程分为（　　）级。 A. 2　　B. 3　　C. 4　　D. 5 3. 判断：动车组实行以走行公里周期为辅、时间周期为主（先到为准）的计划预防修。（　　） 4. 判断：动车组一级检修可采用无电—有电或有电—无电—有电作业模式。（　　） 5. 判断：一级检修无电作业包括车内设备检修和车体两侧设备检修，有电作业分为车顶设备检修和车底设备检修。（　　） 6. 判断：一级检修作业小组有 4 名人员，分别为 1 号、2 号、3 号和 4 号作业人员，1 号作业人员是组长，1 号和 2 号作业人员负责车底设备和车体两侧设备检修，3 号和 4 号作业人员负责车顶设备和车内设备检修。同时可根据工作量，设置辅助检查人员配合作业。（　　） 7. CRH5A 型动车组一级检修周期由“≤5 500 km 或运用 48 h”调整为（　　）。 A. ≤运用 6 600 km 或 72 h　　B. ≤运用 7 700 km 或 48 h　　C. ≤运用 6 600 km 或 96 h　　D. 保持不变			
【职业能力训练】			
填写表 1－2《一体化作业申请单》（辆动－021）。			
【实训总结】			
指导教师评价：			
任务完成人签字：	日期：　　年　　月　　日		
指导教师签字：	日期：　　年　　月　　日		

任务 1.2　隔离开关供断电作业

任务单

任务名称	隔离开关供断电作业
任务分析	从人员管理、设备管理、隔离开关故障报修制度、安全防护制度、防护用品使用管理制度、安全确认制度、申请登记制度、隔离开关操作规程和钥匙管理等方面学习动车段《隔离开关管理办法》，使学生掌握隔离开关作业中的关键安全项点，牢固树立人身安全意识。 隔离开关操作分为远程分控柜操作、近程电动操作和近程手动操作三种，正常情况下采用远程分控柜操作。由于学习本任务并非为获得隔离开关操作资格，而是为了引导学生树立牢固的安全意识，因此后两种操作从略
实训任务	完成项目 1 任务 1.2 工作单
成果展示	项目 1 任务 1.2 工作单

学习引导文

1.2.1　动车段《隔离开关管理办法》（节选）

为进一步规范动车段隔离开关管理，特制定《隔离开关管理办法》。

1. 人员管理

（1）隔离开关操作人员、监护人员必须经过培训且考试合格，并取得铁路供电部门发放的接触网隔离开关操作合格证后，才能进行供断电操作，其他未经培训人员严禁动用供电设备。接触网隔离开关操作合格证每年进行复审。

（2）隔离开关作业人员每日上岗前要进行酒精测试，测试不合格者严禁作业。各车间、动车所要对酒精测试结果进行纸质存档。

2. 设备管理

使用车间是隔离开关设备（包括绝缘用品）的责任主体，负责设备的日常管理、点检、报修等。隔离开关设备远程控制部分维修部门为设备车间，对口管理部门为设备和信息化科；隔离开关设备动力部分及接触网部分维修部门为各供电段驻动车段（动车所）供电工区，对接部门为安全科。

3. 隔离开关故障报修制度

各动车所、检修车间隔离开关发生故障后，车间立即向供电段工区和设备车间进行报修，同时向安全生产调度指挥中心、安全科、设备和信息化科进行报备。维修过程中，出现异常情况需主管科室协调的，车间应立即向安全科或设备和信息化科汇报。设备维修完毕后，主管车间应及时告知主管科室处理结果。

4. 安全防护制度

（1）为确保隔离开关作业人员（隔离开关操作人员和安全监护人员，下同）的人身安全，保证供电设备和动车组设备设施安全，隔离开关作业人员和动车组作业人员必须遵守电气化区段作业安全规定。

（2）隔离开关操作必须执行双人作业制度，一人操作、一人防护，监护人员应对操作人员作业全程进行监护，不得参与作业。

（3）供断电操作过程中，隔离开关操作人员、监护人员身体各部位不得与隔离开关设备及其附件接触，并应正确使用安全防护用品和绝缘工具。

（4）供断电操作前，隔离开关操作人员、监护人员必须检查安全防护用品和绝缘工具是否在使用有效期内，状态是否良好。确认状态正常后在《隔离开关工具备品检查记录簿》上登记，按规定穿戴好安全防护用品。

（5）股道无作业时，接触网隔离开关要处于合闸状态，雨、雪、雾、霾等恶劣天气下，严禁处于分闸状态。分闸状态下，必须挂设接地线。

5. 防护用品使用管理制度

（1）隔离开关作业防护用品包括安全帽、绝缘手套、绝缘靴、接地线、接地杆、验电器、绝缘垫、绝缘棒等，各相关车间、动车所必须确保上述物品齐备。

（2）绝缘手套、绝缘靴、接地杆、验电器、绝缘垫、绝缘棒每半年在铁路供电部门按照规定进行打压试验，打压试验合格后粘贴检验合格证。安全帽按照安全帽标注的使用要求和报废年限进行使用和报废，不合格和超过有效期限的严禁使用。

（3）安全帽、绝缘手套、绝缘靴、绝缘棒，每次使用前后，用干布擦净，对绝缘手套进行简略漏气试验，检查保护用品状态，如发现有裂损等异状时，严禁使用，并及时向车间报告。

（4）车间必须对安全防护用品进行严格管理，对绝缘手套、绝缘靴、接地杆、验电器、绝缘垫进行编号、登记管理；车间要建立隔离开关防护用品基础台账，对防护用品的数量、配置位置、打压校验日期等进行登记，确保管理到位，符合要求。

（5）绝缘用品必须执行分类存放制度，严禁失效、有效绝缘用品混合存放。

（6）各车间、动车所配属绝缘用品（包括新购用品）需要进行耐压试验时，应自行联系材料科、供电段进行耐压试验，出现异常情况时，车间、动车所应及时反馈给安全科。

（7）更换接地杆（接地线）时，要执行双人作业制度，一人操作、一人防护，监护人员应对操作人员作业全程进行监护，不得参与作业。接触网处于无电状态，更换接地杆（接地线）时，作业人员要提前接挂备用接地线，确保作业过程中接触网始终保持接地良好。

（8）隔离开关接地线接在钢轨上的，接地极与钢轨间不得有油漆、油脂等影响导通的材质。车间每六个月要对接地极与钢轨接触面进行检查、清洁，并做好记录。

6. 安全确认制度

（1）负载确认。供断电作业前，车间调度员在调度室利用视频监控系统，以及监护人员在现场共同确认动车组降下受电弓（或动车组已出库），否则严禁进行供断电操作。

（2）人员确认。供电操作前，车间调度员利用视频监控系统，确认相应股道三层平台、车顶、车底、车体附近危险区域无人员滞留；监护人员现场确认相应股道三层平台、车顶、车底、车体附近及其他接触网危险区域无人。有人在危险区域滞留时严禁进行供电操作。

（3）供断电设备确认。供断电作业前，监护人员必须现场确认接触网、供断电操作开关、转动装置、显示装置及其他相关设备状态良好，接地线与接地极间安装牢固，接地线横截面积不小于 25 mm^2，无断股、散股、透明防护套破损等问题。设备状态不良时严禁进行供断电操作。

（4）联锁设备确认。在“远程分控柜操作”隔离开关供断电模式下，监护人员必须现场确认相应股道与远程分控柜联锁设备状态，车间调度员在调度室利用安全互锁监控系统进行联锁设备状态的确认，以保证供断电安全和操作能继续进行。在“近程电动操作”模式和“近程手摇操作模式”下，由监护人员在现场确认相应股道与近程操作柜设备状态，车间调度员在调度室利用视频监控系统进行联锁设备状态的确认，以确保供断电作业安全。隔离开关联锁设备包括转盘、三层平台、天车、架车机、移动接触网等，各股道的隔离开关联锁设备在该股道远程分控柜控制面板有明确标注。

7. 申请登记制度

（1）接触网供断电前，所有需要接触网断电的作业班组和部门均需到车间调度室向调度员办理申请登记手续。

（2）调度员利用安全联锁监控系统和视频监控系统确认申请作业股道动车组已经断电、降弓（或动车组已出库），主控钥匙已交回，附近接触网危险区域无作业人员，相关设备状态正确、良好后，联系供断电人员来调度室办理手续，并明确告知供断电人员作业股道、列位及作业内容。

（3）申请人员、隔离开关操作人员和监护人员按登记簿规定的内容要求，认真填写，不得简化程序。

（4）调度员检查确认申请人员、隔离开关操作人员和监护人员登记完毕、内容正确，进行签字确认，方可向隔离开关操作人员和监护人员发放相关隔离开关操作钥匙。

8. 隔离开关操作规程

正常情况下，供断电操作执行“远程分控柜操作”；当安全联锁监控系统或分控柜发生故障时，执行“近程电动操作”；当安全联锁监控系统或分控柜出现故障，近端控制柜同时也出现故障时执行“近程手动操作”。

1）远程分控柜操作

（1）断电操作。

① 登记：申请人员到车间调度室向调度员申请断电。调度员、申请人员、隔离开关操作人员和监护人员认真执行申请登记制度，调度员签字确认并发放隔离开关远程分控柜门钥匙、远程操作钥匙、接地杆存放盒钥匙。

② 穿戴：隔离开关操作人员和监护人员检查安全防护用品是否在使用有效期内并确认状态正常，按规定穿戴好安全防护用品。

③ 确认：办理隔离开关断电登记手续后，隔离开关操作人员、监护人员到本次申请登记的隔离开关处，确认股道、列位正确，打开该股道检修库大门，监护人员按确认制度规定进行现场逐项确认。

监护人员向车间调度员呼唤：“××道××列位接触网断电作业条件现场确认完毕，准备进行远程断电作业。”

车间调度员在调度室利用安全联锁监控系统和视频监控系统按确认制度规定进行逐项确认，通知隔离开关操作人员：“××道××列位接触网断电作业条件确认完毕，可以进行远程断电作业。”

④ 操作：隔离开关操作人员将隔离开关远程分控柜门打开，插入远程分控柜面板远程操作钥匙，将钥匙置于“确认”位置，按下分控柜面板上“警示”按钮。

监护人员向车间调度员呼唤：“××道××列位接触网申请远程断电操作，请给分闸信号。”

车间调度员库内广播两次：“××道××列位接触网准备进行断电作业，请大家注意安全。”

车间调度员操作安全联锁监控系统给出该股道隔离开关分闸信号，通知隔离开关操作人员：“××道××列位隔离开关分闸信号已给，可以进行远程断电操作。”

此时，远程分控柜面板上“可以分闸指示灯”点亮。隔离开关操作人员向监护人员呼唤：“××道××列位隔离开关分闸信号已有，现在进行远程断电操作”，监护人员向隔离开关操作人员呼唤：“确认××道××列位隔离开关分闸信号已有，可以进行远程断电操作。”隔离开关操作人员按下“分闸”按钮，完成接触网断电操作。

操作期间，车间调度员在调度室利用安全联锁监控系统和视频监控系统全程进行安全盯控，监护人员密切观察现场状况，观察库外刀闸动作情况，隔离开关操作人员保持精神集中，发现异常要立即终止作业。

⑤ 复查：接触网断电后，监护人员确认远程分控柜面板上“可以分闸指示灯”熄灭，“无电指示灯”点亮，确认接触网显示牌显示“无电”，确认库外隔离开关刀闸打开并动作到位。车间调度员在调度室确认安全联锁监控系统显示正常。

⑥ 挂杆：复查完毕后，隔离开关操作人员使用验电器对该股道接触网进行验电，确认无电后，挂好接地杆，并将隔离开关远程分控柜面板上“接地杆标示开关”打到“已挂”位置。监护人员确认接地线两端连接可靠。隔离开关操作人员将远程分控柜面板远程操作钥匙打到“复位”位置，拔取钥匙。

⑦ 完毕：监护人员向车间调度员报告：“××道×× 列位接触网远程断电作业完毕，接地杆已挂。”隔离开关操作人员锁好隔离开关远程分控柜。隔离开关操作人员和监护人员收好安全防护用品和绝缘工具，关闭该股道大门，将隔离开关远程操作各相关钥匙交还车间调度员。车间调度员通知申请人：“××道××列位接触网断电作业完毕。”

（2）供电操作。

① 登记：申请人员到车间调度室向调度员申请供电。调度员、申请人员、隔离开关操作人员和监护人员认真执行申请登记制度，调度员签字确认并发放隔离开关远程分控柜门钥匙、远程操作钥匙、接地杆存放盒钥匙。

② 穿戴：隔离开关操作人员和监护人员检查安全防护用品是否在使用有效期内并确认状态正常，按规定穿戴好安全防护用品。

③ 确认：办理隔离开关供电登记手续后，隔离开关操作人员、监护人员到本次申请登记的隔离开关处，确认股道、列位正确，打开该股道检修库大门，监护人员按确认制度规定进行现场逐项确认。监护人员向车间调度员呼唤：“××道××列位接触网供电作业条件现场确认完毕，准备进行远程供电作业。”

车间调度员在调度室利用安全联锁监控系统和视频监控系统按确认制度规定进行逐项确认，通知隔离开关操作人员：“××道××列位接触网供电作业条件确认完毕，可以进行远程供电作业。”

④ 撤杆：操作人员撤下接地杆，将接地杆放置在存放盒内。

⑤ 操作：隔离开关操作人员将隔离开关远程分控柜门打开，插入远程分控柜面板远程操作钥匙，将钥匙置于“确认”位置，将分控柜面板上“接地杆标示开关”打到“已撤”位置，然后按下分控柜面板上“警示”按钮。

监护人员向车间调度员呼唤：“××道××列位接触网接地杆已摘，申请远程供电操作，请给合闸信号。”

车间调度员库内广播两次：“××道××列位接触网准备进行供电作业，请大家注意安全。”

车间调度员操作安全联锁监控系统给出该股道隔离开关合闸信号，通知隔离开关操作人员：“××道××列位隔离开关合闸信号已给，可以进行远程供电操作。”

此时，远程分控柜面板上“可以合闸指示灯”点亮。隔离开关操作人员向监护人员呼唤：“××道××列位隔离开关合闸信号已有，现在进行远程供电操作”，监护人员向隔离开关操作人员呼唤：“确认××道××列位隔离开关合闸信号已有，可以进行远程供电操作。”操作人员按下“合闸”按钮，完成接触网供电操作。

操作期间，车间调度员在调度室利用安全联锁监控系统和视频监控系统全程进行安全盯控，监护人员密切观察现场状况，观察库外闸刀动作情况，隔离开关操作人员保持精神集中，发现异常要立即终止作业。

⑥ 复查：接触网供电后，监护人员确认远程分控柜面板上“可以合闸指示灯”熄灭，“有电指示灯”点亮，确认接触网显示牌显示“有电”，确认库外隔离开关刀闸闭合并动作到位。车间调度员在调度室确认安全联锁监控系统显示正常。最后，操作人员将远程分控柜面板远程操作钥匙打到“复位”位置，拔取钥匙。

⑦ 完毕：监护人员向车间调度员报告：“××道××列位接触网远程供电操作完毕。”操作人员锁好隔离开关远程分控柜。隔离开关操作人员和监护人员收好安全防护用品和绝缘工具，关闭该股道大门，将隔离开关远程操作各相关钥匙交还车间调度员。车间调度员通知申请人：“××道××列位接触网供电作业完毕。”

2）近程电动操作

略。

3）近程手动操作

略。

9. 钥匙管理

使用车间要加强对安全联锁监控系统远程控制柜和隔离开关近程控制柜钥匙的管理，建立台账并由专人管理钥匙。近程控制柜和围栏钥匙要单独存放，由专人做好发放记录。同时要定期润滑、打开近程控制柜和围栏锁具，确保其状态良好，以保证其在应急情况下能正常使用。

10. 其他

遇雷雨天气时，禁止近程操作隔离开关。

1.2.2　填写《接触网供断电及登顶记录》

填写表 1–6 所示的《接触网供断电及登顶记录》。

表 1–6　接触网供断电及登顶记录

辆动–002

CRH	××××段××××所	版本号：201307
	接触网供断电及登顶记录	

断电申请	日期		股道（列位）		车组号		
	申请时间		申请人员		降弓确认时间		确认人
断电操作	断电完成时间		隔离开关操作人员		监护人员		
车组放电	放电完成时间				确认人		
车顶作业人员签字	领卡时间				还卡签字		
	部门	领卡人	领卡时间	卡号	还卡人	还卡时间	收卡人
供电申请	日期		股道（列位）		车组号		
	申请时间		申请人员		供电安全确认人		
供电操作	供电完成时间		隔离开关操作人员		监护人员		
备注							

实 训

完成项目 1 任务 1.2 工作单（见表 1–7）。

表 1–7 项目 1 任务 1.2 工作单

<table>
<tr><td>项目名称</td><td colspan="3">项目 1 动车组运用维修管理</td></tr>
<tr><td>任务名称</td><td colspan="3">任务 1.2 隔离开关供断电作业</td></tr>
<tr><td>班级名称</td><td></td><td>姓 名</td><td></td></tr>
<tr><td>学习小组</td><td colspan="3"></td></tr>
<tr><td colspan="4">【基础知识认知】</td></tr>
<tr><td colspan="4">1. 隔离开关绝缘工具包括（ ）。
A. 绝缘手套 B. 绝缘靴 C. 验电笔 D. 防护眼镜
2. 隔离开关设备打压必须在（ ）进行。
A.车辆段（动车段） B. 供电段 C. 机务段 D. 电务段
3. 安全帽、绝缘手套、绝缘靴、绝缘棒，每次使用前后，（ ）。
A. 用干布擦净 B. 用湿布擦净 C. 用水冲洗 D. 以上均可
4. 接触网隔离开关操作合格证每（ ）须进行复审。
A. 一季度 B. 半年 C. 一年 D. 两年
5. 判断：接触网供电作业时，必须先摘接地杆，方可供电。（ ）</td></tr>
<tr><td colspan="4">【职业能力训练】</td></tr>
<tr><td colspan="4">依托高铁综合实训基地，以小组为单位，采用角色扮演的方式，进行隔离开关供断电作业，填写《接触网供断电及登顶记录》（见表 1–6）。</td></tr>
<tr><td colspan="4">【实训总结】</td></tr>
<tr><td colspan="4"></td></tr>
<tr><td colspan="4">指导教师评价：</td></tr>
<tr><td colspan="4">任务完成人签字： 日期： 年 月 日
指导教师签字： 日期： 年 月 日</td></tr>
</table>

项目 2　一级检修作业

项目描述

国铁集团通过动车组管理信息系统下发各型动车组一级检修和二级检修标准，各动车段技术科（或运用管理科）根据一级检修和二级检修标准及其他相关技术文件，结合本段实际，细化制定一级检修和二级检修作业指导书，动车所按照一级检修和二级检修作业指导书进行作业。

本项目主要依据动车段《CR400BF 型动车组一级检修作业指导书》编写，首先从动车所班组设置等管理工作方面、一级检修流程等技术要求方面和安全注意事项等作业安全方面介绍一级检修总体要求，之后从车底作业、车顶作业、车侧作业和车内作业四个方面介绍一级检修质量标准，帮助学生全面掌握一级检修作业相关规定。

本项目任务

任务 2.1　一级检修总体要求
任务 2.2　车底作业
任务 2.3　车顶作业
任务 2.4　车侧作业
任务 2.5　车内作业

教学目标

1. 知识目标

（1）熟悉动车所班组设置、作业分工、人员着装和工具配备等知识；
（2）熟悉动车组一级检修流程、作业路线；
（3）掌握一级检修“四必”作业要求；
（4）掌握一级检修安全注意事项；
（5）掌握 CR400BF-A 型动车组一级检修和二级检修限度表；
（6）熟悉 CR400BF-A 型动车组一级检修质量标准。

2. 能力目标

依托高铁综合实训基地，采用角色扮演的方式，完成以下任务：
（1）填写《CR400BF 型动车组一级检修记录单》（辆动-048）和《CR400BF 型动车组一级检修试验单》（辆动-049）；
（2）进行动车组一级检修车底作业、车顶作业、车侧作业和车内作业。

3. 课程思政目标

（1）培养实际操作能力，树立劳动意识；
（2）培养团队协作能力；
（3）培养严谨认真的态度、安全生产的意识、遵章守纪的作风。

任务 2.1 一级检修总体要求

任务单

任务名称	一级检修总体要求
任务分析	以 CR400BF－A 型动车组为例，从一级检修周期规定，动车所班组设置及作业分工，一级检修作业班组人员配置、分工，一级检修作业班组人员着装、工具配备，一级检修作业流程图，一级检修流程执行的标准化，动车组一级检修作业路线，一级检修“四必”作业要求及拍照项点，安全注意事项和一级检修限度表等方面学习一级检修总体要求。 一级检修作业不是一级检修班组能够独立完成的，需要各班组联劳协作、各司其职，要充分理解铁路企业“高度集中、大联动机、半军事化”的特点，自觉遵章守纪、注重团队意识的培养
学习任务	完成项目 2 任务 2.1 工作单
成果展示	项目 2 任务 2.1 工作单

学习引导文

2.1.1 一级检修管理制度

1. 一级检修周期规定

CR400BF－A 型动车组一级检修的周期为每次累计运用 7 000 km+700 km（或 48 h，运用 48 h 机检正常，人工技检可延长至 72 h）。

2. 动车所班组设置及作业分工

一级检修作业过程中各班组（部门）职责分工见表 2－1。

表 2－1 一级检修作业过程中各班组（部门）职责分工

编号	班组	岗位职责
1	值班所长	审核检修作业计划，组织生产交班会议，现场检查作业标准及“两纪”落实情况，组织指挥生产，确保动车组安全正点出库
2	调度组	运行调度员：掌握当班动车组运行故障情况，编制检修作业计划，接收、传达文件电报
		检修调度员：组织现场作业，卡控作业时间节点
		安全调度员：负责现场作业安全
		视频监控员：负责作业过程视频监控
		检测设备监控员：负责 TEDS、受电弓检测、轮对踏面检测设备的信息监控及故障报告
3	一级班组	负责动车组一级检修作业
4	上部组	按车间分工，负责动车组车内设施的检修
5	隔离开关组	负责接触网供断电安全操作
6	质检组	负责一级检修作业过程及质量控制，组织联检作业。 负责组织清网人员作业，控制清网作业质量及安全。 负责组织外皮保洁人员作业，控制作业质量及安全。 负责组织吸污人员作业，控制作业质量及安全
7	洗车组	负责洗车作业
8	清网组	负责清网作业
9	技术组	负责故障分析，重点作业盯控，提供现场技术支持

3. 一级检修作业班组人员配置、分工

（1）设一级检修作业小组 2 个，01～08、9～16 车分别各由 1 个小组（4 名作业人员以①～④号表示）完成作业，各动车所可根据工作量，设置辅助作业人员配合作业。

①、②号作业人员负责司机室设备、车载信息系统、车顶设备检查及相关性能试验。

③、④号作业人员负责车体、裙板、底板、转向架、钩缓连接、制动、车端连接等下部检查。

2名辅助作业人员协助检查，具体负责动车组进库清道、接车检查，接插外接电源和配合①、②号作业人员进行车顶作业时升降受电弓。各动车所可根据现场作业实际情况，安排③、④号作业人员负责接送车，①、②号作业人员负责受电弓升降弓操作。

注意事项：

- ③、④号作业人员在地沟检查时以车底中心线为界，按照分工各自检查一侧设备，检查驱动装置齿轮箱时，与齿轮箱连接的牵引电机归齿轮箱检查侧作业人员检查；
- ③、④号作业人员进行车底作业，前后间隔不超过3 m。
- ③、④号作业人员应检查中心线部位处需检查部件。
- ③、④号作业人员每人检查一侧车轴。

（2）清网作业小组1个（8名作业人员以①～⑧号表示），①号作业人员为小组长，每2名作业人员组成1个作业单元，2人须一同作业。

（3）上部作业小组1个（2名作业人员以①、②号表示），①号作业人员为小组长，2人须一同作业。

4. 一级检修作业班组人员工装、工具配备

1）隔离开关组

着装：绝缘鞋、工作帽、工作服、绝缘手套。

工具：对讲机、接地杆、验电杆、工作手册。

2）一级班组

着装：防护鞋、工作帽、工作服、劳保手套。

工具：

①号作业人员：数字化手电筒、对讲机、安全号志、钢板尺、四角钥匙、禁动牌、弹簧秤、秒表、防松记号笔、清洁布、粉笔、工作手册。

②号作业人员：数字化手电筒、对讲机、钢板尺、四角钥匙、防松记号笔、清洁布、粉笔、工作手册。

③号作业人员：数字化手电筒、对讲机、钢板尺、四角钥匙、防松记号笔、清洁布、粉笔、工作手册。

④号作业人员：数字化手电筒、钢板尺、四角钥匙、防松记号笔、清洁布、粉笔、工作手册。

3）上部组

着装：防护鞋、工作帽、工作服、劳保手套。

工具：

①号作业人员：对讲机、工具包[一字螺丝刀（150 mm）、十字螺丝刀（150 mm）、活络扳手（200 mm）、内六方（2～10 mm）扳手、克丝钳（150 mm）、尖嘴钳（100 mm）]、三叉钥匙、数字化手电筒、工作手册。

②号作业人员：数字化手电筒、三叉钥匙、工作手册。

4）一级质检员

着装：防护鞋、安全帽、工作服、劳保手套。

工具：数字化手电筒、对讲机、钢板尺、三叉钥匙、工作手册。

5）清网组

着装：防护鞋、工作帽、工作服、劳保手套。

工具：

①、③、⑤、⑦号作业人员（每人）：对讲机（仅①号）、四角钥匙、数字化手电筒、对讲机、套筒（10 mm、13 mm、17 mm）、扭力扳手（10～100 N·m）、清洁布、工作手册。

②、④、⑥、⑧号作业人员（每人）：防松记号笔、粉笔、清洁布、数字化手电筒、对讲机、套筒（10 mm、13 mm、17 mm）、扭力扳手（10～100 N·m）、工作手册。

6）清网质检人员

着装：防护鞋、工作帽、工作服、劳保手套。

工具：数字化手电筒、对讲机、套筒（10 mm、13 mm、17 mm）、扭力扳手（10～100 N·m）、工作手册、四角钥匙、防松记号笔。

7）吸污质检人员

着装：防护鞋、工作帽、工作服、劳保手套。

工具：数字化手电筒（或照相机）、对讲机、工作手册。

8）外皮质检人员

着装：防护鞋、工作帽、工作服、劳保手套。

工具：数字化手电筒（或照相机）、对讲机、工作手册。

2.1.2 一级检修作业流程

1. 一级检修作业流程图

一级检修作业根据现场作业组织，可分为先断电后供电及先供电后断电再供电两种作业模式，先供电后断电再供电模式主要是在先断电后供电模式的基础上，将车内作业一分为二，制动试验，停放制动试验，车门试验，刮雨器、遮阳帘等设备检查在第二次供电作业时执行，其余车内作业在第一次供电作业时执行。这里主要学习先断电后供电模式。

2017 年版的《铁路动车组运用维修规则》中，已经删除了“动车组在检查库内一级检修时间不得少于 4 h”的规定，因此，在一级检修作业指导书中，检修时间虽然仍为 4 h，但是并非严格要求，可以根据实际情况灵活掌握。一级检修作业流程图（先断电后供电模式）如图 2－1 所示。

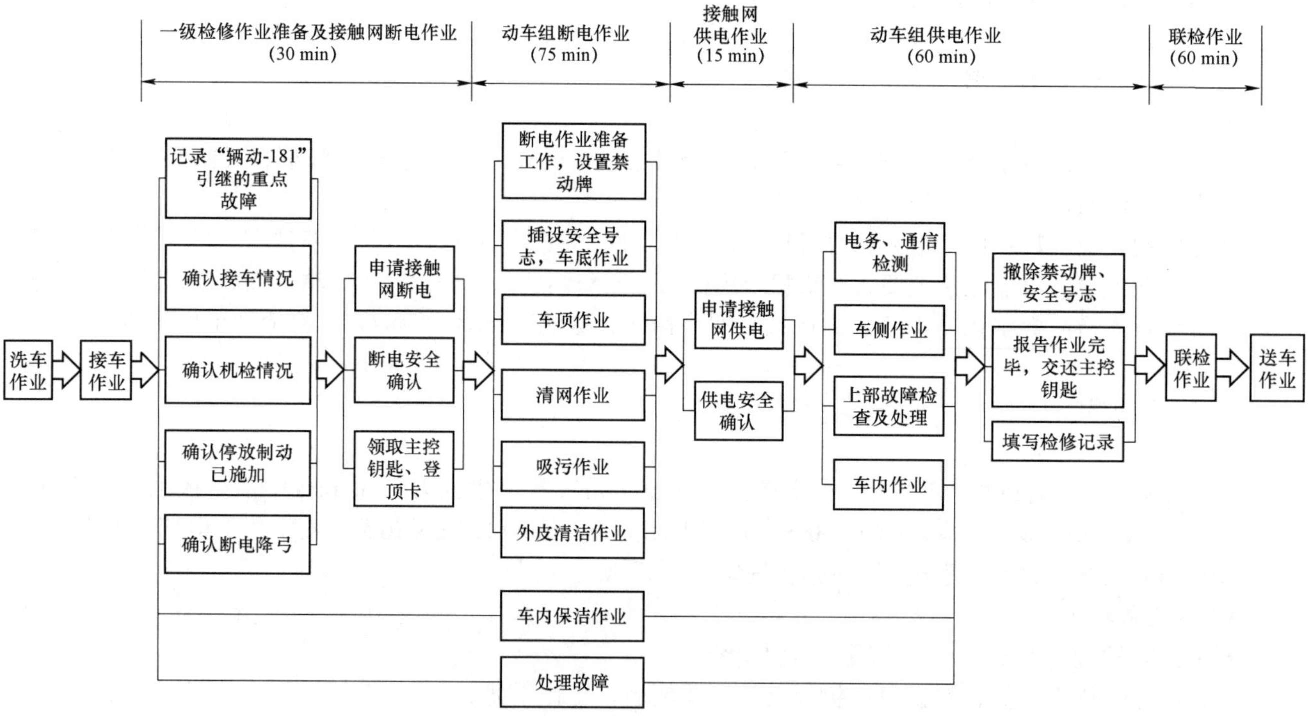

图 2－1 一级检修作业流程图（先断电后供电模式）

2. 一级检修流程执行的标准化（先断电后供电模式）

1）洗车作业

（1）作业人员：洗车组。

（2）作业流程：

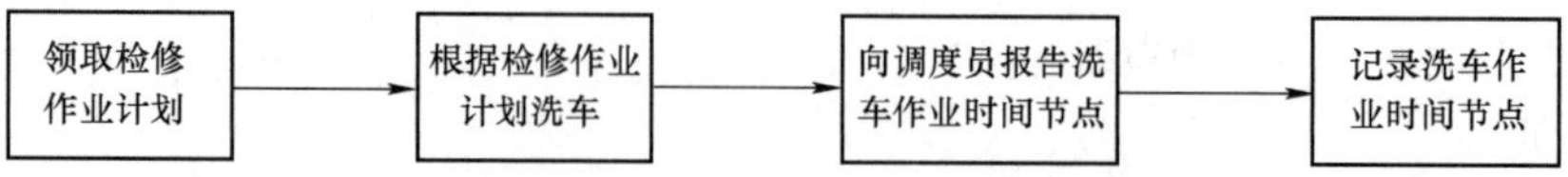

（3）作业要求：

● 洗车库作业人员在参加交班会时领取当日检修作业计划，按照计划进行洗车作业。洗车作业完毕后，洗车库人员须使用对讲机向调度员报告洗车作业时间节点，并做好相应记录。

- 如遇特殊情况，动车所值班所长通知运行调度员向段调度科申请取消洗车作业。

2）接车作业

（1）作业人员：③、④号作业人员（或辅助作业人员）。

（2）作业流程：

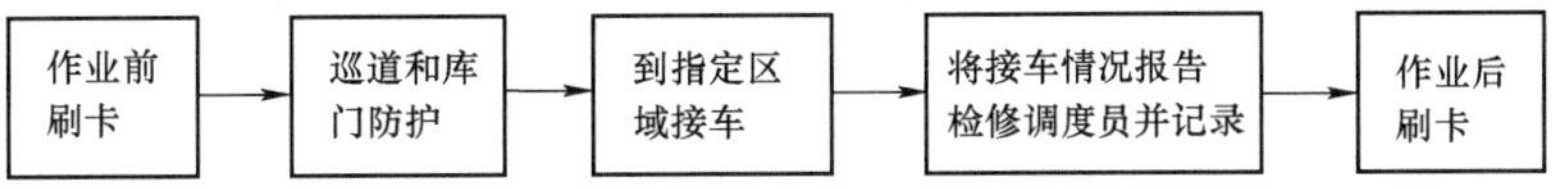

（3）作业要求：

- ③、④号作业人员（或辅助作业人员）接到调度员的接车命令后，在工位机刷卡或在信息系统登录，记录接车开始时间。
- 动车组进入检修库前，安全调度员通知辅助作业人员（或③、④号作业人员）提前完成动车组停放股道的巡道和库门防护工作，重点确认轨道桥有无异物、地沟有无人员、立体平台翻板有无收起、设备配件有无侵限；股道大门打至全开位。
- 动车组入库时，2 名辅助作业人员（或③、④号作业人员）分别在动车组停放股道入库端两侧指定位置接车，检查轮对及车下设备运转有无异音，检查车号和目的地显示器、侧门关闭及指示灯显示和风机运转等状态。
- 动车组在库内停妥后，接车人员向检修调度员报告接车情况，并在工作手册上记录。
- 接车作业完毕后，在工位机刷卡或在信息系统登录，记录接车结束时间。

3）一级检修作业准备及接触网断电作业（30 min）

（1）作业人员：一级班组①～④号作业人员、隔离开关组。

（2）作业流程：

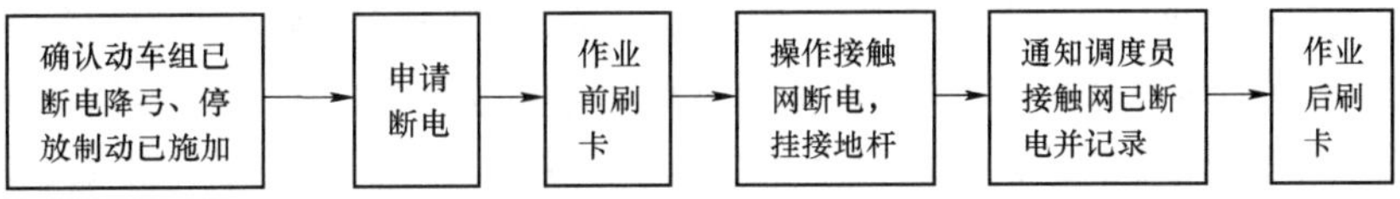

（3）作业要求：

- ①号作业人员到调度室记录《动车组故障交接记录单》（即“辆动–181”）引继的重点故障，确认接车情况，同时检修调度员通知①号作业人员受电弓检测、踏面诊断、TEDS 检测设备的检测情况，②号作业人员确认动车组已断电降弓，③、④号作业人员确认停放制动已施加，并报告①号作业人员，安全调度员使用视频监控设备确认动车组已断电降弓，由①号作业人员在《接触网供断电及登顶记录》上申请接触网断电。
- 安全调度员通知隔离开关作业人员到调度室确认接触网断电股道，并在《接触网供断电及登顶记录》上签字确认。隔离开关操作人员在工位机刷卡或登录信息系统，记录作业开始时间，再进行隔离开关断电操作，操作完毕后，在工位机刷卡或登录信息系统，记录作业结束时间。
- 接触网断电后，由①号作业人员确认接触网已断电、接地杆可靠设置后在工作手册上记录，领取主控钥匙并和②号作业人员一同领取登顶卡。

4）动车组断电作业（75 min）

（1）断电作业准备工作。

- 作业人员：①号作业人员。
- 作业流程：

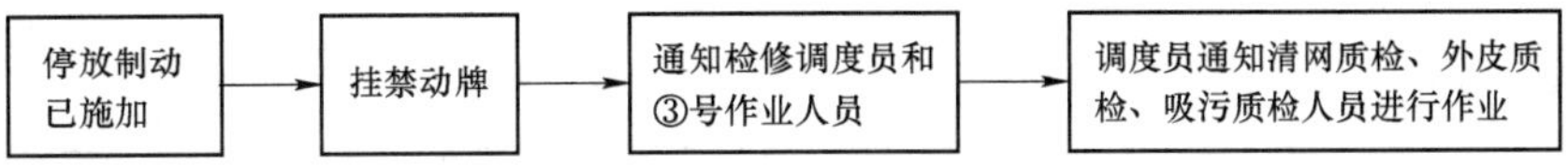

- 作业要求：

①号作业人员在车下确认停放制动已施加，进入司机室，在牵引手柄上挂上禁动牌后通知检修调度员

和③号作业人员，由检修调度员通知清网质检、外皮质检、吸污质检人员可以进行作业。

（2）车底作业。

- 作业人员：③、④号作业人员。
- 作业流程：

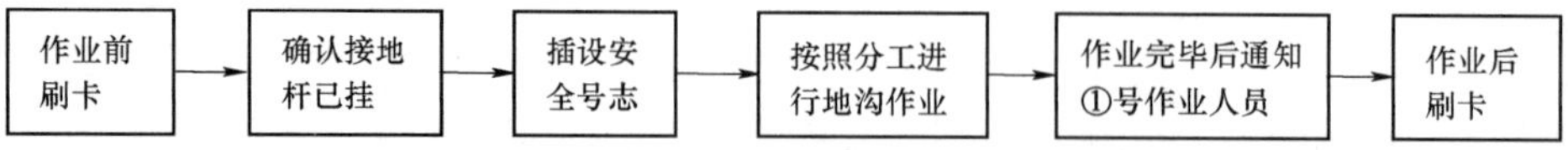

- 作业要求：

• ③、④号作业人员在工位机刷卡或登录信息系统，记录断电车底作业开始时间。

• ③号作业人员在动车组出库端插设安全号志，与④号作业人员共同确认接地杆、号志后，开始车底作业，作业完毕后由③号作业人员通知①号作业人员。

• 如在检查过程中发现磨耗件（闸片等）到限需要更换，原则上由检查作业者进行更换。设有临修组的动车所，实施检修分离，检查作业者发现磨耗件（闸片等）到限后，由临修组负责更换。

• 车底作业完毕后，③、④号作业人员在工位机刷卡或登录信息系统，记录车底作业结束时间。

（3）车顶作业。

- 作业人员：①、②号作业人员。
- 作业流程：

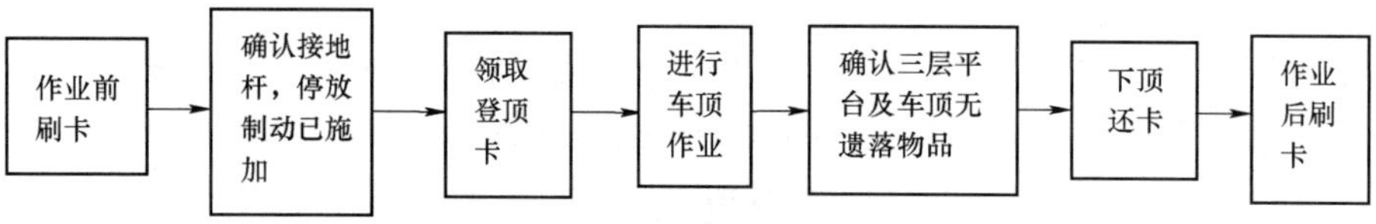

- 作业要求：

• ①、②号作业人员在工位机刷卡或登录信息系统，记录断电车顶作业开始时间。

• ①、②号作业人员带领绝缘子擦拭作业人员一同登顶，按照车顶作业路线进行车顶设备检查，①号作业人员负责07车受电弓检查，②号作业人员负责02车受电弓检查，汇合后再依次对受电弓进行联合检查。①、②号作业人员必须在绝缘子擦拭人员下顶后，对三层平台及车顶进行检查，防止工具材料遗落在车顶或三层平台。

• 如在检查过程中发现磨耗件（碳滑板等）到限需要更换，原则上由检查作业者进行更换。设有临修组的动车所，实施检修分离，检查作业者发现磨耗件（碳滑板等）到限后，由临修组负责更换。

• 车顶作业完毕后，①、②号作业人员在工位机刷卡或登录信息系统，记录车顶作业结束时间。

（4）清网作业。

- 作业人员：清网组、清网质检人员。
- 作业流程：

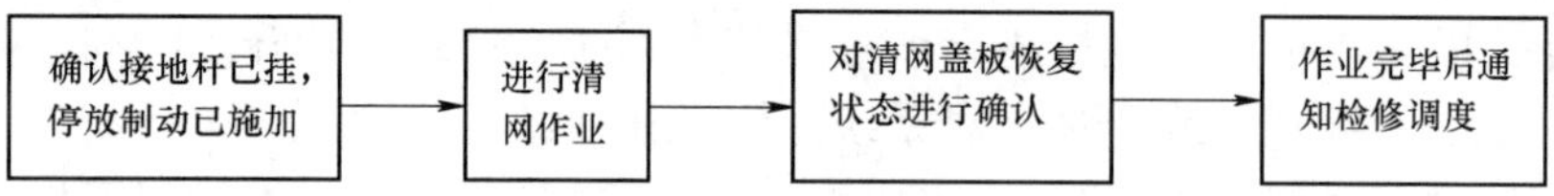

- 作业要求：

• 清网质检人员在接到检修调度员接触网断电完毕的通知后，组织清网作业人员到达相应股道插设安全号志后进行清网作业。

• 清网作业完毕后，清网质检人员撤除安全号志，并通知检修调度员作业完毕。

（5）吸污作业。

- 作业人员：吸污质检人员。
- 作业流程：

- 作业要求：

吸污质检人员在确认动车组停放制动已施加后，组织吸污作业人员到达相应股道进行吸污作业。吸污作业完毕后，吸污质检人员通知检修调度员吸污作业完毕。

（6）外皮清洁作业。

- 作业人员：外皮质检人员。
- 作业流程：

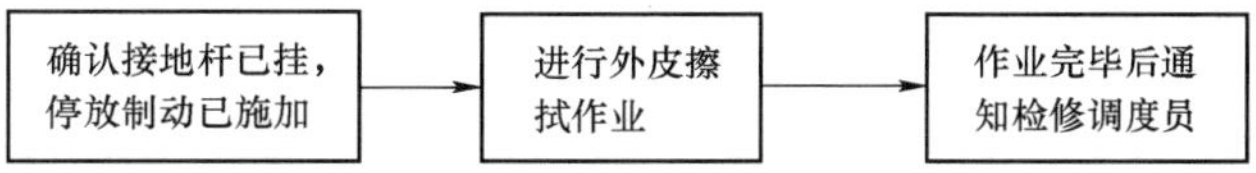

- 作业要求：

外皮质检人员在接到检修调度员接触网断电完毕的通知后，组织外皮清洁作业人员到达相应股道进行外皮作业。外皮清洁作业完毕后，外皮质检人员通知检修调度员作业完毕。

5）接触网供电作业（15 min）

（1）作业人员：隔离开关组。

（2）作业流程：

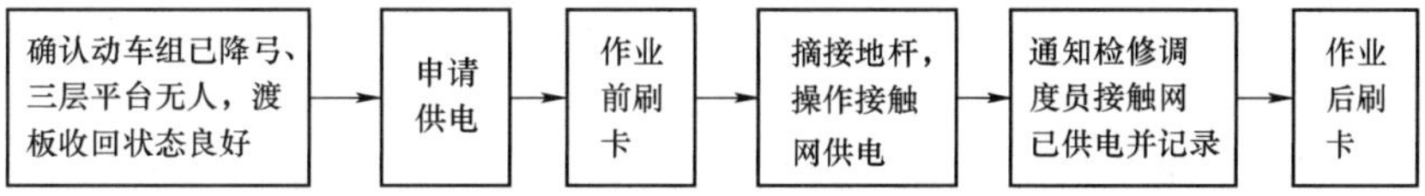

（3）作业要求：

- ①、②号作业人员在下顶前确认车顶及三层平台无人、无杂物遗落，并负责确认三层平台渡板收回状态良好。③、④号作业人员负责确认地沟无作业人员，由①号作业人员用对讲机通知安全调度员符合供电安全条件并到调度室办理供电申请。安全调度员接到通知后，在安全联锁监控系统上确认三层平台渡板已收回，确认登顶卡已全部收回。
- ①号作业人员到达调度室后交回主控钥匙并在动车组运管台账上申请接触网供电，安全调度员通知隔离开关作业人员到调度室确认接触网供电股道并记录在工作手册上，在《接触网供断电及登顶记录》上签字确认，并在工位机刷卡或登录信息系统，记录作业开始时间。隔离开关组在接触网供电操作前联系安全调度员，由安全调度员用视频监控系统确认车顶无作业人员，受电弓已降下，再进行隔离开关操作。
- 接触网供电操作完毕后，隔离开关操作人员在工位机刷卡或登录信息系统，记录作业结束时间。①号作业人员确认接触网供电操作完毕后到调度室领取主控钥匙。

6）动车组供电作业（60 min）

（1）电务、通信检测。

- 作业人员：电务 ATP 人员、通信 CIR 人员。
- 作业流程：

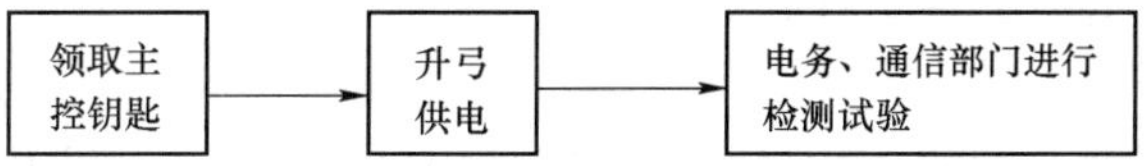

- 作业要求：

接触网供电作业完毕后，检修调度通知“三电”（ATP、LKJ、CIR）人员到相应股道进行供电检测。①号作业人员领取主控钥匙后，用对讲机联系“三电”人员在司机室汇合。①号作业人员升弓供电，确认电压表数值正常后合主断，并在 HMI 上确认 APU 工作正常后，由“三电”人员进行检测。

（2）车侧作业。

- 作业人员：③、④号作业人员。
- 作业流程：

● 作业要求：

• ①号作业人员升弓供电后通知③号作业人员可以进行车侧作业，③、④号作业人员在工位机刷卡或登录信息系统，记录作业开始时间后，按照一级检修作业指导书指定路线进行两侧检查。

• 车侧作业完毕后，在工位机刷卡或登录信息系统，记录作业结束时间。③号作业人员通知①号作业人员车侧作业完毕。

（3）上部故障检查及处理。

● 作业人员：上部组。

● 作业流程：

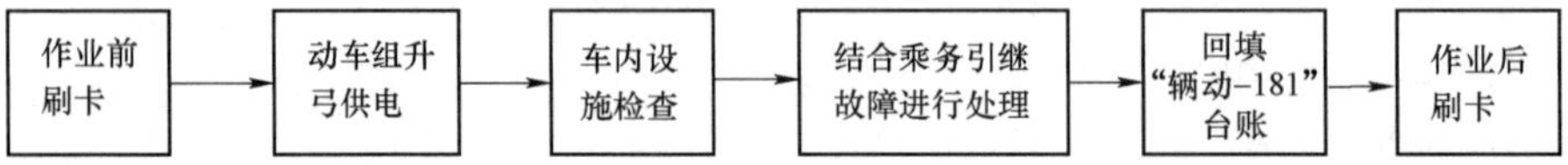

● 作业要求：

• 上部组作业人员在工位机刷卡或登录信息系统，记录作业开始时间后，对“辆动－181”引继故障进行处理。

• 作业完毕后到调度室回填“辆动－181”台账。作业完毕后在工位机刷卡或登录信息系统，记录作业结束时间。

（4）车内作业。

● 作业人员：①、②号作业人员。

● 作业流程：

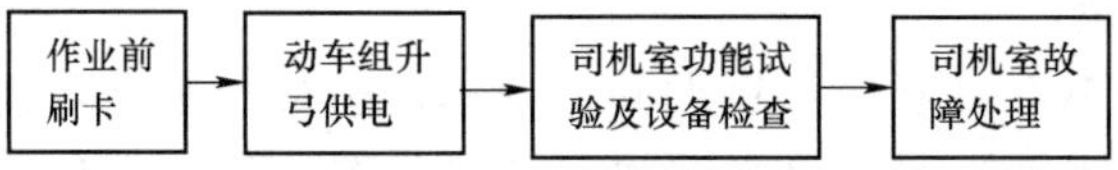

● 作业要求：

•“三电”检测完毕后，①、②号作业人员在工位机刷卡或登录信息系统，记录作业开始时间，①号作业人员负责司机室功能试验并使用工作手册记录试验结果，②号作业人员负责配合确认司机室头灯及司机室设施的检查，作业过程中应严格按照本车型动车组一级检修作业标准执行。作业结束后，①号作业人员撤除禁动牌，通知③号作业人员撤除安全号志。

• ①号作业人员在工位机刷卡或登录信息系统，记录作业结束时间，并向调度员报告作业完毕，交还主控钥匙。

• ①号作业人员集合②、③、④号作业人员，确认、登记检查的故障状况，并及时填写《动车组一级检修竣工单》、“辆动－181”、重要配件更换记录等台账。

7）联检作业（60 min）

（1）作业人员：一级质检员、司机、“三电”（ATP、LKJ、CIR）人员及随车机械师。

（2）作业流程：

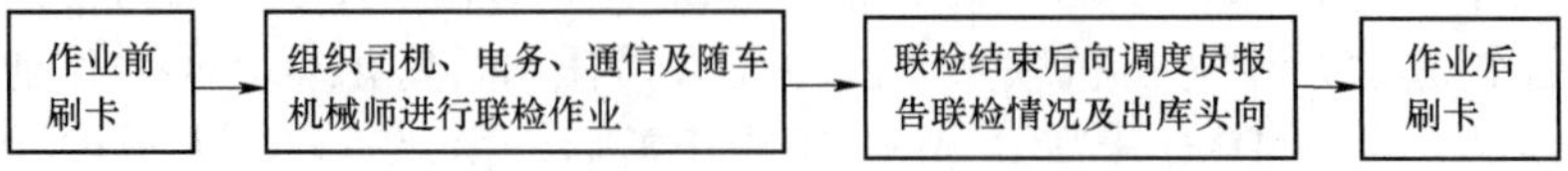

（3）作业要求：

● 检修调度员通知一级检修质检员、司机、“三电”人员集合参加联检，将主控钥匙交予司机。

● 一级质检员在工位机刷卡或登录信息系统，记录联检作业开始时间，领取动车组联检记录单后与其他人员一同前往相应动车组进行联检作业。

● 联检作业结束后由一级质检员向检修调度员汇报联检情况，以及动车组出库头向，在工位机刷卡或登录信息系统，记录联检作业结束时间。检修调度员通知送车人员送车。

8）送车作业

（1）作业人员：③、④号作业人员（或辅助作业人员）。

（2）作业流程：

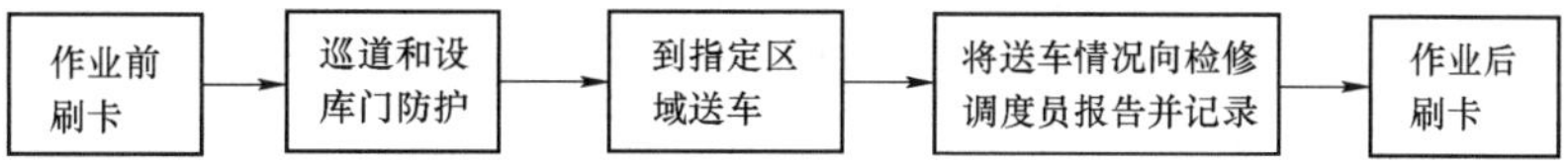

（3）作业要求：

● 接到调度送车命令后，③、④号作业人员（或辅助作业人员），在工位机刷卡或登录信息系统，记录送车作业开始时间。

● 动车组出检修库前，检修调度员通知③、④号作业人员（或辅助作业人员）完成动车组停放股道的库门防护工作，重点确认轨道桥有无异物、地沟有无人员、立体平台翻板有无收起、设备配件有无侵限；股道大门打至全开位。

● 动车组出库时，③、④号作业人员（或辅助作业人员）分别在动车组停放股道出库端两侧指定位置送车，检查轮对及车下设备运转有无异音，检查车号和目的地显示器、侧门关闭及指示灯显示和风机运转等状态。如发现异常立即通知检修调度员，动车组出库后，送车人员向检修调度员报告送车情况并记录在工作手册上。

● 作业完毕后，送车人员在工位机刷卡或登录信息系统，记录送车作业结束时间。

3. 动车组一级检修作业路线

假设01车为出库端，以检修01～08车的第1作业小组为例，学习一级检修作业路线，第2作业小组检修作业路线与此类似。

1）车底作业路线

车底作业路线如图2–2所示。

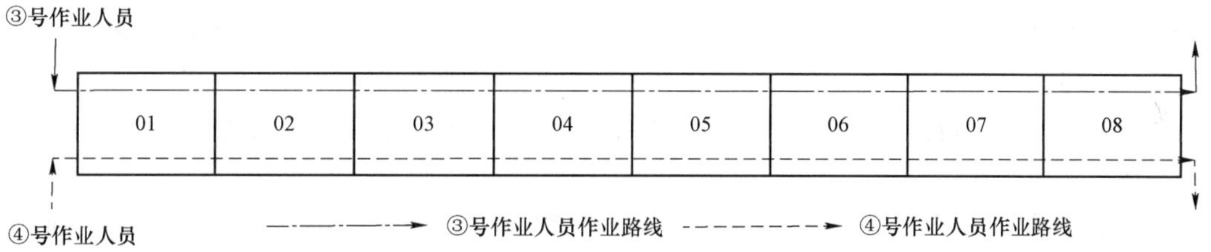

图2–2 车底作业路线

2）车顶作业路线

车顶作业路线如图2–3所示。

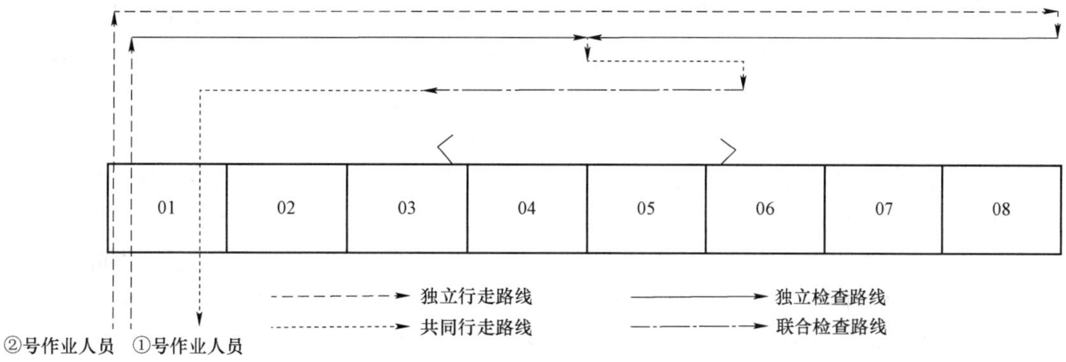

图2–3 车顶作业路线

3）车侧作业路线

车侧作业路线如图 2–4 所示。

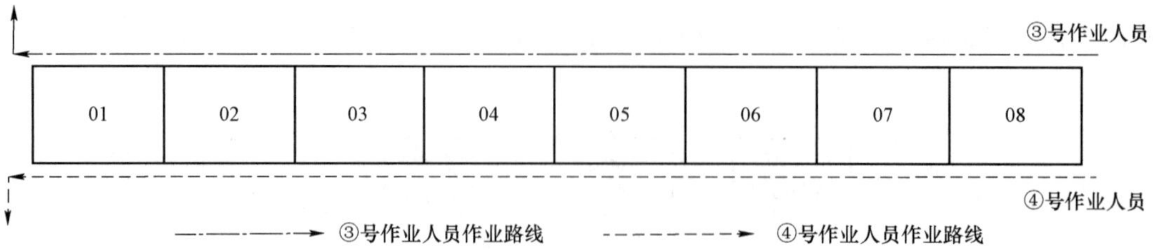

图 2–4　车侧作业路线

4）车内作业路线

车内作业路线如图 2–5 所示

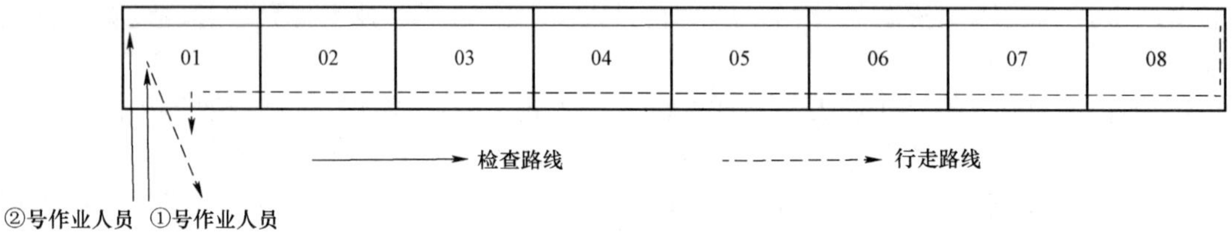

图 2–5　车内作业路线

修程修制改革后，一级检修车内作业中，一级检修组除负责司机室设备检查、试验外，只负责空调点温和处理车门故障。

4. 一级检修“四必”作业要求及拍照项点

1）一级检修“四必”作业要求

在检修作业过程中，①～④号作业人员按照“四必”（必呼、必看、必指、必画）的检查作业办法，对动车组的重点作业部位（带★的项点）加强检查，保证动车组检修质量。

（1）“必呼”指作业人员必须熟记重点检修部位名称，在检修该部位时能准确叫出该部位名称，并能准确报出该部位的故障。

（2）“必看”指作业人员在进行检修作业时，所有部位都要准确看到，不得漏看、误看或只呼唤配件名称而不看该部位。

（3）“必指”指作业人员在进行检修作业时，要在看到并呼出检查部位时使用橡胶锤准确同步指出，确认状态是否良好。

（4）“必画”指作业人员在进行检修作业时，在重点检查的部位要施画明显标记。

2）一级检修数字化手电筒拍照项点

（1）车顶作业。① 接地杆 1 张；② 安全号志 1 张；③ 车组号 1 张；④ 受电弓整体 4 张；⑤ 受电弓标记 4 张；⑥ 碳滑板厚度测量（带钢板尺）4 张；⑦ 避雷器 4 张；⑧ 受电弓支撑绝缘子 12 张。

（2）车底作业。① 接地杆 1 张；② 安全号志 1 张；③ 车组号 1 张；④ 转向架齿轮箱油位 32 张；⑤ 联轴节 32 张。

（3）车侧作业。① 安全号志 1 张；② 车组号 1 张；③ 转向架轴端盖（接地装置）64 张；④ 转向架抗蛇行减振器 64 张；⑤ 注水口盖板 16 张；⑥ 吸污口盖板 13 张；⑦ 扫石器高度（带钢板尺）4 张；⑧ 撒砂管高度（带钢板尺）16 张。

（4）供电作业。① 车组号 1 张；② 供电界面 1 张；③ 车门试验 4 张；④ 空调界面 2 张、司机室空调点温 2 张，⑤ 制动试验 4 张；⑥ 故障界面 4 张；⑦ 蓄电池电压表 1 张；⑧ 车组号升弓试验 4 张；⑨ 标识灯 4 张；⑩ 对受电弓监控屏每个受电弓监控状态逐一拍照并留存 4 张。

5. 安全注意事项

（1）检修或存放动车组时，必须采取有效的防溜措施。作业人员在维修作业期间应遵守适用的作业指导书及各种安全规定；必须始终穿着带有橡胶鞋底的绝缘鞋，并穿戴所从事工作要求的防护服和其他与人身安全相关的设施等。

（2）上车顶检修时，必须在接触网断电的区域进行，严格遵守门禁制度。

（3）在车下进行走行部的检修作业时（地沟内），必须在动车组降弓、接地杆挂妥后进行。

（4）在进行动车组检修作业前，必须按规定插设安全防护号志，①～④号作业人员要分别确认对应股道的接地杆已挂，并拍照留存；作业完必须确认本组作业人员全部离开作业车辆后，方准撤除防护。插撤防护号志要正确传递信号，不得隔位或用对讲机进行传递。严禁无防护号志进行检修作业。

（5）检修库、临修库配备接触网“有电”“无电”等安全警示用语，工作人员必须遵照安全警示用语的提示，按作业流程的规定进行作业。

（6）在检查和检修转向架、制动系统、受电弓、脚蹬、前罩开闭机构和自动车钩等由压缩空气供给能量的系统时，始终要小心因为空气压力变化而可能引起的意外移动，避免导致人身和设备伤害；必须在作业现场设置防护号志；释放压缩空气时不得将空气喷口朝向身体，注意释放累积的气压需要一定时间。

（7）更换压缩空气系统气源设备时，必须注意排空系统压缩空气，使其各个部件的压力与外部大气相同。

（8）在更换弹簧和其他压缩件时，应使用专用工具卸载弹簧、压缩件的能量，确保弹簧、压缩件的能量受到控制。

（9）在对旋转件和其他可运动件，如电机、风机、节流阀等进行检修时，需始终确保其不受他人控制或不因其他原因而运动。

（10）提升 25 kg 及以上的组件或部件定义为重物提升。进行重物提升时，应充分考虑提升的对象、方法、设备及作业场所等要素，严格遵守提升重型部件的操作规定。

（11）用于齿轮、压缩机等的油及润滑剂、胶和密封剂，都可能具有腐蚀性或引起皮肤或肺部刺激，必须注意确保这些部件的检修工作环境通风良好，并保护好各部皮肤和眼睛。

（12）蓄电池箱可能含有爆炸性气体，在蓄电池附近须防止爆炸伤害，禁止明火。

（13）电机、齿轮、车轮、制动部件、冷却剂和冷却油在运行期间温度较高，在这些部件附近工作时，须注意防止烫伤。

（14）汽笛鸣笛、压缩空气释放、电机运转的声音可能非常大。在这些环境下工作时，应注意听力保护。

（15）应注意尖锐角边可能造成绊倒、挤伤事故及皮肤割伤。

（16）进行检修作业时，不能将手指放入闸瓦与制动盘之间，以及夹钳杠杆的活动机构中，防止夹伤。

（17）车辆临修作业（如更换轮对、更换钢弹簧、更换转向架等）必须服从统一指挥，严格按操作规程操作机械设备，合理使用工具。

（18）严禁无证操作空气压缩机、隔离开关等重要设备。

（19）各种机械、电器检修设备，不准超负荷或带病运转。机械运转时，操作人员不准离岗。

（20）未安装触电保护器，不准使用各种电动机械、设备、工具。

（21）电器设备、电线路的安装或变更，必须由专业人员操作，严禁私拉乱接。

（22）各种起重吊（索）具必须按期检测，未经检测不准使用。

（23）各种起重作业，必须由专人指挥。未确认现场人员处于安全位置，不准作业。

6. CR400BF-A 型动车组一级检修和二级检修限度表

CR400BF-A 型动车组一级检修和二级检修限度表如表 2-2 所示。

表 2-2 CR400BF-A 型动车组一级检修和二级检修限度表

序号	项目	原型	一级修程	二级修程	备注
1 主电路					
1	碳滑板磨耗限度剩余高度		≥5 mm	≥5 mm	
	侧面裂纹		无贯穿至铝托架的侧面裂纹	无贯穿至铝托架的侧面裂纹	

续表

序号	项目	原型	一级修程	二级修程	备注
1	上表面裂纹		无纵向贯穿性裂纹；无裂到碳滑板边缘且宽度大于0.3 mm的横向裂纹；摩擦区不超过3条以上裂纹	无纵向贯穿性裂纹；无裂到碳滑板边缘且宽度大于0.3 mm的横向裂纹；摩擦区不超过3条以上裂纹	
	边缘掉块		缺陷掉块占宽度方向应不超过40%	缺陷掉块占宽度方向应不超过40%	
	滑板基座		基座表面孔洞直径不大于2 mm	基座表面孔洞直径不大于2 mm	
2	同一受电弓两个滑板高度差		≤3 mm	≤3 mm	
3	受电弓升弓气囊裂纹限度		气囊龟裂长度不超过25 mm，裂纹深度不超过1.2 mm且目视状态下内部帘布层不可见	气囊龟裂长度不超过25 mm，裂纹深度不超过1.2 mm且目视状态下内部帘布层不可见	
4	受电弓静态接触力		在升弓高度（1.6±0.5）m范围内测量上升和下降静态接触压力，平均接触压力应为80 N	在升弓高度（1.6±0.5）m范围内测量上升和下降静态接触压力，平均接触压力应为80 N	
			在升弓高度（1.2±0.3）m范围内测量上升和下降静态接触压力，平均接触压力需在70～90 N的范围内	在升弓高度（1.2±0.3）m范围内测量上升和下降静态接触压力，平均接触压力需在70～90 N的范围内	
5	车顶各类软编线断股截面积		受电弓、主断编织电缆≤导流线横截面积的5%	受电弓、主断编织电缆≤导流线横截面积的5%	
			接地线及接地开关编织电缆≤导流线横截面积的10%	接地线及接地开关编织电缆≤导流线横截面积的10%	
2 天线					
1	CTCS天线（BTM天线）距轨面高度		（254±5）mm	（254±5）mm	第1、2列
			（235±5）mm	（235±5）mm	第3列及后续车型
2	TCR天线距轨面高度		（210±5）mm	（210±5）mm	第1、2列
			（205±10）mm	（205±10）mm	第3列及后续车型
3 转向架					
1	空气弹簧胶囊划伤或裂纹限度		长度≤20 mm 面积≤25 mm²	长度≤20 mm 面积≤25 mm²	超限则更换空气弹簧
2	空气弹簧紧急簧裂纹		深度≤2 mm 长度≤20 mm	深度≤2 mm 长度≤20 mm	紧急簧不得存在与金属开胶现象
3	空气弹簧	更换限度	（1）胶囊帘布外露 （2）胶囊帘线破损 （3）胶囊鼓包 （4）胶囊内侧表面与紧急簧外圈金属接触、摩擦	（1）胶囊帘布外露 （2）胶囊帘线破损 （3）胶囊鼓包 （4）胶囊内侧表面与紧急簧外圈金属接触、摩擦	帘布层不得外露或出现任何形式的损伤，不得出现鼓包
4	牵引中心销与横向挡距离	20_{+4}^{-2} mm	20_{+4}^{-2} mm	20_{+4}^{-2} mm	测量值取左右两处平均值
5	排障器距轨面高度	（25±2）mm	（25±2）mm	（25±2）mm	在更正性作业后测量
6	感应接收器距轨面高度	（110±5）mm	（110±5）mm	（110±5）mm	在更正性作业后测量
7	牵引拉杆橡胶轴套	橡胶节点裂纹长度（不考虑轴向）	单面≤25 mm 双面≤15 mm	单面≤25 mm 双面≤15 mm	如果发现裂纹，必须持续跟踪检查，橡胶与金属结合面不允许存在开胶现象

续表

序号	项目	原型	一级修程	二级修程	备注
8	车轮踏面擦伤		擦伤长度≤25 mm； 擦伤深度≤0.25 mm	擦伤长度≤25 mm； 擦伤深度≤0.25 mm	在日常检修过程中，如踏面擦伤超过限值，在车辆投入运营前，应镟修车轮，镟修后不允许存在擦伤现象
9	车轮踏面剥离、凹陷	长度	≤20 mm	≤20 mm	在日常检修过程中，如踏面剥离、凹陷超过限值，在车辆投入运营前，应镟修车轮，镟修后不允许存在剥离或凹陷缺陷
		深度及面积	深度≤0.5 mm 面积≤200 mm^2	深度≤0.5 mm 面积≤200 mm^2	
			深度≤0.75 mm 面积≤150 mm^2	深度≤0.75 mm 面积≤150 mm^2	
			深度≤1 mm 面积≤100 mm^2	深度≤1 mm 面积≤100 mm^2	
10	踏面径向跳动	≤0.1 mm （原型）	≤0.3 mm	≤0.3 mm	镟修后≤0.1 mm
11	车轮直径（动车和拖车）	920 mm	≥850 mm	≥850 mm	
12	轮对内侧距	$1\,353^{0}_{+2}$ mm （原型）	$1\,353^{-1}_{+2}$ mm	$1\,353^{-1}_{+2}$ mm	单个轮对内侧距需满足 $1\,353^{0}_{+2}$ mm 要求，运用中在距轨面 10 mm 以下处测量
13	轮缘厚度 e	32（原型）	≥26 mm	≥26 mm	
14	QR		≥6.5 mm	≥6.5 mm	
15	同一轮对直径之差	≤0.3mm （原型）	≤1.0 mm	≤1.0 mm	须保证修型后的轮径差≤0.5 mm
16	同一转向架直径之差	≤0.5（原型）	动车：≤2 mm 拖车：≤15 mm	动车：≤2 mm 拖车：≤15 mm	
17	同一辆车直径之差	≤1 mm （原型）	动车：≤2 mm 拖车：≤15 mm	动车：≤2 mm 拖车：≤15 mm	
18	Syope 降噪板（仅拖车）	径向脱胶＜15 mm 周向脱胶＜100 mm	径向脱胶＜15 mm 周向脱胶＜100 mm	径向脱胶＜15 mm 周向脱胶＜100 mm	
19	撒砂喷嘴距轨面高度	（67±2）mm （头车） （70±2）mm （中间车）	（67±2）mm（头车） （70±2）mm（中间车）	（67±2）mm（头车） （70±2）mm（中间车）	更正性作业后测量
20	轮缘润滑喷嘴距踏面高度	（25.5±1）mm	（25.5±1）mm	（25.5±1）mm	更正性作业后测量
21	踏面清扫装置	40 mm	H≥13 mm	H≥13 mm	研磨子最大使用限度（正常有效磨耗）约为 30 mm，建议在 H 值为 13 mm 前更换（新）研磨子
22	闸片与制动盘间隙	3～6 mm	3～6 mm	3～6 mm	

续表

序号	项目	原型	一级修程	二级修程	备注
4 基础制动装置					
1	制动盘摩擦环厚度	80 mm（轴盘）；46.5（轮盘单侧）	≥70 m（轴盘）；≥43.5（轮盘单侧）	≥70 m（轴盘）；≥43.5（轮盘单侧）	
2	制动盘摩擦环表面刮痕		≤1.2 mm	≤1.2 mm	
3	制动盘摩擦环凹陷磨损		≤1.2 mm	≤1.2 mm	
4	制动盘摩擦环倾斜磨损		≤1.2 mm	≤1.2 mm	
5	制动盘两摩擦环厚度差		≤2 mm	≤2 mm	
6	制动盘裂纹				
	轴盘	发纹	任意位置的发纹	任意位置的发纹	对于运行没有影响
		表面裂纹	a<80 mm 或 b<60 mm	a<80 mm 或 b<60 mm	允许存在
			80 mm≤a≤100 mm 或 60 mm≤b≤80 mm 范围内的初裂纹与下一个裂纹的最短间距必须有 50 mm	80 mm≤a≤100 mm 或 60 mm≤b≤80 mm 范围内的初裂纹与下一个裂纹的最短间距必须有 50 mm	在一定条件下允许存在
			长度 a>100 mm 或 b>80 mm	长度 a>100 mm 或 b>80 mm	不允许存在
		穿透裂纹	在连接处及制动盘的两侧摩擦带上出现从内径贯穿到外径及贯穿散热通道的穿透裂纹	在连接处及制动盘的两侧摩擦带上出现从内径贯穿到外径及贯穿散热通道的穿透裂纹	不允许存在
	轮盘	发纹	任意位置的发纹	任意位置的发纹	对于运行没有影响
		表面裂纹	a<60 mm 或 b<40 mm	a<60 mm 或 b<40 mm	允许存在
			60 mm≤a≤80 mm 或 40 mm≤b≤60 mm	60 mm≤a≤80 mm 或 40 mm≤b≤60 mm	在一定条件下允许存在
			a>80 m b>60 m	a>80 m b>60 m	不允许存在
		穿透裂纹	制动盘的两条摩擦带上出现从内径贯穿到外径及贯穿散热通道的穿透裂纹	制动盘的两条摩擦带上出现从内径贯穿到外径及贯穿散热通道的穿透裂纹	不允许存在
7	闸片厚度	21	闸片最薄处≥5 mm（含背板厚度）	闸片最薄处≥5 mm（含背板厚度）	同一制动夹钳任一闸片到限须同时更换

7. 相关表报

（1）《动车组故障交接记录单》如表 2-3 所示。

表 2-3　动车组故障交接记录单

辆动-181

CRH	××××段××××所	版本号：201307
	故障交接记录单	

车组号：CRH______________　　出/入所车次：__________/__________　　出所时间：_______年____月____日____时____分

驾驶设施状态交接	车号	故障情况	司机确认	处理情况	接车机械师确认
随车机械师入所交接故障	车号	故障情况	处理情况	处理人	接车机械师确认
	检修工长：		质检员：		
地面检修重点故障	车号	重点故障情况	处理情况	处理人	接车机械师确认
	检修工长：		质检员：		
随车机械师接车发现故障	车号	故障情况	处理情况	处理人	接车机械师确认

填表说明：

1. 本表供动车组故障交接使用，由随车机械师出乘时领取，入所后交回；

2. “驾驶设施状态交接”“随车机械师入所交接故障”栏由随车机械师负责填写，“驾驶设施状态交接”栏的“故障情况”由司机确认（在“司机确认”中签字）；检修班组在动车组入所检修后在信息系统中回填处理结果，检修工长、质检员在系统中签认；

3. “地面检修重点故障”栏作为随车机械师出所前掌握动车组整车技术状态使用，由作业者录入信息系统并回填处理情况，检修工长、质检员在系统中签认，运行途中，随车机械师重点监控；

4. 随车机械师接车时，对动车组上次入所交接的故障进行复查，发现新故障时在“随车机械师接车发现故障”栏填写，由检修班组检修并回填处理情况，接车机械师进行签认；

5. “处理情况”栏填写“已处理”“待处理”。

（2）《CR400BF 型动车组一级检修记录单》如表 2-4 所示。

表 2-4　CR400BF 型动车组一级检修记录单

辆动-048

CRH	××××段××××所	版本号：201702
	CR400BF 型动车组一级检修记录单	

日期：______年____月____日　　入/出所车次：______/______　　车组号：CRH　　检修班组：__________

作业序号	作业部位	检查项目		检查结果								检修人签字
				01	02	03	04	05	06	07	00	
1	车顶作业	全包外风挡状态										①号作业人员：
2		受电弓各部件		N/A	N/A		N/A	N/A		N/A	N/A	
3		受电弓碳滑板高度测量	前端碳滑板高度（mm）	N/A	N/A		N/A	N/A		N/A	N/A	
4			后端碳滑板高度（mm）	N/A	N/A		N/A	N/A		N/A	N/A	②号作业人员：
5			两碳滑板高度差（mm）	N/A	N/A		N/A	N/A		N/A	N/A	
6		车顶高压箱		N/A	N/A		N/A	N/A		N/A	N/A	
7		客室和司机室空调机组检查										
8	车内作业	司机室遮阳帘、主控器和人机界面检查			N/A	N/A	N/A	N/A	N/A	N/A		①号作业人员：
9		平顶板检查										
10		平顶板射灯及扬声器检查										
11		卫生间系统功能检查										②号作业人员：
12		自动过分相系统 GFX-3AP 检查			N/A	N/A	N/A	N/A	N/A	N/A		
13		塞拉门集控功能检查										
14		厨房检查		N/A	N/A	N/A	N/A		N/A	N/A	N/A	
15	地沟作业	前端底部导流罩检查			N/A	N/A	N/A	N/A	N/A	N/A		1 位侧：
16		转向架排障器距轨面高度（5～13 mm）			N/A	N/A	N/A	N/A	N/A	N/A		
17		车下底板检查										
18		牵引电机、齿轮箱、联轴节、电机风道、接地装置、齿轮箱油位、速度传感器		N/A		N/A			N/A		N/A	
19		车轮、踏面、制动闸片										2 位侧：
20		制动轮盘、轴盘、各管系、夹钳、减振器、踏面清扫装置										
21		撒砂装置检查				N/A	N/A	N/A	N/A			
22		转向架构架、车轴外观、牵引拉杆、空气弹簧状态										
23	两侧作业	前端、裙板、玻璃钢裙板和外风挡检查										1 位侧：
24		牵引电机冷却风机和牵引变流器检查		N/A		N/A			N/A		N/A	
25		轴箱定位装置、弹簧、减振器、空气弹簧、高度调整阀										
26		车轮外形、踏面、研磨子、制动闸片										2 位侧：
27		制动轮盘、轴盘、各管系、夹钳										
28		速度、轴温传感器										

检修工长：________________　　质检员：________________

填表说明：

1. 本表用于一级检修作业记录，由作业人员在作业完毕后根据检查情况如实填写，检测项目必须填写检测数据；

2. “N/A”表示无检修或检测项目，检查结果正常画“√”，有故障画“×”并在《故障处理记录单》上填写故障详情及处理结果，同时录入信息系统。

（3）《CR400BF 型动车组一级检修试验单》如表 2–5 所示。

表 2–5 CR400BF 型动车组一级检修试验单

辆动–049

CRH	××××段××××所	版本号：201702
	CR400BF 型动车组一级检修试验单	

日期：______年____月____日　　入/出所车次：_______/_______　　车组号：CRH　　检修班组：__________

	试验项目	试验内容	试验结果								试验人签字
			01	02	03	04	05	06	07	00	
1	制动试验	菜单引导制动试验									
2	司机遮阳保护功能与目测检查	遮阳帘功能正常		N/A	N/A	N/A	N/A	N/A	N/A		
3	人机界面检查	故障列表显示正常		N/A	N/A	N/A	N/A	N/A	N/A		
4	平顶板射灯及扬声器检查	射灯及扬声器工作正常									
5	卫生间系统功能检查	冲水功能正常	N/A		N/A	N/A	N/A		N/A	N/A	
6	自动过分相系统 GFX–3AP 检查	系统自检正常		N/A	N/A	N/A	N/A	N/A	N/A		
7	塞拉门集控功能检查	集控开关门作用良好									
8	卫星上网功能检查	上网功能正常	N/A		N/A	N/A	N/A	N/A	N/A	N/A	
9	外部照明功能检查	作用良好		N/A	N/A	N/A	N/A	N/A	N/A		
10	主控制器检查	功能正常		N/A	N/A	N/A	N/A	N/A	N/A		
11	ATP/CIR 检查	作用良好		N/A	N/A	N/A	N/A	N/A	N/A		
12	前端开闭机构功能	自动打开和关闭正常		N/A	N/A	N/A	N/A	N/A	N/A		

检修工长：________________　　质检员：________________

填表说明：

1. 本表用于一级检修试验作业记录，由作业人员在作业完毕后根据检查情况如实填写；
2. 试验结果正常画“√”，否则直接填写故障内容，并将故障情况录入信息系统，同时回填处理结果。

（4）《故障处理记录单》如表 2–6 所示。

表 2–6 故障处理记录单

辆动–050

CRH	××××段××××所	版本号：201702
	故障处理记录单	

日期：______年____月____日　　入/出所车次：_______/_______　　车组号：CRH____________

	序号	车号	故障描述	故障类别	处理情况	处理部门	处理人签字
随车机械师交接故障							
地面作业发现故障	序号	车号	故障描述	故障类别	处理情况	处理部门	处理人签字

检修工长：________________　　质检员：________________

填表说明：

1. 本表用于动车组一级检修时记录故障处理情况，检修人员按故障交接、发现及处理情况如实填写并录入信息系统；
2. “随车机械师交接故障”由检修作业人员从信息系统中导出，“地面作业发现故障”由检修作业人员填写。

实　训

完成项目 2 任务 2.1 工作单（见表 2-7）。

表 2-7　项目 2 任务 2.1 工作单

项目名称	项目 2 一级检修作业		
任务名称	任务 2.1 一级检修总体要求		
班级名称		姓　名	
学习小组			

【基础知识认知】

1. 判断：一级检修作业中，对于重联动车组，仍需要对重联端司机室进行相关试验。（　　）
2. 判断：动车组一级检修时，短编（8 辆编组）和长编（16 辆编组）原则上均由 1 个作业小组实施。（　　）
3. 一级检修作业中，③、④号作业人员进行地沟作业，前后间隔不超过（　　）m。
   A. 1　　B. 2　　C. 3　　D. 4
4. 一级检修结束后，由（　　）组织联检作业。
   A. 质检员　　B. 司机　　C. 随车机械师　　D. 技术员
5.（　　）不属于一级检修“四必”作业法内容。
   A. 必看　　B. 必指　　C. 必呼　　D. 必听

【职业能力训练】

1. 在“一级检修流程框图（先断电后供电模式）”的空白方框中填入相应作业内容。

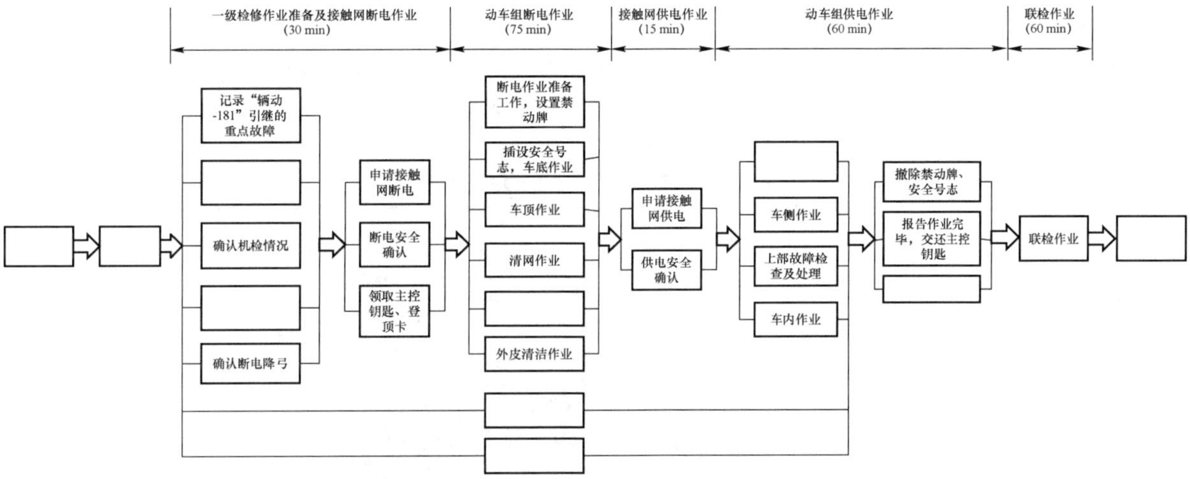

2. 填写《CR400BF 型动车组一级检修记录单》（见表 2-4）。
3. 填写《CR400BF 型动车组一级检修试验单》（见表 2-5）

【实训总结】

指导教师评价：

任务完成人签字：　　　　日期：　　年　　月　　日

指导教师签字：　　　　日期：　　年　　月　　日

任务 2.2　车底作业

任务单

任务名称	车底作业
任务分析	以 CR400BF－A 型动车组为例，学习车头底部外观、转向架、轮对、制动盘、闸片及安装托架、制动缸、附件、驱动装置、底板及其他车底设备一级检修质量标准
学习任务	完成项目 2 任务 2.2 工作单
成果展示	项目 2 任务 2.2 工作单、进行一级检修车底作业的影像资料

学习引导文

①号作业人员确认动车组停放制动已施加，受电弓已降下，接触网已断电，防护号志已设置，禁动牌已挂，并通知③、④号作业人员可以开始车底作业。③、④号作业人员在地沟检查时以车底中心线为界，按照分工各自检查一侧设备，检查驱动装置齿轮箱时，与齿轮箱连接的牵引电机归齿轮箱检查侧作业人员检查。③、④号作业人员进行车底作业，前后间隔不超过 3 m。③、④号作业人员均需检查中心线部位处部件。

车底作业应注意以下事项。

⚠触电风险：车底地沟作业前确保受电弓不与高压线相连接，接触网已断电，接地杆已挂。

⚠溜车风险：车底地沟作业前确认车组停放制动已施加。

⚠底板松脱风险：确认底板安装螺栓未松动、未缺失、防松标记清晰、未错位。

车底作业部位与检查要求如表 2－8 所示，图中虚线代表检修线路。

表 2－8　车底作业部位与检查要求

<table>
<tr><th>序号</th><th>部位</th><th colspan="3">检查要求</th></tr>
<tr><td rowspan="6">1</td><td rowspan="6">车头底部外观
（01、00 车）</td><td colspan="3">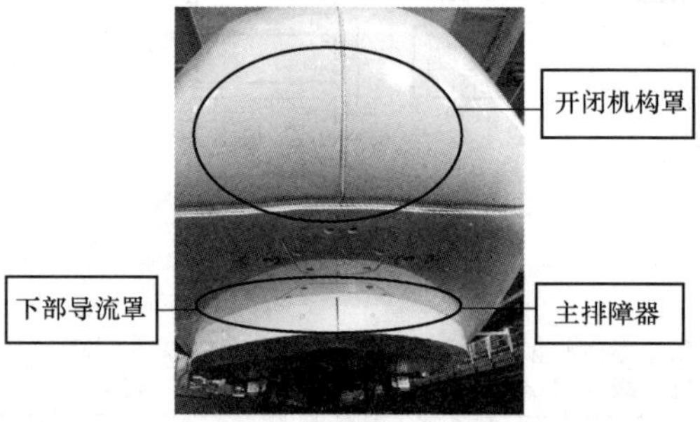</td></tr>
<tr><td>检查内容及方法</td><td>检查标准</td><td>图示</td></tr>
<tr><td>前开闭罩
（目视、手检）</td><td>手触检查前开闭罩，确认外观良好、未磕碰、未裂损、关闭良好。检查头罩锁闭螺栓，确认锁闭到位，防松标记未错位</td><td></td></tr>
<tr><td>下部导流罩
（目视）</td><td>检查下部导流罩，确认外观状态良好，无凹陷等情况</td><td></td></tr>
<tr><td>小盖板
（目视）</td><td>检查两块小盖板，确认安装牢固，10 颗紧固螺栓未松动，防松标记未错位，外观良好，无磕碰和变形现象</td><td>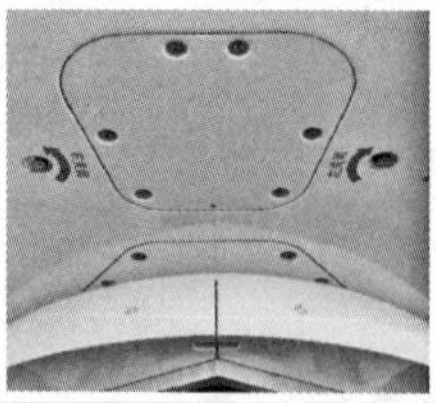</td></tr>
<tr><td>排障装置
（目视、测量）</td><td>排障装置无明显机械损伤；各零部件齐全、安装牢固、未松动；各部螺栓安装牢固，防松标记未错位；排障装置距轨面高度符合限度规定</td><td></td></tr>
</table>

续表

序号	部位	检查要求
1	车头底部外观（01、00车）	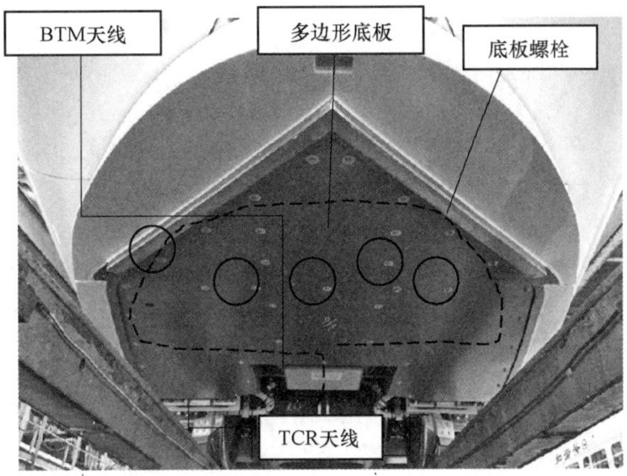

检查内容及方法	检查标准	图示
多边形底板（目视）	检查船型导流罩多边形底板，确认未破损、未变形、未翘起；安装螺栓未松动、未丢失	
TCR 天线（目视）	检查 TCR 天线表面部件，不得出现丢失、损坏、裂纹及变形现象；连接电缆、接线盒不得断裂、破损；插头连接紧固，状态良好；安装支架紧固，状态良好；各紧固件安装螺栓未松动、未断裂；天线距轨面高度符合限度规定。 注：更正性作业后检测	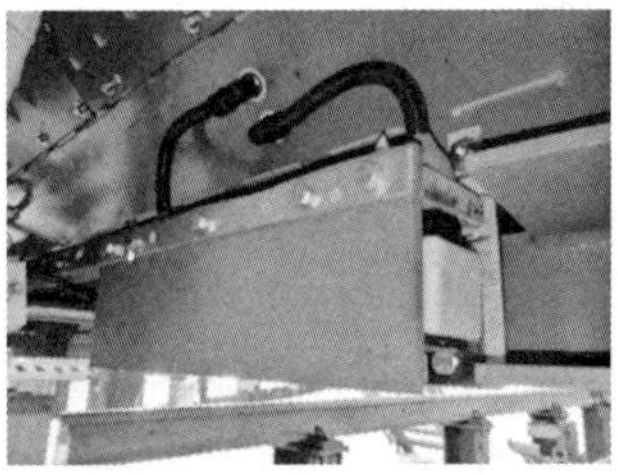
BTM 天线（目视）	检查 BTM 天线表面部件，不得出现丢失、损坏、裂纹及变形现象，连接电缆、接线盒不得断裂、破损；插头连接紧固，状态良好；安装支架紧固，状态良好；各紧固件安装螺栓未松动、未断裂；天线距轨面高度符合限度规定。 注：更正性作业后检测	
ATP 天线（目视）	ATP 天线保护罩与扫石器保护板未抗磨。 天线梁螺栓连接状态良好，防松标记未错位	
电子标签（01、00 车）（目视）	车辆双向标签天线自带连接器与底架线槽中引出的连接器对接良好、未松动，热封效果良好。 M8 螺栓紧固到位，扭矩为 14 N·m，未松动	
外温传感器（目视）	外温传感器安装良好，护管未破损	

续表

<table>
<tr><th>序号</th><th>部位</th><th>检查要求</th></tr>
<tr><td>2</td><td>转向架
（全车）</td><td>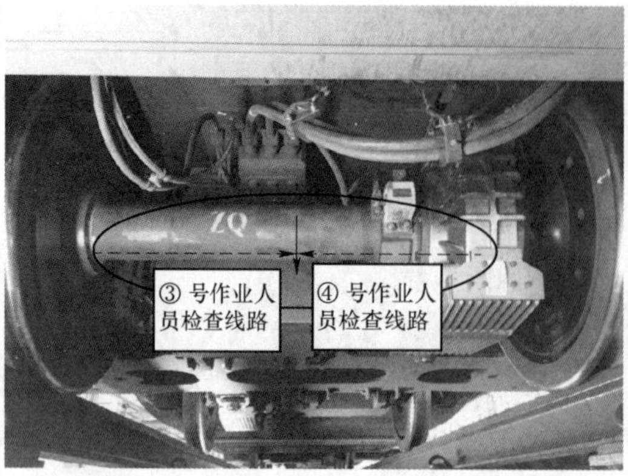
动车转向架
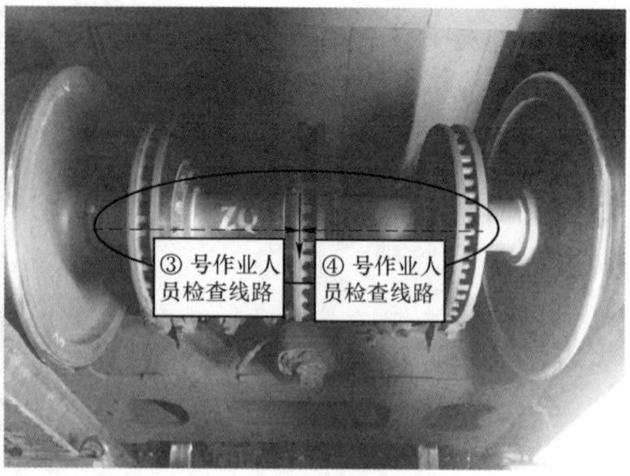
拖车转向架</td></tr>
<tr><td>3</td><td>轮对、制动盘</td><td>
<table>
<tr><th>检查内容及方法</th><th>检查标准</th><th>图示</th></tr>
<tr><td>轮对踏面
（目视、登台、测量）</td><td>轮对踏面圆周磨耗、踏面局部凹入及擦伤深度、轮缘厚度、踏面剥离、轮辋辗宽等各部限度不超限；降噪板外观完整，未脱落；轮缘的尖部或内侧无压痕、无划痕；车轮表面任何部位无裂纹</td><td></td></tr>
<tr><td>轮辋
（目视、登台）</td><td>轮辋裂纹等缺陷各部限度不超限；目视检查轮对轮辋，发现异物、油迹及反光标示及时进行清除</td><td></td></tr>
<tr><td>轮缘
（目视、登台）</td><td>轮缘的尖部或内侧无压痕、无划痕，轮缘厚度不超限</td><td></td></tr>
<tr><td>撒砂线缆捆绑
（目视）</td><td>检查撒砂线缆扎带，确保捆绑良好（线缆为 4 段时，每段一个扎带，方框内是线管卡子，共 4 根扎带；线缆为三段时，中间一段 3 个扎带，两端各 1 个扎带，共 5 根扎带）。
撒砂线缆管卡子良好，安全吊索无裂损，作用未失效，悬挂良好，螺栓未缺失、未松动</td><td>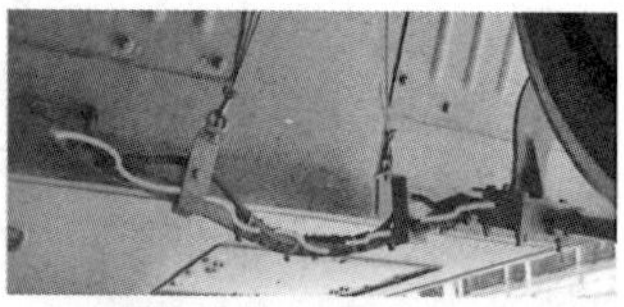
</td></tr>
</table></td></tr>
</table>

续表

序号	部位	检查内容及方法	检查标准	图示
3	轮对、制动盘	轮装制动盘 （目视、登台）	安装螺栓牢固、未丢失；定位环未缺失；摩擦环划痕、裂纹、偏磨不到限，盘面无圆周印痕。 制动盘摩擦环符合限度要求	
		轴装制动盘 （目视、登台）		
		轴身 （目视）	空心轴防护涂层未碎裂、未脱落。禁止使用小木槌敲击	
		车轮注油孔螺栓 （目视）	车轮注油孔螺栓未松动、未丢失	
4	闸片及安装托架	闸片 （目视、测量）	1. 闸片厚度不超限，闸片未装反，闸片未掉块、未破损，闸片与制动盘间隙和闸片厚度符合限度要求； 2. 闸片安装牢靠，锁簧锁闭到位，闸片无脱落风险，开口销未裂损，上端开口角度为180°	
		闸片托 （目视）	1. 闸片托外观状态良好，未断裂，安装牢固，螺栓未松动； 2. 闸片托防翻转机构安装牢固，未变形、未折断； 3. 制动盘摩擦片表面裂纹及厚度不超限，各螺栓安装牢固，防松标记未错位，扎带未脱落、未断裂	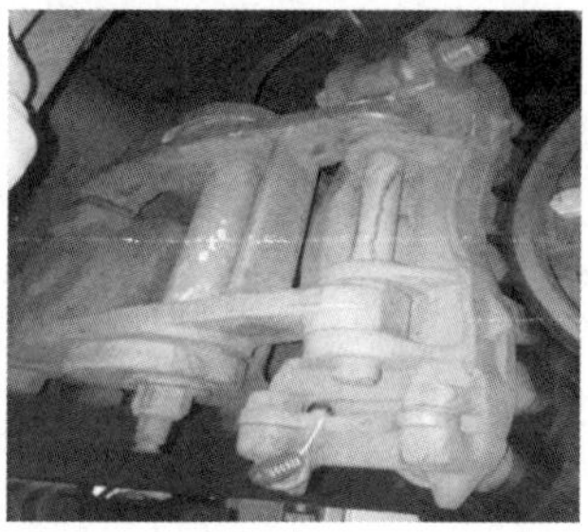

续表

序号	部位	检查内容及方法	检查标准	图示
4	闸片及安装托架	制动夹钳（目视）	1. 制动夹钳装置配件齐全，状态良好；悬吊部件齐全、无裂纹，各连接销轴（圆圈中部位）未断裂，安装螺栓紧固，未松动，防松标记未错位，扎带未脱落、未断裂。 2. 冬季动车组入库，用热水除冰后，需检查夹钳单位活动部位的润滑脂，如缺少润滑脂须重新注入	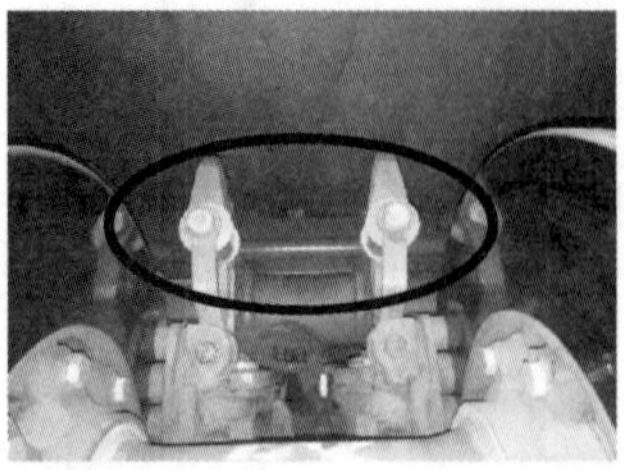 
5	制动缸	常用制动缸（目视）	常用制动缸、悬吊架、闸片托未裂损、未变形；2条制动缸吊装螺栓、2条制动缸悬吊架吊装螺栓、2条闸片托吊装螺栓、4 条制动缸固定螺栓未缺失、未松动，防松标记未错位；防尘套未破损；管接头未松动，防松标记未错位；制动风缸排风堵未破损、未缺失，扎带未脱落、未断裂	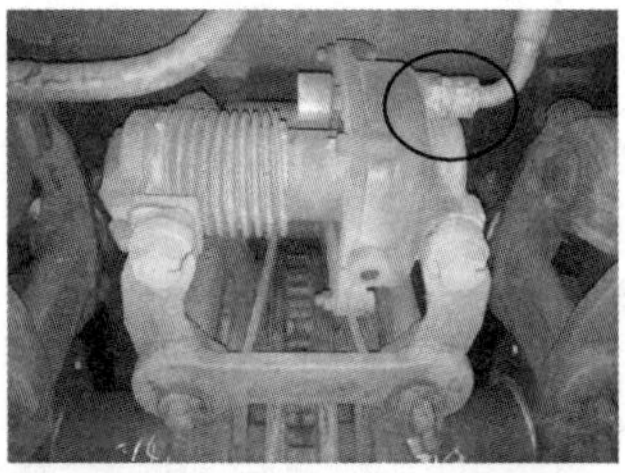
		停放制动缸（目视）	停放制动缸、悬吊架、闸片托、挡板未裂损、未变形，2 条挡板安装螺栓、2 条制动缸吊装螺栓、2条制动缸悬吊架吊装螺栓、2 条闸片托吊装螺栓、4条停放制动缸固定螺栓未缺失、未松动，防松标记未错位；防尘套未破损；管接头未松动，防松标记未错位，2 条扎带未断裂、未松动	
6	附件	高度调整杆（目视）	高度调整杆外观状态良好，阀及连接管路未泄漏，调整杆未变形，定位螺栓未松动，安装座与构架连接座焊接牢固，无裂纹	

续表

序号	部位	检查要求		
		检查内容及方法	检查标准	图示
6	附件	横向止挡 （目视）	1. 横向止挡装置各部件齐全、无明显的机械损伤、安装未松动，零部件未缺失。 2. 牵引中心销与横向止挡左右两处距离符合限度	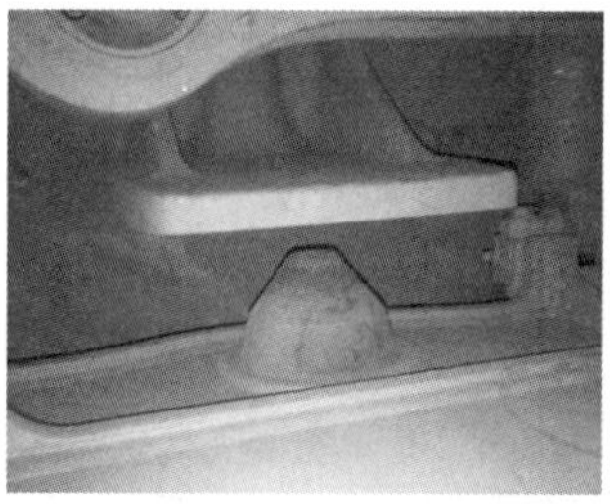
		横向减振器 （目视）	1. 横向减振器外观状态良好，无机械损伤。 2. 减振器保护管和橡胶联轴器应无机械损伤、无裂缝、未变形，未漏油，安装牢固，未松动。 3. 减振器座无裂纹，橡胶止挡未破损，4 条螺栓安装牢固，防松标记未错位	
		牵引拉杆及中心销 （目视）	1. 中心销各部件无机械损伤、无裂纹、未变形，固定良好，各部螺栓安装牢固，防松标记未错位。 2. 4 条螺栓安装牢固，防松标记未错位。 3. 检查牵引盘、连杆、牵引拉杆橡胶节点、压板，应无损伤现象，如裂纹、变形等。 4. 检查牵引拉杆组件，牵引平衡器及牵引杆，应无变形和裂纹，4 条安装螺栓未松动、防松标记未错位	
		制动梁 （目视）	1. 制动梁无弯曲变形和腐蚀现象； 2. 制动缸安装座无腐蚀现象，组装螺栓无异常	
		供风管路 （目视）	底架管线未泄漏、未破损，管接头未松动（防松线无窜动），管卡紧固未丢失、未松动。防滑单元及保护罩安装牢固，未变形，连接管线未泄漏	
		车端底板 （目视）	车端底板安装牢固，固定螺栓未松动、未丢失，防松标记未错位，底板无磕碰痕迹、无水迹	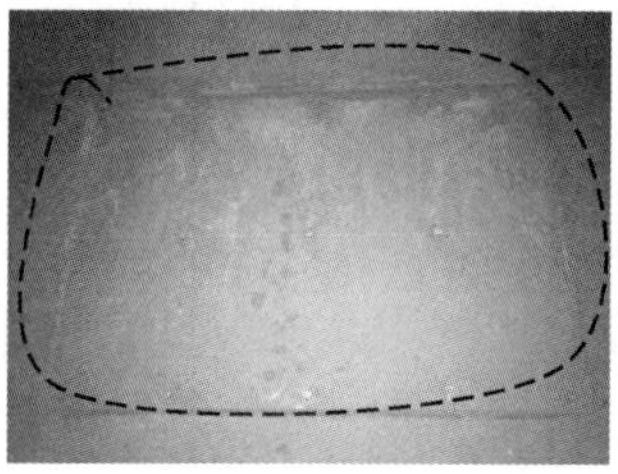
		车端部件 （目视）	1. 安装螺栓未松动，紧固标记清晰正常。 2. 车钩连接器无异常，电缆未破损，连接牢靠，未松动。 3. 车钩接地电缆连接牢靠，未松动。 4. 车钩空气软管连接气密性良好。 5. 车钩缓冲器状态正常	

续表

序号	部位	检查要求		
		检查内容及方法	检查标准	图示
7	驱动装置	齿轮箱 （目视、登台、标记）	1. 在空车且停车状态（运行停止后，经过 20 min 以上）下检测齿轮箱油量，确保齿轮箱油位处于正常刻度范围内；齿轮箱润滑油无发黑、乳化现象；悬吊配件齐全，安装牢固；温度传感器探头安装紧固。 2. 油位视窗安装牢固，油位处于正常刻度范围内，齿轮箱油无变色、浑浊乳化等现象。配线连接良好、未破损，橡胶弹簧无裂纹。 3. 观察孔油堵未松动、防松标记未错位，密封铜垫未裂损，观察孔油堵处无油迹，注、排油口盖螺栓紧固良好，注、排油堵紧固到位，防松铁丝未松脱、未断裂。 4. 齿轮箱外观状态良好，箱体未裂损、未漏油，大小齿轮箱可视安装螺栓及工艺堵紧固，未松动、未缺失。 注：1. 用数字化手电筒对油位进行拍照留存（需包含标记）。 检修完毕，在视窗左侧擦去原有检修日期并涂打新的检修标记（车厢号－车轴位数）	 油位视窗 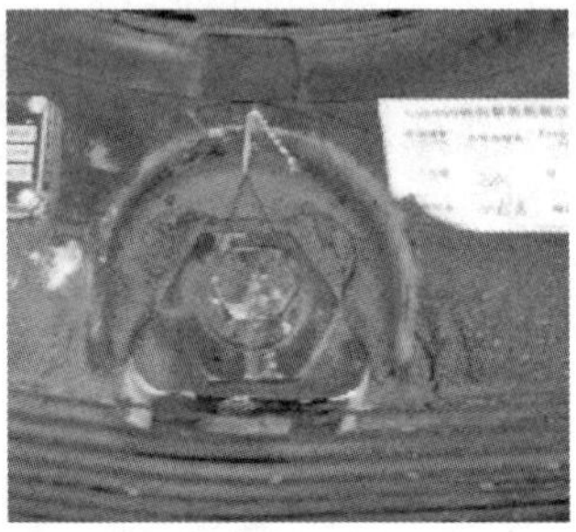 排油孔
		安全提吊 （目视）	齿轮箱安全提吊安装紧固，未变形，各部件齐全、无明显的机械损伤、未松动，螺栓未松动，防松标记未错位。开口销作用良好，未裂损	
		接地装置 （目视、登台）	接地装置和碳刷外观及安装状态良好，接地端子无裂纹，螺栓放松标记未错位，接地线未松动，壳体安装螺栓防松标记未错位。通过观察窗检查碳刷磨耗和压紧状态，确保电刷长度符合限度要求	

续表

序号	部位	检查要求		
		检查内容及方法	检查标准	图示
7	驱动装置	联轴节 （目视、登台）	联轴节外观状态良好，无裂纹，未变色，未漏油，可视固定螺栓未松动、未断裂，防松标记未错位。 对联轴节外观状态进行拍照	
		牵引电机 （目视）	牵引电机组成部件无明显的机械损伤，电机位移止挡无异常碰撞迹象；各部件配件齐全、螺栓安装牢固，防护挡板状态良好，安装螺栓未松动，防松标记未错位。牵引电机无冷凝水	
		电机安装 （目视）	牵引电机弹性节点无开裂、脱胶现象。电机单元减振器橡胶节点无开裂、脱胶现象。悬吊螺栓紧固到位，未松动，防松标记未错位	
		电源线安装座 （目视、登台）	各电源线外观良好，未破损，接头连接良好，未脱开、未松动。传感器接线状态良好	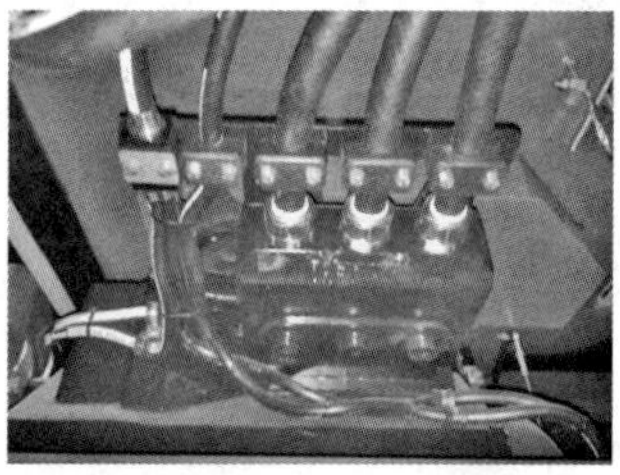
		牵引电机通风道 （目视、登台）	牵引电机通风组无明显的机械损伤，未松动、未缺失部件。牵引电机上方橡胶通风管道未破损，可视固定螺栓安装牢固，未松动	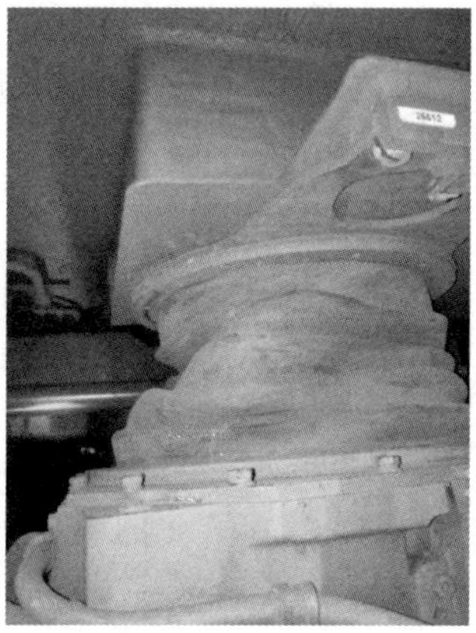

续表

序号	部位	检查要求		
		检查内容及方法	检查标准	图示
7	驱动装置	牵引电机注油帽 （目视）	牵引电机注油帽未脱落、未丢失，安装牢固	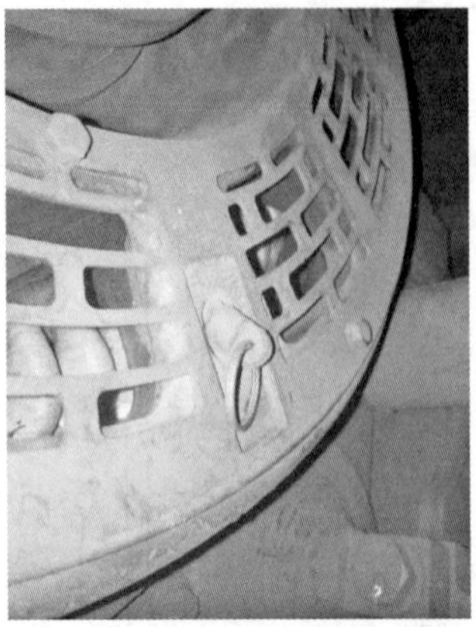
8	底板及其他设备	底板 （目视）	底板外观无磕碰痕迹，（手敲检查）未松动，紧固螺栓防松标记未错位，防松铁丝未折断，格栅无裂损，中间垂向约束螺栓未松动，如有松动，恢复扭矩为 28 N·m。 密封胶条未缺失、未脱落，铆钉安装牢固，未缺失，底板无油迹，无变形及裂纹，板材内部蜂窝结构未外露。四角锁锁闭状态良好。合页良好	
		充电机底板 （目视）	1. 底板无明显变形及裂纹，安装螺栓未丢失，防松标记未错位。 2. 检查进气口格栅外观，确保无影响性能的机械损伤	
		牵引变压器、牵引变流器底板 （目视）	1. 底板无明显变形及裂纹，密封胶条未损坏。 2. 各螺栓安装牢固，防松标记未错位	
		辅助变流器底板 （目视）	1. 检查底板，确保无明显变形及裂纹，板材内部铝蜂窝结构未外露。 2. 底板开口周边应力集中处无裂纹。 3. 底板开口周边橡胶密封状态良好，紧固螺栓未松动、未丢失	

续表

序号	部位	检查内容及方法	检查标准	图示
8	底板及其他设备	风挡（目视）	风挡底部外观良好，未破损，紧固螺栓未松动，防松标记未错位	
		电线（目视）	各传感器、熔断器、接线外观未破损，相互无抗磨，插头插接良好，固定卡子未移位，紧固螺栓未松动，防松标记未错位	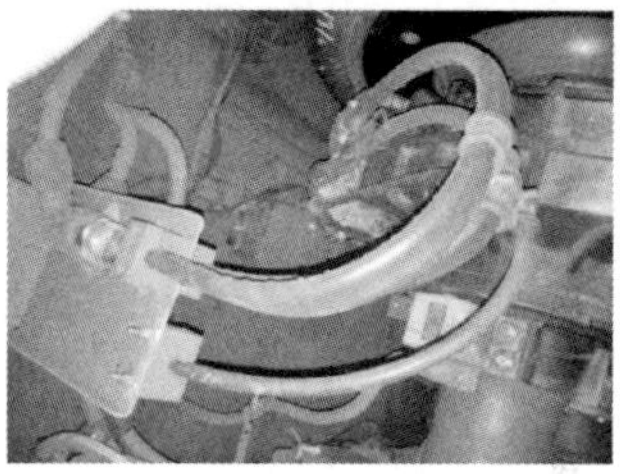
		端板（目视）	转向架各端板外观良好，加强板焊接状态正常，焊缝无裂纹，无击打变形现象，紧固螺栓未松动、未缺失，防松标记未错位。各管线悬吊座安装牢固，未裂损、未脱落	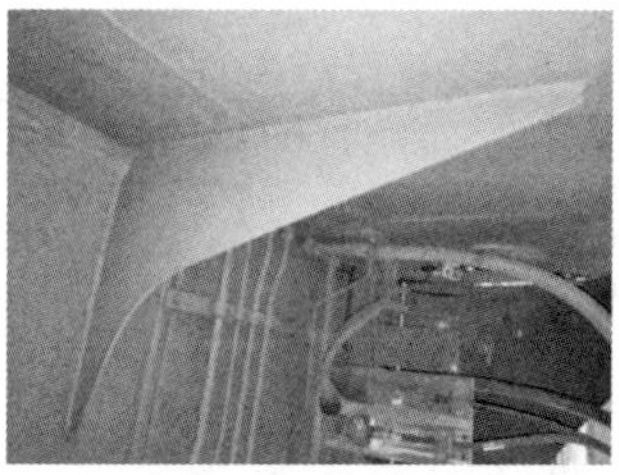 

实 训

完成项目 2 任务 2.2 工作单（见表 2–9）。

表 2–9　项目 2 任务 2.2 工作单

项目名称	项目 2 一级检修作业		
任务名称	任务 2.2 车底作业		
班级名称		姓　名	
学习小组			
【基础知识认知】			
1. 判断：一级检修中，CR400BF–A 型动车组闸片最薄处的厚度（含背板厚度）应≥5 mm。　　（　　） 2. CR400BF–A 型动车组闸片厚度原型值为（　　）mm。 A. 20　　B. 21　　C. 23　　D. 25			
【职业能力训练】			
1. 绘制 CR400BF–A 型动车组一级检修车底作业路线。 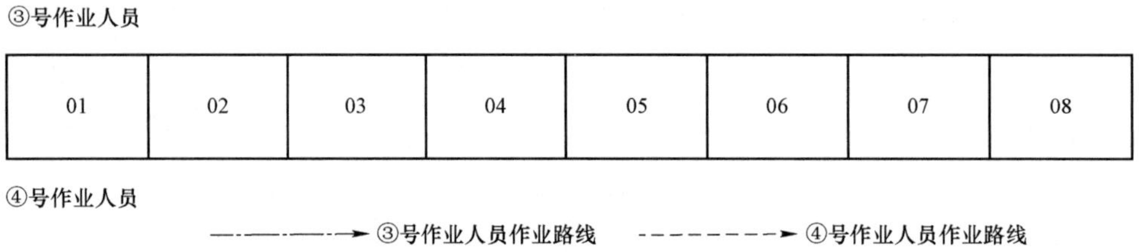 2. 依托高铁综合实训基地，以小组为单位，采用角色扮演的方式，按照“四必”作业法要求，对 CR400BF–A 型动车组进行一级检修车底作业，同时，教师设置若干模拟故障，发现模拟故障最多的小组获胜，予以加分			
【实训总结】			
指导教师评价：			
任务完成人签字：　　日期：　　年　月　日 指导教师签字：　　日期：　　年　月　日			

任务 2.3　车顶作业

任务单

任务名称	车顶作业
任务分析	以 CR400BF-A 型动车组为例，学习车顶板、外风挡、车顶天线、特高压跨接电缆、司机室空调、客室空调和车顶高压设备等车顶设备一级检修质量标准
学习任务	完成项目 2 任务 2.3 工作单
成果展示	项目 2 任务 2.3 工作单、进行一级检修车顶作业的影像资料

学习引导文

①号作业人员确认动车组受电弓已降下，接触网已断电，防护号志已设置，通知②号作业人员可以开始无电作业。由①、②号作业人员共同进行顶部作业，1 号作业人员负责高压设备区部件检查，②号作业人员负责受电弓部件检查。依次按下按钮，放下渡板，确认渡板放下状态及指示灯亮起。

车顶作业应注意以下事项。

⚠触电风险：接触网已断电，接地杆已挂设。

⚠坠落风险：确认防护渡板已放下，处于安全区域作业，注意防滑。

⚠闪络风险：绝缘子及高压部件应擦拭干净。

车顶作业部位与检查要求如表 2-10 所示。

表 2-10　车顶作业部位与检查要求

序号	部位	检查要求：检查内容及方法	检查要求：检查标准	检查要求：图示
1	车顶板、外风挡	车顶板（目视）	车顶板未凹陷、未鼓包、未破损	
		外风挡（目视）	内、外风挡未变形、未破损，外观及安装状态良好，可视螺栓防松线清晰，未错位	

续表

序号	部位	检查内容及方法	检查标准	图示
1	车顶板、外风挡	头顶区域（目视）	头车头顶黑色壳体外观良好，未变形、未磕碰、未裂损	
2	车顶天线	车顶天线（目视、手晃）	车顶天线及天线预留座未裂损、未变形，外观及安装良好，用手晃动天线未松动，安装基座安装牢固，未变形，螺栓未松动或缺失，防松标志清晰、未错位（CR400BF－A/B：01、09、00 车）	 
3	特高压跨接电缆	跨接电缆（目视）	特高压橡胶套安装紧固，磨耗不过限，喉箍安装牢固，未断裂、未松脱；特高压保护橡胶套凸台剩余厚度大于 2 mm 或第二层保护橡胶不与车体发生磨损。按照顺时针方向检查螺栓紧固情况，安装基座固定螺栓牢固，螺栓未松动或缺失，防松标志清晰、未错位	
		线缆入口（目视）	线缆入口安装牢固，8 颗内六角螺栓未松动，防松标记未错位，线缆未破损	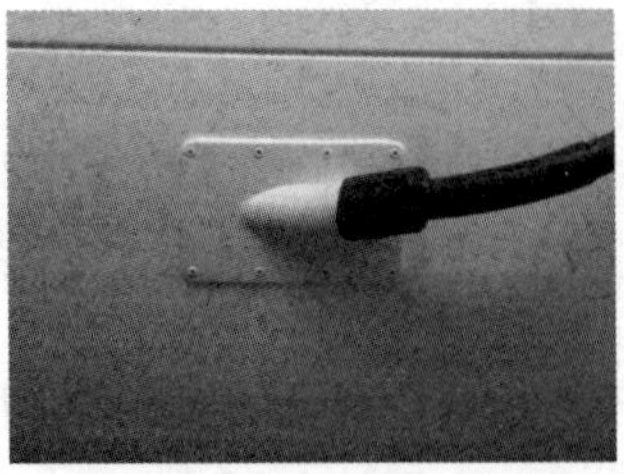

续表

<table>
<tr><th>序号</th><th>部位</th><th>检查要求</th></tr>
<tr><td>4</td><td>司机室空调（01、00 车）</td><td>

司机室空调罩板

<table>
<tr><th>检查内容及方法</th><th>检查标准</th><th>图示</th></tr>
<tr><td>空调罩板（目视）</td><td>无明显变形、未破损，每块罩板未凹陷，罩板固定螺栓齐全，安装牢固，四周的安装螺栓防松线清晰、未错位</td><td></td></tr>
<tr><td>空调导流罩（目视）</td><td>无明显变形、未破损，每块空调导流罩四周的安装螺栓未缺失、未松动，防松线清晰、未错位，铆钉未缺失</td><td></td></tr>
<tr><td>格栅（目视）</td><td>空调风机罩格栅未破损。新风格栅无脏堵，安装牢固、未破损。清理冷凝进风、出风格栅上的落叶等杂物</td><td></td></tr>
<tr><td>风扇罩网（目视、手拉）</td><td>风扇罩网安装牢固，手拉未晃动，安装铆钉未断裂</td><td></td></tr>
<tr><td>冷凝器风扇（目视、手拨）</td><td>冷凝风机叶片无异常振动、无异音，安装牢固，固定螺栓未缺失，防松线未错位。冷凝风机外罩安装牢固、未裂损</td><td></td></tr>
<tr><td>检查空调排水管（目视）</td><td>检查空调排水管末端水封，如有脏堵，拆下水封喉箍，用水冲洗水封，然后装上水封</td><td></td></tr>
</table>
</td></tr>
<tr><td>5</td><td>客室空调（全列）</td><td>

客室空调罩板
</td></tr>
</table>

续表

序号	部位	检查内容及方法	检查标准	图示
5	客室空调（全列）	新风口格栅（目视）	压力波格栅未破损，螺栓未松动	
		空调罩板（目视）	无明显变形、未破损，每块罩板未凹陷，罩板固定螺栓齐全，安装牢固，四周的安装螺栓防松线清晰、未错位	
		空调导流罩（目视）	无明显变形、未破损，每块空调导流罩四周的安装螺栓未缺失、未松动，防松线清晰、未错位，铆钉未缺失	
		格栅（目视）	空调风机罩格栅未破损。新风格栅无脏堵，安装牢固、未破损。清理冷凝进风、出风格栅上的落叶等杂物	
		风扇罩网（目视、手拉）	风扇罩网安装牢固，手拉未晃动，安装铆钉未断裂	
		冷凝器风扇（目视、手拨）	冷凝风机叶片无异常振动、无异音，安装牢固，固定螺栓未缺失，防松线未错位。冷凝风机外罩安装牢固、未裂损	
		检查空调排水管（目视）	检查空调排水管末端水封，如有脏堵，拆下水封喉箍，用水冲洗水封，然后装上水封	
6	车顶高压设备	受电弓支撑绝缘子（目视、擦拭）	各绝缘子安装牢固，未变形，破损不超限。 1. 绝缘子伞裙剥离等表面缺陷： （1）同一绝缘子上的缺陷部位应不超过 5 处，同一叶片上应不超过 2 处； （2）同一叶片上有 1 处剥离等表面缺陷时，须不大于叶片面积的 10%；有 2 处缺陷时，均须在叶片面积的 5%以下； （3）半径方向的长度小于 30 mm； （4）绝缘子本体没有缺陷。 2. 伞裙缺损： （1）同一绝缘子伞裙缺口不得超过 5 处，同一叶片不超过 2 处； （2）当同一叶片缺口有 1 处时，沿圆周方向的缺损长度应在 50 mm 以下； （3）当同一叶片缺口有 2 处时，沿圆周方向的缺损长度应在 20 mm 以下。缺口沿着径向长度均应在 10 mm 以下。 3. 伞裙裂纹： 伞裙根部不得有裂纹，伞裙从边缘沿径向不得有贯穿性裂纹，伞裙切向不得有贯穿性裂纹。 须对绝缘子进行拍照	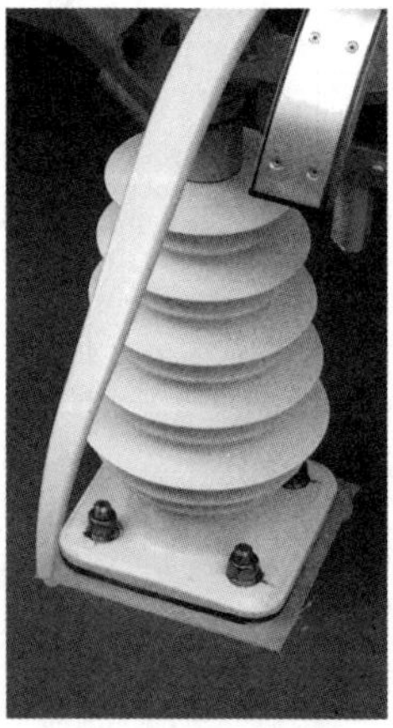
		受电弓导流罩（目视）	各部件齐全，未变形、未损坏，安装螺栓未缺失、未松动，安装牢固，防松标记未错位	

续表

序号	部位	检查要求：检查内容及方法	检查要求：检查标准	检查要求：图示
6	车顶高压设备	摄像头防护罩（目视）	摄像头防护罩未变形、未松动、未破损；补光灯照明情况良好（受电弓检测时查看）；内部摄像头外观及安装状态良好；受电弓监测装置后部电气连接线状态良好，未老化、未腐蚀、未损坏。 注：对车顶弓网监测装置进行检查和擦拭，并进行拍照	
		防护玻璃（目视、擦拭）	检查防护玻璃屋裂损情况，使用清洁布对摄像头防护玻璃进行擦拭	
		紧固状态（目视）	摄像头防护罩底部安装螺栓紧固，未松动，防松标记清晰。如发现螺栓松动或防松标记错位，应重新紧固（M10 螺栓，扭力值 29 N·m），紧固完毕后，通知质检人员进行力矩校验，用标记笔涂打防松标记	
		高压箱外观（目视）	高压箱外观未磕碰、未凹陷、未裂损，四周各紧固螺栓未松动、防松标记未错位	
		各高压接线（目视）	高压箱输入输出接线外观未破损，固定卡具安装状态良好，各地线未断裂、未脱落。接地线接地良好	
		避雷器（目视）	外观无损伤、无裂纹、无伤痕、无缺陷，伞裙上、下表面干净。 对避雷器进行检查、清洁后须拍照	
		避雷器各安装紧固螺栓（目视）	避雷器与电缆接头无击伤、无电蚀现象，外观未破损，安装座安装螺栓、顶部固定螺栓、网铜线螺栓、接地线螺栓未松动、未缺失，防松标记清晰、未错位，接地线芯线未缺损、未断股，接地良好	
		避雷器线鼻压接处（目视）	无过热变色、线股熔断迹象，接地线接地良好，无断股现象	

续表

序号	部位	检查内容及方法	检查标准	图示
6	车顶高压设备	电缆终端（目视）	电缆终端外观未破损，伞裙上下表面无污物。清洁电缆终端外表面，电缆表面未破损	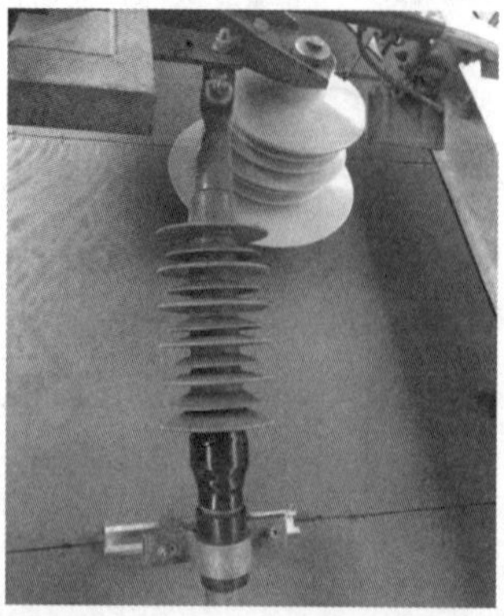
		安装螺栓（目视）	电缆终端与受电弓底架连接螺栓未松动，防松标记未错位，连接部位无电蚀现象	
		L 型连接器（目视）	接头安装座安装牢固，外观状态良好，未裂损，各紧固螺栓未松动，接线外观良好，未破损，接地线安装良好，接线卡子固定座紧固到位	
		受电弓整体（目视）	检查受电弓并对受电弓整体外观状态进行拍照	
		碳滑板（目视、测量、标记）	碳滑板无贯穿至铝托架的侧面裂纹、无纵向贯穿性裂纹、无裂到碳滑板边缘且宽度＞0.3 mm 的横向裂纹，摩擦区裂纹不超过 3 条。边缘掉块：缺陷掉块占宽度方向应≤40%。碳滑板基座：基座表面孔洞直径≤2 mm，无异常灼烧痕迹，按压碳滑板两端，确认弹性部件功能正常。使用钢板尺测量碳滑板总厚度磨耗最薄处大于 24 mm（含铝基座），对测量结果进行拍照留存，如到限则更换碳滑板；检查完毕后，在碳滑板一侧用粉笔涂打标记，如 5048－6－17/2。 注：1. 分别在碳滑板的最薄处进行测量并分别拍照，数值拍摄清晰。 2. 对受电弓碳滑板标记进行拍照，要求涂打车号位数及检修日期	
		碳滑板基座（目视）	安装基座焊接部位不存在机械损伤，如裂纹和变形。碳滑条基座螺栓连接处及表面未腐蚀，基座无裂纹，基座表面无直径超过 2 mm 的孔，紧固件未松动，供风管路安装牢固，未泄漏	
		碳滑板支撑架（目视）	支撑架未变形、未裂损，固定螺栓、顶部碳滑板安装螺栓未松动、未缺失，防松标记清晰、未错位	

续表

序号	部位	检查要求		
		检查内容及方法	检查标准	图示
6	车顶高压设备	碳滑板风管接头（目视）	碳滑板风管接头与碳滑板之间安装状态良好，螺栓紧固，防松标记未错位	
		编导线（目视）	破损率≤导流线横截面积的5%，每条编导线两端的安装螺栓未松动，防松标记未错位。 注：各位置编导线较多，需检查齐全	
		弓头组成（目视）	弓头未变形，弹簧盒内弹簧作用良好，铝制导杆无裂纹，弹簧盒螺栓牢固、未松动，将碳滑板相对弹簧盒向上拉，再下压，确认弓头弹簧及止挡特性正常。框架表面平整，未变形，无裂纹，安装牢固	
		弓角（目视）	弓角无裂纹，涂层未损伤，安装螺栓紧固，导流罩未变形、无裂纹	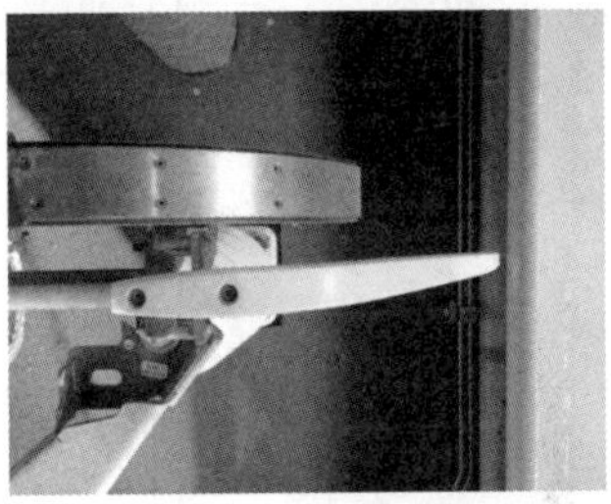
		供风管路（目视、擦拭）	升弓供风管路未裂损，管接头安装牢固，绝缘护套表面无裂纹，未破损，对表面进行擦拭，并对擦拭后状态进行拍照留存	
		升弓气囊（目视）	升弓气囊未老化、无裂纹，四个安装螺栓紧固，防松标记未错位；降弓状态下，检查气囊表面龟裂或划伤，若发现气囊单个裂纹或划伤满足条件（1）、（2）应更换。 条件（1）：可见内部帘布层。 条件（2）：气囊龟裂深度＞1.2 mm且长度＞25 mm，气囊表面若被异物击打，破面超过1 cm或露出编织线，须更换	
		钢丝绳（目视）	凸轮拉绳处安装螺栓未缺失，未松动，防松标记清晰、未错位。两侧钢丝绳张紧程度一致	

续表

序号	部位	检查内容及方法	检查标准	图示
6	车顶高压设备	弓装配 （目视）	弓装配无明显变形，安装紧固	
		上下臂 （目视、擦拭）	上下臂无变形、裂纹、脱焊现象，上下臂连接处安装螺栓未松动	
		活动关节 （目视）	活动关节外观状态良好，无卡死及变形现象，安装紧固螺栓未松动，防松标记清晰、未错位；过渡轴承外观状态良好，转动自如，未卡死、未变形	
		上下导杆 （目视）	1. 上下拉杆未变形、无裂纹，两端安装螺栓未缺失、未松动，防松标记清晰、未错位，供风管路绑扎紧固。 2. 上臂风管接头处安装牢固，风管未裂损、未漏风	
		阻尼器 （目视）	阻尼器未磨损、未漏油，动作灵活，外层防尘套未破损，卡箍紧固、未松动，四个安装座螺栓紧固、未松动，防松标记清晰、未错位	
		ADD 阀 （快速降弓阀） （目视）	ADD 阀塞门正位，橡胶风管及橡胶护套未破损、无裂纹，扎带紧固良好，管路连接紧固，四个安装螺栓紧固，防松标记未错位。无电升弓后各管路未破损，不漏风	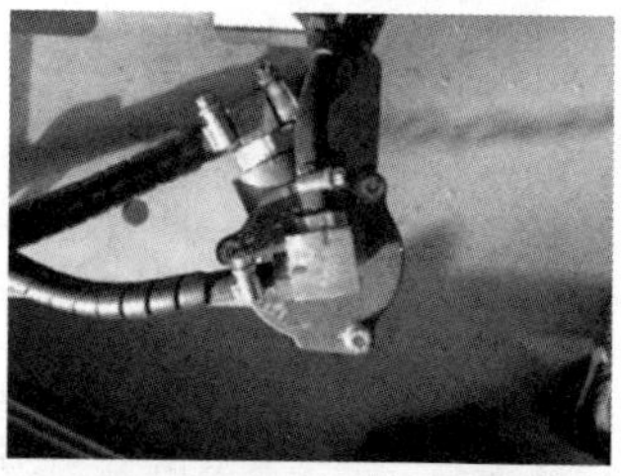
			ADD 阀接头与风管接头安装紧密，无缝隙（缝隙间隔小于 1.5 mm，以钢板尺无法进入为准），若存在缝隙则将风管与 ADD 阀重新接紧，并固定卡箍（共 6 处）	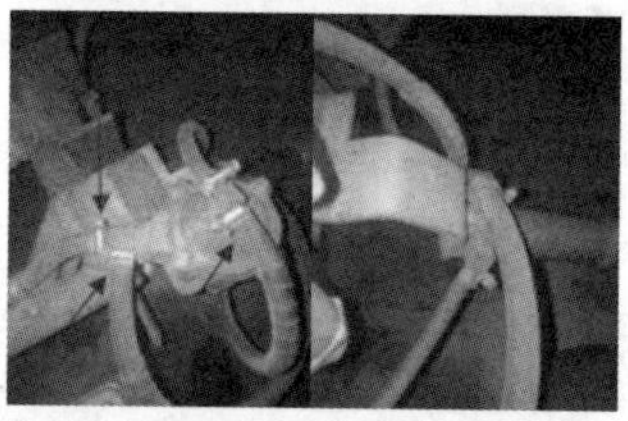
			使用钢板尺测量 ADD 阀风管卡箍位置距离风管端部是否在 1～3 mm 之间，若不在该范围须重新调整卡箍位置并紧固；手触检查卡箍是否松动，若发现松动则使用螺丝刀进行紧固处理	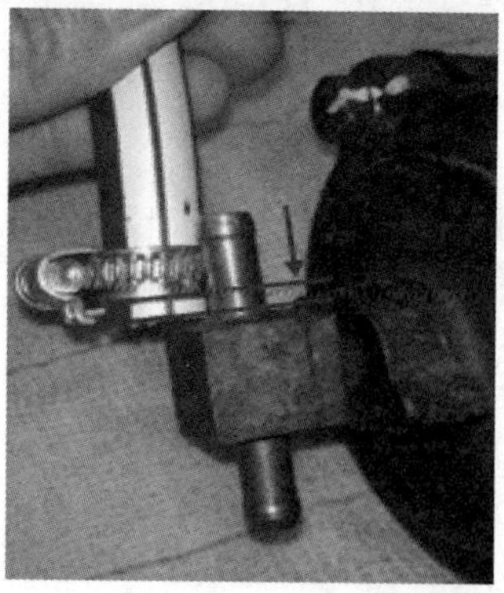
		底架 （目视）	表面平整，未变形、无裂纹	

实　训

完成项目2任务2.3工作单（见表2-11）。

表2-11　项目2任务2.3工作单

项目名称	项目2 一级检修作业		
任务名称	任务2.3 车顶作业		
班级名称		姓　名	
学习小组			

【基础知识认知】

1. CR400BF－A型动车组碳滑板磨耗限度剩余高度应≥（　　）mm。
A. 3　　B. 5　　C. 7　　D. 10

2. CR400BF－A型动车组碳滑板边缘掉块、缺陷掉块占宽度方向应不超过（　　）%。
A. 25　　B. 30　　C. 35　　D. 40

【职业能力训练】

1. 绘制CR400BF－A型动车组一级检修车顶作业路线。

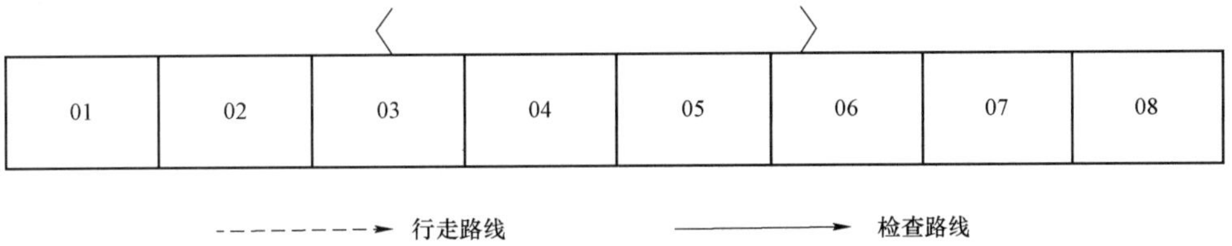

②号作业人员、①号作业人员

2. 依托高铁综合实训基地，以小组为单位，采用角色扮演的方式，按照“四必”作业法要求，对CR400BF－A型动车组进行一级检修车顶作业，同时，教师设置若干模拟故障，发现模拟故障最多的小组获胜，予以加分

【实训总结】

指导教师评价：

任务完成人签字：　　日期：　　年　　月　　日

指导教师签字：　　日期：　　年　　月　　日

任务 2.4　车侧作业

任务单

任务名称	车侧作业
任务分析	以 CR400BF－A 型动车组为例，学习车头外观、头车裙板、盖板、注水吸污口、车体外墙、扫石器、轮缘及撒砂装置、转向架、裙板、风挡及车端连接等车侧设备一级检修质量标准
学习任务	完成项目 2 任务 2.4 工作单
成果展示	项目 2 任务 2.4 工作单、进行一级检修车侧作业的影像资料

学习引导文

①号作业人员确认动车组供电正常，防护号志已插设，并通知③、④号作业人员一人一侧同时进行车侧作业。

车侧作业应注意以下事项。

⚠裙板、盖板松脱风险：车侧作业前确认裙板、盖板锁闭功能良好，锁闭到位，裙板完全落槽。

车侧作业部位与检查要求如表 2－12 所示。

表 2－12　车侧作业部位与检查要求

序号	部位	检查要求		
		检查内容及方法	检查标准	图示
1	车头外观（01、00 车）	开闭罩（目视、手检）	开闭罩外观状态良好，无变形、无击伤、无掉漆现象，手推闭罩，无松动现象。用手掌向打开方向进行推拉，无移动现象，锁闭牢固，手推无晃动现象	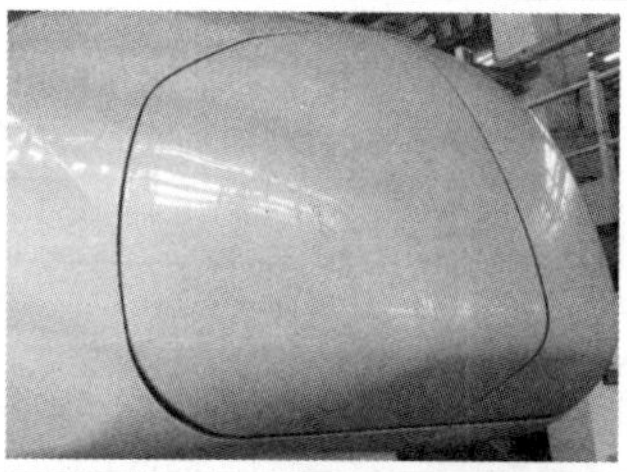
		车底导流罩（目视）	底部导流板各部件齐全，无变形、无损坏现象，左右侧各螺栓安装牢固、未脱落、未丢失	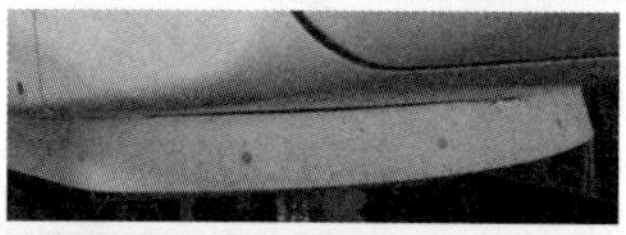
		检查内容及方法	检查标准	图示
2	头车裙板、盖板（01、00 车）	玻璃钢裙板（目视、手敲）	裙板锁扣齐全，防松标记未错位，敲击裙板未松动，外观良好，无破损、无掉漆现象。裙板间密封胶条状态良好，未脱出	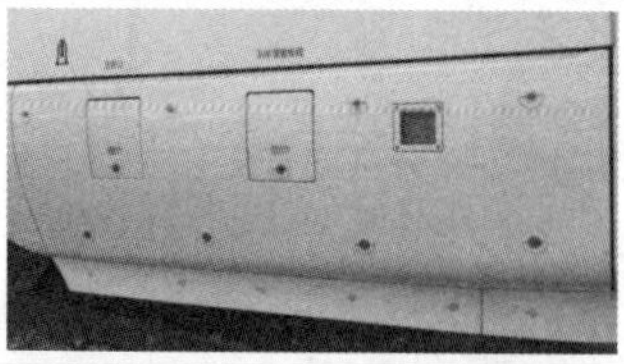
		小盖板（目视）	小盖板关闭到位，外观良好，无损伤、无掉漆现象。总风管截断阀、列车管截断阀、头车注砂口，外观良好，无损伤现象。锁闭装置及卡扣安装牢固，防松标记未错位	

续表

序号	部位	检查内容及方法	检查标准	图示
2	头车裙板、盖板（01、00车）	注砂口盖板（目视）	注砂口盖板共计11颗内六角螺栓安装牢固，未松动，防松标记清晰、未错位，活动盖板关闭到位且锁紧把手在关闭位	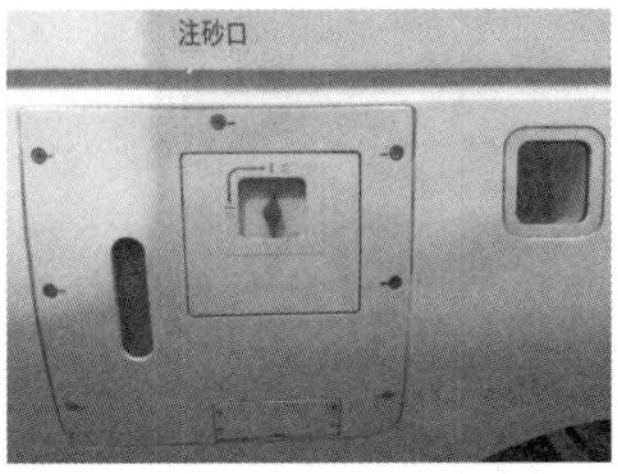
		砂量视窗（目视）	视窗四个螺栓紧固到位，防松标记未错位，通过视窗确认砂量在50%以上。 注：须对砂箱砂量进行拍照	
3	注水吸污口（全列）	吸污口盖板（目视、手检）	使用四角钥匙旋转180°，沿滑道手动上拉打开吸污口盖板，确认装置作用良好，盖板打开正常，安装牢固，检查完毕，恢复原状并锁闭盖板。 恢复吸污口盖板状态后须拍照	
		吸污设备（目视）	外观状态良好，吸污口把手未缺失、未断裂，安装螺栓未松动，检查完毕后恢复原状并锁闭盖板	
		注水口盖板（目视、手检）	盖板四个内六角螺栓未松动，防松标记未错位(仅中间车)，手动上拉开闭盖板，盖板开启正常，无卡滞现象。 恢复注水口盖板状态后须拍照	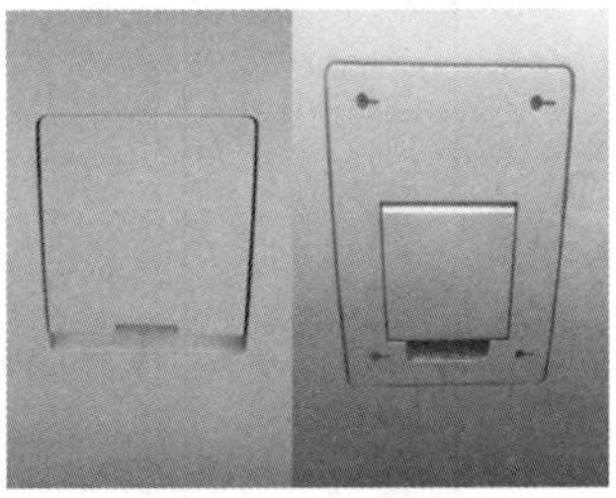 头车　　中间车
		注水口（目视）	外观状态良好，紧固螺栓未松动。防松标记未错位，检查完毕后恢复原状并关闭盖板	

续表

序号	部位	检查内容及方法	检查标准	图示
3	注水吸污口（全列）	水箱液位（目视）	水箱水位显示良好，视窗未裂损，清洁。污物箱液位在25%以下（即指示灯全灭）。污物箱满时联系相关人员处理故障或吸污	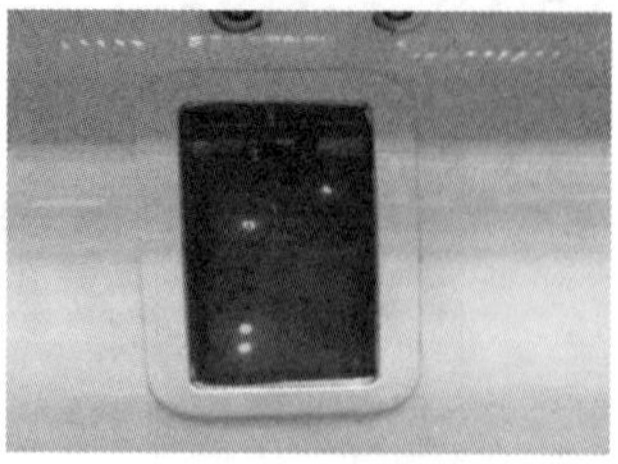
4	车体外墙（全列）	外观检查（目视）	侧墙橡胶密封胶条未损坏、未脱落。 车门外观无掉漆、无划伤现象，侧门开门按钮未破损、未缺失，紧急解锁手柄安装良好，胶条未破损、未脱落，玻璃未破损	
		车体外观（目视）	车体外观无掉漆、无划伤现象	
		外显示器（目视）	外显示器未损坏，车号、车次及站间显示正常。 注：输入车次后，对任一车厢的外显示器车次状态进行拍照	
5	扫石器、轮缘及撒砂装置	排障器（目视、测量）	排障器无明显破损，2个安装螺栓紧固，未松动，排障器距轨面高度不超限 对排障器距轨面高度进行测量并拍照	

续表

序号	部位	检查要求		
		检查内容及方法	检查标准	图示
5	扫石器、轮缘及撒砂装置	撒砂管（目视、测量）	撒砂管外观良好，无破损，喷嘴4个安装螺栓、撒砂管喷嘴安装座2个安装螺栓未松动或缺失，防松标记清晰、未错位，喷嘴口距轨面高度不超限，撒砂管安全吊索无裂损，作用未失效。 对撒砂管喷嘴高度进行测量并拍照	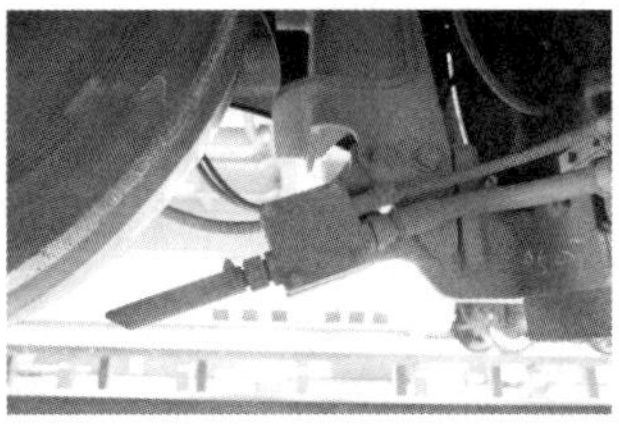
		撒砂装置（目视）	撒砂安装臂安装牢固，未裂损，紧固螺栓未松动，防松标记未错位，相关风管路、电气连接线安装状态良好	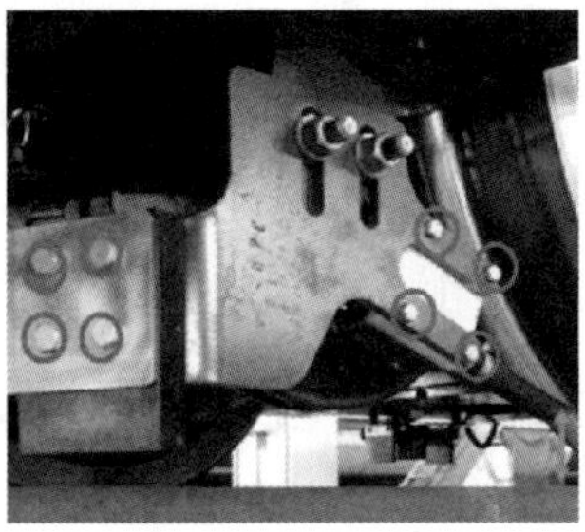
		轮缘润滑装置（目视）	轮缘润滑装置3个固定螺栓未松动，防松标记未错位；喷嘴位置正确，距踏面距离符合限度，管路未破损、接头未松动、未漏油	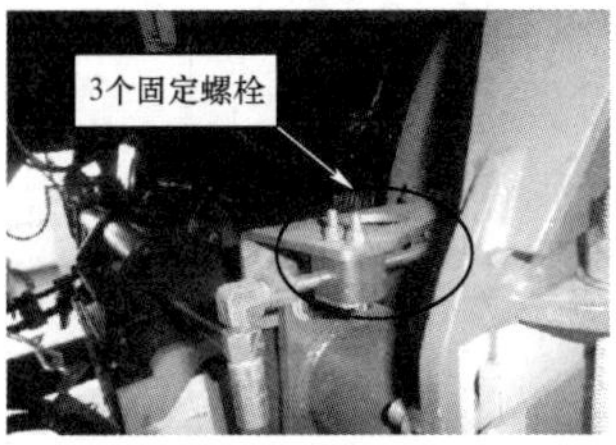
		撒砂安装臂（目视）	撒砂安装臂外观良好，安装牢固，螺栓未松动，防松标记未错位	

续表

序号	部位	检查内容及方法	检查标准	图示
6	转向架（全列）	轴箱（目视、手检）	轴箱、轴端盖应无机械损伤、无裂缝、无变形现象，轴端盖 12 个安装螺栓、轴箱下部 4 个安装螺栓及垫片未松动、未缺失，防松标记清晰、未错位	
		轴向定位拉杆（目视、手检）	轴箱定位拉杆外观状态良好； 连接片无明显损伤，2 个安装螺栓未松动，未缺失，防松标记清晰、未错位；紧急锁扣无明显损伤	
		橡胶节点（目视）	橡胶节点外观状态良好，4 个安装螺栓及垫片未松动、未缺失，防松标记清晰、未错位	
		轴端接地包（目视、手检）	轴端接地包外观状态良好，无裂纹，6 个安装螺栓防松标记清晰、未错位，安装座未裂损。接地线束未破损、无压痕，接头及喉箍安装牢固，未松动、未移位。 对接地轴端状态进行拍照	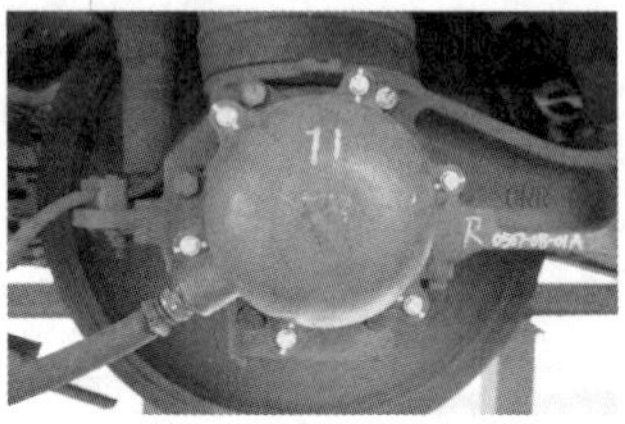
		轴箱端盖（目视、手检）	轴箱端盖应无机械损伤、无裂缝、无变形现象，6 个安装螺栓未松动，未缺失，防松标记清晰、无错位。 对轴端状态进行拍照	
		转向架构架（目视）	转向架构架外观良好，无明显机械损伤、化学损伤和热损伤现象，焊接部件无裂纹、未缺失，安装管路外观良好、未破损，安装牢固。 转向架各铭牌和标签安装牢固	
		接地线（目视）	接地线无机械损伤、无损坏、无断裂、无断股、无缺失、无腐蚀、无严重磨损及严重变形等现象，接地线端子无裂痕。 接地线两端的安装螺栓未松动、未缺失，防松标记未错位	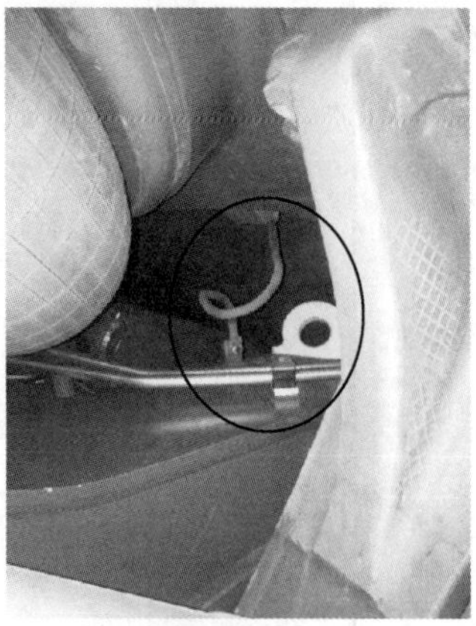

续表

<table>
<tr><th>序号</th><th>部位</th><th colspan="3">检查要求</th></tr>
<tr><td rowspan="5">6</td><td rowspan="5">转向架（全列）</td><td colspan="3">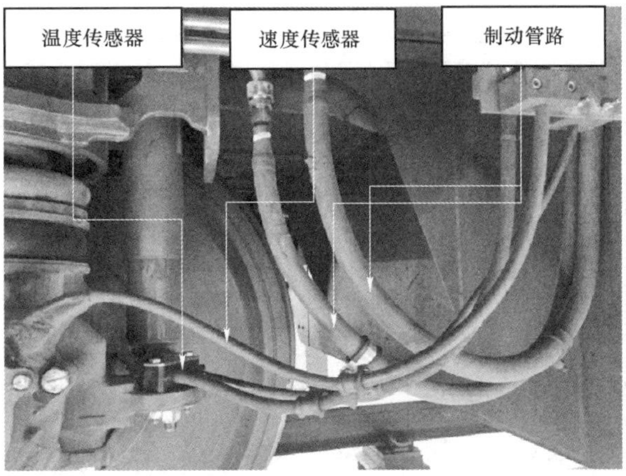
</td></tr>
<tr><td>检查内容及方法</td><td>检查标准</td><td>图示</td></tr>
<tr><td>列车管（目视、耳听）</td><td>保护套未破损，风管未漏风，管接头防松标记未错位。安装螺栓未缺损，防松标记未错位。管路相互间无抗磨，卡子螺栓紧固</td><td></td></tr>
<tr><td>传感器（目视、手检）</td><td>温度、速度、加速度传感器接线外观状态良好，未破损，接线无裸露，卡具齐全，卡座外观良好，无裂纹，传感器安装牢固，安装螺栓防松标记未错位</td><td>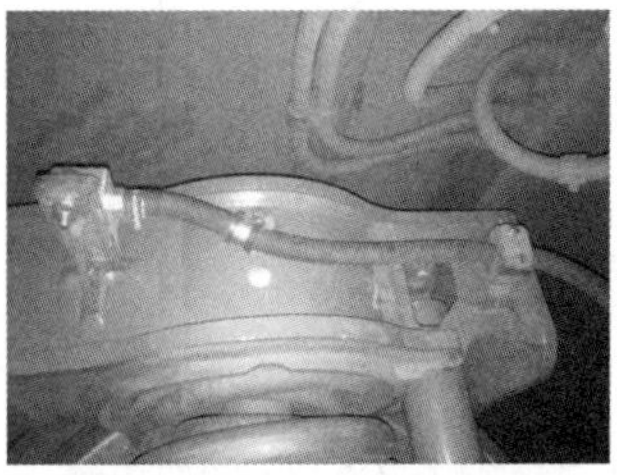</td></tr>
<tr><td>接线插头（目视）</td><td>接线插头插接牢固，未松动，外观良好</td><td></td></tr>
<tr><td colspan="5">

</td></tr>
</table>

续表

序号	部位	检查要求：检查内容及方法	检查标准	图示
6	转向架（全列）	踏面（目视、执行“四必”作业法）	踏面局部凹陷及擦伤深度、踏面剥离不超限	
		轮缘（目视、执行“四必”作业法）	轮缘的尖部或内侧无压痕、无划痕，轮缘厚度等各部限度不超限	
		轮辋（目视、执行“四必”作业法）	轮辋裂纹等缺陷各部限度不超限	
		制动盘（目视、执行“四必”作业法）	安装螺栓牢固，未丢失，制动盘摩擦环符合限度要求，盘面无圆周印痕	
		降噪涂层（目视）	降噪涂层无脱落、无开胶现象	
		轴箱弹簧（目视）	轴箱弹簧无机械损伤、油漆缺损、标签丢失或窜动等现象	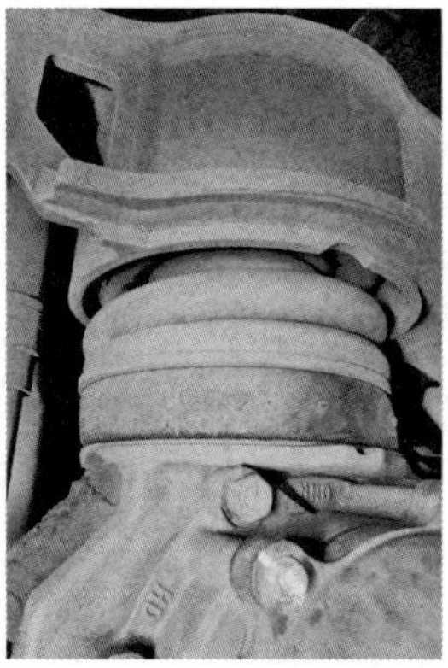
		轴箱弹簧橡胶堆（目视）	轴箱弹簧橡胶堆表面裂纹深度不大于 2 mm，金属粘接边缘裂纹深度不大于 3 mm，裂纹长度不大于 20 mm	
		一系垂向减振器（目视、手检）	一系垂向油压减振器未漏油，外观状态良好，减振器座无裂纹，上下各两个安装螺栓未松动、未缺失，防松标记清晰、未错位。 手触检查减振器上部金属护套，用手推拉无明显晃动现象	
		轴箱转臂（目视）	检查轴箱转臂及转臂箍，应无明显机械损伤	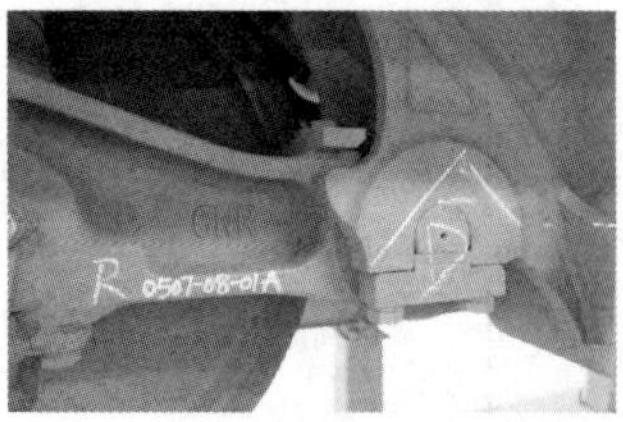

续表

<table>
<tr><th>序号</th><th>部位</th><th>检查要求</th></tr>
<tr><td>6</td><td>转向架
（全列）</td><td>
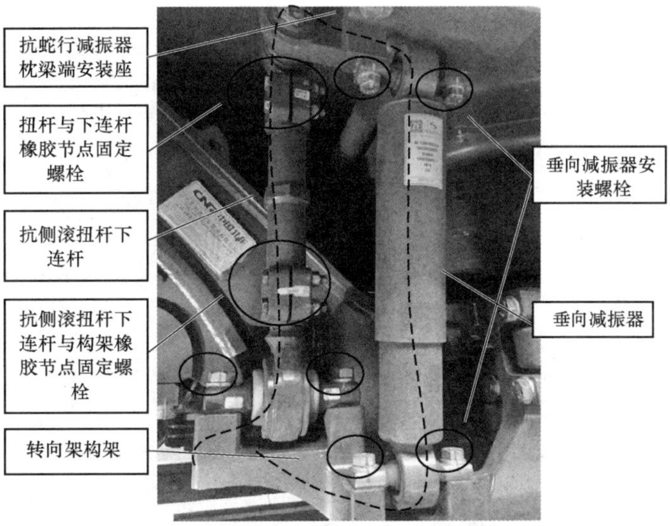

<table>
<tr><th>检查内容及方法</th><th>检查标准</th><th>图示</th></tr>
<tr><td>抗侧滚扭杆
（目视）</td><td>抗侧滚扭杆及枕梁安装座无损伤、无变形现象，固定螺栓未松动、未缺失，防松标记未错位</td><td></td></tr>
<tr><td>抗侧滚扭杆下连杆
（目视）</td><td>抗侧滚扭杆下连杆无裂纹、无变形现象，关节轴承外观状态良好；抗侧滚扭杆下连杆 2 个螺栓、下关节处 2 个螺栓安装牢固，防松标记未错位。
如上图中箭头部位所示，从内侧目视检查扭杆衬套，应无轴向移位现象，如存在移位现象需将扭杆座拆除（注意需托住扭杆），然后检查衬套组成与扭杆间有无异常磨耗，如存在磨耗须更换衬套组成</td><td></td></tr>
<tr><td>二系垂向减振器
（目视）</td><td>垂向油压减振器未漏油，外观状态良好；减振器座无裂纹，上下各两个安装螺栓未松动、未缺失，防松标记清晰、未错位</td><td></td></tr>
</table>
</td></tr>
<tr><td>6</td><td>转向架
（全列）</td><td>
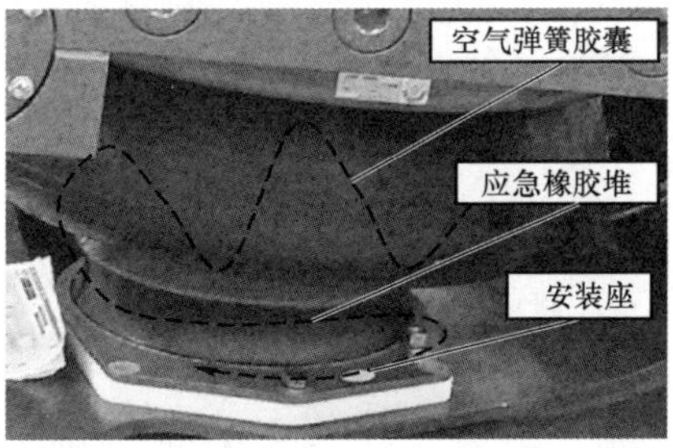

<table>
<tr><th>检查内容及方法</th><th>检查标准</th><th>图示</th></tr>
<tr><td>空气弹簧胶囊
（目视、手检）</td><td>空气弹簧外观状态良好，未漏风，帘布未外露，帘线未破损，表层未鼓包，内表面与紧急簧外圈金属无接触摩擦，划伤裂纹不超限，不得划伤至帘线外露</td><td></td></tr>
<tr><td>应急橡胶堆
（目视）</td><td>表面裂纹深度不大于 2 mm，裂纹长度不大于 20 mm；橡胶和金属粘接未脱胶</td><td></td></tr>
<tr><td>安装座
（目视）</td><td>安装座固定螺栓未缺失，防松标记未错位</td><td></td></tr>
</table>
</td></tr>
</table>

续表

<table>
<tr><th>序号</th><th>部位</th><th>检查要求</th></tr>
<tr><td>6</td><td>转向架
（全列）</td><td>
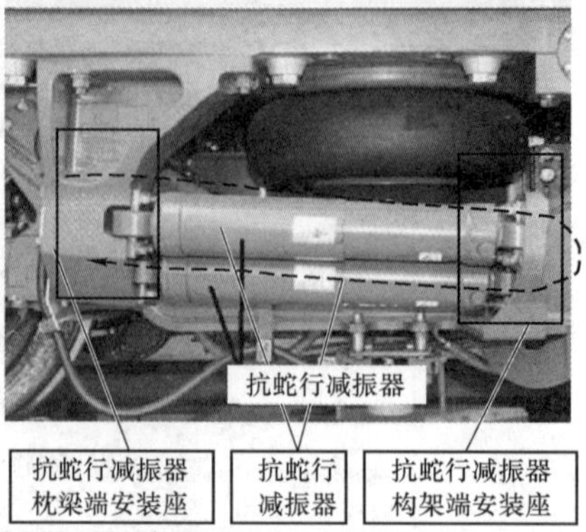

<table>
<tr><th>检查内容及方法</th><th>检查标准</th><th>图示</th></tr>
<tr><td>抗蛇行（油压）减振器（目视、手检、标记）</td><td>抗蛇行（油压）减振器未漏油，外观状态良好。两端各 2 个安装螺栓未缺失、未裂损，防松标记未错位；减振器座无裂纹。检修完毕后在减振器主体上擦去原有检修日期并涂打新的检修日期（车号－车厢号－日）
注：在减振器上涂打检修日期并拍照</td><td></td></tr>
<tr><td>安装座
（目视）</td><td>确认抗蛇行减振器安装座固定螺栓紧固良好，未松动</td><td></td></tr>
</table>
<table>
<tr><th>检查内容及方法</th><th>检查标准</th><th>图示</th></tr>
<tr><td>自动过分相装置
（目视）</td><td>感应接收器无明显的机械损伤，底部 2 个固定螺栓与垫片齐全，未缺失、未裂损，防松标记未错位，感应接收器距轨面高度：90 mm＜磁钢距轨面垂直安装高度＜120 mm</td><td rowspan="2"></td></tr>
<tr><td>自动过分相装置安装座与垫片
（目视）</td><td>4 个固定螺栓与垫片齐全，未缺失、未裂损，防松标记清晰、未错位</td></tr>
<tr><td>挡板
（目视）</td><td>每个挡板 2 个安装螺栓未缺失、未裂损，防松标记清晰、未错位，橡胶挡板未缺失、未损坏</td><td></td></tr>
<tr><td>自动过分相
固定线卡
（目视）</td><td>线卡未松动、未裂损，2 个螺栓未缺失、未裂损，防松标记清晰、未错位</td><td></td></tr>
</table>
</td></tr>
</table>

续表

<table>
<tr><th>序号</th><th>部位</th><th>检查要求</th></tr>
<tr><td>6</td><td>转向架
（全列）</td><td>
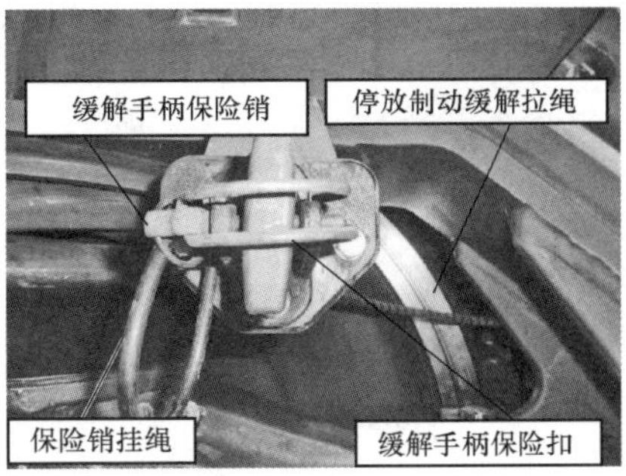

<table>
<tr><th>检查内容及方法</th><th>检查标准</th><th>图示</th></tr>
<tr><td>停放制动缓解手柄
（目视、手检）</td><td>确认保险扣位置正确，安装牢固，保险销位置正确、未缺失，拉绳未断裂，挂绳未脱落</td><td></td></tr>
<tr><td>踏面清扫装置
（目视）</td><td>1. 确认外观良好，空气管路未漏泄，安装未松动，卡簧弹出到位。
2. 研磨子剩余厚度大于等于 13 mm。
3. 除正常磨耗到限需更换研磨子外，观察研磨子是否发生偏磨，与安装钩接触处是否出现异常磨耗，否则需更换研磨子。
4. 确认研磨子表面是否存在镶嵌物，若有，须观察其增长情况，如果该镶嵌物持续增长或不自动脱落，须更换新研磨子。
5. 踏面清扫器研磨子与车轮踏面间隙满足 15～23 mm。
对研磨子安装状态进行拍照</td><td>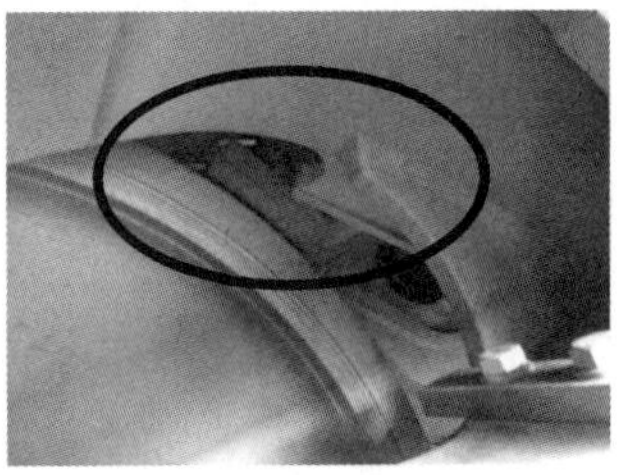</td></tr>
</table>
</td></tr>
<tr><td>7</td><td>裙板
（全列）</td><td>
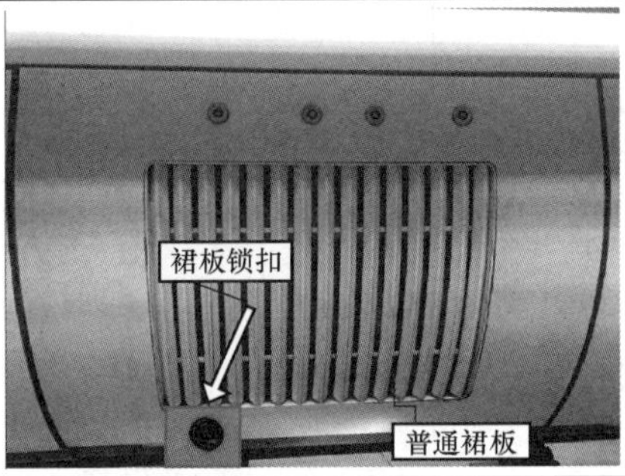

<table>
<tr><th>检查内容及方法</th><th>检查标准</th><th>图示</th></tr>
<tr><td>侧裙板
（目视、手检）</td><td>裙板四角锁指示箭头指向关位，用手按压安全碰锁存在活动间隙，格栅无裂纹，手敲裙板无振动、无异响现象</td><td></td></tr>
<tr><td>制动显示器
（目视）</td><td>制动缓解显示器外罩无裂纹，显示装置未损坏，显示符合当前状态。10 个安装螺栓未松动、未缺失。显示器视窗和观察视窗显示状态不清晰时，需对表面进行清洁</td><td>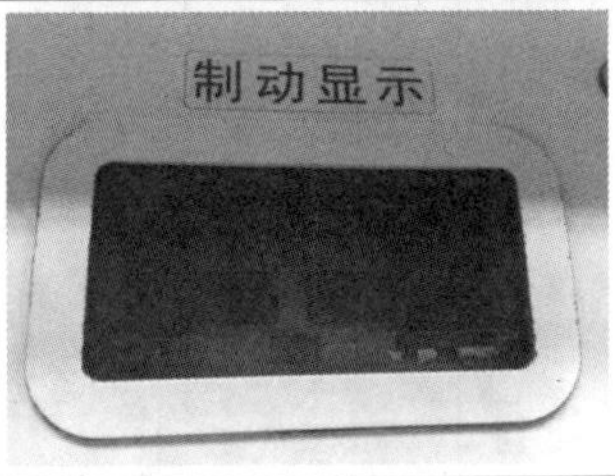
</td></tr>
</table>
</td></tr>
</table>

续表

序号	部位	检查内容及方法	检查标准	图示
7	裙板（全列）	转向架裙板（目视、手检）	转向架裙板锁支架安装螺栓未松动、未缺失，防松标记清晰、未错位。支架挂钩挂入槽内，安装座未裂损	
		转向架裙板锁（目视）	焊接接缝无裂纹，紧固螺栓未松动，防松标记未错位	
		多普勒雷达裙板（目视、手检）	裙板内六角螺栓紧固良好，防松标记未错位，手敲检查无异响	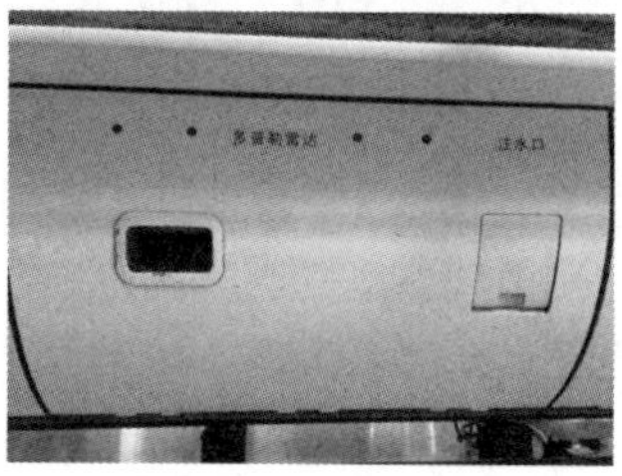
8	风挡及车端连接（全车）	外风挡（目视）	风挡连接折棚无裂损、无掉块、无变形（外翻、凹陷、穿孔）现象，安装螺栓未脱落、未松动	
		跨接线（目视）	跨接线无磨痕，线束外观未破损，两端接头安装牢固，标记未错位	

实　训

完成项目 2 任务 2.4 工作单（见表 2-13）。

表 2-13　项目 2 任务 2.4 工作单

项目名称	项目 2　一级检修作业		
任务名称	任务 2.4　车侧作业		
班级名称		姓　名	
学习小组			

【基础知识认知】

1. CR400BF-A 型动车组车轮踏面擦伤深度应≤（　　）mm。
   A. 0.2　　B. 0.25　　C. 0.3　　D. 0.35
2. CR400BF-A 型动车组车轮踏面擦伤长度应≤（　　）mm。
   A. 15　　B. 20　　C. 25　　D. 30

【职业能力训练】

1. 绘制 CR400BF-A 型动车组一级检修车侧作业路线。

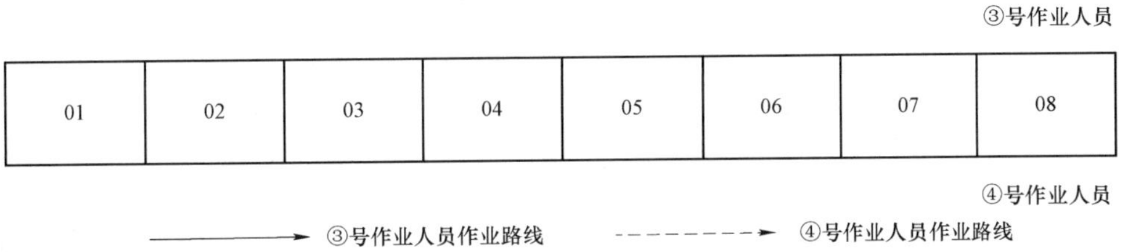

2. 依托高铁综合实训基地，以小组为单位，采用角色扮演的方式，按照“四必”作业法要求，对 CR400BF-A 型动车组进行一级检修车侧作业，同时，教师设置若干模拟故障，发现模拟故障最多的小组获胜，予以加分

【实训总结】

指导教师评价：

任务完成人签字：　　　　　　日期：　　年　　月　　日

指导教师签字：　　　　　　日期：　　年　　月　　日

任务 2.5 车内作业

任务单

任务名称	车内作业
任务分析	根据动车组修程修制改革的实施方案，座椅、卫生间和电茶炉检查等车内设备的检查项目调整为结合随车机械师出、退乘和值乘巡视作业进行，运行中发生的故障由随车机械师负责引继，库内一级检修时进行处理，因此，目前一级检修车内作业除进行司机室设备检查、试验外，只进行空调点温和车门故障处理。 以 CR400BF－A 型动车组为例，学习司机室非操作台区域、司机室操纵台、辅助操作区设备检查和功能试验、换端作业、断电作业的一级检修质量标准
学习任务	完成项目 2 任务 2.5 工作单
成果展示	项目 2 任务 2.5 工作单、进行一级检修车内作业的影像资料

学习引导文

①号作业人员确认接地杆已摘，接触网有电，动车组供电正常，并通知②号作业人员共同进行作业。由①号作业人员进行动态试验，②号作业人员进行静态检查。车内作业部位与检查要求如表 2－14 所示。

表 2－14 车内作业部位与检查要求

序号	部位	检查要求		
		检查内容及方法	检查标准	图示
1	司机室非操纵台区域	副驾驶座椅 （目视、手检）	坐垫、靠垫未缺失、未破损，粘贴牢固，侧盖板安装未松动。翻动座椅靠背，油压杆作用良好，油压杆安装座 4 个固定螺栓未松动、未缺失，连接处 1 个螺栓未松动、未缺失	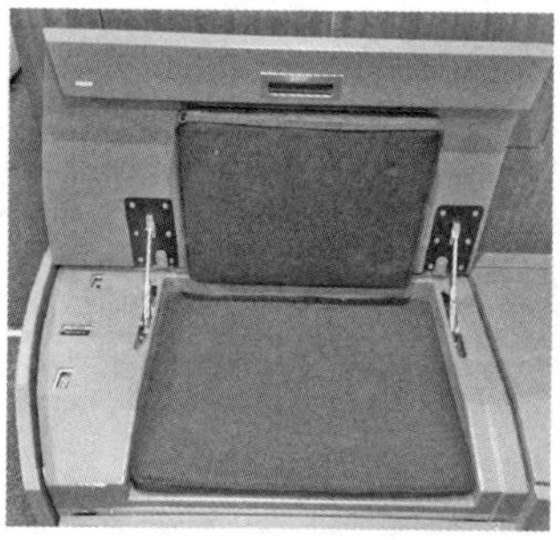
		公里数表 （目视、记录）	公里数表安装良好，未破损	
		司机室门 （目视、手检）	司机室门外观状态良好，开关功能正常、无卡滞，门、门锁、把手安装牢固，门锁可以二级锁闭，锁闭状态良好，内把手可以正常扳动且未松动	

续表

序号	部位	检查内容及方法	检查标准	图示
1	司机室非操纵台区域	配电盘 （目视）	配电盘柜门开关正常，未脱落，锁闭性能良好；空气开关表面未变色，无异味；配电盘上5个固定螺栓未缺失、未松动	
		故障面板 （目视、手检）	1. 柜门开关正常，未脱落，锁闭性能良好。 2. 旋钮表面未变色，无异味。 3. 配电盘上5个固定螺栓未松动	
		灭火器 （目视）	外观良好，喷管、压把、压力表、插销、铅封齐全，状态良好；灭火器定检日期距下次检查时间不过期；灭火器指针指示在绿色合格区域	
		灭火器柜 （目视、手检）	柜门外观正常，开闭性能良好，灭火器安装座牢固	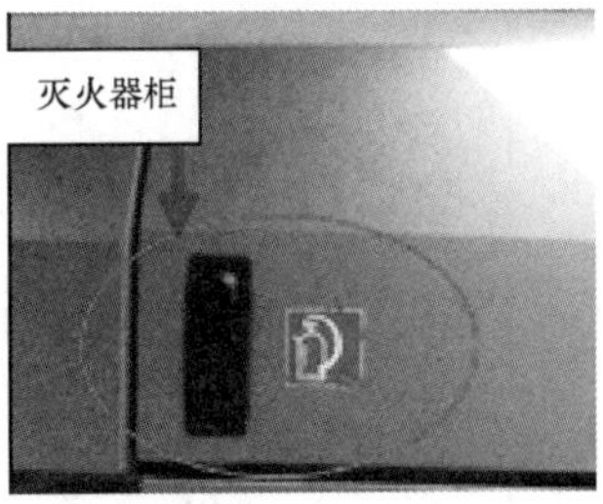
		侧窗 （目视）	框架、玻璃未裂损，提示标识未破损	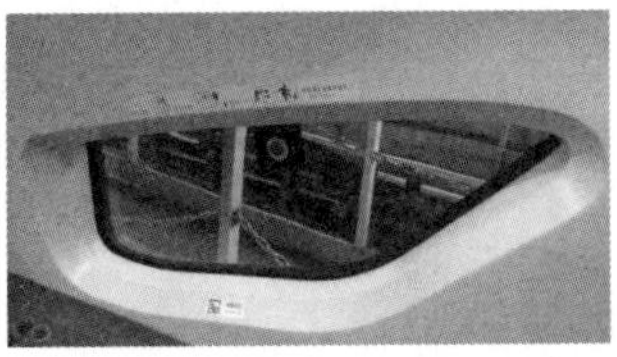

续表

序号	部位	检查内容及方法	检查标准	图示
1	司机室非操纵台区域	PIS 电话（目视、测试）	确认各车联络电话外观状态良好，无机械损伤。话筒线路未脱线，4 个安装螺栓未缺失、未松脱。①号作业人员在司机室、乘务室，②号作业人员至 02～15 车车载电话处，配合确认各车广播设备性能是否良好	
		司机座椅检查（目视、手检）	1. 座椅靠背未破损，手动转动扶手调节滚轮，确认作用正常。 2. 转动靠背调节转轮，靠背角度调节作用良好，拨动座椅升降提手和座椅前后调节提手，座椅升降和前后移动作用顺畅	
		应急锤、衣帽钩（目视）	确认应急锤安装牢固，铅封良好，衣帽钩未损坏、未脱落	
		侧顶板（目视）	司机室侧顶板未损坏、无划痕，带四角锁的要用手敲击检查，确保无振动，装饰帽未脱落	
		摄像头（目视）	司机室摄像头安装牢固，镜面清洁	

续表

序号	部位	检查内容及方法	检查标准	图示
1	司机室非操纵台区域	司机室空调 （目视、手检）	1. 开启司机室空调，确认空调状态，空调模式设置为自动位，温度调节位在正上方，待启动 5 min 后，将手放置于出风口，确认功能正常（夏天出冷风、冬天出热风）。 2. 对司机室操作台进行点温，温度范围为 20～26 ℃（该项作业仅在每年 4 月 1 日—10 月 15 日期间进行）	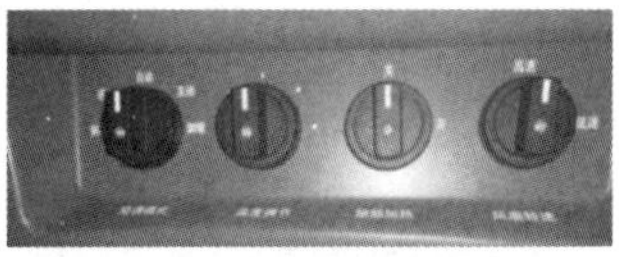 
		司机室照明 （目视）	开启司机室照明开关，分别置于“弱光、强光”挡位，确认功能良好	
		前挡风玻璃 （目视）	前风挡玻璃未裂损，密封胶条未脱胶，玻璃内侧防飞溅膜未破损、未卷边	
		汽笛 （目视、脚踏）	外观无异常，脚踩圆形风笛开关，作用顺畅不卡滞。风笛鸣响功能正常。 注：踩踏前确认车头前无人	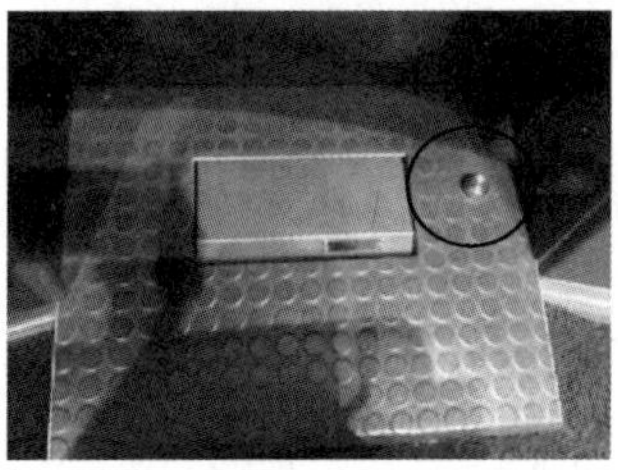
		功能测试 （目视、脚踏）	司机警惕装置踏板外观无异常。 脚踩司机警惕装置踏板，确认作用顺畅，不卡滞	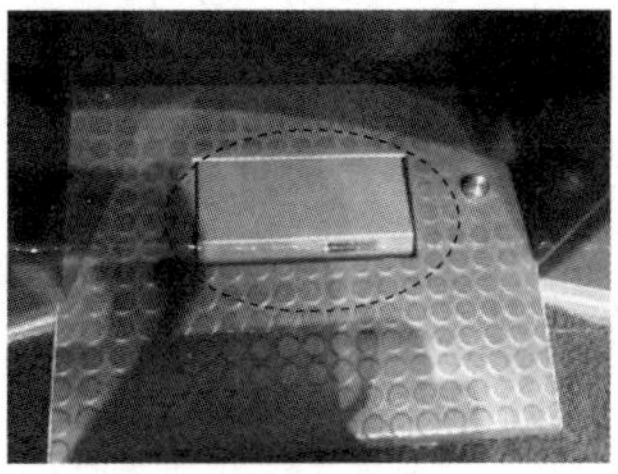

续表

<table>
<tr><th>序号</th><th>部位</th><th colspan="3">检查要求</th></tr>
<tr><td rowspan="3">1</td><td rowspan="3">司机室非操纵台区域</td><td>检查内容及方法</td><td>检查标准</td><td>图示</td></tr>
<tr><td>插座
（目视）</td><td>插座盖板未破损、未脱落、未松动，插座孔无烧痕</td><td></td></tr>
<tr><td>盖板
（目视）</td><td>司机室各柜盖板未破损，未脱落，柜门锁闭良好</td><td></td></tr>
<tr><td rowspan="4">2</td><td rowspan="4">司机室
操纵台
（01、00 车）</td><td>检查内容及方法</td><td>检查标准</td><td>图示</td></tr>
<tr><td>GSM－R 电话、CIR
（目视）</td><td>1. 听筒和话筒未损坏，电线电缆未破损，试验功能正常。
2. 键盘灵活，未破损。
3. HMI 屏系统时间与 CIR 屏系统时间相差不超过 30 s，并拍照确认。
注：拍照时，HMI 屏与 CIR 屏拍照时间间隔不超过 30 s</td><td></td></tr>
<tr><td>ATP 屏
（目视）</td><td>显示屏无划痕、未裂损，外观良好</td><td></td></tr>
<tr><td>紧急制动按钮
（目视）</td><td>外观状态良好，未松动，确认其在弹起位置</td><td></td></tr>
</table>

续表

<table>
<tr><th>序号</th><th>部位</th><th colspan="3">检查要求</th></tr>
<tr><td rowspan="10">2</td><td rowspan="10">司机室
操纵台
（01、00 车）</td><td colspan="3">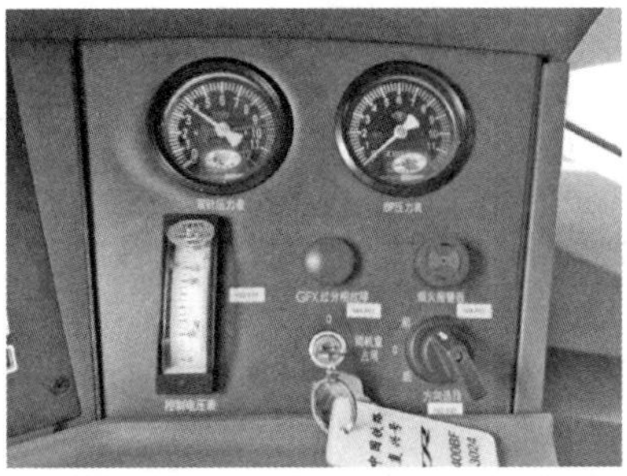</td></tr>
<tr><td>检查内容及方法</td><td>检查标准</td><td>图示</td></tr>
<tr><td>压力表
（目视）</td><td>安装良好、视窗玻璃无裂纹、指针指示正常。定检标签未缺失、定检日期未超期</td><td></td></tr>
<tr><td>过分相故障灯
（目视）</td><td>指示灯未松动，外观状态良好</td><td>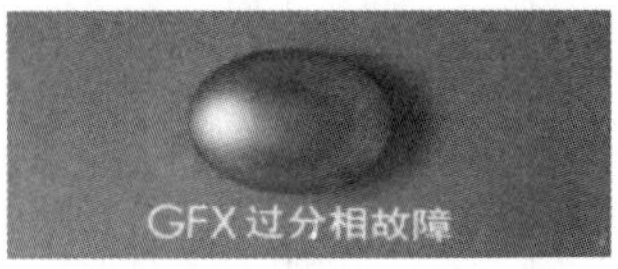
</td></tr>
<tr><td>门关闭指示灯
（目视）</td><td>配合开关门试验时，检查指示灯状态，全部关闭时，灯亮，至少一个门打开时，灯灭</td><td></td></tr>
<tr><td>司机室占用
钥匙孔
（目视、手检）</td><td>钥匙孔插入及转动无卡滞现象，外观状态良好，孔内无杂物</td><td rowspan="2">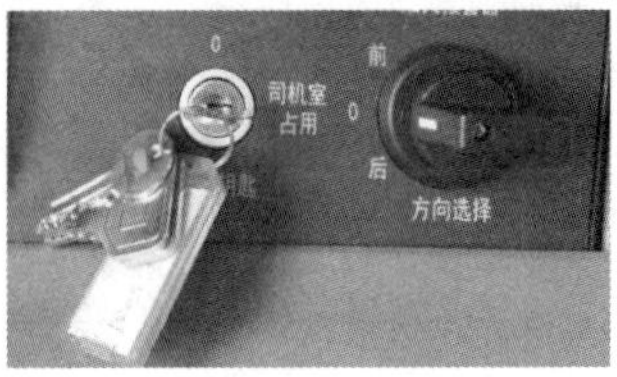
</td></tr>
<tr><td>方向开关
（目视、手检）</td><td>未松动，操作“前进、后退、0”挡位，无卡滞、无脱挡现象，外观状态良好</td></tr>
<tr><td>控制电压表
（目视）</td><td>表盘玻璃未裂损，电压表正常显示控制电压值。定检标签未缺失、定检日期未超期。
供电作业完毕且 VCB 断开后，在蓄电池断开前，确认电压不低于 100 V，并对蓄电池显示电压进行拍照</td><td></td></tr>
<tr><td>右侧车门操作面板（目视、手检）</td><td>3 个按钮未松动、未凹陷，按压后无卡滞现象，防护罩未裂损、未脱落（可结合开关门试验进行）</td><td rowspan="2">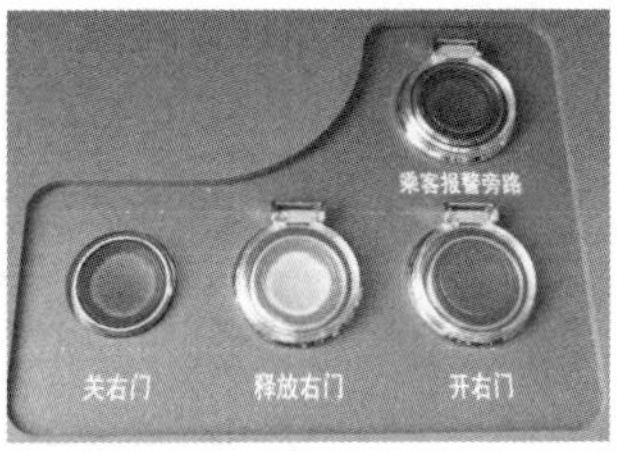
</td></tr>
<tr><td>乘客报警旁路按钮（目视、手检）</td><td>外观状态良好，未松动、未破损、未凹陷</td></tr>
</table>

续表

<table>
<tr><th>序号</th><th>部位</th><th>检查要求</th></tr>
<tr><td rowspan="3">2</td><td rowspan="3">司机室
操纵台
（01、00 车）</td><td>
<table>
<tr><th>检查内容及方法</th><th>检查标准</th><th>图示</th></tr>
<tr><td>司机室灯
（目视、手检）</td><td>司机室灯开关安装牢固，未损坏，操作控制按钮分别置于“弱光、强光、关”三个挡位，无卡滞现象，确认功能良好</td><td rowspan="2">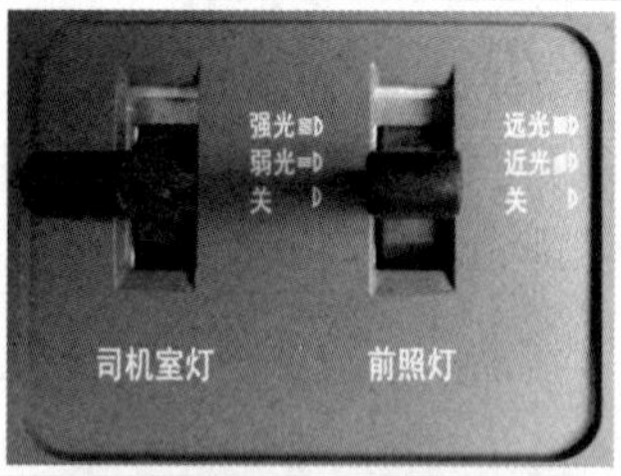
</td></tr>
<tr><td>前照灯
（目视、手检）</td><td>前照灯开关安装牢固，未损坏，操作控制按钮分别置于“近光、远光、关”三个挡位，无卡滞现象，在车外检查前照灯功能是否良好，灯色是否一致。
将开关打到“强光”位，对前照灯状态进行拍照</td></tr>
<tr><td>标志灯
（目视、手检）</td><td>外观及安装状态良好，灯色一致，未灭灯</td><td></td></tr>
</table>
</td></tr>
<tr><td>

<table>
<tr><th>检查内容及方法</th><th>检查标准</th><th>图示</th></tr>
<tr><td>按钮检查
（目视、手检）</td><td>外观状态良好，未松动、未破损、未凹陷，按压弹起正常，无卡滞现象</td><td></td></tr>
<tr><td>撒砂、升降弓、VCB 开关（目视、手检）</td><td>未松动，操作无卡滞、无脱挡现象，外观状态良好</td><td></td></tr>
<tr><td>风笛开关
（目视、测试）</td><td>风笛开关未松动，外观状态良好；操作试验高音、低音、和音（将司机台下风笛脚踏开关踏下，并保持在此位置）风笛，确认功能正常，开关无卡滞、无脱挡现象，功能良好。
注：鸣笛前确认车头附近无人</td><td></td></tr>
</table>
</td></tr>
<tr><td>
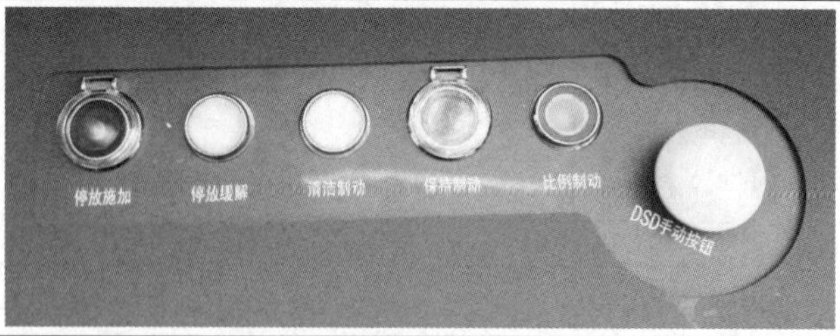

<table>
<tr><th>检查内容及方法</th><th>检查标准</th><th>图示</th></tr>
<tr><td>停放制动（目视）</td><td>外观状态良好，未松动、未破损、未凹陷，实施停放制动，按钮“黄”灯亮起</td><td></td></tr>
<tr><td>清洁制动（目视）</td><td>外观状态良好，未松动、未破损、未凹陷</td><td></td></tr>
<tr><td>保持制动（目视）</td><td>外观状态良好，未松动、未破损、未凹陷</td><td></td></tr>
<tr><td>比例制动（目视）</td><td>外观状态良好，未松动、未破损、未凹陷</td><td></td></tr>
<tr><td>DSD 开关（目视）</td><td>外观状态良好，未松动，安装牢固</td><td></td></tr>
</table>
</td></tr>
</table>

续表

<table>
<tr><th>序号</th><th>部位</th><th>检查要求</th></tr>
<tr><td>2</td><td>司机室
操纵台
（01、00 车）</td><td>
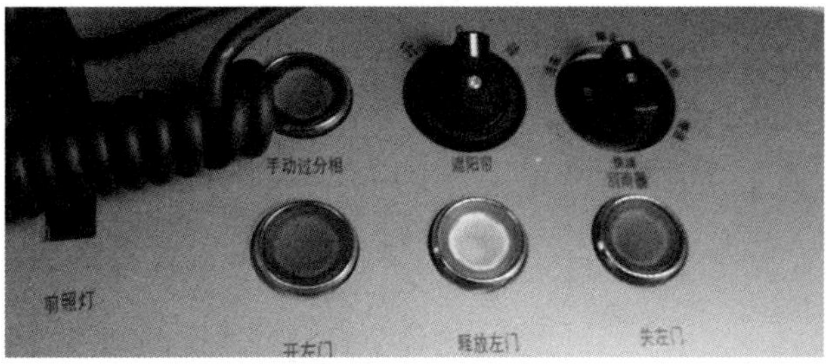

<table>
<tr><th>检查内容及方法</th><th>检查标准</th><th>图示</th></tr>
<tr><td>左侧车门操作面板（目视、手检）</td><td>3 个按钮未松动、未凹陷，按压无卡滞现象，防护罩未裂损、未脱落（可结合开关门试验进行）</td><td></td></tr>
<tr><td>手动过分相按钮（目视）</td><td>外观状态良好，未松动、未破损、未凹陷</td><td></td></tr>
<tr><td>遮阳帘及旋钮（目视、手检）</td><td>旋钮外观未松动，手动将旋钮打至“升”位，确认遮阳帘伸出自如，无卡滞现象，遮阳帘布齐全，未破损，卡扣固定良好，未松动；并打至“降”位进行恢复，确保恢复到位</td><td></td></tr>
<tr><td>“刮雨器”旋钮（目视、手检）</td><td>旋钮未松动，手动将旋钮打至“间歇、慢速、快速”挡位，确认无卡滞现象，确认刮雨器功能良好</td><td></td></tr>
<tr><td>前窗玻璃加热（目视）</td><td>外观状态良好，未松动、未破损、未凹陷</td><td></td></tr>
<tr><td>牵引制动手柄（目视、手检）</td><td>外观状态良好，未松动，黑色帽未脱落，安装牢固，手柄前后推拉灵活，无卡滞、无脱挡现象。
注：往前推时，需在降弓断主断状态下进行。同时退出司机室占用前将手柄置于“0”位</td><td rowspan="2">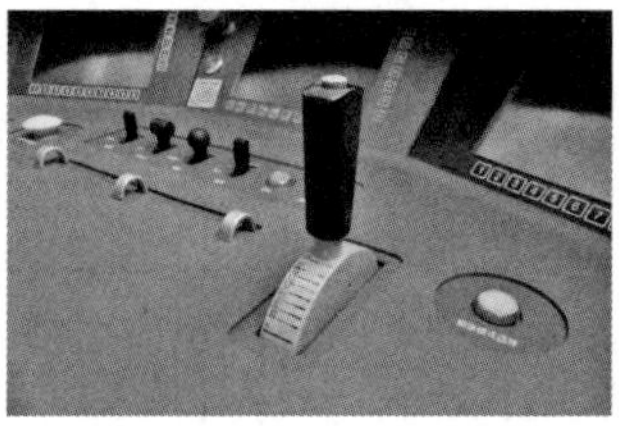</td></tr>
<tr><td>模式选择开关（目视）</td><td>外观状态良好，未松动、未破损、未凹陷，按压弹起正常，无卡滞现象</td></tr>
<tr><td>紧急断电按钮（目视）</td><td>按钮外观状态良好，位置在旋出位置</td><td></td></tr>
<tr><td>左右 HMI 屏（目视）</td><td>显示器壳体未破损，屏幕显示正常，无花屏现象，未裂损</td><td>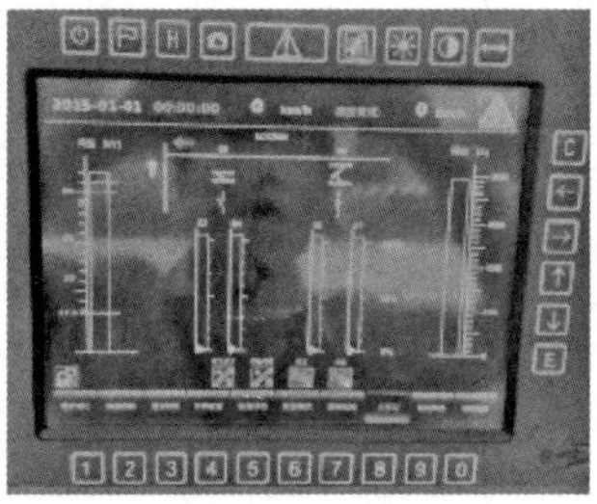</td></tr>
</table>
</td></tr>
</table>

续表

序号	部位	检查内容及方法	检查标准	图示
2	司机室 操纵台 （01、00 车）	刮雨器（目视）	1. 雨刷器外观状态良好，未损坏。 2. 雨刷器传动杆件未松脱，雨刷支架未变形，雨刷胶条未窜出，未裂损。 3. 打开挡风玻璃雨刷器开关，雨刷器功能正常。 （1）检查雨刷杆的活动性，防止其受压无法运动。 （2）将功能选择开关切换至“洗车”位，雨刮片停在挡风玻璃中间。 （3）将功能选择开关切换至“间歇”位，每次间隔 4～8 s，刮刷范围以玻璃中心线对称分布。 （4）将功能选择开关切换至“慢速”位，雨刷器慢速刮雨（30±5）次/min，刮刷范围以玻璃中心线对称分布。 （5）将功能选择开关切换至“快速”位，雨刷器高速刮雨（45±5）次/min，刮刷范围以玻璃中心线对称分布。 （6）将功能选择开关切换至“停止”位，刮片自动调整到左侧（从车内向外看）。 4.（冬季）打开挡风玻璃电阻加热器开关，观察 BPS 面板的工作灯是否点亮。 注：进行刮雨器试验时拍摄视频（刮雨器至少运动四个来回，持续时间大于 10 s）	
3	辅助操作区	旋钮开关 （目视）	各旋钮开关外观状态良好，未松动	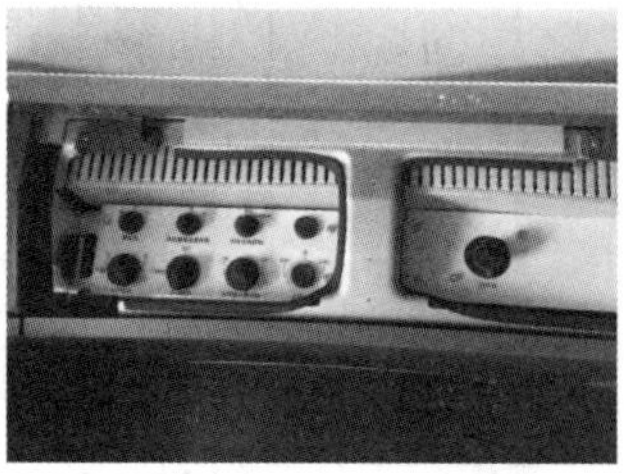
4	功能试验	供电试验	1. 插入主控钥匙，右旋至“占用”位，左旋右侧辅助操作区的蓄电池旋钮并保持 2 s，确认动车组蓄电池打开，拨动受电弓开关至“升弓”位并确认受电弓升起，再拨动 VCB 开关至“闭合”位，确认闭合后，查看左 HMI 屏牵引界面，确认辅助供电单元启动正常，状态框变绿并拍照。 2. 确认总风压力在 800 kPa 以上后进行换弓试验，确保每端司机室前后位受电弓各升弓一次，牵引界面状态良好。 对每次升弓后的牵引界面进行拍照，每端 2 张，共 4 张	
		牵引试验	1. 牵引手柄、制动手柄在四级制动或以上。 2. 操作显示屏，进入维护模式界面，启动牵引测试。 3. 牵引测试成功后，显示屏上显示“OK”。 4. 试验完成，退出维护模式	

续表

序号	部位	检查内容及方法	检查标准	图示
4	功能试验	制动试验	1. 试验条件确认：①停放制动施加；②总风压力在 850 kPa 以上；③制动处于缓解状态；④空压机停止工作	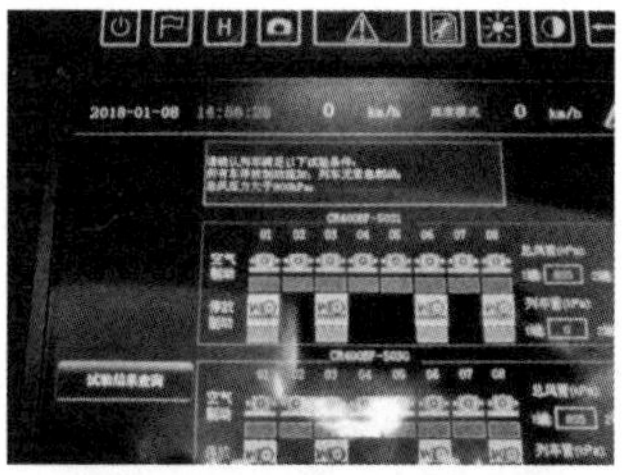
			2. 进入制动试验界面：①点击“制动界面”；②点击“制动试验”；③待蓝框显示“试验条件满足，可以进行制动试验”时进行第 3 步	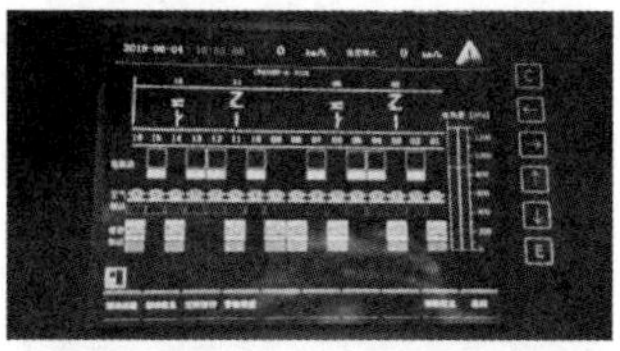  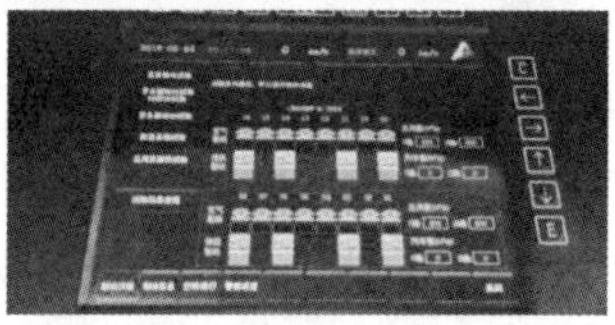
			3. ①点击左侧“直通制动试验”；②按蓝框提示点击“开始试验”；③按提示操作制动手柄，确认制动施加；④按提示操作制动手柄，确认制动缓解；⑤按提示确认试验结束，点击右侧“停止试验”，之后进入第 4 步	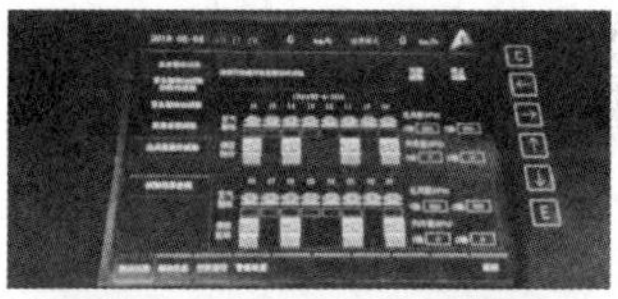 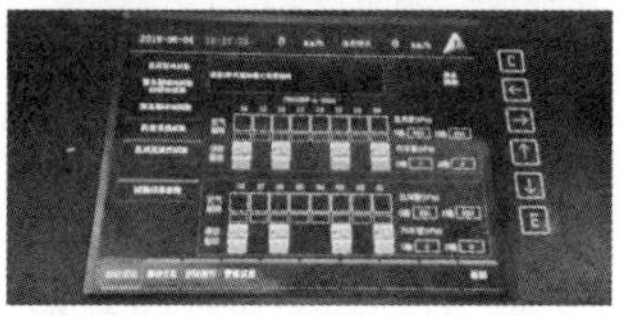
			4. ①点击左侧“紧急制动 EB 试验，EB 转 UB 试验”；②按蓝框提示点击“开始试验”；③按提示将制动手柄移动至 EB 位；④按提示确认试验结束，点击右侧“停止试验”，之后进入第 5 步	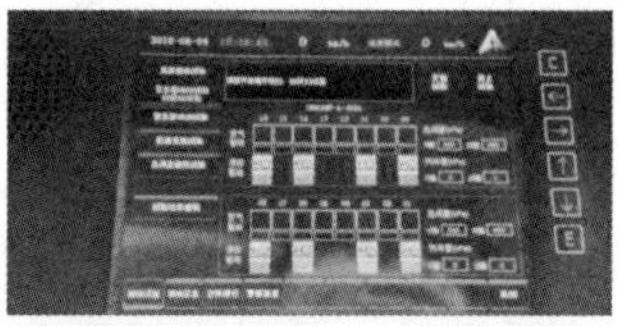 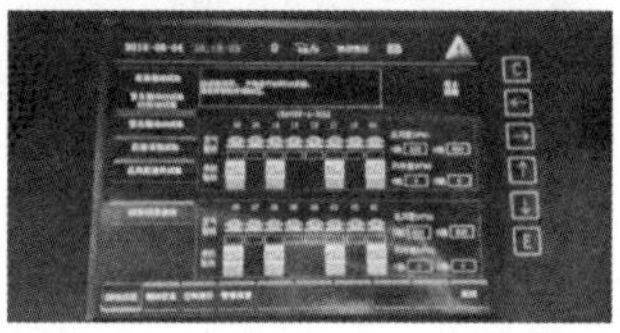

续表

序号	部位	检查要求		
		检查内容及方法	检查标准	图示
4	功能试验	制动试验	5. ①点击左侧“紧急制动 UB 试验”；②按蓝框提示点击“开始试验”；③按提示按压 UB 按钮；④按提示恢复 UB 按钮；⑤按提示确认试验结束，点击右侧“停止试验”，之后进入第 6 步	 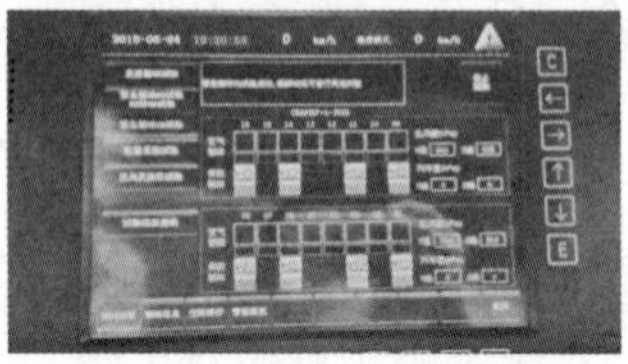
			6. ①点击左侧“防滑系统试验”；②按蓝框提示点击“开始试验”；③按提示确认试验结束，点击右侧“停止试验”，之后进入第 7 步	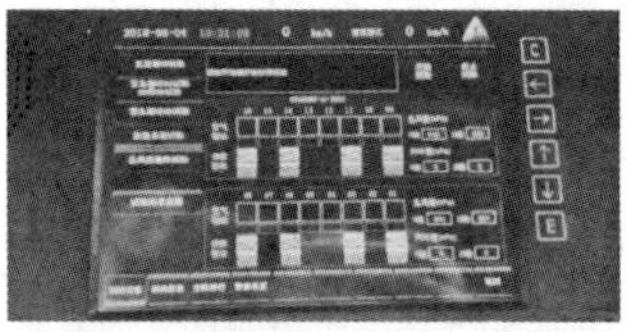 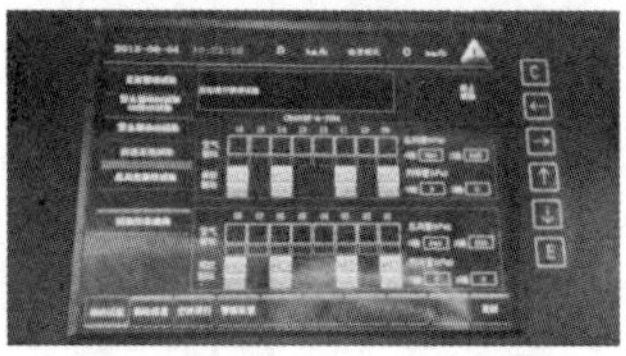
			7. ①点击左侧“总风贯通性试验”；②按蓝框提示点击“开始试验”；③按提示确认总风压力，如压力较高，可采用多次制动的方式降低压力；④按提示确认试验结束，点击右侧“停止试验”	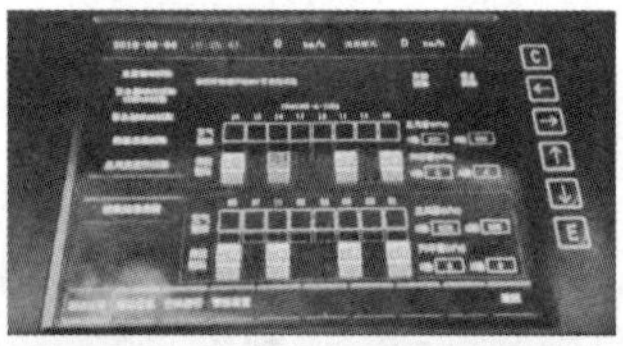 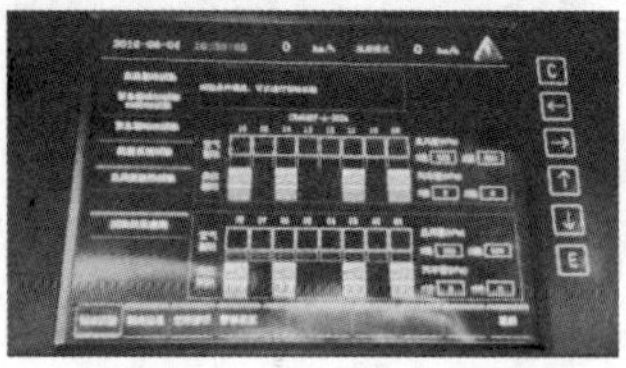
			8. 点击“试验结果查询”，确认各制动试验项目完成及结果显示均为成功且全列制动有效率良好。 注：1.对试验结果查询界面、有效率显示界面进行确认后各拍照一张留存。 2. 第 2、3 条试验项目完成后，需将制动手柄移动至 7 级制动位，然后按压“紧急复位”按钮，确认制动缓解后再进行下一步	

续表

序号	部位	检查内容及方法	检查标准	图示
4	功能试验	故障界面	1. 司机室检查项点作业完毕后，点击司机当前故障界面，确认动车组状态良好，并在每端司机室作业结束后用数字化手电筒对故障屏幕进行拍照。 2. 供电作业过程中，查看动车组近 24 h 的历史故障信息，录 HMI 屏历史故障界面视频。 3. 如发现涉及高压牵引、辅助、网络、制动、车门、车钩头罩、空调、火警等影响运行的故障，立即联系技术员，请求技术支持	 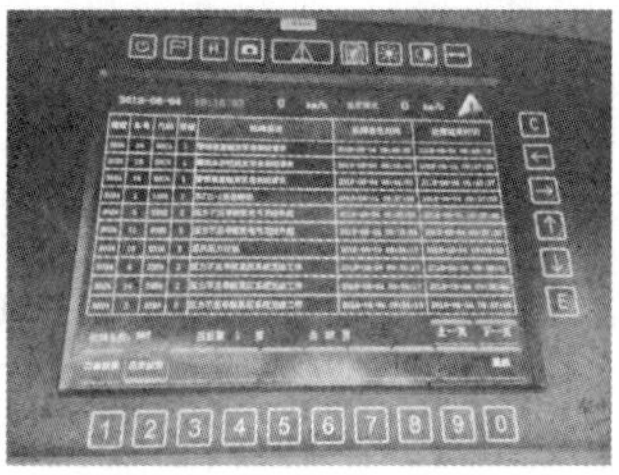
		空调检查（试验）	1. 在 HMI 上开启全列空调，查看车厢空调状态显示是否为黄色，确认状态良好。 2. 空调启动 15 min 后，①号作业人员检查客室温度，应在目标值±2 ℃以内。 3. 确认故障界面没有显示空调相关故障。 4. ②号作业人员或上部组作业人员巡视客室，确认体感温度正常，出风口出风正常。 5. 对两端 VIP 区域（司机室后方）侧墙板进行点温测量，确认温度在 20～26 ℃。（每年 4 月 1 日—11 月 15 日执行） 注：开启全列空调，运行 15 min 后，对 HMI 屏显示的空调温度进行拍照。若夏季外温过高，短时间内客室温度降不到 26 ℃以下，可酌情拍摄一端 HMI 屏温度界面照片	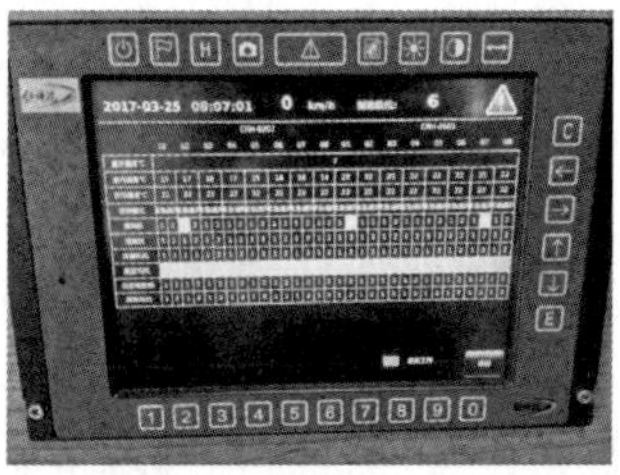 
		车门试验	将 HMI 屏调至车门界面，操作司机台两侧车门释放按钮，两侧开门按钮点亮，点击左右开关门按钮，确认 HMI 车门界面显示开关正常，HMI 故障信息界面没有报车门相关故障，司机室关门指示灯工作正常。 注：1. 开关门试验前须用车内广播进行人身安全提示； 2. 开关门试验需要在两端司机室分别试验 3 次，在车门试验过程中对 HMI 屏车门开、关状态进行拍照留存，每端司机室拍照 2 张共计 4 张	

续表

序号	部位	检查内容及方法	检查标准	图示
4	功能试验	停放制动试验	1. 按下缓解停放制动按钮，白色指示灯亮起，HMI停放制动界面显示停放制动缓解。 2. 按下实施停放制动按钮，黄色指示灯亮起，HMI停放制动界面显示停放制动施加。 3. 要求每端作业拍照 4 张。 注：缓解停放制动前，需确保将制动手柄置于最大常用位，并确保制动施加	 
		标识灯占用模式功能检查（联合测试）	司机室占用后，①号作业人员在司机室按照箭头所示顺序操作司机操作台左侧头灯照明开关，同时②号作业人员在车头观察各头灯、信号灯工作情况。两人通过对讲机确认标志灯功能正常。 将头灯打到远照灯位，进行拍照留存	
		标识灯未占用模式功能检查（联合测试）	①号作业人员把方向开关旋转到 0 位，退出占用，②号作业人员在车头观察信号灯显示为红色。 对红色标志灯进行拍照留存	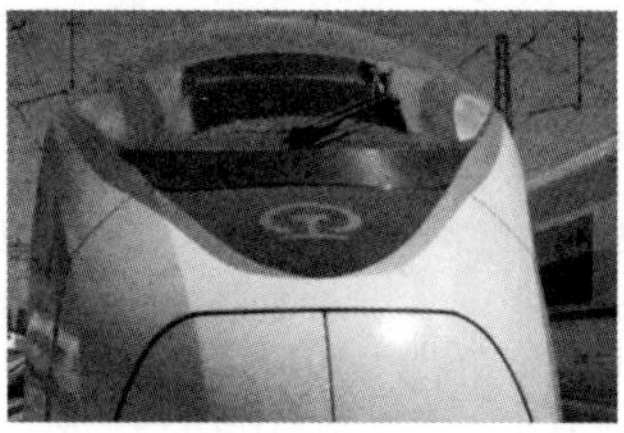
5	换端作业	一端退出	1. 确认停放制动施加；总风压力在 700 kPa 以上；确认方向开关在“0”位；手柄在“0”位，高、中压供电良好。 2. 左旋主控钥匙至竖直位并拔取，即退出	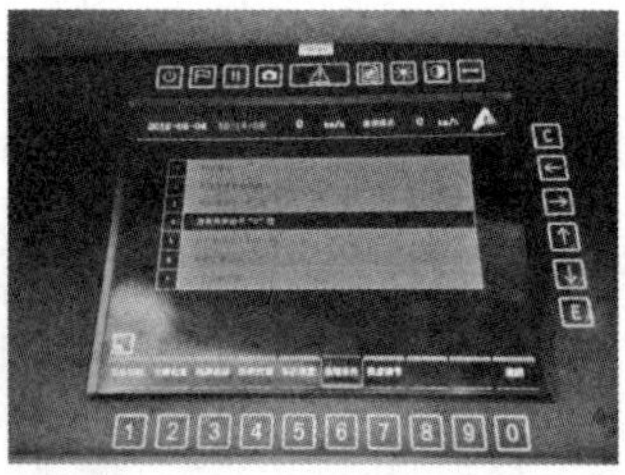
		另一端占用	到达另一端司机室，插入主控钥匙并右旋至“占用”位，即占用成功	
6	断电作业	断电作业	动车组供电作业完毕后，确认动车组状态良好，拨动 VCB 开关至“断”位并确认断开，拨动受电弓至“降弓”位并确认降下，左旋主控钥匙至“0”位，最后在右侧辅助操作区将蓄电池旋钮打到“关”位，保持 2 s，确认客室照明关闭，即动车组断电完成	

实　训

完成项目2任务2.5工作单（见表2-15）。

表2-15　项目2任务2.5工作单

项目名称	项目2　一级检修作业		
任务名称	任务2.5　车内作业		
班级名称		姓　名	
学习小组			

【基础知识认知】

1. 列车通信和监控系统的英文简写是（　　）。

A. WTB　　B. TCMS　　C. MVB　　D. PIS

2. 自动速度控制的英文简写是（　　）。

A. ASC　　B. ADD　　C. APU　　D. MPU

3. 旅客信息系统的英文简写是（　　）。

A. WTB　　B. TCMS　　C. MVB　　D. PIS

【职业能力训练】

1. 绘制CR400BF-A型动车组一级检修车内作业路线。

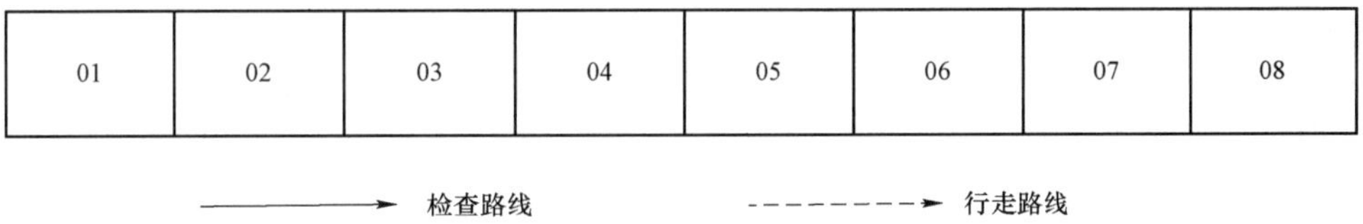

②号作业人员、①号作业人员

2. 依托高铁综合实训基地，以小组为单位，采用角色扮演的方式，按照“四必”作业法要求，对CR400BF-A型动车组进行一级检修车内作业。

【实训总结】

指导教师评价：

任务完成人签字：　　　　日期：　　年　　月　　日

指导教师签字：　　　　日期：　　年　　月　　日

项目 3　二级检修作业

项目描述

动车组二级检修项目分为预防性项目和更正性项目两类，预防性项目按照周期长短分为 I2、M1、M2、M3、M4 基本级别（包括 CR400BF 型在内的多数车型没有 M4 级检修），无法列入 I2～M4 的专项修用 S 表示，更正性项目无固定周期，统一用 C 表示。

本项目主要依据动车段《CR400BF 型动车组二级检修作业指导书》编写，重点介绍预防性检修内容，先整体介绍 I2、M1、M2、M3 和 S 级检修项目，再选取两个检修项目进行具体介绍，帮助学生熟悉二级检修的作业项目、流程、标准和安全注意事项等知识和技能，但并不以掌握所有二级检修项目作业内容及技术标准为目的。

本项目任务

任务 3.1　二级检修总体要求

任务 3.2　二级检修作业实务

教学目标

1. 知识目标

（1）熟悉常用工具的使用方法；

（2）熟悉 CR400BF 型动车组二级检修项目内容；

（3）掌握 CR400BF 型动车组二级检修部分项目作业质量标准。

2. 能力目标

依托高铁综合实训基地，采用角色扮演的方式，完成以下任务：

（1）进行 I2 级检修高压电缆终端检查标准化作业，并填写检修记录；

（2）进行 M2 级检修盥洗设备检查及清洁标准化作业，并填写检修记录。

3. 课程思政目标

（1）培养实际操作能力，树立劳动意识；

（2）培养团队协作能力；

（3）培养严谨认真的态度、安全生产的意识、遵章守纪的作风。

任务 3.1　二级检修总体要求

任务单

任务名称	二级检修总体要求
任务分析	通过学习 CR400BF 型动车组 I2、M1、M2、M3 和 S 级检修的检修周期、作业项目、作业流程、安全注意事项等，掌握二级检修的总体要求
学习任务	完成项目 3 任务 3.1 工作单
成果展示	项目 3 任务 3.1 工作单

学习引导文

3.1.1 二级检修管理制度

1. CR400BF－A/G/C 型动车组二级检修周期

（1）I2 修。2 万 km 或 20 天。

（2）M1 修。10 万 km 或 90 天。

（3）M2 修。40 万 km 或 360 天。

（4）M3 修。80 万 km 或 720 天。

（5）S 修。

① 空心车轴超声波探伤：10 万 km。

② 车轮镟修：20 万～25 万 km。

③ 车轮超声波探伤：20 万 km。

④ 牵引电机轴承润滑：20 万 km 或 180 天。

2. CR400BF 型动车组二级检修项目

CR400BF 型动车组二级检修项目表如表 3－1 所示。

表 3－1 CR400BF 型动车组二级检修项目表

编号	系统或组	子项	修程	项目	作业车辆
A	车顶	高压系统	I2	高压电缆终端检查	03、04、05、06 车
			M1	受电弓检查	03、06 车
				受电弓导流罩检查	
B	走行部	转向架	I2	转向架区域制动部件检查	全列
				撒砂装置功能检查	01、04、05、00 车
			M1	底部导流罩检查	01、00 车
				自动过分相装置检查	
				齿轮箱接地装置检查	02、04、05、07 车
				KWD 联轴节变位量检查	
				轮对检查	全列
				外风挡检查	
				空气弹簧系统检查	
				轴端安装检查	
			M2	自动过分相装置检查	01、00 车
				齿轮箱接地装置检查	02、04、05、07 车
				KWD 联轴节波纹管灰尘清理	
				齿轮箱检查及换油	
			M3	撒砂功能测试	01、04、05、00 车
				制动盘检查	全列
				车辆间跨接电缆检查	
			S	牵引电机轴承润滑	02、04、05、07 车
				空心车轴超声波探伤	全列
				车轮镟修	
				车轮超声波探伤	

续表

编号	系统或组	子项	修程	项目	作业车辆
C	设备舱	蓄电池、充电机	M1	充电机检查与清洁	01、00车
				辅助变流器检查	01、03、06、00车
			M2	蓄电池及蓄电池箱检查	01、00车
				辅助变流器检查	01、03、06、00车
			M3	蓄电池及蓄电池箱检查	01、00车
				充电机检查	
				辅助变流器检查	01、03、06、00车
		设备舱	I2	砂箱砂位检查	01、04、05、00车
			M1	BTM天线（CAU）组成检查	01、00车
				TCR天线组成检查	
				电子砂位显示器检查	01、04、05、00车
				牵引电机通风装置检查及清洁	02、04、05、07车
				排污口盖板检查	全列（除05车）
				侧部裙板检查	全列
				车体底架边梁橡胶金属衬托检查	
				储风缸检查及排水	
				注水口盖板检查	
				废排装置检查	
				底板检查	
				吊装骨架及端板检查	
				净水箱供水管路过滤器清洗	
				污物箱检查及清洁	
			M3	电子砂位显示器功能检查	01、04、05、00车
				车体排水检查	全列
		变压器、变流器	I2	谐振电路电感器检查	02、04、05、07车
				牵引变流器冷却设备检查	
				牵引变压器冷却设备检查及清洁	03、06车
				牵引变压器检查及清洁	
			M1	牵引变流器冷却设备检查	02、04、05、07车
				谐振电路电感器检查	
				牵引变流器冷却液检查及充注	
				牵引变压器冷却设备检查	03、06车
			M2	牵引变流器检查	02、04、05、07车
				牵引回流线检查	03、06车
				牵引变压器油样检测	
				牵引变压器检查	

续表

<table>
<tr><th>编号</th><th>系统或组</th><th>子项</th><th>修程</th><th>项目</th><th>作业车辆</th></tr>
<tr><td rowspan="37">D</td><td rowspan="37">服务设施</td><td rowspan="7">空调</td><td rowspan="2">I2</td><td>司机室空调滤网清洗</td><td>01、00 车</td></tr>
<tr><td>客室空调滤网清洗</td><td>全列</td></tr>
<tr><td rowspan="3">M1</td><td>司机室空调系统检查</td><td>01、00 车</td></tr>
<tr><td>客室空调系统检查</td><td rowspan="2">全列</td></tr>
<tr><td>车内压力保护装置检查</td></tr>
<tr><td rowspan="2">M3</td><td>司机室空调系统检查</td><td>01、00 车</td></tr>
<tr><td>客室空调机组检查及清洁</td><td>全列</td></tr>
<tr><td rowspan="2">车门</td><td>M1</td><td>塞拉门检测与清洁润滑</td><td rowspan="2">全列</td></tr>
<tr><td>M3</td><td>外端拉门检测</td></tr>
<tr><td rowspan="2">配电柜</td><td rowspan="2">M1</td><td>轴温报警系统检查</td><td rowspan="2">全列</td></tr>
<tr><td>车内电气设备柜检查与清洁</td></tr>
<tr><td rowspan="20">服务设施</td><td rowspan="9">M1</td><td>VIP 座椅检查</td><td>01、00 车</td></tr>
<tr><td>婴儿护理台检查</td><td>04 车</td></tr>
<tr><td>厨房电气检查</td><td rowspan="2">05 车</td></tr>
<tr><td>厨房系统检查</td></tr>
<tr><td>便器冲洗喷嘴清洁</td><td rowspan="2">全列（除 05 车）</td></tr>
<tr><td>便器与排污管路连接的接口检查</td></tr>
<tr><td>客室一、二等座椅检查</td><td rowspan="3">全列</td></tr>
<tr><td>内风挡检查</td></tr>
<tr><td>旅客信息及娱乐系统检查</td></tr>
<tr><td rowspan="3">M2</td><td>盥洗设备检查及清洁</td><td>05 车</td></tr>
<tr><td>卫生间加热设备检查及清洁</td><td>全列（除 05 车）</td></tr>
<tr><td>电开水炉检查及清洁</td><td>全列</td></tr>
<tr><td rowspan="8">M3</td><td>残疾人卫生间门检测及润滑</td><td>04 车</td></tr>
<tr><td>厨房系统检查</td><td rowspan="2">05 车</td></tr>
<tr><td>厨房电气检查</td></tr>
<tr><td>自动内端门检测</td><td rowspan="5">全列</td></tr>
<tr><td>卫生间拉门润滑</td></tr>
<tr><td>行李架检查</td></tr>
<tr><td>内部手动门润滑</td></tr>
<tr><td>灰水箱功能测试及检查</td></tr>
<tr><td rowspan="6">司机室</td><td rowspan="6">M1</td><td>操纵台设备检查</td><td rowspan="6">01、00 车</td></tr>
<tr><td>前组合灯检查</td></tr>
<tr><td>司机座椅清洁及功能检查</td></tr>
<tr><td>风笛检查</td></tr>
<tr><td>WTD 主机检查</td></tr>
<tr><td>司机室左右柜检查及清洁</td></tr>
</table>

续表

编号	系统或组	子项	修程	项目	作业车辆
D	服务设施	司机室	M2	紧急制动功能测试	01、00 车
				司机座椅支架系统润滑	
				BP 救援转换装置功能测试	
				自动整备试验	
				供风和制动系统的气密性测试	
				停放制动功能测试	01、03、06、00 车
				常用制动功能测试	全列
		网络及辅助监控	M1	视频监控系统检查	全列
				转向架失稳检测装置（BIDS）检查	
				烟火报警系统检查	
E	车端连接	车钩	M1	头车玻璃钢裙板检查	01、00 车
				车端连接气动组件检查	
				前端车钩缓冲装置检查及润滑	
				前端检查	
				前端气动部件检查	
			M2	过渡车钩检查及润滑	
			M3	前端车钩缓冲装置检查及润滑	
		中间车钩	M1	中间车钩缓冲装置检查及润滑	全列
			M3	中间车钩缓冲装置检查	
F	供风及制动	主空气压缩机及辅助空气压缩机	M1	主空压机油位及真空指示器检查	02、07 车
				安全阀（A03）检查	
				主供风单元检查	
				主供风单元微油过滤器排油	
				辅助供风单元检查	03、06 车
				辅助供风单元安全阀（U01.03）检查	
			M2	主供风单元空气压缩机冷却器清洁	02、07 车
				主供风单元空气滤清器滤芯更换	
				辅助空气压缩机性能检查及更换空气滤清器滤芯	03、06 车
			M3	主供风单元安全阀检查	02、07 车
				主供风单元微油过滤器滤芯更换	
				土供风单元预过滤器滤芯、颗粒过滤器滤芯更换	
				空气干燥器功能测试	
				主供风单元空气压缩机润滑油及油过滤器更换	
		各类阀体及模块功能测试	M1	BP 救援转换装置检查	01、00 车
				附加设备和球阀检查	全列
				制动控制装置检查	
				软管总成检查	
				其他制动部件及阀板检查	
			M2	压力开关（L05）测试	全列

3.1.2　二级检修作业流程

1. CR400BF－A/G/C 型动车组二级检修作业流程

CR400BF－A/G/C 型动车组二级检修作业流程图如图 3－1 所示。

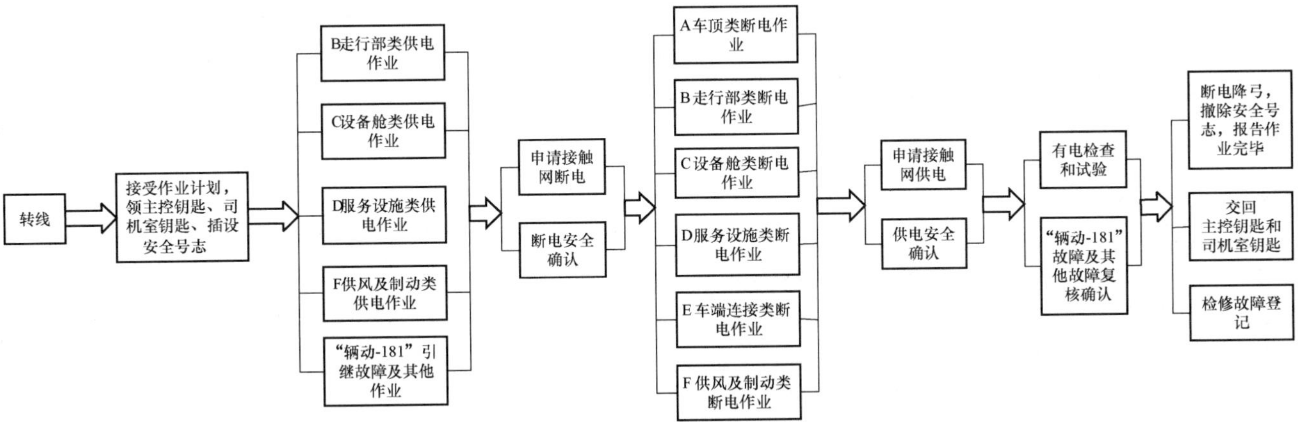

图 3－1　CR400BF－A/G/C 型动车组二级检修作业流程图

2. CR400BF－A/G/C 型动车组二级检修安全注意事项

1）人身安全注意事项

（1）作业人员应按规定穿戴劳保用品，所有作业均须穿好工作服，戴好安全帽，穿着橡胶鞋底的绝缘鞋，以防磕碰发生。其中涉及油脂化工类作业，须穿戴好防护手套。

（2）作业人员登顶作业之前必须确认接触网断电，接地杆已挂，动车组放电完毕。作业人员在维修作业期间应遵守适用的作业指导书及各种安全规定。在动车组车顶行走时，要在防滑带区域行走，避免因湿滑造成人身从高空坠落等事故发生。

（3）在进行动车组检修作业前，必须按规定插设安全防护号志；作业完必须确认本组作业人员全部离开作业车辆后，方准撤除防护。插撤防护号志要正确传递信号，不得隔位或用对讲机进行传递。严禁未插设防护号志开展检修作业。

（4）进行设备舱类作业时，穿戴好防护口罩及防尘服、安全帽等，裙底板安装时注意不要挤伤肢体。应注意尖锐角边可能造成绊倒、挤伤事故，以及皮肤割伤。

（5）禁止触摸发热部件。

（6）严禁站在车钩或钢轨上作业，应在轨道桥上搭设作业台，并确保搭设稳固，防止跌落。

（7）对所用工具进行严格检查，确认状态良好。作业中使用的白布、铁丝、弹垫等报废零部件包装等固体废弃物要分类收集，综合利用，避免污染。

2）动车组检修安全注意事项

（1）作业前、后必须清点作业工具，避免出现将作业工具遗留在动车组上的情况。

（2）蓄电池电压须保持在 100 V 以上。

（3）进行动车组检修作业前，须确认动车组停放制动已施加，避免溜车等情况发生。

（4）动车组上严禁使用或出现明火。

（5）各型号油脂严禁混用，严格执行作业指导书中的技术标准。

（6）动车组裙底板及各类紧固部件螺栓应严格按照扭矩标准进行紧固。

（7）在动车组车内作业时，注意各部件状态，避免短接、放电等情况发生。

（8）作业指导书中“检”表示质量检查员对作业过程进行检查监控。“”表示作业人员拍照留存。

（9）动车组首次运行 2 万 km 时，必须执行齿轮箱检查与换油作业。

实 训

完成项目 3 任务 3.1 工作单（见表 3–2）。

表 3–2 项目 3 任务 3.1 工作单

<table>
<tr><td>项目名称</td><td colspan="3">项目 3 二级检修作业</td></tr>
<tr><td>任务名称</td><td colspan="3">任务 3.1 二级检修总体要求</td></tr>
<tr><td>班级名称</td><td></td><td>姓 名</td><td></td></tr>
<tr><td>学习小组</td><td colspan="3"></td></tr>
<tr><td colspan="4">【基础知识认知】</td></tr>
<tr><td colspan="4">1. CR400BF 型动车组空心车轴超声波探伤周期为________。
2. 动车组二级检修项目分为预防性项目、更正性项目两类，以下属于更正性项目的是（　　）。
A. 蓄电池检查　　B. 外窗检查　　C. 牵引变流器检查　　D. 主空气压缩机更换</td></tr>
<tr><td colspan="4">【职业能力训练】</td></tr>
<tr><td colspan="4">在“二级检修作业流程图”的空白方框中填入相应内容。
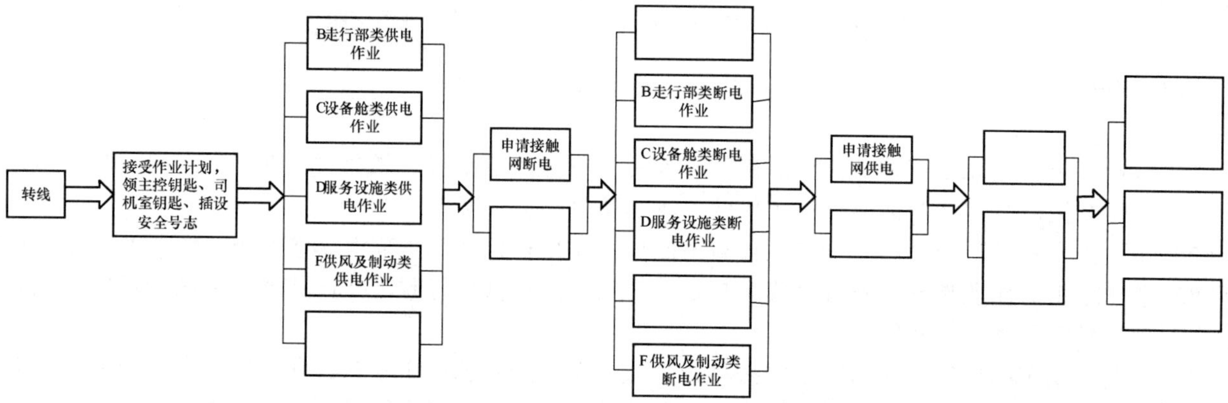
</td></tr>
<tr><td colspan="4">【实训总结】</td></tr>
<tr><td colspan="4"></td></tr>
<tr><td colspan="4">指导教师评价：</td></tr>
<tr><td colspan="4">任务完成人签字：　　　　日期：　　年　　月　　日

指导教师签字：　　　　日期：　　年　　月　　日</td></tr>
</table>

任务 3.2　二级检修作业实务

任务单

任务名称	二级检修作业实务
任务分析	以 CR400BF－A/G/C 型动车组 I2 级检修高压电缆终端检查标准化作业和 M2 级检修盥洗设备检查及清洁标准化作业为例，掌握二级检修的工装工具、作业内容及技术标准等方面的规定，能够进行简单的二级检修作业
学习任务	完成项目 3 任务 3.2 工作单
成果展示	项目 3 任务 3.2 工作单、进行 I2 级检修高压电缆终端检查和 M2 级检修盥洗设备检查及清洁标准化作业的影像资料和检修记录

学习引导文

3.2.1　CR400BF－A/G/C 型动车组 I2 级检修高压电缆终端检查标准化作业

1. CR400BF－A/G/C 型动车组 I2 级检修高压电缆终端检查标准化作业指导书

CR400BF－A/G/C 型动车组 I2 级检修高压电缆终端检查标准化作业指导书如表 3－3 所示。

表 3－3　CR400BF－A/G/C 型动车组 I2 级检修高压电缆终端检查标准化作业指导书

高压电缆终端检查 **检**

编号	CR400BF－A－I2－A－01	作业人员	机械师 1 名	周期	2 万 km 或 20 天
分类	C 类	供电条件	无电	车厢号	400BF－A：03、04、05、06、11、12、13、14 400BF－G/C：03、04、05、06
系统	主供电系统	作业时间	20 min/辆	版本号	V1.0
注意事项	1. 作业人员应按规定穿戴劳保用品，作业人员登顶作业前必须确认接触网断电，接地杆已挂。 2. 登顶前必须确认动车组停放制动已施加。 3. 在车顶作业时，严格执行门禁卡使用规定，同时注意坠落风险				
参考资料	检修工艺卡片：《高压电缆终端检查》（编号：CR400BF－I2－4221－001）				

工装工具清单

序号	名称	规格型号	数量	单位
1	数字化手电筒	通用型	1	把
2	抹布	通用型	1	块
3	32 N·m 力矩扳手	通用型	1	把
4	M10 螺栓套筒	通用型	1	个
5	记号笔	通用型	1	支

作业内容及标准

序号	作业项点	作业内容及技术标准	图示	质检项点及要求
1	工前准备	1. 作业人员按规定穿戴劳保用品。戴安全帽和手套，穿劳保鞋，穿戴整齐。 2. 办理无电作业申请，检查、确认接触网和动车组处于无电状态，停放制动已施加，确认作业计划单中的作业车组号及股道。 3. 按照工装工具和材料清单清点工装工具和材料，确认力矩扳手校验到位。 4. 领取相应股道登顶卡		质量检查员确认作业车号

续表

序号	作业项点	作业内容及技术标准	图示	质检项点及要求
2	清洁作业	1. 清洁电缆终端外表面，检查电缆表面有无破损。检查电缆终端安装在受电弓上的螺栓有无松动，防松标记有无错位。 2. 清洁终端表面，检查电缆终端与高压箱密封胶是否脱落，安装螺栓有无松动，防松标记有无错位。终端地线应未松动，无破损情况	 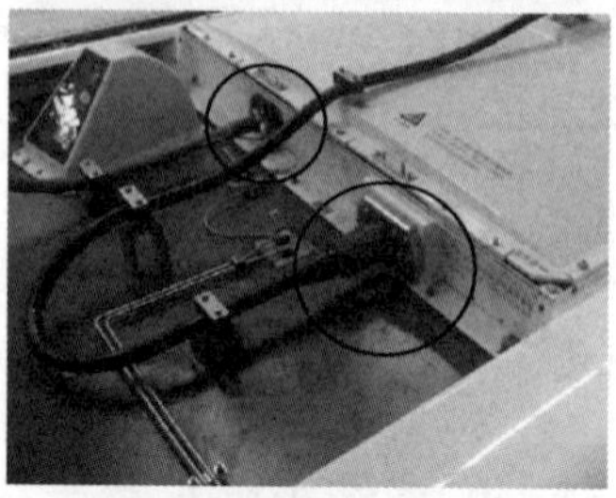	质量检查员结果确认
3	外观检查	1. 检查电缆表面有无破损；检查“L”型连接器安装紧固件有无松动，螺栓有无松动，地线连接是否牢固，有无破损。检查防磨装置有无松动，电缆是否与防磨装置接触	  	质量检查员结果确认
		2. 检查固定线缆管卡的螺栓有无松动，防松标记有无错位。若松动，重新用规定的力矩紧固，重新打防松标记（M10螺栓力矩为 32 N·m）		

续表

序号	作业项点	作业内容及技术标准	图示	质检项点及要求
4	完工检查	作业结束后清洁车顶杂物，要求车顶干净、无异物。清理作业现场，清点工具和材料，归还登顶卡		
5	填写记录	1. 在作业结束后，认真填写作业记录单。 2. 对作业中出现的问题要做好记录并及时反映情况。作业记录单据上不得涂改、乱画，保持作业记录单据整洁，作业记录单据要统一保管，做到一车一档		

2. CR400BF 型动车组 I2 级检修高压电缆终端检查检修记录

CR400BF 型动车组 I2 级检修高压电缆终端检查检修记录如表 3－4 所示。

表 3－4　CR400BF 型动车组 I2 级检修高压电缆终端检查检修记录

页码：1/1

<table>
<tr><td colspan="4" rowspan="5">CR400BF 系列动车组
检修记录</td><td colspan="6">维修卡：CR400BF－I2－4200－001</td></tr>
<tr><td colspan="6">修程：二级检修</td></tr>
<tr><td colspan="6">系统：主供电</td></tr>
<tr><td colspan="6">部件：高压电缆</td></tr>
<tr><td colspan="6">维修周期：20 000 km 或 20 天</td></tr>
<tr><td colspan="10">高压电缆终端检查</td></tr>
<tr><td>检修日期：</td><td></td><td>车组号：</td><td colspan="3"></td><td colspan="3">检修时走行：</td><td></td></tr>
<tr><td>检修班组：</td><td></td><td>检修人员：</td><td colspan="7"></td></tr>
<tr><td>检查要点</td><td>01</td><td>02</td><td>03</td><td>04</td><td>05</td><td>06</td><td>07</td><td>00</td><td>检修人</td></tr>
<tr><td>放电接地</td><td>N/A</td><td>N/A</td><td></td><td></td><td></td><td></td><td>N/A</td><td>N/A</td><td></td></tr>
<tr><td>清洁电缆终端外表面，检查电缆表面有无破损。检查电缆终端安装在受电弓上的螺栓有无松动情况</td><td>N/A</td><td>N/A</td><td></td><td></td><td></td><td></td><td>N/A</td><td>N/A</td><td></td></tr>
<tr><td>清洁终端表面，检查电缆终端与高压箱密封胶是否脱落，紧固件是否松动。终端地线应无松动、无破损现象</td><td>N/A</td><td>N/A</td><td></td><td></td><td></td><td></td><td>N/A</td><td>N/A</td><td></td></tr>
<tr><td>检查电缆表面有无破损</td><td>N/A</td><td>N/A</td><td></td><td></td><td></td><td></td><td>N/A</td><td>N/A</td><td></td></tr>
<tr><td>检查防磨装置有无松动现象，电缆是否与防磨装置接触</td><td>N/A</td><td>N/A</td><td></td><td></td><td></td><td></td><td>N/A</td><td>N/A</td><td></td></tr>
<tr><td>检查“L”型连接器安装紧固件有无松动现象，地线连接是否牢固，地线是否有破损现象</td><td>N/A</td><td>N/A</td><td></td><td></td><td></td><td></td><td>N/A</td><td>N/A</td><td></td></tr>
<tr><td>检查固定线缆管卡的螺栓有无松动现象，防松标记是否错位，若松动，重新用规定的力矩紧固，若错位，重新打防松标记</td><td>N/A</td><td>N/A</td><td></td><td></td><td></td><td></td><td>N/A</td><td>N/A</td><td></td></tr>
<tr><td></td><td></td><td colspan="8"></td></tr>
<tr><td colspan="2">检修
记事</td><td colspan="8"></td></tr>
<tr><td colspan="2">备注</td><td colspan="8"></td></tr>
</table>

检修工长：____________　　　　质检员：____________

填写说明：

“检修记事”栏应包含发现、处理故障，材料配件更换信息。

3.2.2 CR400BF－A/G/C 型动车组 M2 级检修盥洗设备检查及清洁标准化作业

1. CR400BF－A/G/C 型动车组 M2 级检修盥洗设备检查及清洁标准化作业指导书

CR400BF－A/G/C 型动车组 M2 级检修盥洗设备检查及清洁标准化作业指导书如表 3－5 所示。

表 3－5 CR400BF－A/G/C 型动车组 M2 级检修盥洗设备检查及清洁标准化作业指导书

盥洗设备检查及清洁					
编号	CR400BF－A－M2－D－04	作业人员	机械师 2 名	周期	40 万 km 或 360 天
分类	A 类	供电条件	有电	车厢号	400BF－A：09 400BF－G/C：05
系统	外门及车内设施	作业时间	60 min/辆		
注意事项	1. 清洗时须使用中性洗涤剂。 2. 进行有电作业时须穿戴好防护用品				
参考资料	检修工艺卡片：《盥洗设备检查及清洁》（编号：CR400BF－M2－B600－001）				

工装工具清单

序号	名称	规格型号	数量	单位
1	电气基本工具			

作业内容及标准

序号	作业项点	作业内容及技术标准	图示	质检项点及要求
1	工前准备	1. 作业人员按规定穿戴劳保用品。戴安全帽和手套，穿劳保鞋，穿戴整齐。 2. 确认作业计划单中的作业车组号及股道。 3. 按照工装工具和材料清单清点工装工具和材料		质检员确认作业车号
2	清洗出水嘴	清洗卫生间盥洗室水阀出水嘴。 1. 卸下节水阀出水嘴。 2. 取出过滤网进行清洗，用抹布擦拭，去除水垢。 3. 清洗完毕后，恢复到原先的安装位置	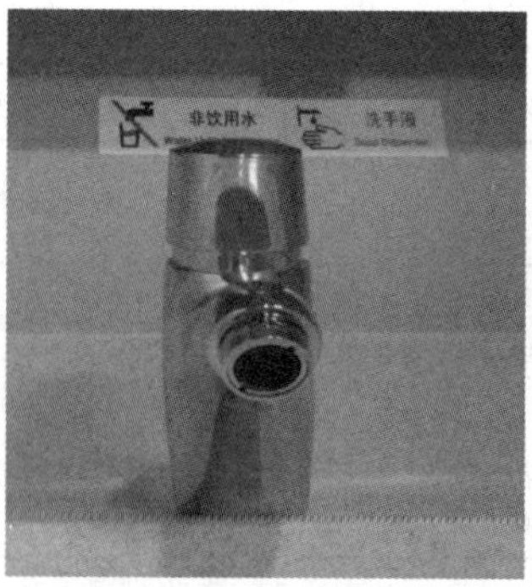	过程盯控
3	清洗盥洗室皂液器	1. 用四角钥匙打开盥洗室镜子检查门。 2. 从安装位置取下皂液器，打开皂液器盖用清水冲洗，确保内壁无皂液凝结，喷嘴出皂液正常。 3. 清洗完毕后，恢复到原先的安装位置		

续表

序号	作业项点	作业内容及技术标准	图示	质检项点及要求
4	检查温水箱	1. 断开交流配电柜内温水器空气开关和接地开关，用 500 V 兆欧表，测试绝缘电阻在 100 MΩ 以上。 2. 检查接线盒内各部配线和接触器有无烧损。 3. 确认箱体外观状态良好、未漏水，各部零件未破损。 4. 清洗过滤器滤网，检查排气阀和安全阀外观有无破损，确认排气和泄压功能正常。 5. 作业完毕，恢复原样		
5	完工检查	1. 清理作业现场周边的工具和材料。 2. 确认工装工具齐全并将工具和材料存放在指定位置，作业现场无杂物		
6	填写记录	1. 在作业结束后，认真填写作业记录单。 2. 对作业中出现的问题要做好记录并及时反映情况。作业记录单据上不得涂改、乱画，保持作业记录单据整洁，要统一保管作业记录单据，做到一车一档		

2. CR400BF 型动车组 M2 级检修盥洗设备检查及清洁检修记录

CR400BF 型动车组 M2 级检修盥洗设备检查及清洁检修记录如表 3－6 所示。

表 3－6　CR400BF 型动车组 M2 级检修盥洗设备检查及清洁检修记录

No.　　　　页码：1/1

CR400BF 系列动车组 检修记录				维修卡：CR400BF－M2－B600－001 修程：二级检修 系统：给排水及卫生 部件：盥洗设备 维修周期：40 万 km 或 360 天					
盥洗设备检查及清洁									
检修日期：	车组号：					检修时走行：			
检修班组：	检修人员：								
检查要点	01	02	03	04	05	06	07	00	检修人
从安装位置取下皂液器，打开皂液器盖用清水冲洗，确保内壁无皂液凝结，喷嘴出皂液正常	N/A	N/A	N/A	N/A		N/A	N/A	N/A	
检查接线盒内各部配线和接触器有无烧损。 确认箱体外观状态良好、未漏水，各部零件未破损。 确认排气阀和安全阀外观未破损，排气和泄压功能正常	N/A	N/A	N/A	N/A		N/A	N/A	N/A	
检修记事									
备注									

检修工长：＿＿＿＿＿＿　　　　质检员：＿＿＿＿＿＿

填写说明：

“检修记事”栏应包含发现、处理故障，材料配件更换信息。

实 训

完成项目 3 任务 3.2 工作单（见表 3-7）。

表 3-7 项目 3 任务 3.2 工作单

项目名称	项目 3 二级检修作业		
任务名称	任务 3.2 二级检修作业实务		
班级名称		姓 名	
学习小组			
【基础知识认知】			
1. CR400BF 系列动车组 I2 级检修高压电缆终端检查周期为________。 2. CR400BF 系列动车组 M2 级检修盥洗设备检查及清洁周期为________。			
【职业能力训练】			
1. 依托高铁综合实训基地，以小组为单位，采用角色扮演的方式，进行 I2 级检修高压电缆终端检查标准化作业，并填写检修记录（见表 3-4）。 2. 依托高铁综合实训基地，以小组为单位，采用角色扮演的方式，进行 M2 级检修盥洗设备检查及清洁标准化作业，并填写检修记录（见表 3-6）。			
【实训总结】			
指导教师评价：			
任务完成人签字： 日期： 年 月 日 指导教师签字： 日期： 年 月 日			

项目 4 随车机械师作业

项目描述

动车组机械师分为地勤机械师和随车机械师，一级检修和二级检修等库内作业由地勤机械师完成，而动车组在运行途中的随车乘务工作则要由随车机械师承担，随车机械师是承担动车组设备操作、运行监控、途中应急处理等任务，保障动车组设备安全可靠运行的重要行车岗位。随车机械师必须由经过严格挑选的人员担当，并接受持续的技术业务培训，实行从严管理，采取优胜劣汰机制，最终建立一支“技术过硬、作风硬朗、爱岗敬业、纪律严明”的随车机械师队伍。

本项目任务 4.1 主要依据动车段《动车组随车机械师管理办法》编写，帮助学生对随车机械师岗位形成整体认识，任务 4.2 主要依据动车段《CR400BF－A 型动车组随车机械师一次出乘作业指导书》编写，帮助学生掌握随车机械师一次出乘作业的内容。

本项目任务

任务 4.1　随车机械师管理

任务 4.2　随车机械师一次出乘作业

教学目标

1. 知识目标

（1）熟悉随车机械师管理办法；

（2）掌握随车机械师“五字”作业法；

（3）掌握随车机械师一次出乘作业指导书。

2. 能力目标

依托高铁综合实训基地，采用角色扮演的方式，完成以下任务：

（1）填写《CRH 型动车组随车机械师乘务日志》（辆动－006）和《动车组固定服务设施状态检查记录》（辆动－012）；

（2）进行 CR400BF 系列动车组随车机械师一次出乘作业。

3. 课程思政目标

（1）培养实际操作能力，树立劳动意识；

（2）培养沟通交流、团队协作能力，能够与机务、客运等部门联劳协作；

（3）培养严谨认真的态度、安全生产的意识、遵章守纪的作风。

任务 4.1　随车机械师管理

任务单

任务名称	随车机械师管理
任务分析	熟悉随车机械师岗位职责、基本条件、职业资格等级管理、培训管理、乘务方式和劳动时间、职业礼仪管理、出退乘管理、换乘作业管理、随车工具备品资料管理、记录填报和信息反馈，动车所（乘务车间）乘务管理基本职责、添乘检查、奖惩制度等知识和技能，掌握随车工具备品定置管理方案，能够看懂作业图表，从而对随车机械师岗位形成整体认识
学习任务	完成项目 4 任务 4.1 工作单
成果展示	项目 4 任务 4.1 工作单

学习引导文

4.1.1 动车段《动车组随车机械师管理办法》(节选)

第一章 总 则

第一条 动车组随车机械师（以下简称随车机械师）是承担动车组设备操作、运行监控、途中应急处理等任务，保障动车组设备安全可靠运行的重要行车岗位，为进一步规范随车机械师管理，强化随车机械师标准化作业，明确随车机械师岗位职责、一次出乘作业程序，提高随车机械师整体素质，特制定本管理办法。

第二条 随车机械师是动车组品牌形象的有机组成部分，是动车组展示一流服务的重要环节，也是动车段的窗口岗位，应以优质的服务、高效的工作、精神饱满的形象满足动车组一体化管理的要求。

第三条 随车机械师必须经过严格挑选，并接受持续的技术业务培训，实行严格的管理，采取优胜劣汰的机制，最终建立一支“技术过硬、作风优良、爱岗敬业、纪律严明”的随车机械师队伍。

第四条 随车机械师须执行“听、看、闻、巡、联”五字作业法，紧紧抓住动车组出库、始发、途中、折返、终到等关键环节的检查重点，卡控动车组运行途中的安全关键。

第五条 动车所应设置分管乘务工作的副所长（乘务车间设中层领导班子），动车所（乘务车间）内需设置动车组随车机械师乘务车队（组），负责动车组随车机械师出乘、交接、作业等管理。如有必要，可在乘务车队（组）内按车型、运行线路设置乘务小组，每个乘务小组应不超过20名动车组随车机械师，其中可设1名乘务指导。

第六条 本办法适用于动车段各动车所（乘务车间）、乘务车队（组）、随车机械师，以及动车组随车工具、备品、技术资料等的管理。

第二章 随车机械师岗位职责

第七条 岗位职责范围

随车机械师主要担负运行动车组（运营、试验、回送动车组）的随车乘务工作，负责保证动车组运行状态的安全可靠，维护车内硬件环境的正常，掌握和传递动车组设备的动态运行信息，应急处理和维修运行中的设备的故障，对动车组上部设施进行日常状态检查和质量交接。

第八条 岗位具体职责

1. 监控途中运行技术状态

（1）运行途中在监控室通过车载信息系统监控动车组运行及设备工作状态。

（2）运行途中按作业图表规定定时、定区间巡视动车组设备，监控走行部运行状态，检查室温控制、列车上部设施使用等技术状态，发现问题正确判断、果断处理。对不能现场处理的故障要引继到“辆动–181”，重大故障要及时向段应急指挥中心报告。

（3）在动车组出库、始发、折返、终到时进行检查作业。

2. 管理和操作动车组设备

（1）按规定操作动车组设备设施。

（2）设置动车组担当车次。

（3）控制车内空调换气装置，设置、调节空调及换气装置的运行模式；控制车内客室照明，设置、调节照明情况；按规定开启旅客信息系统，CRH5型动车组随车机械师负责旅客信息系统的开机启动、PMU系统时间校对和触摸屏的校准工作。

（4）指导客运服务人员正确使用车内设备设施。

（5）在司机操作侧门开、关时，对动车组侧门开、关状态进行监控。

（6）随车机械师日常交接时，应对大型储物箱的锁闭状态进行检查，确认司机室、乘务室及各搭载品柜内随车物品状态良好。

（7）随车机械师每次出乘时应对所有随车工具、备品进行清点检查，确认状态良好并做好维护保养工作，发现工具、备品技术状态不良应及时更换或送修。

（8）随车机械师在运行中配合列车长进行车内服务设施管理、人为损坏理赔等工作。

3. 应急处理途中突发故障

（1）运行中突发故障时，按照应急处置规定，接受远程应急指挥命令，积极进行应急处理，并及时做好信息反馈和上报工作。

（2）动车组突发故障分为三类：属司机独立处置的，需加强与司机联系，了解故障处理情况；属与司机协作处置的，按照《动车组途中应急故障处理手册》规定的分工与司机共同进行处理；属随车机械师独立处置的，处理完成后及时将情况和运行要求通报司机。

（3）记录突发故障处置情况，及时向动车所调度员汇报。

（4）发现危及行车安全的故障或其他紧急情况时，可使用紧急制动装置停车或通知司机采取停车措施。

4. 承担部分行车组织职能

（1）运行中因动车组故障或其他原因在区间被迫停车时，加强与司机联系，掌握情况，及时向动车所调度室报告，并在司机指挥下，做好行车及安全防护相关工作。

（2）动车组发生故障需要救援时，配合司机做好救援准备工作，负责安装过渡车钩、引导救援机车联挂、连接风管。

（3）动车组运行途中，做好动车组上部设施的检查工作；当动车组在异地存放时，负责动车组车体和车下两侧设施的外观检查。

5. 上部设施的质量交接

参与上部设施“三乘联检”。

6. 参与司机换乘交接

（1）在动车组始发站、运行途中司机换乘站，随车机械师应提前到达司机室与司机交接动车组技术状态，并在“辆动－181”上签认，互留单位、姓名、电话。

（2）发生影响列车运行安全或须利用站停条件处理的故障时，随车机械师可首先进行故障处置，但须将动车组车辆状态及处置情况告知司机，并向应急指挥中心报备。

7. 确认委托作业情况

动车组在途经站、折返站、异地存放处等地进行吸污、洗车、防寒打温时，由随车机械师对动车段委托外单位进行的吸污、洗车、防寒打温工作量进行确认。

第三章　基本条件

第九条　随车机械师选拔条件

1. 职业道德

遵章守纪、爱岗敬业、服从指挥、团结协作。

2. 心理、身体要求

心理及身体素质较好，动作灵活、协调性好，听力及辨色力正常，双眼矫正视力不低于 5.0，无职业禁忌证。

3. 工作经历

具备动车组机械师任职资格，并有不少于 3 个月的动车组运用检修经验及不少于 1 个月（3 万 km）的动车组随车实习经历。

4. 上岗资格中止条件

（1）符合下述条件之一的职工，3 个月内不得上岗担当随车机械师工作：

① 在季度岗位星级评定中被评定为一星。

② 因违反作业制度和纪律、路风条例被上级部门通报。

③ 因个人原因造成动车组晚点 20 min 以上的责任行车故障。

（2）符合下述条件之一的职工，6 个月内不得上岗担当随车机械师工作：

① 违反随车机械师行为“十不”规范三次。

② 因发生违反作业制度和纪律、路风条例受到单位行政处分。

③ 因个人原因造成动车组铁路交通一般 D 类及以上责任行车事故。

第十条　资质管理

（1）严格执行铁路局、动车段随车机械师资质管理制度，落实随车机械师选拔条件，组织做好资格审查工作。

（2）随车机械师资质按车型划分，具备某一车型的运用检修经验和随车实习经历后，才能取得相应车型的资质，同一随车机械师可同时取得多个车型的资质。

（3）时速 300 km 及以上动车组的随车机械师原则上应有时速 200～250 km 动车组 1 年及以上乘务工作经历。

第四章　职业资格等级管理

第十一条　动车所要组织开展随车机械师职业技能鉴定，鼓励随车机械师自愿参加职业技能鉴定，鉴定或综合评审合格后，可取得相应工种等级的职业资格证书。取得技师、高级技师职业资格的随车机械师，可参加技师、高级技师岗位的聘任。动车组机械师职业技能竞赛的优秀获奖选手，按照职业技能鉴定权限和职业资格等级设置，可直接晋升相应职业资格等级或提前参加上一等级职业技能鉴定。

第十二条　劳动人事科要制定动车段岗位星级管理制度，将随车机械师岗位星级评定标准一并纳入其中。动车所（乘务车间）每季度应对随车机械师进行评比，根据随车机械师日常表现、安全业绩、技术业务考试情况等进行排名梳理，推行岗位等级评定、竞争上岗、尾数轮岗培训机制。

第十三条　随车机械师岗位评定等级按照动车段《职工岗位星级管理办法》执行，在收入上适当给予倾斜，在技术培训、岗位技能等级晋升等方面优先考虑。

第五章　培训管理

第十四条　日常培训组织

职工教育科按照《动车组机械师职业技能培训规范》要求，根据实际情况，制订随车机械师适应性培训年度培训方案并组织实施。要坚持脱产培训和在岗培训相结合的原则，有针对性地开展培训。动车所（乘务车间）要细化制订随车机械师培训计划并组织落实。

（1）随车机械师每年脱产适应性培训的时间按照《动车组机械师职业技能培训规范》执行，培训计划应列入铁路局年度职工重点培训计划，培训成绩记入《铁路岗位培训合格证书》和培训档案。

（2）职工教育科、动车所（乘务车间）应建立随车机械师日常业务培训制度，培训以实际、实用为导向，坚持理论培训和实作演练相结合的原则，重点突出随车机械师的应急处理能力。同时，动车所（乘务车间）要重视随车机械师的行为规范培训。

（3）职工教育科、动车所（乘务车间）要对随车机械师进行经常性的安全教育和规章教育，特别要结合阶段安全重点工作、季节性安全要求、典型事故（故障）案例等对随车机械师进行有针对性的教育，以增强安全意识，提高故障处理能力。

（4）动车所（乘务车间）要采取班前一题、每周一测、每月一考、每季大考、学习交流等多种方式，组织随车机械师进行日常技术业务培训，集中培训每月不得少于 2 次，每次不少于 2 h，学习内容要适应运输和安全生产需要。月度、季度考试分为理论考试和实作考试两部分，季度理论考试内容必须涵盖三次月度理论考试内容，季度实作考试必须涵盖三次月度实作考试内容。

（5）动车所（乘务车间）每年要与随车机械师本人签订安全路风责任状。

第十五条　加强岗位练兵

职工教育科每半年组织开展一次动车组机械师学技练功、技术比武活动，通过竞赛选拔技能人才。动车所（乘务车间）定期对随车机械师进行理论考试和实作测试，考试成绩纳入绩效考核，要坚决调整不合格人员的岗位。

第十六条　业务考核

随车机械师业务培训必须通过严格的考试以验证培训效果。将《动车组途中应急故障处理手册》及防火消防知识和技能，作为随车机械师的应知必会内容，每月、每季度分批组织随车机械师考试，考试成绩纳入绩效考核，随车机械师必须在考试合格后方可上岗。

第六章　乘务方式和劳动时间

第十七条　随车机械师应固定交路值乘。原则上按照每 8 辆编组每班配备 1 名随车机械师。

第十八条　随车机械师人员配备应结合动车组配属、运用组数及运行交路进行确定，同时考虑运输生产实际需要，合理设置动车组随车机械师预备率。动车所（乘务车间）对担当乘务交路出退乘间休时间不足的随车机械师，要适当调整交路出乘时间，原则上实行“早终到早出乘，后终到后出乘”的方式，保证随车机械师休息时间。

第十九条　实行综合计算工时制度，月平均工作时间按国家规定的标准执行。根据动车组交路，科学确定换乘方式，防止超劳。

第七章　职业礼仪管理

第二十条　随车机械师值乘礼仪标准

（1）出乘前须充分休息，严禁饮酒。

（2）必须持证上岗。

（3）工作时间（含参加出乘会及学习培训）必须穿着规定的工作服，穿戴工作帽、绝缘鞋、领带，工作时须佩戴动车组随车机械师胸牌（动车组随车机械师胸牌尺寸见图 4-1），凭胸牌、工作证、铁路电报在公寓或招待所食宿。

图 4-1　动车组随车机械师胸牌尺寸

（4）在乘务（监控）室值乘时，须坐姿端正，禁止遮蔽乘务室车门侧窗玻璃。

（5）巡视检查时，行走姿态大方、自然。

（6）随车机械师在车下技术检查和车上巡视时应携带适用的工具（对讲机、GSM-R 手机、数字化手电筒、测温仪、钥匙等），并保证随身携带的工具不对旅客和旅客乘坐环境造成干扰。

第二十一条　随车机械师仪容仪表标准

（1）发型干净整齐，不得留奇特发型，发梢须在衣领之上，不得留鬓角和胡须；发色自然，不得染发。

（2）指甲短而整齐、干净，身体裸露部位不得有文身。

（3）作业工作服要保持整洁、无损坏，纽扣齐全并系好，衣袖、裤管不卷起。

（4）穿着衬衫时，下摆须在裤内不外露。

（5）保持肩章整洁平整，佩戴好胸牌，别于上衣左侧口袋上方一指宽处。

（6）系好领带，领带下摆在皮带高度处，领带夹在自上而下第 4 个纽扣处（每年 6 月 1 日至 8 月 31 日站台侧作业时可不系领带），穿好绝缘鞋。

（7）项链、手镯、手链等饰物不得外露。

（8）随车机械师作业时佩戴随车工具包，不得手拎、肩挎随车工具包进行巡视作业。随车工具包上无饰品挂件。

（9）随车机械师作业时须戴好工作帽，要求帽檐始终保持端正、水平。

（10）根据不同季节，由各动车所（乘务车间）自行规定统一换装。

（11）各动车所（乘务车间）出乘室设正衣镜，随车机械师出乘时按照要求整理衣装。

第二十二条　随车机械师其他礼仪标准

（1）随车机械师值乘途中遇领导检查时，要主动汇报，认真听取领导指示，如实回答问题，并积极配合做好检查；接受上级领导检查时，要使用礼貌用语，汇报内容要言简意赅，对领导提出的问题要记录、汇报和整改。

（2）对机务、客运、餐车、保洁等乘务一体化人员提出的故障或反映的问题要及时确认，采取合理措施，并做好信息反馈。

（3）值乘途中要尊重列车长旅客服务工作的统一领导，与车上其他乘务人员相处时以礼相待、言行得体，共同维护车上文明、团结的工作环境。

（4）对旅客提出的要求和问题要耐心解释，态度要端正，积极配合相关人员做好解释和安抚工作，避免与旅客有言语上的冲突。做到服务有度、落落大方、不卑不亢。回答旅客问题、解释问题要态度和蔼，语气平和，巡视检查时遇有旅客要主动礼让，处理故障时尽可能减少对旅客的干扰。

第二十三条 随车机械师行为规范“十不”

（1）不私带无票旅客。

（2）不在值乘中任何时间或车内任何场所吸烟。

（3）不与旅客发生冲突。

（4）执乘中不看与工作无关的书籍（包括电子书籍）、杂志、报纸，不通过手机等做与工作无关的事情。

（5）不私自换班、替班。

（6）不发生违反着装规定的问题。

（7）不在餐车及各类旅客座席上休息。

（8）不在非操纵端司机室内做与本职工作无关的事。

（9）不发生与客运、机务、供电、公安等部门配合方面的问题。

（10）不带违禁物品。

第二十四条 随车机械师值乘时使用规范、统一的标准用语

1. 出乘报到规范用语

出乘报到时应立正，向值班调度员报告：“××××次动车组随车机械师×××出乘报到，请指示”（车次为始发车次）。

2. 领导添乘规范用语

得到领导途中添乘并要求汇报工作的通知后，做到着装整齐，佩戴好领带、帽子、肩章，精神面貌良好，并携带《CRH 型动车组随车机械师乘务日志》（以下简称《乘务日志》）和“车统–15”，立即到达领导乘车地点，立正站好，并做以下汇报：

“报告领导：我是××××次（车次为当前值乘车次）随车机械师×××，动车组目前运行良好，请领导指示”。

“我们随车机械师严格执行一次出乘作业检查标准，加强出入库作业检查，并在值乘中重点落实好上级领导提出的‘听、看、闻、巡、联’五字作业法，确保动车组行车安全。”

3. 退乘报到规范用语

退乘报到时应保持着装整齐，精神状态良好，到达调度室，立正站好，向值班调度员报告：“××××次（车次为终到车次）动车组随车机械师×××回乘报到，请指示。”

第八章 出退乘管理

第二十五条 随车机械师出退乘基本准则

随车机械师出乘前须充分休息，出乘前 8 h 至完成当班作业期间严禁饮酒。随车机械师须在行车公寓或指定地点住宿休息，到达行车公寓后，必须亲自填写记录，到指定房间休息，不得随意外出。随车机械师在公寓期间，要严格执行公寓管理规定，禁止一切娱乐活动，按时熄灯休息，禁止喧闹。原则上按动车组出所（存放地）前 2 h 进行叫班，动车组出库前 90 min 到调度室（出乘室）报到。

第二十六条 动车段随车机械师在本属动车所出退乘管理

（1）随车机械师在动车组出所前 90 min 到动车所调度室（出乘室）报到，领取工具包、对讲机、GSM–R 手机、数字化手电筒、钥匙等随车工具，核对《乘务日志》等台账。动车所调度室（出乘室）内须设置酒精测试仪，随车机械师进行出乘酒精测试。检查仪容仪表，在《乘务日志》上签字确认。交接办理完毕后出乘。

（2）动车组终到入库后，随车机械师在调度室（出乘室）进行退乘酒精测试，并交接钥匙、《乘务日志》、随车工具、“辆动–181”台账等，交接后退乘休息。

第二十七条 本段随车机械师在非本属动车所（包括本段或外段的存放地、动车所）出退乘管理

（1）非本属动车所测酒精管理。在非本属动车所（存放地）出退乘时，如果调度室（出乘室）配备台式酒精测试仪，随车机械师应输入相应车次、姓名等，并按规定进行酒精测试；如果调度室（出乘室）未配备酒精测试仪，随车机械师应按要求携带便携式酒精测试仪进行酒精测试，并拍摄视频资料回传动车所

乘务车队（组）。动车所乘务车队（组）应将回传的酒精测试资料妥善留存至少一周，以备检查。

（2）具备交接条件的非本属动车所出退乘管理。动车组到达非本属动车所（存放地）后，随车机械师须到当地调度室（值班室）按存放地有关规定办理钥匙交接及签到手续，按规定进行酒精测试，完毕后退乘休息。动车组在非本属动车所（存放地）出发前 90 min，随车机械师到当地调度室（值班室）报到，按规定进行酒精测试，办理钥匙交接及签到手续。出退乘时使用当地动车所（存放地）或行车公寓路电向本属动车所调度录音电话进行汇报，双人值乘时要分别汇报。本属动车所记录随车机械师汇报时间，填写《异地出退乘随车机械师报到表》，随车机械师未按时汇报超过 5 min 时，要主动询问随车机械师出退乘报到情况。

（3）不具备交接条件的非本属动车所出退乘管理。非本属动车所未设置调度室（值班室）或因其他因素造成不具备交接条件时，随车机械师检查汇总动车组运行情况后用电话向本所调度室（出乘室）汇报，自行保管钥匙、《乘务日志》等。动车组在非本属动车所（存放地）出发前 90 min，随车机械师到达动车组存放地出乘。

（4）随车机械师外公寓请、销假管理

① 动车所值班调度员或乘务指导负责随车机械师外出请、销假制度的落实。

② 随车机械师到达外公寓后，按规定进行登记，到指定的房间休息，不得随意外出。

③ 随车机械师原则上须在公寓食堂用餐。

④ 如遇特殊情况，确实需要外出离开公寓时，须向动车所值班调度员或乘务指导请假，说明请假原因、离寓时间。

（5）外出离寓请假期间，严禁饮酒，不得从事与请假原因不符的活动，一经发现严肃处理。

（6）外出离寓归来应及时销假，向动车所值班调度员或乘务指导报告。

第二十八条 外属随车机械师在本属动车所出退乘管理

（1）外属动车组入段停妥后，随车机械师应到停留动车所调度室办理退乘手续，填写《外属停留动车组随车机械师出退乘签到表》后，方可入住公寓休息，出乘时填写出乘时间。

（2）当接到因外属动车组随车机械师未按时出乘影响动车组出库的信息后，动车组停留动车所调度员应及时通知值班所长，经值班所长核实情况后，逐级上报反映情况，同时指派本所随车机械师负责带车上站，避免出库晚点。

第九章 换乘作业管理

第二十九条 接班随车机械师在换乘前必须充分休息，确保精神状态良好。出乘时按规定穿戴好动车组随车机械师制服，佩戴标志，在动车所调度室（出乘室）按规定进行酒精测试，携带动车组随车机械师上岗证、隔离开关操作证及随身备品，于动车组到站 15 min 前到换乘站准备接乘工作。

第三十条 交班随车机械师于动车组到达换乘站前 15 min 整理好随身备品，填写《乘务日志》、“辆动–181”，待到达后交接。

第三十一条 动车组到达换乘站后，交班机械师与接班机械师在监控室，当面交接《乘务日志》、“辆动–181”、随车工具、备品等，并简要介绍动车组运行情况。

（1）在折返站换乘时，接班随车机械师立岗接车，监听列车运行声音，检查受电弓等可见部位状态，列车停稳后与交班随车机械师办理物品及列车运行状态交接。

（2）在通过站换乘时，接班随车机械师立岗接车，接班、交班随车机械师办理物品及列车运行状态交接。交接后交班随车机械师在站台侧立岗送车。

（3）折返站换乘作业过程中遇有动车组故障需要应急处理时，接班、交班随车机械师要协同配合，共同处理。

第三十二条 交接站需要作业时，由接班随车机械师作业，并使用数字化手电筒进行拍照，作业完毕后与交班随车机械师进入监控室办理交接，办理完毕后交班机械师方可离开。

第三十三条 如接班随车机械师未能按时到位，交班随车机械师需立即向动车所调度员汇报，并听取调度员的指示。

第三十四条 首次换乘作业时，动车所（乘务车间）需安排主管所长现场盯控，安排具体工作。

第十章 随车工具、备品、资料管理

第三十五条 动车组监控室是随车机械师监控动车组运行状态，存放随车工具、资料等的重要场所。随车机械师不得擅自让无关人员及其他司乘人员（除工作必须时）进入监控室，离开监控室须及时锁门。

第三十六条 动车组随车资料包括行车基本规章、应急处置相关文件、台账记录等。非日常交接随车资料须统一装入文件盒，摆放要整齐并保持清洁。

第三十七条 动车所（乘务车间）根据随车资料指导目录制订详细配备清单，对修改、补充的文件按要求一并纳入随车资料管理，动车组随车资料严禁出现已废止、已失效文件。动车所（乘务车间）要定期维护并公布随车资料清单，确保随车资料配置齐全有效。

第三十八条 作业图表

（1）动车所（乘务车间）须按照动车段统一的随车机械师作业图表格式制订作业图表并报技术科审核，经技术科审核后及时将作业图表更新上车，作业图表修订须符合随车机械师值乘作业要求。

（2）动车所（乘务车间）严格按照《随车机械师作业图表制定审核卡控流程》要求落实作业图表编制、审核工作。编制、审核工作完成后填写《随车机械师作业图表制定、审核、验证记录单》并存档。

（3）作业图表变更后，首趟上线随车机械师出乘前，动车所（乘务车间）要在《乘务日志》中提示随车机械师对作业图表内容进行首趟验证。随车机械师验证后，在《乘务日志》中对验证情况进行描述。动车所（乘务车间）根据随车机械师验证情况修改作业图表，并将首趟验证人及验证情况录入《随车机械师作业图表制定、审核、验证记录单》。

（4）主管所长、乘务队长（指导）严格按照《随车机械师作业图表制定审核卡控流程》要求落实图表配置和随车机械师作业检查量化要求，检查结束后填写《车间添乘检查记录表》。

第三十九条 动车组基本随车工具、备品按《铁路动车组运用维修规则》及其他相关文件的要求配置，技术科根据动车组车型结构特点明确动车组随车工具、备品明细，并实行定置管理，动车所（乘务车间）根据实际情况增补、配置。随车机械师使用专用随车工具包，用于携带和交接随车工具。

第四十条 动车组配置的随车工具及高压防护用品须纳入动车所（乘务车间）工具备品管理。对行车备品中需定期校核的工具、高压防护用品等要建立台账，严格按周期送检送验。动车组上严禁配置检验过期的工具或高压防护用品。

第四十一条 动车所（乘务车间）要制定和落实随车工具管理要求，制订需充电和鉴定工具、备品的日常充电、检查、保养、交接等制度，确保随车工具、备品具备良好使用状态。

（1）随车机械师出乘检查均须清点确认随车工具、备品的配备及功能状态，对缺失、过期、功能失效等情况及时反馈给乘务指导，并在《乘务日志》的“车上工具材料备品交接”栏内填记检查时间、检查异常项目名称、数量、检查交接人等信息。

（2）动车组随车工具中需鉴定的工具实行随车机械师接车检查鉴定日期及功能制度。对在半个月后鉴定有效期到期的要及时向本所乘务指导反馈，并在《乘务日志》的“车上工具材料备品交接”栏内重点提示，乘务指导要及时进行更换。

（3）随车机械师接车时检查随车工具中需充电的工具（除已入箱封存的充电工具）的电量及功能，动车组在库停或检修时动车所（乘务车间）组织专人对入箱封存充电工具的电量及功能进行检查。

（4）动车所（乘务车间）按照配属动车组型号数量配备随车工具材料备品，备品不足时，应及时申请补配。

第四十二条 随车机械师出乘时领取随车工具包，退乘时归还，使用中须妥善保管，避免丢失和异常损坏。因使用不当或其他人为因素造成损坏的，须照价赔偿。动车所（乘务车间）要做好随车机械师随车工具包的交接工作，填写交接记录，及时统计因损坏不能使用的随车工具包，申请以旧换新，做好随车工具包的动态管理。

第四十三条 动车组新造出厂、高级检修、转属、租（借）用时，须办理随车工具、备品交接。动车组在段内转属、租（借）用等时，数字化手电筒、GSM–R 移动电话、对讲机应按照交路配置，不办理交接。其余随车工具、备品按照配置标准办理交接，并及时做好出入账工作。新配属动车组，动车所（乘务车间）要及时将随车工具、备品入账登记。

第十一章 记录填报和信息反馈

第四十四条 固定服务设施状态交接

（1）随车机械师须参加由列车长组织的“三乘联检”，与列车长共同检查固定服务设施的状态，办理交接，填写签认《动车组固定服务设施状态检查记录》，随车机械师、列车长各持一份，作为交接点验的依据。

（2）固定服务设施丢失或人为损坏时，列车长须与随车机械师共同确认，由列车长填写车内设施破损记录（客统－36）交随车机械师，动车所须凭“客统－36”修理或更换。

第四十五条 动车所（乘务车间）要规范《乘务日志》、“辆动－181”填写的标准，《乘务日志》、“辆动－181”上的字迹要工整，项目要完整，内容要具体。乘务队长（指导）、值班副所长（副主任）在每次动车组入库时，对《乘务日志》填写情况进行检查并签字，主管副所长（副主任）每周要检查《乘务日志》填报情况，并每周在乘务车队（组）进行通报，每月在动车所（乘务车间）进行通报。

第四十六条 随车机械师要随身携带“车统－15”，随时记录监控装置报警信息和列车巡视中发现的设备异常信息。对信息要认真梳理，及时将故障信息和处理情况填写到《乘务日志》、“辆动－181”上。发生影响行车的故障处理完毕后，随车机械师应详细记录故障发生经过和处理结果。对需入库处理的故障，随车机械师须及时反馈动车所调度员。

第四十七条 随车机械师实时反馈信息应包含以下内容。

（1）列车非正常停车、晚发晚到信息。

（2）影响列车运行安全的重要设备故障。

（3）运行途中车内车外突发、重大事件。

（4）关键时段、区间随车机械师作业情况的写实。

（5）国铁集团、铁路局有关领导及专业检查组上车添乘检查工作的情况。

第四十八条 《乘务日志》、“辆动－181”填写规范

（1）《乘务日志》运行记事栏由随车机械师填写值乘区段动车组运行实际情况，运行正常填写“良好”；发生异常情况随车机械师须详细填记并由列车长和司机签认，例如“××点××分×车右 1 门故障”。如果司机按受电弓均衡使用要求切除受电弓，随车机械师必须与司机确认后在运行记事栏详细记录。

（2）《乘务日志》中“车载备品交接”和“随车工具交接”应根据不同车型由使用者保管确认。如备品缺少，需注明缺失备品名称及数量；如备品齐全，则注明“备品齐全”。

（3）“辆动－181”中“地面作业组发现故障”由地面班组负责人将当天检修中发现处理的重大故障（包括涉及牵引供电、辅助供电、供风制动、网络控制、自动广播及报站、车门、空调等影响动车组正常运行秩序的故障）进行填写，随车机械师在动车组运行中须加强跟踪监控并填写跟踪情况。随车机械师入所交接故障由值乘随车机械师负责引继，如随车机械师在接车时发现仍存在未处理的故障，须将故障详情记录在随车机械师接车发现故障一栏。

第十二章 动车所（乘务车间）乘务管理基本职责

第四十九条 随车机械师隶属于动车所（乘务车间）管理。动车所（乘务车间）设乘务车队（组），明确分管动车组乘务工作的副所长（乘务车间明确领导班子分工）。

第五十条 乘务车队（组）根据段、所（车间）的管理制度和规定，负责随车机械师管理、组织工作，其基本职责如下。

（1）编排随车机械师的出乘计划、乘务管理人员的添乘计划，调配乘务人员，安排备班随车机械师；

（2）制定并落实长大交路随车机械师值乘及应急处置方案。

（3）检查、监督随车机械师作业情况。

（4）负责组织随车机械师的日常培训、交班，管理、技术资料台账工作。

（5）总结分析当月乘务工作，安排次月工作重点和计划。

（6）协调处理随车机械师入库汇报的重点故障。

（7）参与动车组运行故障的调查和分析，落实纠正和预防措施。

（8）每月对随车机械师进行考核考评，每季度提出随车机械师日常表现的评估意见。

（9）定期组织召开乘务工作会议，会议包括近期文件规章学习、讨论，典型故障案例、应急处置案例

学习，路风教育，“两违”通报，值乘经验讨论等内容。

（10）开展标准化乘务车队（组）建设，建立健全乘务车队（组）的管理台账。

第五十一条 动车所（乘务车间）须按开行方向或线路设置乘务车队（组），并配备乘务队长（指导），乘务队长（指导）负责管辖线路范围内随车机械师的管理。乘务队长（指导）要选择技术过硬、经验丰富、具备一定管理能力的随车机械师担当，共同完成乘务车队的管理职责。

第五十二条 乘务车队（组）要总结动车组运用安全中的倾向性、季节性、周期性问题，并将其纳入随车机械师出乘提示中，提高其预判能力和预处理能力；定期组织随车机械师轮换备班，充分利用备班时间组织开展备班随车机械师的理论培训和实作演练；配合参与动车所动车组典型故障案例库的建设，并经常性开展抽问、抽考、模拟或实作演练，提高随车机械师的应急处理水平。

第五十三条 对“关键车组、关键时段、关键作业、关键人员”，乘务车队（组）可通过电话问询随车机械师作业情况、车上设备状况，或者规定随车机械师定时定点提报信息，建立对随车机械师的远程监督，强化对运用过程安全薄弱环节的控制。

第五十四条 乘务车队（组）应揭挂岗位职责，对随车机械师出乘情况和交路实行看板管理；配备动车组主要技术资料，汇集国铁集团、铁路局、动车段乘务管理工作的相关文件和规范。

第五十五条 乘务车队（组）内应配备动车组主要技术资料，汇集国铁集团、铁路局、动车段乘务管理工作的相关文件和规范，建立随车机械师管理的必要台账。

第五十六条 动车所（乘务车间）须建立动车组运行安全逐级负责制。即随车机械师对本次往返的动车组运行安全负责、对本线路乘务队长（指导）负责；乘务队长（指导）对包保交路动车组运行安全负责、对主管副所长（副主任）负责；主管副所长（副主任）对配属动车组的运行安全负责，对动车所（乘务车间）负责。

第五十七条 异地出退乘作业精准汇报。异地出退乘作业时，随车机械师使用当地动车所调度电话向本所调度录音电话汇报出退乘情况（汇报内容：车次，车体，机械师姓名，动车组运行状态），双人值乘时要分别汇报。汇报结束后在当地动车所进行出退乘签到和酒精测试。

第五十八条 双人值乘交接班精准管控。动车组双人值乘时，每 4 h 进行一次换班作业。换班作业时，双人使用电话汇报换班情况（双人各自汇报值乘车次，车体，机械师姓名）。同时，交接班随车机械师使用数字化手电筒对对方进行拍照确认。

第十三章　添乘检查

第五十九条 “外局、外段、外公寓”（以下简称“三外”）出退乘作业检查精准管控。动车段职能科室（技术科、安全科、质检科、劳动人事科）、动车所（乘务车间）实行两级管控。科室每两个月、动车所（乘务车间）每一个月对全段异地停留动车组随车机械师出退乘作业完成一轮覆盖检查，并在往返异地时，检查随车机械师一次出乘作业标准落实情况，重点是路风、两纪要求及异地出退乘时动车组巡视作业落实情况。职能科室监督检查动车所（乘务车间）“三外”作业管理制度落实情况，对未完成月度检查量化标准的检查人员进行考核。

第六十条 双人值乘作业检查精准管控。各动车所（乘务车间）每月使用客运监控视频按人员对双人值乘作业情况进行全覆盖检查，每月对每名机械师至少完成一次过程检查（××动车段出乘至××动车段退乘为一次全过程）。

第六十一条 各动车所（乘务车间）每月底，结合季节变化、调图、小长假、故障跟踪、新车型上线、日常督导等因素，有针对性地制定下月乘务指导添乘检查计划，由主管副所长（副主任）审核签字后备案存档。

第六十二条 乘务指导根据添乘检查计划，按时上站、上线检查督导，添乘检查作业结束后填写添乘检查记录，对发现的问题进行分析，制定整改措施。动车所（乘务车间）每月将检查计划和检查记录合订存档保存，保存期不少于 1 年。每名乘务指导每月上站、上线添乘检查不少于 8 个车次，至少完成 2 次检查项点全覆盖（不包含异地出退乘作业和途中应急处置 2 个项点）。

第六十三条 通报与考核

（1）段职能科室（技术科、安全科、质检科、劳动人事科）检查结束后形成专项检查记录，段安全委员会每月进行汇总归档。技术科每月下发一期检查通报。

（2）动车所（乘务车间）制定车间检查方案，结合乘务指导添乘检查作业，上站、上线检查，检查结束后填写添乘检查记录，每周形成一期车间专题通报。每周周日 12:00 前将本周检查通报及总结（检查情况概述、考核情况、整改措施、倾向性和典型性问题归纳分析等）报技术科。

第十四章　奖惩制度

第六十四条　小额快奖申报

随车机械师作业过程发现动车组质量安全隐患问题或其他安全隐患问题，及时拍照并填写小额快奖申请单，上报动车所（乘务车间）技术组。技术组派专人确定故障情况属实的情况下，按动车段《发现和防止隐患小额快奖办法》规定的请奖范围和奖金额度及时汇报请奖。

第六十五条　随车机械师岗位职责范围内发生以下情况的，根据事件的性质追究随车机械师相应的责任。

（1）未按作业标准规定开展技术作业或质量交接。

（2）属随车机械师正常检查、监控范围的设备故障由于漏检、失察而未及时发现，造成故障等级提高或故障危害程度扩大。

（3）动车组故障发生后应急处理失当，情况汇报不清，造成耽误行车、盲目臆测行车或旅客投诉。

（4）对动车组运行技术状态或设备质量信息反映失实，误导其他维修人员判明和修复故障。

第六十六条　随车机械师出退乘作业中发现以下情况的，根据有关规定予以严肃考核。

（1）随车机械师入住公寓时不按规定登记，经公寓管理人员举报，经调查确认属实的。

（2）随车机械师在规定时间不入睡、不起床，未按时出乘，影响动车组正常运行的。

（3）随车机械师违反公寓规定，或发生饮酒、赌博、打架等问题，造成严重影响的。

4.1.2　CR400BF-A 型动车组随车工具备品定置管理方案

1. 01、00 车工具备品柜

CR400BF-A 型动车组 01、00 车工具备品柜备品清单如表 4-1 所示。

表 4-1　CR400BF-A 型动车组 01、00 车工具备品柜备品清单

序号	名称	规格	数量
1	过渡车钩	套	1
2	铁鞋	盒	1
3	电气连接线	根	1

注：01、00 车司机室座椅下有软梯一副

01、00 车工具备品柜随车备品如图 4-2 所示。

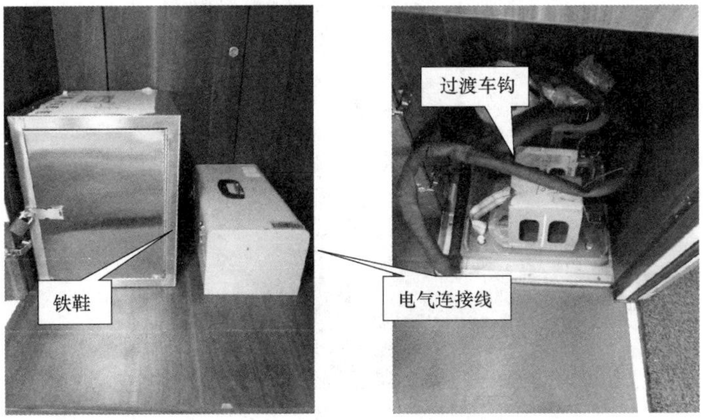

图 4-2　01、00 车工具备品柜随车备品

2. 04、13 车工具备品柜

CR400BF－A 型动车组 04、13 车工具备品柜备品清单如表 4－2 所示。

表 4－2　CR400BF－A 型动车组 04、13 车工具备品柜备品清单

序号	名称	规格	数量
1	登顶梯	套	1
2	渡板	套	1

04、13 车工具备品柜随车备品如图 4－3 所示。

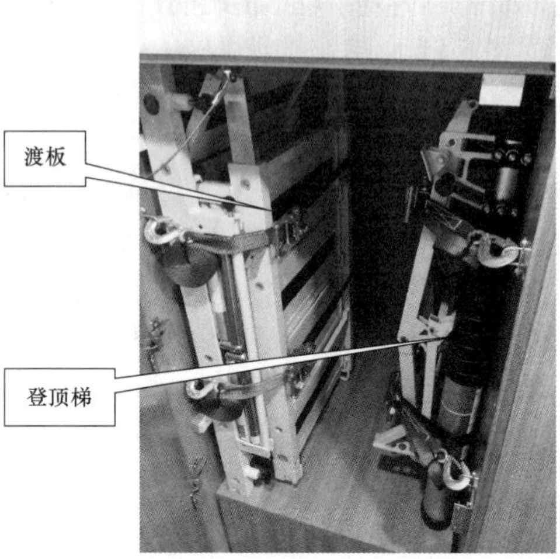

图 4－3　04、13 车工具备品柜随车备品

3. 08 车工具备品柜

CR400BF－A 型动车组 08 车工具备品柜备品清单如表 4－3 所示。

表 4－3　CR400BF－A 型动车组 08 车工具备品柜备品清单

序号	名称	规格	数量
1	渡板	套	2

08 车工具备品柜随车备品如图 4－4 所示。

图 4－4　08 车工具备品柜随车备品

4. 09 车工具备品柜

CR400BF－A 型动车组 09 车工具备品柜工具备品清单如表 4－4 所示。

表 4－4　CR400BF－A 型动车组 09 车工具备品柜工具备品清单

序号	名称	规格	数量
1	工具箱	箱	1
2	验电笔	根	1
3	接地杆	根	2
4	防护网	套	29
5	视频检查记录仪杆	盒	1
6	旅客乘降梯	架	4
7	扩音器	台	1
8	专用应急乘降软梯	架	1
9	大锤	把	1

09 车工具备品柜随车工具备品如图 4－5 所示。

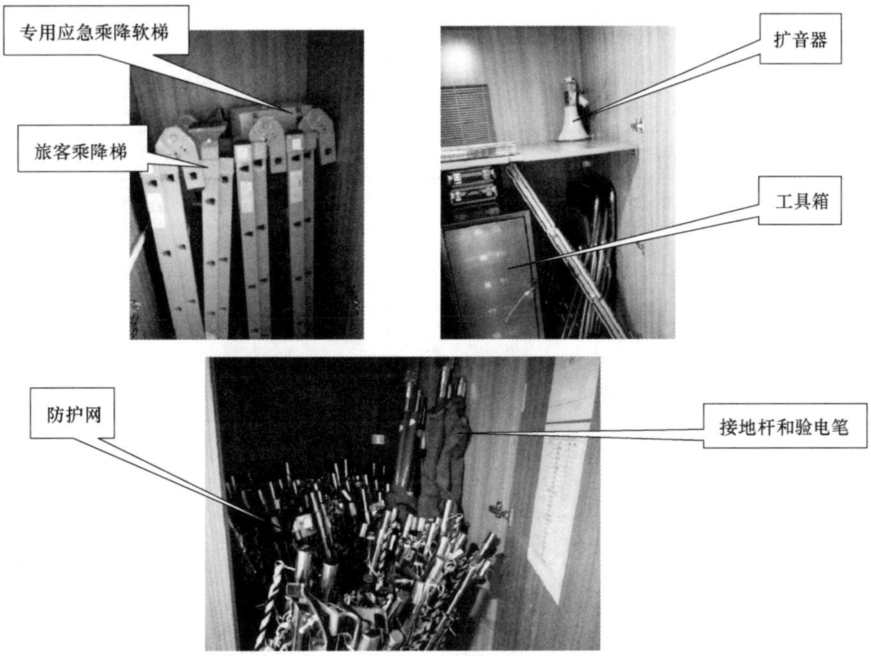

图 4－5　09 车工具备品柜随车工具备品

5. 09 车工具箱工具明细

CR400BF－A 型动车组 09 车工具箱工具明细如表 4－5 所示。

表 4－5　CR400BF－A 型动车组 09 车工具箱工具明细

序号	名称	数量	单位
1	活口扳手	1	把
2	圆锉	1	把
3	半圆锉	1	把
4	管子钳（12 英寸）	1	把

续表

序号	名称	数量	单位
5	管子钳（18 英寸）	1	把
6	手锤	1	把
7	撬棍	1	根
8	扁铲	1	把
9	梅花扳手	1	套
10	组套螺丝刀	1	套
11	38 件套工具	1	套
12	充电电钻	1	台
13	铁丝	20	米
14	望远镜	1	台
15	应急照明灯	1	盏
16	响墩	6	片
17	火炬	2	支
18	第四种检查器	1	把
19	钳形卡流表	1	套
20	受电弓捆扎器	2	盒
21	手信号灯	2	盏
22	防护信号灯	2	盏
23	信号旗	2	副
24	内六方扳手	1	套
25	尖嘴钳	1	把
26	透明胶带	1	卷
27	绝缘胶带	1	卷
28	雨衣	1	套
29	安全帽	1	顶
30	安全带	1	套
31	应急灯	6	只
32	短路铜线	2	副
33	绝缘手套	1	副
34	绝缘靴	1	双
35	接地铜线	2	根
36	接地铁靴	2	个
37	锯弓	1	把
38	锯条	10	条
39	便携式头灯	1	个
40	压力钳	1	把

4.1.3　相关表报

1. 动车段随车机械师作业图表模板

动车段随车机械师作业图表模板如表 4-6 所示。

表 4-6　动车段随车机械师作业图表模板

G7/G14 次（北京南—上海虹桥）运行交路乘务作业图表

作业内容	时间		站名	时间		作业内容
G7	到点	开点		到点	开点	G14
始	9:35—9:50		北京南站台	19:38—19:53		终
监		10:00	北京南站	19:36		监
途	10:02—10:17			19:02—19:17		途
			天津南	18:59	19:01	监
交	11:22	11:24	济南西	17:59	18:01	交
途	12:02—12:17			17:02—17:17		途
交	13:23	13:25	南京南	16:00	16:02	监
途	14:02—14:17			15:02—15:17		途
监	14:28		上海虹桥		15:00	监
折	14:30—14:45		上海虹桥站台	14:30—14:45		折
G7	时间		站名	时间		G14
作业内容	到点	开点		到点	开点	作业内容

图形解读			
始发、终到、折返站台作业	途中车内巡视作业	与司机办理交接	监控室监控
始 终 折	途	交	监

2. CRH 型动车组随车机械师乘务日志

《CRH 型动车组随车机械师乘务日志》如表 4–7 所示。

表 4–7　CRH 型动车组随车机械师乘务日志

辆动–006

CRH	××××段××××所	版本号：201307
	乘务日志	

______年____月____日 至 ______年____月____日

出乘指示						
学习内容或领导添乘指示						
时间	车次	运行区段	运行记事	随车机械师	列车长	司机

随车工具、材料及备品交接		累计走行公里	
		出所随车机械师	
		入所随车机械师	

调度员签字： ______年____月____日	乘务指导审阅： ______年____月____日

3. 动车组固定服务设施状态检查记录

《动车组固定服务设施状态检查记录》如表 4–8 所示。

表 4–8　动车组固定服务设施状态检查记录

辆动－012

CRH	××××段××××所	版本号：201404
	动车组固定服务设施状态检查记录	

______年___月___日 至 ______年___月___日

	车组号：______	出所车次：______		交接起止时间：______至______		
出所状态交接	序号	固定服务设施名称	位置	问题	客运人员	车辆人员
	1					
	2					
	3					
	4					
	5					
	6					
	7					
	8					
	车组号：______	入所车次：______		交接起止时间：______至______		
入所状态交接	序号	固定服务设施名称	位置	问题	列车长	随车机械师
	1					
	2					
	3					
	4					
	5					
	6					
	7					
	8					
	9					

填写说明：

1. 本表作为动车组出（入）所前，车辆、客运部门对固定服务设施状态交接点验的依据；

2. 动车组出所前，动车所与客运部门共同检查，在“出所状态交接”栏填写问题并签认，随车机械师与列车长各持一份；

3. 动车组入所前，随车机械师与列车长共同检查，在“入所状态交接”栏填写存在的问题［固定服务设施丢失或人为损坏时，由列车长填写车内设施破损记录（客统－36）交动车组随车机械师］并签认，由随车机械师交回动车所。

实 训

完成项目 4 任务 4.1 工作单（见表 4–9）。

表 4–9　项目 4 任务 4.1 工作单

项目名称	项目 4 随车机械师作业		
任务名称	任务 4.1 随车机械师管理		
班级名称		姓　名	
学习小组			
【基础知识认知】			
1. 每个乘务队应不超过（　　）名动车组随车机械师。 A. 5　　B. 10　　C. 20　　D. 30 2. 时速 300 km 及以上动车组的随车机械师原则上应有时速 200～250 km 动车组乘务（　　）年及以上工作经历。 A. 0.5　　B. 1　　C. 2　　D. 4 3. 每（　　）辆编组每班配备 1 名动车组随车机械师。 A. 1　　B. 4　　C. 8　　D. 16 4. 判断：随车机械师巡视检查时，遇有旅客要主动礼让。（　　） 5. 每（　　）年对随车机械师资质组织一次复审。 A. 0.5　　B. 1　　C. 2　　D. 5 6. 以下不属于随车携带备品的是（　　）。 A. 响墩　　B. 火炬　　C. 接地杆　　D. 轮径尺			
【职业能力训练】			
1. 填写《CRH 型动车组随车机械师乘务日志》（见表 4–7）。 2. 填写《动车组固定服务设施状态检查记录》（见表 4–8）。			
【实训总结】			
指导教师评价：			
任务完成人签字：　　　　日期：　　年　　月　　日 指导教师签字：　　　　日期：　　年　　月　　日			

任务 4.2　随车机械师一次出乘作业

任务单

任务名称	随车机械师一次出乘作业
任务分析	通过学习“五字”作业法，出乘作业总体要求，随车机械师出乘报到，动车组出库及入库作业，动车组始发、终到、途中、折返作业，检查作业录音标准和非正常停车情况下司机、列车长、随车机械师工种间联系用语，全面掌握随车机械师一次出乘作业流程、标准
学习任务	完成项目 4 任务 4.2 工作单
成果展示	项目 4 任务 4.2 工作单、进行随车机械师一次出乘作业的影像资料

学习引导文

4.2.1 “五字”作业法

随车机械师值乘中实行“五字”作业法，即“听、看、闻、巡、联”。

1. 听

听即按规定在出库联检及始发、折返、终到、运行途中巡视时，对各运转部位（特别是通过台、转向架上方）的运转状态进行监听，判断其有无异常；对监听到的异音进行正确判断，及时汇报并采取应急措施；听取旅客、客运乘务及保洁人员的反映，判断动车组的运行质量。

2. 看

看即按动车组随车机械师一次往返出乘作业标准对作业要求的部位进行查看，主要包括以下方面。

（1）出库联检时，加强对转向架、车体、头罩及排障器、车端连接装置、裙板及各个盖板、车内外信息显示器、车内主要服务设施和安全设施的巡检。

（2）运行途中在监控室通过监控屏对动车组运行状态进行监控。按随车机械师一次往返出乘作业标准规定的巡视时间巡视时，加强对车内信息显示器、车内主要服务设施和安全设施进行巡检。

（3）始发、终到作业时，加强对升弓受电弓状态、车体、头罩及排障器、车端连接装置、转向架、裙板及各个盖板、车内外信息显示器、车内主要服务设施和安全设施的巡检。

3. 闻

闻即在巡视时对主要服务设施，如电茶炉、厕所、空调、照明、电器配电柜、餐车电器等设备设施的异味做出正确的判断，及时汇报并采取应急措施。

4. 巡

巡即加强对动车组始发、折返、终到、运行途中的巡视。要求随车机械师在动车组车体出库前进行车下及车内巡视检查，在始发前、终到后进行站台侧巡视检查，在开车后 5 min、终到前 45 min、运行途中每 2 h 进行 1 次车内巡视检查（单程运行不足 2 h 的，每个单程须巡视 1 次）。

出库前巡视检查的重点是车体、头罩及排障器、车端连接装置、转向架、裙板及各个盖板、车外信息显示器等，特别要加强对裙板、小裙板、注水口盖板等部位的检查力度；站台侧巡视检查的重点是车体、头罩及排障器、车端连接装置、车外信息显示器等；车内巡视检查的重点是空调、电茶炉、厕所、洗面间、车端门、车侧门、车内信息显示器等上部各服务设施。

5. 联

联即加强“三乘”联系、加强与调度员联系，多汇报、勤思考。交接班及中途加强与司机联系，及时了解动车组运行状况，掌握故障信息，加强信息反馈。

4.2.2 出乘作业总体要求

1. 适用范围

（1）以下出乘作业总体要求适用于 CR400BF 型、CR400BF－G 型、CR400BF－A 型动车组随车机械师一次出乘作业的程序与要求。

（2）如发生应急情况，需执行应急预案规定的作业办法。

2. 岗位职责

随车机械师主要担负运行动车组（运营、试验、回送动车组） 随车乘务工作，负责保证动车组处于安全的运行状态，维护正常的车内硬件环境，掌握和传递动车组设备的动态运行信息，应急处理和维修运行中的设备故障，对动车组上部设施进行日常状态检查和质量交接。其具体职责如下。

1）监控途中运行技术状态

（1）运行途中在监控室通过车载信息系统监控动车组运行及设备工作状态，并在司机进行开关门操作时监控动车组车门的状态；

（2）运行途中按作业图表规定定时、定区间巡视动车组设备，监控走行部运行状态，检查室温控制、列车上部设施使用等技术状态，发现问题正确判断、果断处理；

（3）在始发站和折返站进行技术检查作业；

（4）动车组出入所时，负责与运用所（质检员）办理技术交接。

2）管理和操作动车组设备

（1）按规定操作动车组设备设施；

（2）控制车内空调换气装置，设置、调节空调及换气装置运行模式；

（3）控制车内客室照明，设置、调节照明工况；

（4）按规定开启旅客信息系统。

（5）指导客运服务人员正确使用车内设备；

（6）在司机操作侧门开、关时，对动车组侧门开、关状态进行监控；

（7）随车机械师日常交接时，应对大型储物箱的锁闭状态进行检查，确认司机室、乘务室及各搭载品柜内其他随车物品状态良好；

（8）随车机械师每次出乘时应对所有随车工具、备品进行清点检查，确认状态良好并做好维护保养工作，发现工具、备品技术状态不良时应及时更换或送修；

（9）随车机械师在运营中配合列车长进行车内服务设施管理、人为损坏理赔等工作。

3）应急处理途中突发故障

（1）运行中突发故障时，按照应急处置规定及远程应急指挥指导积极进行应急处理，并及时做好信息反馈和上报；

（2）动车组突发故障分为三类：属司机独立处置的，需加强与司机联系，了解故障处理情况；属与司机协作处置的，按照《动车组途中应急故障处理手册》的分工规定与司机共同进行处理；属随车机械师独立处置的，处理完成后及时将情况和运行要求通报司机；

（3）记录突发故障处置情况，及时向动车所调度员汇报；

（4）发现危及行车安全的故障或其他紧急情况时，可使用紧急制动装置停车或通知司机采取停车措施。

4）承担部分行车组织职能

（1）运行中因动车组故障或其他原因在区间被迫停车时，要加强与司机联系，掌握情况，及时向动车所调度室报告，并在司机指挥下，做好行车及安全防护相关工作；

（2）动车组故障需要救援时，配合司机做好救援准备工作，负责安装过渡车钩、引导救援机车联挂、连接风管；

（3）动车组运行途中，做好动车组一级检修上部设施的检查工作；当动车组在异地存放时，负责对动车组车体和车下两侧设施进行外观检查。

3. 作业要求

（1）数字化手电筒（应具备录音、摄像及照相功能）作为随车机械师作业必备工具，由动车所乘务组统一管理，随车机械师出退乘时须做好交接登记。

（2）随车机械师出乘（退乘）前领取（交回）钥匙及随身工具备件时，须同时领取（交回）数字化手电筒及充电器，核对数字化手电筒系统时间，确保其与现场调度处时钟显示时间同步，确认数字化手电筒功能良好，在《乘务日志》工具备品交接栏中登记签认。

（3）随车机械师巡视检查时，应随身携带工具包、450 MHz 手持终端、GSM－R 手机、数字化手电筒、测温仪、钥匙等。

（4）随车机械师一次往返作业过程中，在重点作业项目开始前和结束后要分别按规定开启数字化手电筒录音、摄像或照相功能，对作业情况进行录音、摄像或照相并保存记录，以备查询。录音时须使用普通话，吐字清晰，声音洪亮。

（5）运行途中，原则上随车机械师每 2 h 巡视 1 次；单程运行不足 2 h 的，多趟往返交路每 2 h 巡视一次，全程交路不足 2 h 的巡视 1 次。热备动车组随车机械师每 2 h 巡视检查一次，并根据要求录音、拍照。

（6）动车组发生故障或检查作业发现异常情况时，随车机械师应及时开启数字化手电筒录音或录像功能，对情况汇报、故障处理、与司乘人员沟通协调等过程进行全程录音，以备查询。

（7）始发后，在车内进行一次巡视检查，要认真执行“听、看、闻、巡、联”的五字值乘作业要求，发车之后随车机械师、乘警配合列车长进行三乘联检。

（8）在动车组始发站、运行途中司机换乘站，随车机械师应提前到达司机室与司机交接动车组技术状态，并在“辆动－181”上签认，互留单位、姓名、电话。

（9）动车组列车运行中出现故障时，随车机械师应及时判明故障，按《动车组途中应急故障处理手册》正确处置，并按规定报告故障信息。此外，随车机械师需下车检查时，通过司机向列车调度员（车站值班员）申请下车检查。随车机械师在接到司机转述的邻线列车已扣停或已限速的调度命令和准许下车的指示后方可下车。在会车侧作业时，首先应通过司机请求调度员扣停邻线列车，遇有邻线列车未扣停的情况时，随车机械师通知本务司机对邻线来车情况进行辅助监控，并请求列车调度员（车站值班员）通知邻线列车司机在作业处所加强瞭望鸣笛。本务司机发现邻线来车后，用对讲机通知车下随车机械师，随车机械师作业中发现来车或接到来车通知后立即停止作业避车。待邻线列车通过后方可继续作业。

（10）途中应急处置如下。

① 发生故障后，经处置确认动车组无法正常运行时，动车组司机应按车载信息监控装置的提示和动车组随车机械师的要求，选择维持运行或停车等方式，并报告列车调度员。此外，如需申请救援时，动车组随车机械师应立即通知动车组司机，由动车组司机请求救援，并及时向所属动车运用调度员和发生地铁路局调度员报告。同时，动车组随车机械师负责安装过渡车钩、引导救援机车联挂、连接专用风管，打开折角塞门。

② 对造成晚点、停运、救援的故障，以及空调系统故障，随车机械师要在第一时间报告故障发生地所在铁路局动车调度员和本属动车所调度员；对运行中发生的影视系统、旅客信息系统、电茶炉、卫生间和座椅等旅客服务设施故障，随车机械师要熟练掌握应急故障处置程序，及时进行修复或处理。

③ 遇有司机通知红外线系统探测动车组热轴报警时，根据车载轴温检测系统探测情况，比照动车组轴温报警应急故障处理程序进行作业，将情况反馈给司机，并报动车所调度室。

④ 在区间内临时停车时，及时与司机联系，了解原因，属车辆设备故障的，按规定程序处理；听从司机指挥，配合做好行车、安全防护工作，并及时向动车所调度员汇报。

⑤ 客运服务人员报告设备故障时，及时赶赴现场处理，并做好故障写实记录。运行中发生设备损坏时，随车机械师与列车长共同确认，并填写动车组固定服务设施状态检查记录，双方签字。

（11）检查过程中发现的故障及时填写至“辆动－181”内，需要入库或在对方站处理的较大故障，应提前通知运用所调度员，由调度员联系安排施修。检查完毕后到调度室报告动车组运行情况，办理重点故障、动车组钥匙、《乘务日志》、“辆动－181”、GSM－R 移动电话、450 MHz 手持终端等的交接，听取命令、指示、要求。

（12）动车组到达对方站停放地点后，随车机械师与地勤机械师进行钥匙交接、签认，以及运行情况交接，到存放点值班室报到，汇报运行情况后，回公寓间休息，准备次日出乘。对方站无地勤机械师，由随车机械师与司机交接。

（13）随车机械师进行接车作业前必须穿戴反光背心，通过线路需执行一站、二看、三通过制度，穿越平交道口时严禁接打手机，作业前需要与司机进行联控，确认动车组是否施加停放制动。作业时注意脚下障碍物及邻线过往动车组，作业结束后上车时注意人身安全。

4. 作业线路图

1）单编/长编动车组随车机械师作业线路

（1）出入库作业线路如图 4-6 所示。

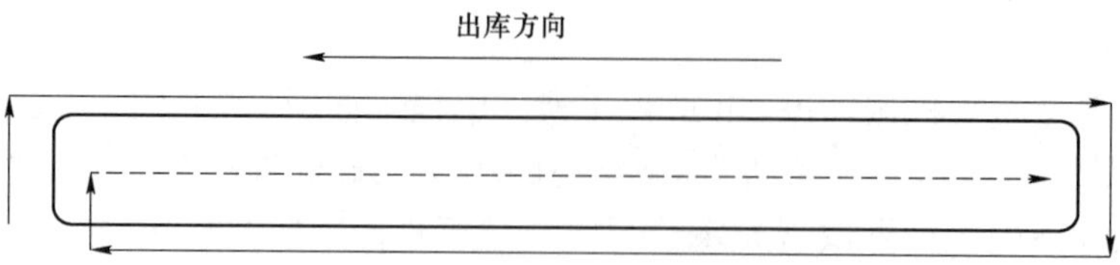

实线为两侧走行线路；虚线为车内作业走行线路

图 4-6　出入库作业线路

（2）始发、折返、终到作业线路如图 4-7 所。

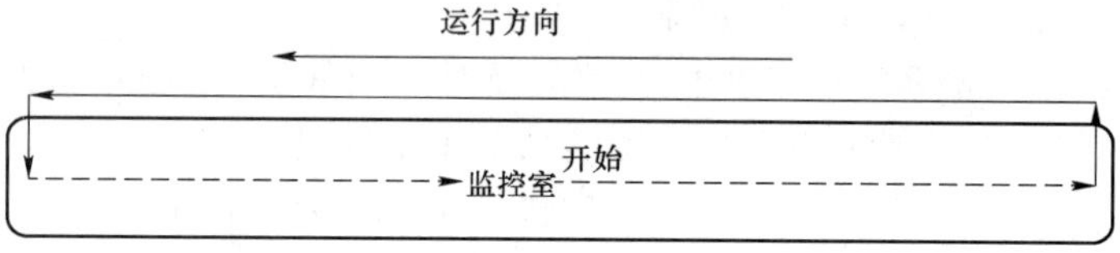

实线为两侧走行线路；虚线为车内作业走行线路

图 4-7　始发、折返、终到作业线路

（3）途中车内作业线路如图 4-8 所示。

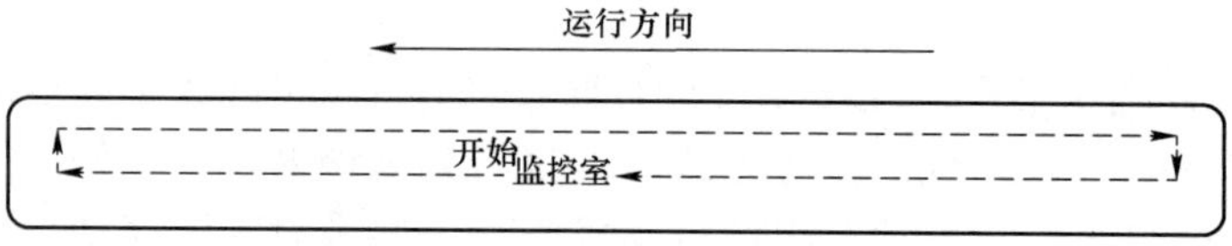

实线为两侧走行线路；虚线为车内作业走行线路

图 4-8　途中车内作业线路

2）重联动车组随车机械师作业线路

（1）出入库作业线路如图 4-9 所示。

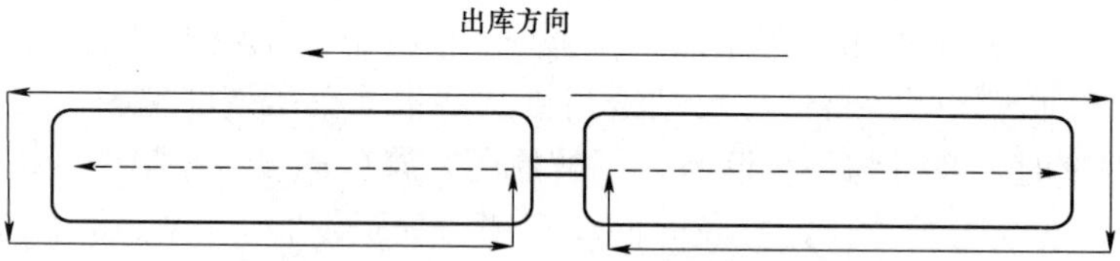

实线为两侧走行线路；虚线为车内作业走行线路

图 4-9　出入库作业线路

（2）始发、折返、终到作业线路如图 4-10 所示。

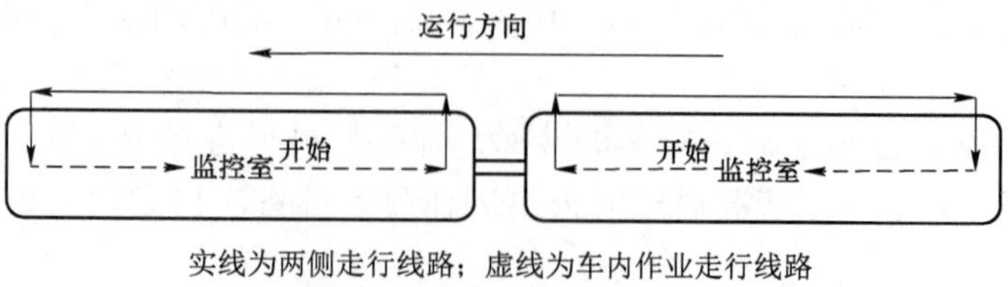

实线为两侧走行线路；虚线为车内作业走行线路

图 4-10　始发、折返、终到作业线路

（3）途中车内作业线路如图 4-11 所示。

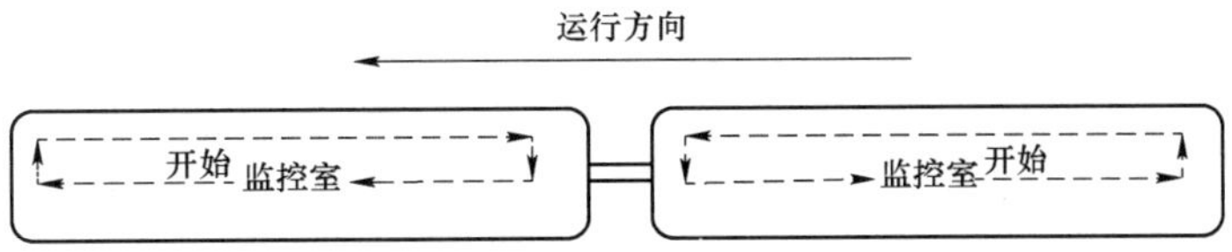

图 4-11 途中车内作业线路

5. 作业流程图

随车机械师一次往返作业流程图如图 4-12 所示。

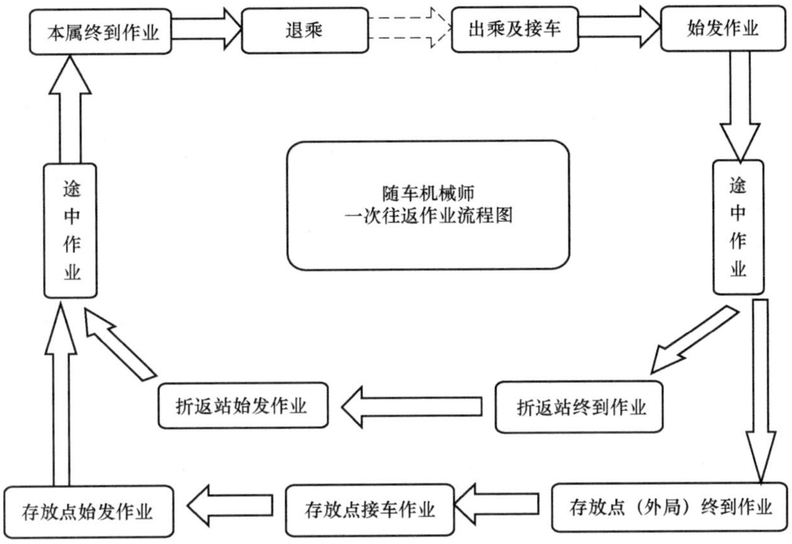

图 4-12 随车机械师一次往返作业流程图

随车机械师出库、入库作业流程图如图 4-13 所示。

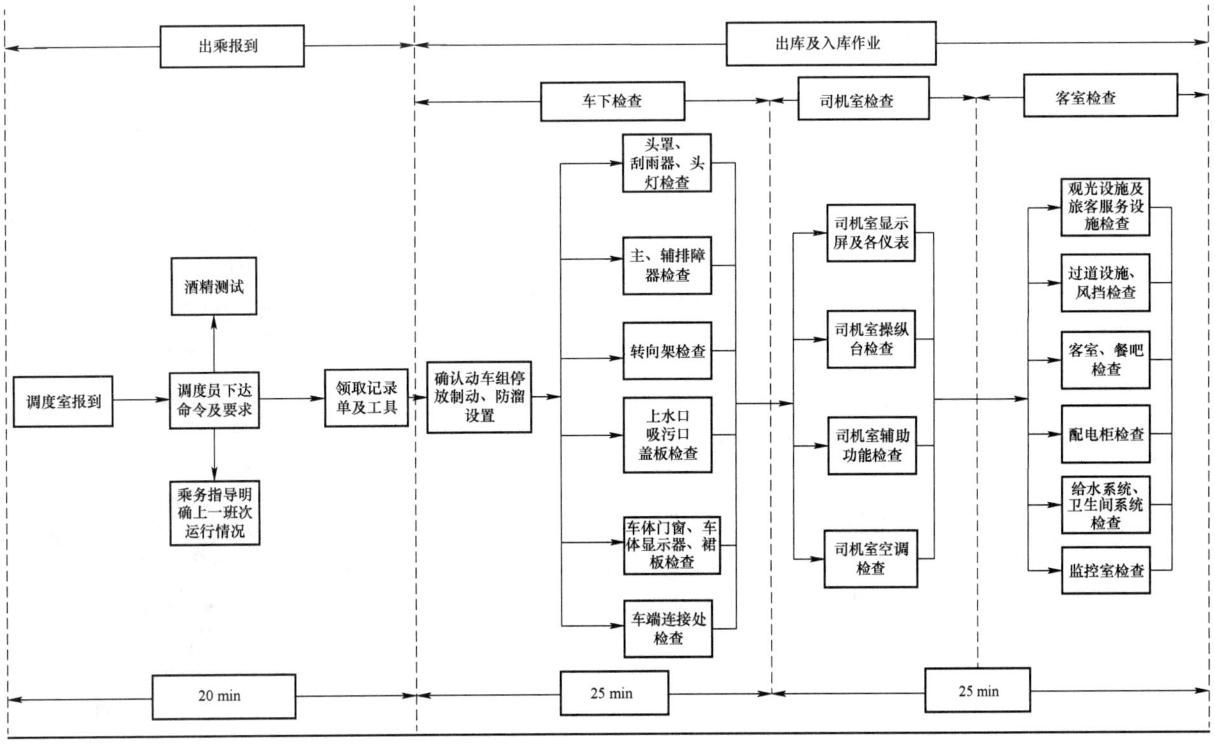

图 4-13 随车机械师出库、入库作业流程图

动车组始发、终到、途中、折返作业流程图如图 4-14 所示。

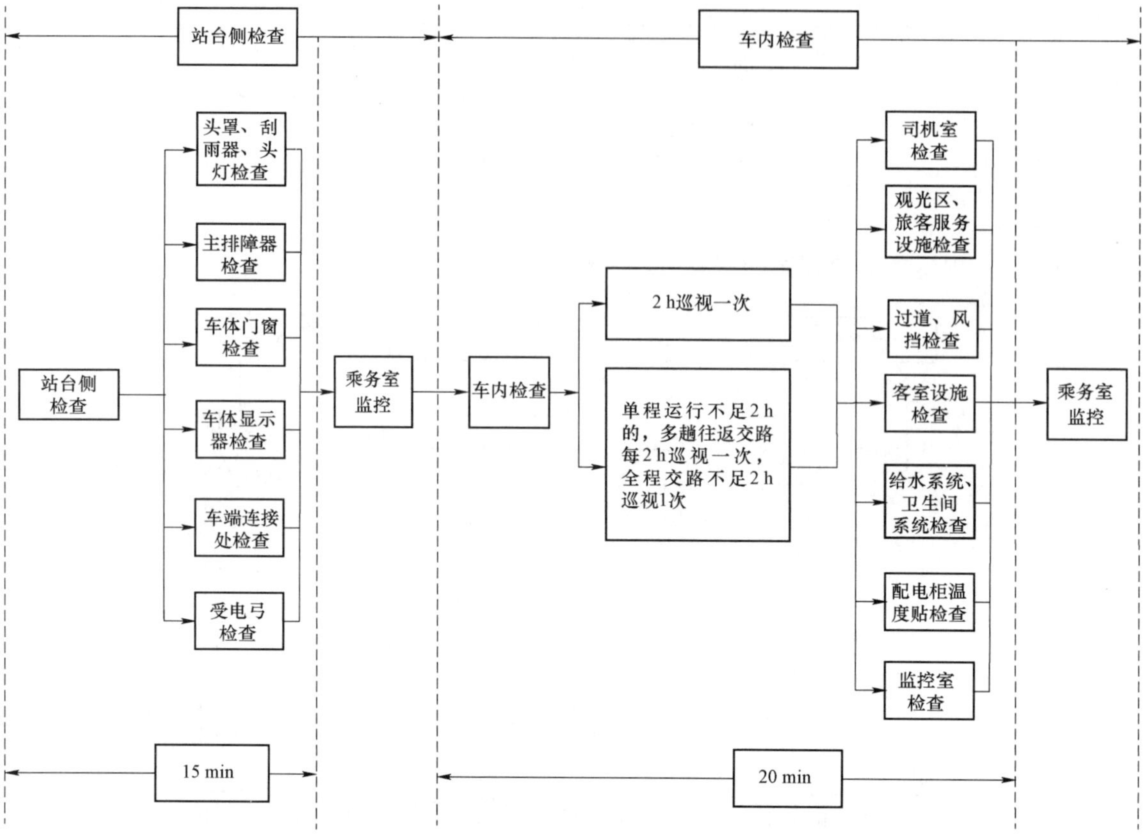

图 4-14　动车组始发、终到、途中、折返作业流程图

4.2.3　随车机械师出乘报到

随车机械师出乘报到如表 4-10 所示。

表 4-10　随车机械师出乘报到

项点	出乘要求	图片示例
出乘报到	随车机械师出乘前必须充分休息，确保精神状态良好。出乘时按规定穿戴好动车组随车机械师制服，佩戴胸卡，携带动车组随车机械师上岗证、隔离开关操作证及随身工具备件。 1. 本所报到： 动车组出库前 90 min 到动车所调度室（以下简称调度室）报到，接受酒精测试，查看揭示板内容，听取调度员下达的命令、要求及注意事项，听取乘务指导的相关要求，了解动车组检修情况及上一班次的运行情况。 出库前提前 60 min 领取《动车组固定服务设施状态检查记录》、《动车组出所质量联检记录单》、《乘务日志》、“辆动-181”、钥匙、GSM-R 手持终端、对讲机等。检查工具、备品状态，核对引继故障处理情况，向值班员反馈意见和建议。 2. 异地所报到： 机械师从异地公寓出乘，动车组出库前 90 min 到动车所调度室报到，接受酒精测试，提前 60 min 领取《动车组出所质量联检记录单》、《乘务日志》、“辆动-181”、钥匙，核对引继故障处理情况，向值班员反馈意见和建议。 备注：存车场作业、横越铁路道口时，必须穿戴反光背心	 查看揭示板内容  领取台账、钥匙、通信设备

4.2.4　动车组出库及入库作业

动车组出库及入库作业如表 4－11 所示。

表 4－11　动车组出库及入库作业

1. 车外检查作业

作业时间：20～25 min。　拍照张数：CR400BF－G 型 37 张，CR400BF－A 型 69 张（非继乘车入库作业 6 张），重联动车组多 2 张，“　”表示随车机械师拍照留存。

检查作业提示：

1. 作业前设置安全防护措施，作业完毕及时撤除（禁动牌或安全号志）。巡视过程中，若发现异常问题，应及时处理并上报调度室，要加强与动车所的联系。
2. 出库作业时，若动车组已供电，需首先在主控端司机室对动车组故障信息进行确认并拍照留存；若动车组未供电，先进行车侧作业，车侧作业结束后根据动车组供电情况，第一时间通过主控端监控屏确认动车组故障信息并拍照留存。若司机通知发生动车组故障，随车机械师须先进行故障处理，待故障处理完毕后再继续完成出库巡视作业。
3. 车外巡视作业时，执行“必指、必呼”要求，举单手指向检查项点，口呼　“某某部件状态良好”

检查部位	检查标准	图片示例
车号	巡、看： 01 车、00 车车号各拍照 1 张	
头罩 头灯	巡、看： 目视检查 01 车、00 车头罩外观状态，确认未损伤或变形，头罩锁闭良好；头灯外观良好，灯光强度正常，共拍照 2 张（照片包含头罩和头灯整体状态）。重联动车组需目视确认重联端自动车钩、电气车钩外观状态良好，未损伤或变形，锁闭状态良好、无缝隙，对两侧状态逐一拍照，共 2 张	
刮雨器	巡、看： 目视确认 01 车、00 车刮雨器摆臂未变形，胶条完整、未脱出，前窗玻璃外观状态良好、无异物。共拍照 2 张（车外无法拍清晰时可以在车内进行拍照）	
排障器	巡、看： 目视确认 01 车 00 车主排障器未变形；辅助排障器外观状态良好，橡胶板未破损	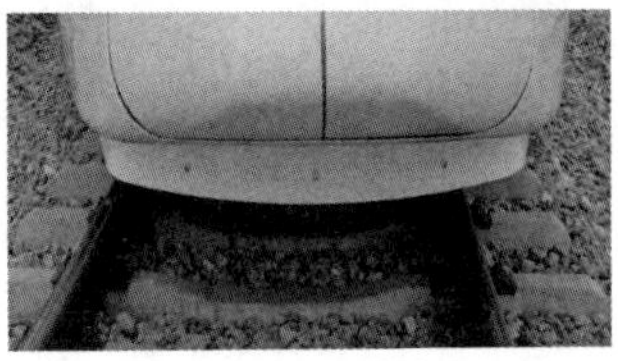
转向架	巡、看、听： 1. 目视确认转向架外观良好，各减振器无明显渗油痕迹，一系垂向、二系抗蛇行减振器安装螺栓齐全； 2. 听空气弹簧有无漏风声，听制动风缸和风管连接处有无漏风声。 3. 检查轮对轴箱定位装置，确认外观良好、无异常	

续表

检查部位	检查标准	图片示例
门窗玻璃	巡、看： 目视确认车体侧门关闭是否正常，车体门窗玻璃有无裂纹、破损	
裙板	巡、看、听： 1. 目视确认裙板安装状态，确保裙板安装螺栓齐全。 2. 听变压器、变流器、空调机组等设备运转部位有无异音。 3. 目视确认裙板在锁闭位置	
侧盖板	巡、看： 目视确认各车注水口盖板外观未变形，确保盖板锁闭正常，每节车拍照 2 张，CR400BF－G 型共拍照 16 张，CR400BF－A 型共拍照 32 张。 特别提示：非继乘车入库作业，确认各侧盖板关闭状态良好即可，无须拍照	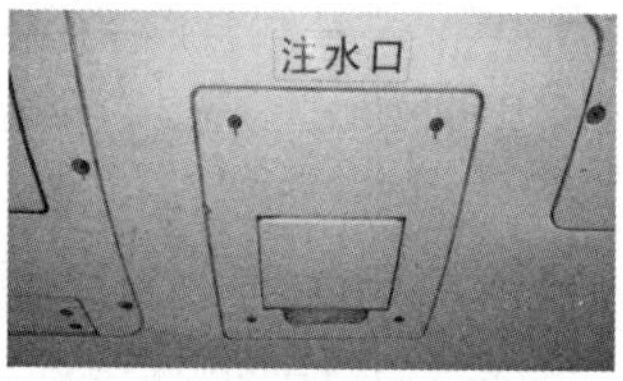
吸污口	巡、看： 目视确认各车吸污口盖板锁闭状态正常，对吸污口盖板进行拍照，CR400BF－G 型共拍照 14 张，CR400BF－A 型共拍照 30 张。 特别提示：非继乘车入库作业，确认各侧盖板关闭状态良好即可，无须拍照	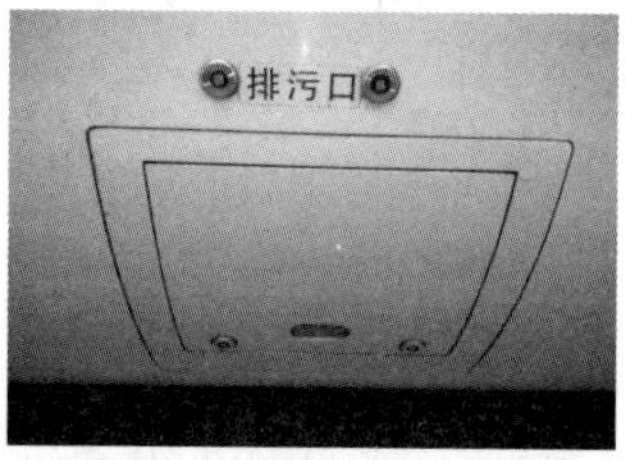
车端连接处	巡、看、听： 目视确认风挡外观正常，未破损，检查车端连接处有无漏风现象	
车体显示器	巡、看： 待动车组供电后，随车机械师需设置当日首趟交路车次，目视确认车体显示器车号、车次显示正常，外观未破损。对一节车厢显示器进行拍照，共拍照 1 张。 特别提示：非继乘车入库作业无此检查项点	

续表

2. 司机室检查		
拍照张数：8 张，若发现影响行车的故障多 1 张，“📷”表示随车机械师拍照留存。 联：在巡视过程中，若发现异常问题，应及时处理并上报调度室，加强与动车所的联系		
司机室设备检查：  司机室左侧图  司机室正面图 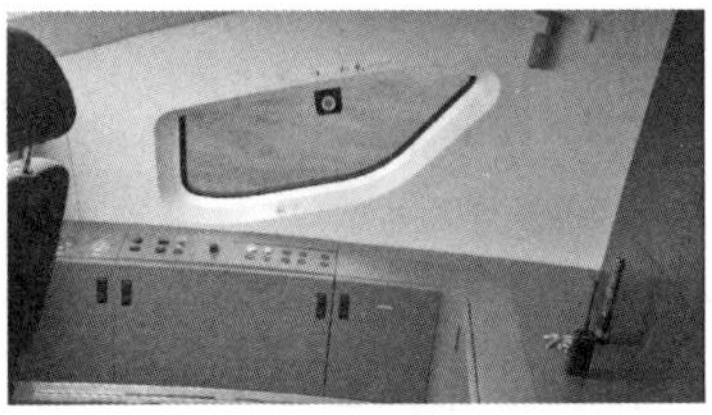 司机室右侧图		
检查项点	检查标准	图片示例
司机室显示屏及各仪表	巡、联、看： 1. HMI 功能良好，无故障信息，对 01、00 车故障信息界面各拍照 1 张📷。若发现高压、牵引、制动、走行部、网络系统、司机室设备、空调等影响行车的故障，对故障详细描述界面拍照 1 张📷。 2. 确认 01、00 车电压表、风压表状态良好，标签不超期，各拍照 2 张📷。 3. 确认 01、00 车配电柜空气开关状态是否良好。各拍照 1 张📷	 HMI 显示屏  电压表、风压表  风压表  01、00 车配电柜
司机操纵台	巡、看： 1. 目视确认操纵台各按钮外观未破损。 2. 目视确认司机座椅外观是否正常。 闻： 3. 注意闻司机室内有无异味，对设备设施的异味做出正确的判断。 特别提示：非继乘车入库作业无此检查项点。 4. 确认司机室扬声器在关闭位置	 操纵台 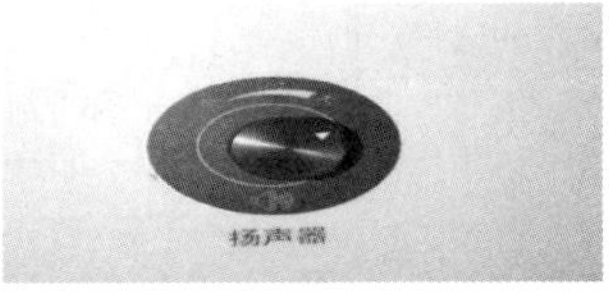 扬声器

续表

检查项点	检查标准	图片示例
司机室辅助设备功能	巡、看： 1. 检查遮阳帘外观是否良好。 2. 检查侧窗有无裂纹。 3. 检查司机室照明灯作用是否良好。 特别提示：非继乘车入库作业无此检查项点	
司机室空调	巡、看： 检查司机室空调温度是否适宜。使用点温枪对准司机室操作台面进行点温，温度范围应在 20～26 ℃之间。 特别提示：非继乘车入库作业无此检查项点	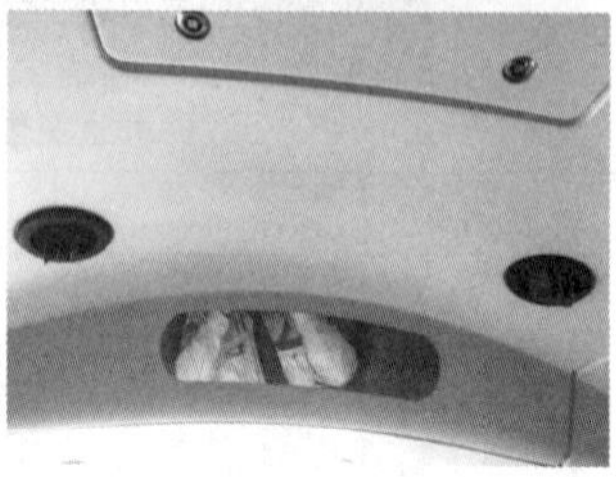 空调出风口
3. 客室检查		

作业时间：20～25 min。拍照张数：客室各配电柜和餐车设施 5 张，铁鞋状态 2 张（涉及长大坡道动车组 3 张）同时工具备品箱每个铅封拍 1 张，若发现 HMI 监控屏有故障信息多 2 张，“ ”表示随车机械师拍照留存。
联：在巡视过程中，若发现异常问题，应及时处理并且上报调度室，加强与动车所的联系

检查项点	检查标准	图片示例
观光室设施	巡、看： 1. 检查旅客信息显示屏外观有无异常，车号、车次等显示是否正常。 2. 检查照明灯外观是否良好，灯色是否一致，是否熄灯。 特别提示：非继乘车入库作业无此检查项点	
旅客服务设施	巡、看： 1. 目视检查侧窗有无裂纹。 2. 目视及手动检查窗帘能否正常下拉与收缩。 3. 检查照明灯功能按钮工作是否正常。 4. 检查安全锤是否缺失。 5. 检查客室紧急制动拉手是否处于正常位置，铅封有无异常。 6. 检查小桌椅作用是否良好。 巡、闻、听： 7. 闻观光区域是否有异味。 8. 听扬声器有无杂音。 特别提示：非继乘车入库作业无此检查项点	
过道设施	巡、看： 1. 目视检查侧门外观是否良好，锁闭是否正常，开关按钮显示是否正常。 2. 目视检查各种标识是否齐全和清晰。 3. 目视检查观光区控制面板外观是否良好，显示是否正常，玻璃幕墙控制是否正常。 4. 手动敲击过道通过台顶板，确认安装紧固。 巡、看、闻： 5. 目视检查电源插座外观是否良好，有无烧损痕迹，闻是否有焦味，对设备设施的异味做出正确的判断。 特别提示：非继乘车入库作业无此检查项点	

续表

检查项点	检查标准	图片示例
风挡	巡、看： 1. 目视检查渡板是否正常，有无错位。 2. 目视检查内风挡护板有无破损，手动检查扶手安装是否牢固，是否松动。 特别提示：非继乘车入库作业无此检查项点	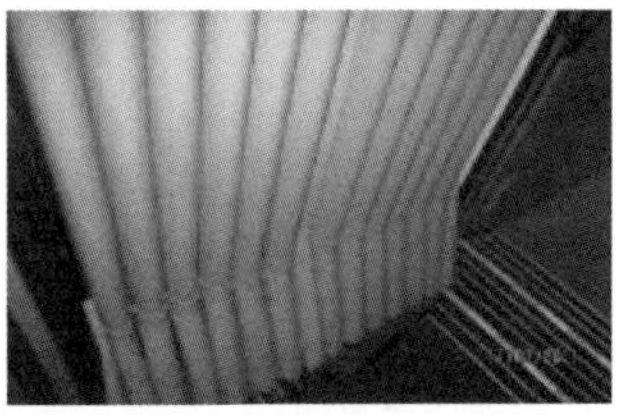
灭火器	巡、看： 检查灭火器是否过期，确认压力不过限，铅封未破损，外观状态正常。 特别提示：非继乘车入库作业无此检查项点	 灭火器
自动门	巡、看： 目视检查自动门玻璃有无裂纹，门框有无变形，胶条有无脱落，确认开关作用良好。 特别提示：非继乘车入库作业无此检查项点	 自动门
火灾、紧急报警装置	巡、看： 目视检查火灾、紧急报警装置是否处于正常位置，标识是否清晰。 特别提示：非继乘车入库作业无此检查项点	
客室空调	巡、看： 确认客室空调温度适宜。使用点温枪对准车厢两端墙板进行点温，温度范围应在 20～26 ℃之间。 特别提示：非继乘车入库作业无此检查项点	
客室视频及信息显示设备	巡、看： 1. 检查视频设备播放是否流畅，有无黑屏、卡滞现象。 2. 检查车次、时速、车厢号、卫生间等信息显示是否正常。 特别提示：非继乘车入库作业无此检查项点	

续表

检查项点	检查标准	图片示例
废物箱	巡、看： 1. 检查废物箱外观状态是否良好。 2. 手动检查翻盖翻起、回弹功能是否正常。 特别提示：非继乘车入库作业无此检查项点	
卫生设施	巡、看： 1. 目视检查便器、洗手池、厕纸架、镜子、盥洗装置、冲洗按钮等设施外观是否良好。 2. 目视检查墙板、底板有无划痕、鼓包现象。 3. 目视检查垃圾箱盖板是否脱落或卡纸，胶条是否脱落。 4. 检查固定扶手安装是否牢固，衣帽钩、便器止挡是否松动或丢失。 5. 检查水龙头出水是否正常，洗手液有无滴液现象，洗手台面有无裂纹、漏水现象。 6. 手动测试便器功能是否良好，便器有无堵塞、漏水现象。 7. 检查厕所门开关作用是否良好。 巡、闻： 8. 闻卫生间内是否有异味，并对设备设施的异味做出正确的判断。 特别提示：非继乘车入库作业无此检查项点	
电茶炉	巡、看、闻： 检查电茶炉工作状态是否良好，靠近电茶炉闻，对设备设施的异味做出正确的判断，如发现问题及时汇报并采取应急措施。 特别提示：非继乘车入库作业无此检查项点	
客室各配电柜	巡、听、看、闻： 1. 听各配电柜内有无异音。 2. 目视检查各配电柜锁闭状态是否良好。 3. 闻各个配电柜有无异味。 备注：对 01 车 00 车拍照共 2 张。 特别提示：非继乘车入库作业无此检查项点	
餐车设施	巡、看、闻： 1. 检查餐车电气控制柜与故障面板是否正常，有无故障显示。 2. 检查开水炉工作是否正常，洗手池台面有无裂纹，水龙头出水是否正常。 3. 确认保温箱、冷藏柜、冷冻柜、展示柜、电烤箱等温度显示正常，工作正常。 4. 闻是否有焦味，对设备设施的异味做出正确的判断。 5. 检查独立火警系统消音开关。 6. 检查微波炉插座及插头有无烧焦痕迹及焦味，确认插座开关处于关闭状态。对微波炉插头和插座状态分别进行拍照。 7. 出库前，确认各餐车设备功能良好后应及时切断餐车设备电源。入库时，应及时切断餐车设备电源，并对餐车控制面板状态进行拍照。 特别提示：动车组运行中随车机械师与餐服人员对接餐吧设备故障	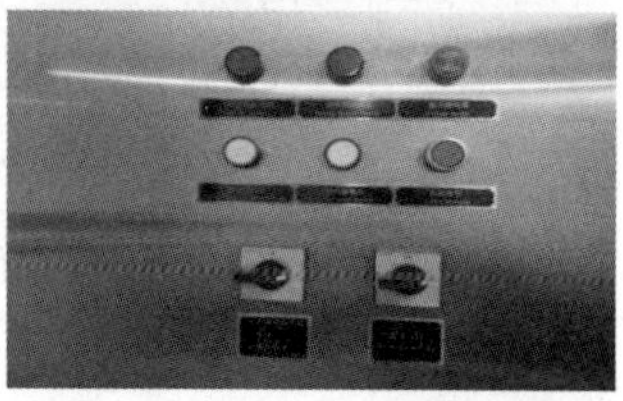 餐车电气控制柜与故障面板  微波炉

续表

检查项点	检查标准	图片示例
监控室、车长室检查	看、闻： 1. 检查侧窗玻璃有无裂纹。 2. 检查紧急制动装置外观状态是否良好。 3. 检查办公桌、座椅外观是否良好。 4. 确认各控制、监控屏功能是否良好，动车组各设备状态界面显示是否正常，有无故障信息报出，PIS 话筒通话是否良好，受电弓监控屏显示受电弓状态是否良好。 5. 查看 HMI 监控屏当前、历史故障信息，并对故障信息界面拍照 1 张。发现高压、牵引、制动、走行部、网络系统、司机室设备、空调等影响行车的故障，对故障详细描述界面拍照 1 张。 6. 出库作业受电弓监控屏检查：①检查受电弓监测装置屏幕及各功能按钮外观状态是否良好，有无损坏。②确认监控屏车次、区间显示正常，日期、时间、车厢号、速度等信息显示正确。③确认各受电弓实时监控界面能够正确显示，摄像头位置良好；如摄像头位置不正，则按照操作提示卡调整摄像头位置。④检查录像回放功能是否正常，点击立即保存后能够查看 10 min 内录像	
备品状态	确认随车工具、备品状态。对于装有铅封的工具备品箱内的工具备品，需对铅封号进行拍照，无须拆解铅封	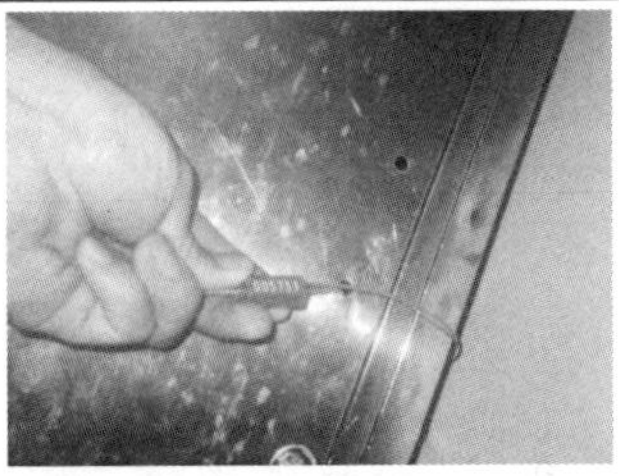 铅封
铁鞋状态	确认铁鞋配置齐全，对每盒铁鞋拍照一张，共拍照 2 张，涉及长大坡道动车组拍照 3 张。 特别提示：非继乘车入库作业无此检查项点	 铁鞋

4.2.5　动车组始发、终到、途中、折返作业

动车组始发、终到、途中、折返作业如表 4-12 所示。

表 4-12　动车组始发、终到、途中、折返作业

1. 站台侧检查

作业时间：CR400BF-G 型 12～15 min，CR400BF-A 型 18～20 min。

拍照张数：CR400BF-G 型 7 张，CR400BF-A 型 10 张，重联动车组多 1 张，“ ”表示随车机械师拍照留存。

检查作业提示：

1. 在巡视过程中，若发现异常问题，应及时处理并上报调度室，要加强与动车所的联系。折返站不换乘作业，随车机械师与司机会合，了解运行情况并做好记录，重新输入始发车次、车站、编组等信息后，从驾驶端司机室下车，在站台侧巡视检查动车组状态。
2. 车外巡视作业时，执行“必指、必呼”要求，举单手指向检查项点，口呼“某某部件状态良好”。
3. 途中作业无站台侧检查

检查部位	检查标准	图片示例
头罩头灯	巡、看： 1. 目视 01、00 车头罩外观状态，确认无损伤或变形，头罩锁闭良好；头灯外观良好，灯光强度正常，共拍照 2 张（照片包含头罩和头灯整体状态）。 2. 重联动车组，需检查重联端自动车钩、电气车钩外观状态是否良好，有无损伤或变形，锁闭状态是否良好、有无缝隙，共拍照 1 张	

续表

检查部位	检查标准	图片示例
排障器	巡、看： 检查 01、00 车主排障器外观是否正常，有无变形	
刮雨器 前窗玻璃	巡、看： 确认 01、00 车刮雨器摆臂未变形，胶条完整未脱出，前窗玻璃外观状态良好、无异物。共拍照 2 张（车外无法拍清晰时可以在车内进行拍照）	
门窗玻璃	巡、看： 检查车体侧门开启或关闭状态是否正常，车体门窗玻璃有无裂纹或破损	
车体显示器	巡、看： 检查各车车号显示器、目的地显示器显示是否正常，外观有无破损	
车端连接处	巡、看、听： 目视检查风挡外观是否正常，有无破损，车端连接处有无漏风现象	
受电弓	巡、看、听： 1. 巡视时在受电弓附近观察受电弓外观状态是否良好，受电弓导流罩安装是否牢固，罩体有无开裂、破损现象，听是否有漏风声。对已升起的受电弓一位端、二位端分别拍照 1 张（共 2 张），对未升起的受电弓可视部分拍照 1 张，CR400BF－G 型共拍照 3 张，CR400BF－A 型共拍照 6 张。 2. 听车顶设备是否有漏风声	 受电弓
2. 车内检查		

作业时间：20～25 min。拍照张数：5 张，若发现 HMI 监控屏有故障信息多 2 张，“”表示随车机械师拍照留存。始发后，在车内进行一次巡视检查，要认真执行“听、看、闻、巡、联”五字值乘作业要求，对动车组司机室、动车组运行动态，以及车内空调、照明、卫生间、座椅、卧铺、电茶炉、旅客信息系统等主要服务设施技术状态进行检查；对于站停时间 40 min 及以上的动车组，在车内对卫生间、电茶炉和配电柜进行一次专项巡视，发现故障进行处理并做好记录，巡视完毕后由车内到达乘务（监控）室，通过车载信息系统监视列车设备工作情况，等待发车；执行故障报告制度

续表

检查项点	检查标准	图片示例
司机室显示屏及各仪表	巡、看： 1. 在主控端询问司机监控屏有无故障信息。并使用数字化手电筒对司机室整体拍照 1 张。（途中车内巡视作业无该作业项点） 2. 在非主控端对司机室操控台整体拍照 1 张。 3. 检查操纵台各按钮外观有无破损。 4. 检查各种仪表显示是否正常。 5. 询问司机自动过分相作用是否良好。 听： 6. 注意听走行部是否有异音。 闻： 7. 注意闻司机室内有无异味，对设备设施的异味做出正确的判断	
司机室空调	巡、看： 检查司机室空调温度是否适宜。使用点温枪对准司机室操作台面进行点温，温度范围应在 20～26 ℃之间	
司机室辅助设备功能	巡、看： 1. 检查遮阳帘外观、安装是否良好。 2. 检查侧窗有无裂纹。 3. 检查司机室照明灯作用是否良好	
司机室端门	确认司机室端门锁闭良好，对非主控端司机室端门拍照 1 张	
观光室设施	巡、看： 1. 检查旅客信息显示屏外观有无异常，车号、车次等显示是否正常。 2. 检查照明灯外观是否良好，确认灯色一致，未熄灯。 3. 检查观光区控制面板外观是否良好，显示是否正常，玻璃幕墙控制是否正常	
旅客服务设施	巡、看： 1. 检查侧窗有无裂纹，是否漏气。 巡、听、闻： 2. 检查电源插座外观是否良好，有无烧损痕迹，闻是否有焦味，对设备设施的异味做出正确的判断。在转向架上方或附近听是否有异音。 3. 听扬声器声音是否良好，有无杂音。 巡、联、看： 4. 若有乘客反映座椅或视频设施异常，及时修复并记录。 特别提示： 1. 该作业项点仅在途中作业及终到作业时进行； 2. 终到作业需检查 VIP、一等座椅功能是否良好，小桌板作用是否良好，并与客运人员对接二等座椅故障记录	

续表

检查项点	检查标准	图片示例
过道设施	巡、看： 1. 检查侧门外观是否良好，锁闭是否正常，开关按钮显示是否正常。 2.检查各种标识是否齐全、清晰。 巡、看、闻： 3. 手动敲击检查过道通过台顶板安装是否紧固，通过台射灯外观是否良好，有无熄灯。 特别提示：该作业项点仅在途中作业时检查	
风挡	巡、看： 1. 检查渡板是否正常，有无错位。 2. 检查内风挡护板有无破损，固定装置安装是否牢靠，有无松动。 特别提示：该作业项点仅在途中作业时进行	
灭火器	巡、看： 确认灭火器不过期，压力不过限，铅封未破损，外观状态正常。 特别提示：该作业项点仅在途中作业时进行	
自动门	巡、看： 目视检查自动门外观是否良好，门框有无变形，胶条是否脱落，开关作用是否良好。 特别提示：该作业项点仅在途中作业时检查	
火灾、紧急报警装置	巡、看： 目视检查火灾、紧急报警装置是否处于正常位置，标识是否清晰	
客室空调	巡、看： 确认客室空调温度适宜。使用点温枪对准车厢两端墙板进行点温，温度范围应在20～26 ℃之间。 注意：当动车组空调故障时，随车机械师需进行必要的应急处置；需要开启车门时配合列车长打开车门、安装防护网。防护网安装完毕，打开车门后，由列车长组织列车乘务人员（含餐服员、保洁员、乘警/安全员）按照“一人一门”值守，直至车门关闭，严禁旅客靠近防护网和自行下车。列车长确认防护网安装牢固、看护到位后报告司机	

续表

检查项点	检查标准	图片示例
客室视频及信息显示设备	巡、看： 1. 检查视频设备播放是否流畅，有无黑屏或卡滞现象。 2. 检查车次、时速、车厢号、卫生间等信息显示是否正常。 特别提示：该作业项点仅在途中作业时检查	
废物箱	巡、看： 1. 检查废物箱外观状态是否良好。 2. 手动检查翻盖功能是否正常。 特别提示：该作业项点仅在途中作业时检查	
卫生设施	巡、看： 1. 目视检查便器、洗手池、厕纸架、镜子、盥洗装置、冲洗按钮等设施外观是否良好。 2. 目视检查墙板、底板有无划痕，鼓包现象。 3. 目视检查垃圾箱盖板是否脱落或卡纸，胶条是否脱落。 4. 检查固定扶手安装是否牢固，衣帽钩、便器止挡有无松动或丢失。 5. 检查水龙头出水是否正常，洗手液有无滴液现象，洗手台面有无裂纹、漏水现象。 6. 手动测试便器功能是否良好，便器有无堵塞和漏水现象（吸污作业后需要立即测试便器功能）。 7. 检查厕所门开关作用是否良好。 巡、闻： 8. 闻卫生间内是否有异味，并对设备设施的异味做出正确的判断。 特别提示：该作业项点仅在途中作业时检查	
电茶炉	巡、看、闻： 检查电茶炉工作状态是否良好，靠近电茶炉闻，对设备设施的异味做出正确的判断。 特别提示：该作业项点仅在途中作业时检查	
客室各配电柜	巡、听、看、闻： 1. 听各配电柜内有无异音。 2. 目视检查各配电柜锁闭状态是否良好。 备注：站停时间超过 40 min 需对 01 车、08 车进行拍照	

续表

检查项点	检查标准	图片示例
餐车设施	巡、看、闻： 1. 检查餐车电气控制柜与故障面板是否正常，有无故障显示。 2. 检查开水炉工作是否正常，洗手池台面有无裂纹，水龙头出水是否正常。 3. 确认保温箱、冷藏柜、冷冻柜、展示柜、电烤箱等温度显示正常，工作正常。 4. 闻是否有焦味，对设备设施的异味做出正确的判断	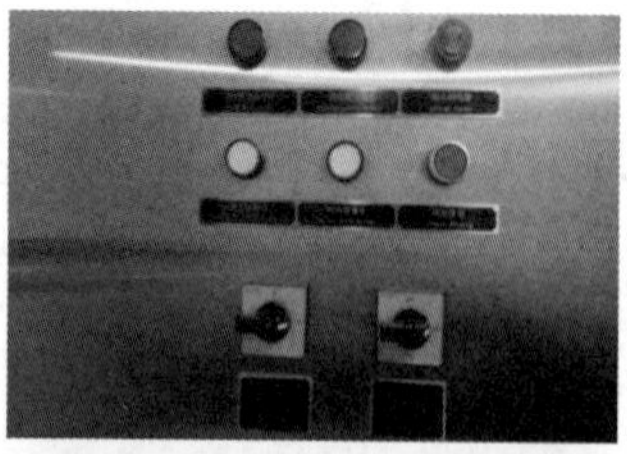 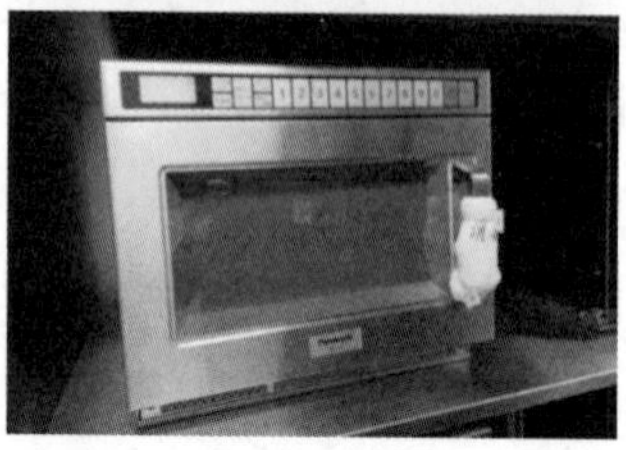
监控室	看、闻： 1. 检查侧窗玻璃有无裂纹。 2. 检查紧急制动装置外观状态是否良好。 3. 检查办公桌、座椅外观是否良好。 4. 检查各控制、监控屏功能是否良好，动车组各设备状态界面显示是否正常，有无故障信息报出，PIS 话筒通话是否良好，受电弓监控屏显示受电弓状态是否良好，运行区间是否正确，并拍照 1 张。 5. 查看 HMI 监控屏当前、历史故障信息，并对故障信息界面拍照 1 张。发现高压、牵引、制动、走行部、网络系统、司机室设备、空调等影响行车的故障，对故障详细描述界面拍照 1 张	
换弓试验	巡、看、联： 1. 动车组终到存放点后，随车机械师须联系司机进行换弓试验，确认高压设备状态良好，动车组无相关故障报出。 2. 对换弓前、后的 HMI 屏牵引界面及换弓后当前故障界面各拍照 1 张。 特别提示：该项点只在继乘或异地停留时作业	 故障信息界面 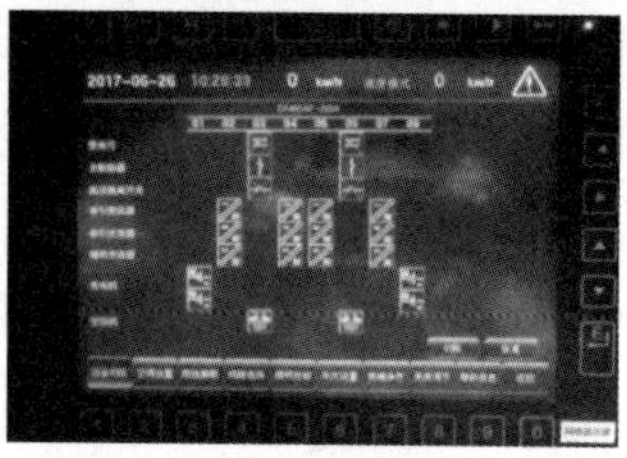 设备控制页面

4.2.6 随车机械师检查作业录音标准

1. 出库前检查作业录音

随车机械师进行出库前检查作业时开启数字化手电筒，设置为录音模式，对作业情况进行录音并保存：“××月××日××时××分，××××次随车机械师×××开始出库前检查作业”。

车下检查完毕后录音："××时××分，车下作业完毕，走行部、车端连接部、各裙板状态良好"。

车上检查开始录音："××时××分，开始车上检查"。

车上检查完毕后，随车机械师回到监控室录音："××时××分，××××次机械师×××出库前检查作业完毕，动车组状态良好，随车工具、备品齐全，状态良好，现于监控室等待出库"。

动车组出库启动时录音："××时××分，××××次动车组开始出库"。

动车组到达始发站台时录音："××时××分，××××次动车组到达×××站"。

2. 异地出库作业录音

随车机械师异地出乘准备完毕，出公寓时录音："××月××日××时××分，××××次随车机械师×××出乘准备完毕，动车组钥匙齐全"。

到达存车线，开始出库前检查作业时录音："××时××分，××××次随车机械师开始出库前检查作业"。

出库前检查作业完毕后，随车机械师回到监控室录音："××时××分，××××次机械师×××出库前检查作业完毕，动车组状态良好，随车工具、备品齐全，状态良好，现于监控室等待出库"。

动车组出库启动时录音："××时××分，××××次动车组开始出库"。

动车组到达异地始发站台时录音："××时××分，××××次动车组到达×××站"。

3. 始发检查作业录音

随车机械师在车站检查开始前录音："××月××日××时××分，××××次随车机械师×××于×××站（站名，例如北京西站）开始站台侧巡视检查"。

站台侧检查作业完毕录音："××时××分，××××次随车机械师×××于×××站始发（折返/终到）检查作业完毕"。

4. 途中巡视作业录音

随车机械师途中巡视作业时，在司机室检查开始前录音："××月××日××时××分，××××次随车机械师×××开始检查××××××车（车辆号，例如 CR400BF−050300 车）司机室"。

检查司机室配电盘时录音："司机室配电盘各开关位置处于正常位"。

到非主控端司机室操纵台检查时录音："××××××车（车辆号，例如 CR400BF−050300 车）司机室操纵台各手柄位置正常，仪器、仪表工作正常，网压显示××kV，总风缸风压×××kPa"。

司机室检查完毕录音："××时××分，××××××车（车辆号，例如 CR400BF−050300 车）司机室检查完毕，通过台门已锁好"。

5. 折返站检查作业录音

随车机械师在车站检查开始前录音："××月××日××时××分，××××次随车机械师×××于×××站（站名，例如北京西站）开始站台侧巡视检查"。

站台侧检查作业完毕录音："××时××分，××××次随车机械师×××于×××站始发（折返/终到）检查作业完毕"。

6. 终到作业检查录音

随车机械师在车站检查开始前录音："××月××日××时××分，××××次随车机械师×××于×××站（站名，例如广州南站）开始站台侧巡视检查"。

站台侧检查作业完毕录音："××时××分，××××次随车机械师×××于×××站始发（折返/终到）检查作业完毕"。

4.2.7　动车组列车非正常停车情况下司机、列车长、随车机械师工种间联系用语

1. 供电、工务、通信、信号及动车组等设备故障非正常停车

（1）因供电、工务、通信、信号等设备故障，动车组在区间或车站站内临时停车后，司机立即报告列车调度员停车原因，并使用对讲机通知列车长及随车机械师停车原因，联系用语如下。

司机：××××次列车长、随车机械师，因××故障（或原因）造成列车区间或站内停车。

列车长：××××次列车长明白。

随车机械师：××××次机械师明白。

（2）因发生动车组设备故障，在区间或车站站内临时停车后，司机立即报告列车调度员停车原因，并根据车辆状态显示屏报出的故障信息，使用对讲机通知列车长及随车机械师停车原因和故障信息，联系用语如下。

司机：××××次列车长、随车机械师，因××故障造成列车区间（或站内）停车，请随车机械师查找处理。

列车长：××××次列车长明白。

随车机械师：××××次随车机械师明白，立即处置。

（3）设备故障处置完毕或采取非正常行车时，司机报告列车调度员具备开车条件后，使用对讲机通知列车长及随车机械师具备开车条件，联系用语如下。

司机：××××次列车长、随车机械师，具备开车条件。

列车长：××××次列车长明白。

随车机械师：××××次随车机械师明白。

（4）动车组故障处理完毕后，随车机械师使用对讲机通知司机故障处理完毕（或无法处理请求救援），司机将情况报告列车调度员，联系用语如下。

随车机械师：××××次司机，××故障处理完毕，具备开车条件（或故障无法修复请求救援）。

司机：××××次司机明白。

2. 动车组营业站停车未对标且开放车门

（1）司机应使用对讲机通知列车长，随后立即报告列车调度员，联系用语如下。

司机：××××次列车长，列车未对上停车标，车门已开放。

列车长：××××次司机，旅客正在乘降，请勿起动。

司机：××××次司机明白。

（2）如车站客运值班员或列车长主动发现停车未对标后，使用对讲机通知司机。司机立即报告列车调度员，联系用语如下。

车站客运值班员或列车长：××××次司机，列车未完全停靠站台，旅客正在乘降，请勿起动。

司机：××××次司机明白。

（3）站车停止旅客乘降后，车站客运值班员或列车长使用对讲机通知司机。司机立即报告列车调度员，联系用语如下。

车站客运值班员或列车长：××××次司机，列车已停止乘降，请关闭车门，对标停车。

司机：××××次司机明白。

3. 动车组营业站滞留期间临时开门

（1）动车组营业站滞留期间临时开门时，列车长使用对讲机通知随车机械师和司机。司机立即报告列车调度员或车站值班员，联系用语如下。

列车长：××××次随车机械师、司机，需开启×车×位车门。

随车机械师：××××次随车机械师明白。

司机：××××次司机明白。

（2）相关作业完毕后，列车长使用对讲机通知随车机械师和司机。司机立即报告列车调度员或车站值班员，联系用语如下。

列车长：××××次随车机械师、司机，×车×位车门已关闭。

随车机械师：××××次随车机械师明白。

司机：××××次司机明白。

实 训

完成项目 4 任务 4.2 工作单（见表 4－13）。

表 4－13 项目 4 任务 4.2 工作单

项目名称	项目 4 随车机械师作业		
任务名称	任务 4.2 随车机械师一次出乘作业		
班级名称		姓 名	
学习小组			

【基础知识认知】

1. 随车机械师值乘中实行（　　）作业法。
   A. 四必　　B. 五字　　C. 六字　　D. 合字
2. 随车机械师在运行途中每（　　）h 进行一次车内巡视检查。
   A. 0.5　　B. 1　　C. 2　　D. 5
3. 随车机械师始发作业时，要到乘务（监控）室，与（　　）交接《动车组固定服务设施状态检查记录》，监视车载信息系统。
   A. 司机　　B. 列车长　　C. 乘警　　D. 保洁人员
4. 继乘动车组随车机械师提前（　　）min 到换乘站接车。
   A. 5　　B. 10　　C. 15　　D. 20
5. 列车到站前，随车机械师向（　　）了解运行情况并做好记录。
   A. 司机　　B. 列车长　　C. 乘警　　D. 保洁人员

【职业能力训练】

1. 在“随车机械师出库、入库作业流程图”的空白方框中填入相应内容。

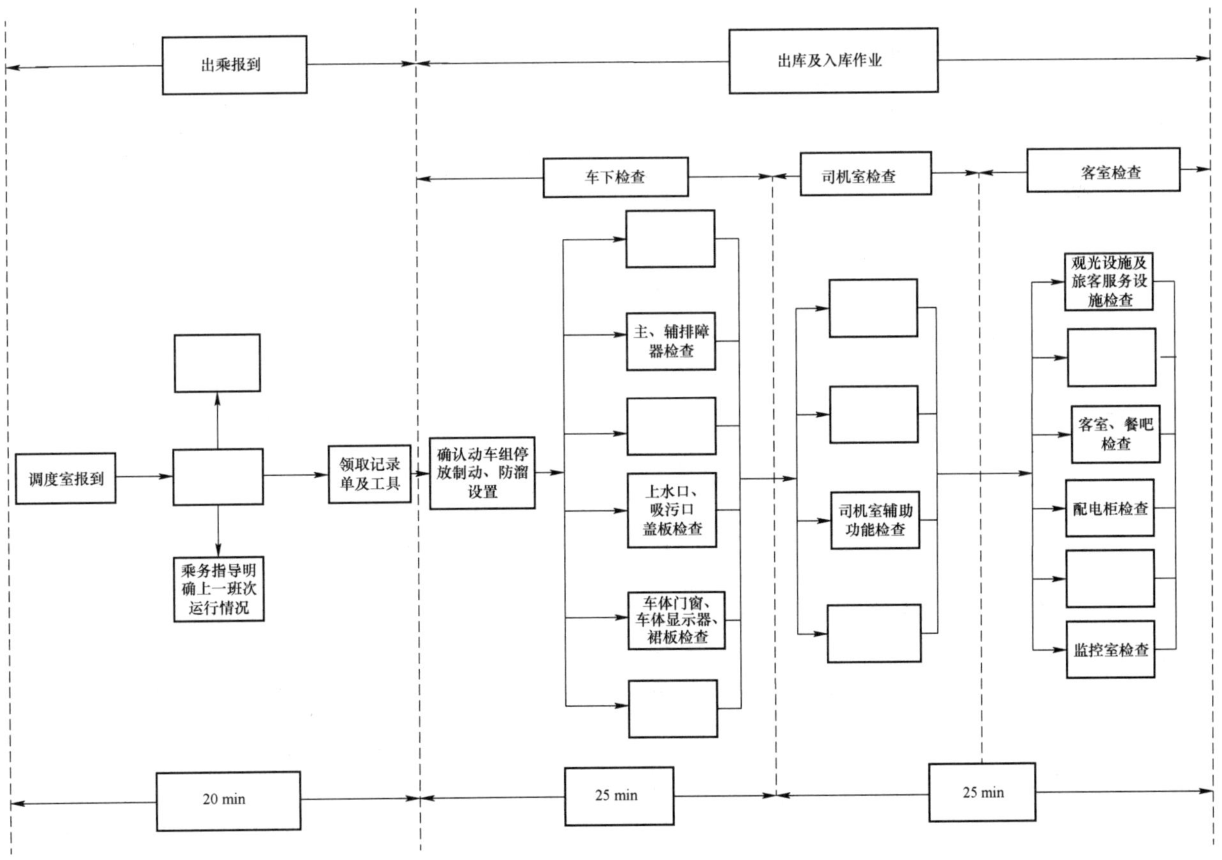

续表

2. 在“动车组始发、终到、途中、折返作业流程图”的空白方框中填入相应内容。

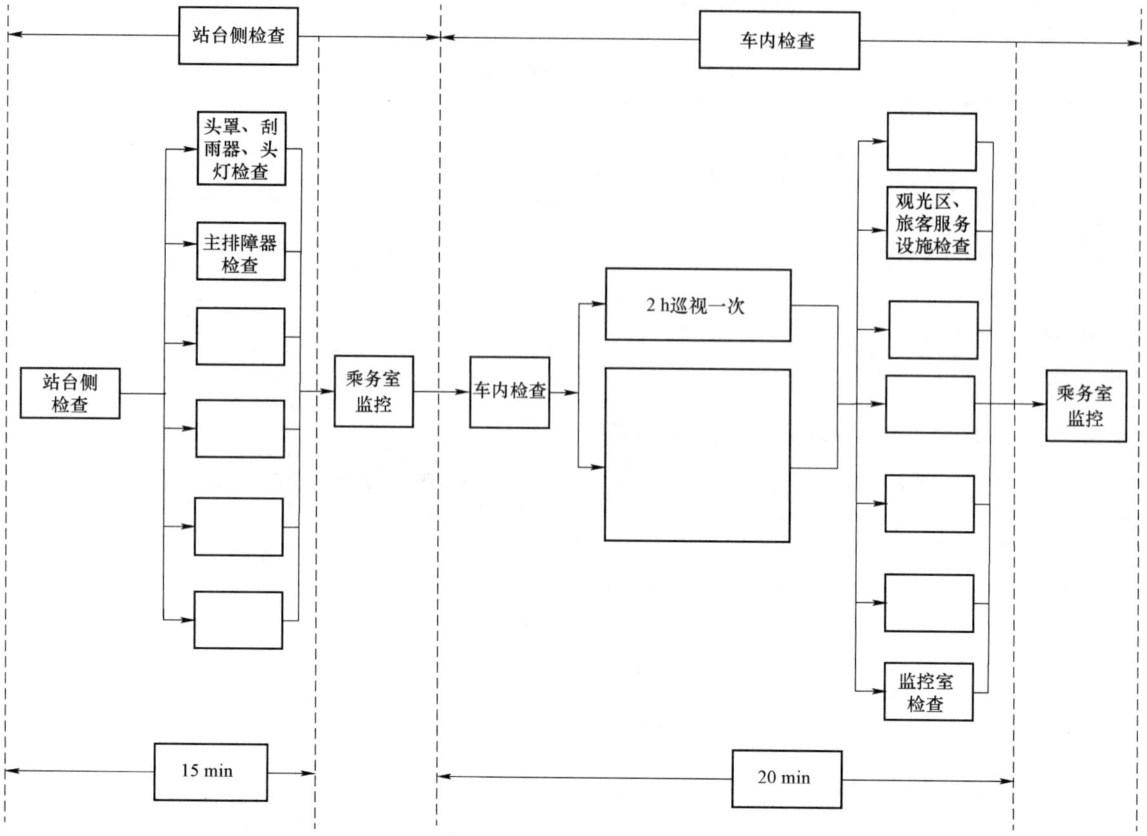

3. 依托高铁综合实训基地，以小组为单位，采用角色扮演的方式，进行 CR400BF 型动车组随车机械师一次出乘作业

【实训总结】
指导教师评价：
任务完成人签字：　　　　　　　　日期：　　年　　月　　日 指导教师签字：　　　　　　　　日期：　　年　　月　　日

项目 5　各级复位操作

项目描述

CRH 系列动车组采用的是列车网络通信控制技术，依靠软件实现大量复杂功能，很多故障是通过软件复位及冗余功能切换的方式来消除或隔离的，传统的通过查找线路来排除故障的经验和方法很难适用，因此随车机械师应熟练掌握动车组的各种复位、切换及切除方法，这些是应急故障处理中最基本的操作。

本项目主要依据《动车组途中应急故障处理手册》编写，全面介绍了各级复位操作方法。

本项目任务

任务 5.1　CRH1 型动车组各级复位操作
任务 5.2　CRH380D 型动车组各级复位操作
任务 5.3　CRH2/CRH380A（L）型动车组各级复位操作
任务 5.4　CRH3C/CRH380B（L）型动车组各级复位操作
任务 5.5　CRH380C 型动车组各级复位操作
任务 5.6　CRH5 型动车组各级复位操作
任务 5.7　CR400AF 型动车组各级复位操作
任务 5.8　CR400BF 型动车组各级复位操作

教学目标

1. 知识目标

（1）掌握 CRH1 型动车组各级复位操作方法；
（2）掌握 CRH380D 型动车组各级复位操作方法；
（3）掌握 CRH2/CRH380A（L）型动车组各级复位操作方法；
（4）掌握 CRH3C/CRH380B（L）型动车组各级复位操作方法；
（5）掌握 CRH380C 型动车组各级复位操作方法；
（6）掌握 CRH5 型动车组各级复位操作方法；
（7）掌握 CR400AF 型动车组各级复位操作方法；
（8）掌握 CR400BF 型动车组各级复位操作方法。

2. 能力目标

完成以下任务：
（1）制作并讲解 CRH1 型动车组各级复位操作方法 PPT；
（2）制作并讲解 CRH380D 型动车组各级复位操作方法 PPT；
（3）制作并讲解 CRH2/CRH380A（L）型动车组各级复位操作方法 PPT；
（4）制作并讲解 CRH3C/CRH380B（L）型动车组各级复位操作方法 PPT；
（5）制作并讲解 CRH380C 型动车组各级复位操作方法 PPT；
（6）制作并讲解 CRH5 型动车组各级复位操作方法 PPT；
（7）制作并讲解 CR400AF 型动车组各级复位操作方法 PPT；
（8）制作并讲解 CR400BF 型动车组各级复位操作方法 PPT。

3. 课程思政目标

（1）培养实际操作能力，树立劳动意识；

（2）培养严谨认真的态度、安全生产的意识、遵章守纪的作风。

任务 5.1 CRH1 型动车组各级复位操作

任务单

任务名称	CRH1 型动车组各级复位操作
任务分析	从蓄电池彻底断电、蓄电池接触器断电复位、网络控制系统软件复位和常用部件级断电、软件复位等方面学习 CRH1 型动车组各级复位操作方法。 课前下发《CRH1 型动车组司机手册》和《动车组途中应急故障处理手册》，学生提前掌握 CRH1 型动车组司机室设备布置情况和各级复位操作方法，并在课堂上采用角色扮演的方式进行演示
学习任务	完成项目 5 任务 5.1 工作单
成果展示	项目 5 任务 5.1 工作单、CRH1 型动车组各级复位操作方法 PPT

学习引导文

5.1.1 CRH1 型动车组蓄电池彻底断电操作

CRH1 型动车组蓄电池彻底断电操作如表 5-1 所示。

表 5-1 CRH1 型动车组蓄电池彻底断电操作

名称	CRH1 型动车组蓄电池彻底断电操作	
编号	BI-CRH1（1）-0000-001	
适用	（1）CRH1A （2）CRH1B （3）CRH1E	
注意	（1）⚠此操作会将全车设备进行断电复位，所有控制软件都会完成初始化； （2）⚠复位时应关闭外门	
步骤	处理过程	
 1	通知列车长并退出占用： 通知列车长，列车长安排工作人员对车门进行看护。 停车、降弓	
  2	司机室激活： 司机根据随车机械师通知，将司机室激活钥匙打到“0”位	
 3	断开蓄电池接触器： 按主控端司机室内 C.K1 柜的“蓄电池断开”按钮并保持至少 3 s，直至 IDU 出现关机提示	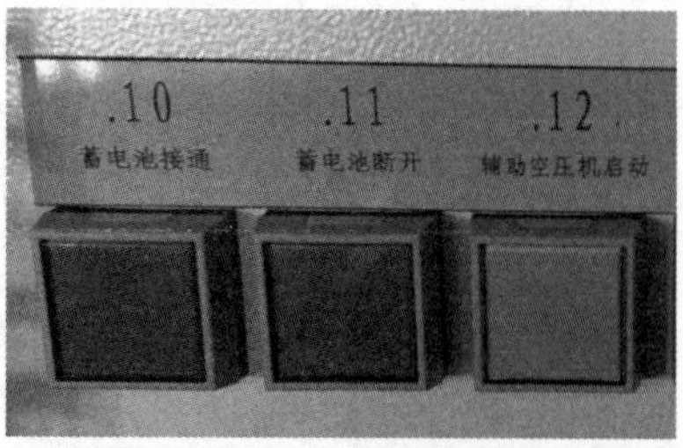

续表

步骤	处理过程	
 4	断开电池的总供电开关： 断开车下所有蓄电池的总供电开关，等待 30 s。 ⚠各车型总供电开关： CRH1A（1001－1040 五级修之后、1081－1168）；CRH1B（1041－1060）；：U4.K1.3.1 CRH1E/1B（1076－1080）：U10.K1.3.1	
 5	闭合开关： 重新全部闭合上述开关	
 6	重新激活列车： 重新激活列车	

注：表示司机、表示随车机械师，下同。

5.1.2　CRH1 型动车组蓄电池接触器断电复位操作

CRH1 型动车组蓄电池接触器断电复位操作如表 5－2 所示。

表 5－2　CRH1 型动车组蓄电池接触器断电复位操作

名称	CRH1 型动车组蓄电池接触器断电复位操作	
编号	BI－CRH1（1）－0000－002	
适用	（1）CRH1A （2）CRH1B （3）CRH1E	
注意	⚠蓄电池复位时外门会关闭，需提醒乘客注意安全	
步骤	处理过程	
 1	通知列车长并退出占用： 通知列车长，列车长安排工作人员对车门进行看护。 停车、降弓。 根据随车机械师通知将司机室激活钥匙打到“0”位	
 2	断开蓄电池： 按主控端司机室内 C.K1 柜“蓄电池断开”按钮并保持至少 3 s，直至 IDU 出现关机提示	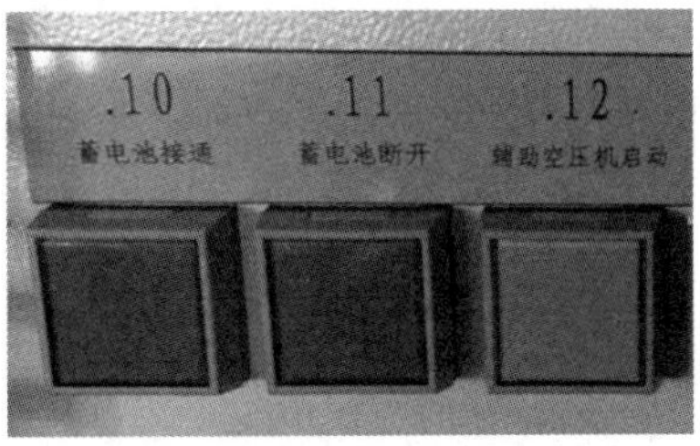
 3	重新激活列车： 等待约 1 min 或应急照明关闭后，将激活钥匙打到“激活”位，重新激活列车	

5.1.3 CRH1 型动车组网络控制系统软件复位操作

CRH1 型动车组网络控制系统软件复位操作也称 IDU 主控复位操作。

CRH1 型动车组网络控制系统软件复位操作如表 5-3 所示。

表 5-3 CRH1 型动车组网络控制系统软件复位操作

名称	CRH1 型动车组网络控制系统软件复位操作（IDU 主控复位操作）	
编号	BI-CRH1（1）-8120-001	
适用	（1）CRH1A （2）CRH1B （3）CRH1E	
注意	（1）⚠该方法一般适用于有故障次数限制的保护，例如对高压及牵引系统的故障（如受电弓、LCB、变流器模块故障，故障设备在 IDU 上会显示红框）进行复位； （2）⚠使用司机密码登录后，最多只允许做 3 次主控复位，列车断电重新激活后，复位次数可恢复到 3 次； （3）⚠任何时候使用维护密码操作主控复位，无次数限制	
步骤	处理过程	
 1	动车组停车： 停车	
 2	主控复位： CRH1A：在主控端 IDU 上点击【主菜单】→【设置】→【主控复位】→选中 1 个单元→【复位】。 按同样的方法依次对其他单元复位。 CRH1B/CRH1E：在主控端 IDU 上点击【主菜单】→【设置】→【主控复位】→【复位】	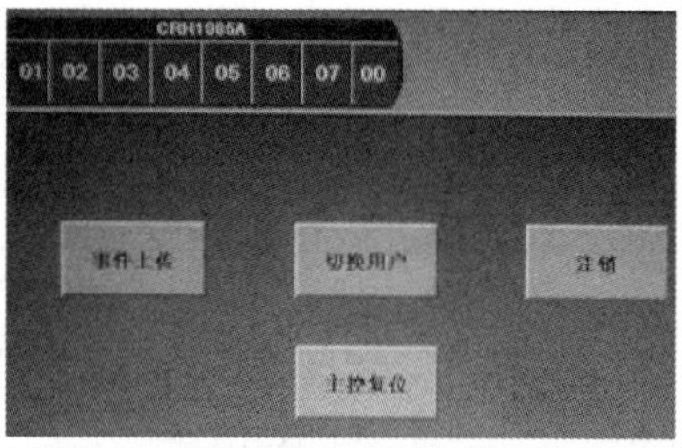

5.1.4 CRH1 型动车组常用部件级断电、软件复位

CRH1 型动车组常用部件级断电、软件复位操作包括重启 IDU 显示屏操作和断网络电源的断路器复位操作两种。

CRH1 型动车组重启 IDU 显示屏操作如表 5-4 所示。

表 5-4 CRH1 型动车组重启 IDU 显示屏操作

名称	CRH1 型动车组重启 IDU 显示屏操作	
编号	BI-CRH1（1）-8130-002	
适用	（1）CRH1A （2）CRH1B （3）CRH1E	
注意	无	
步骤	处理过程	
 1	重启司机室 IDU 显示屏： 按下 C.K1 柜内的“IDU 重启”按钮	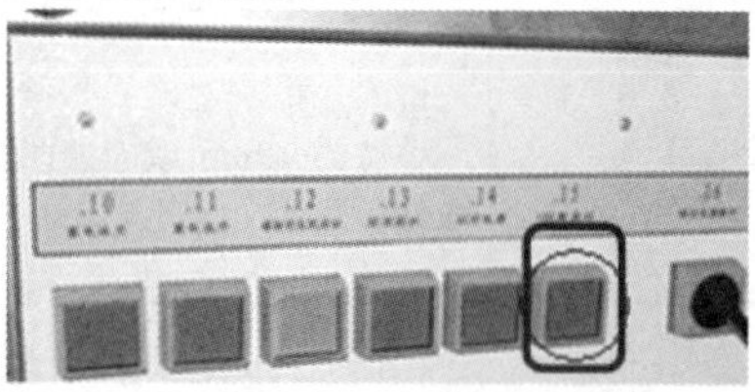

续表

步骤	处理过程	
 2	重启监控室 IDU 显示屏： 拔插一次 IDU 背面的电源插头“X1”	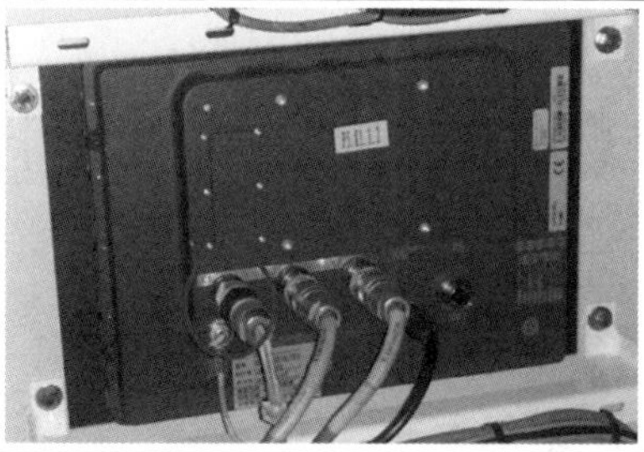

CRH1 型动车组断网络电源的断路器复位操作如表 5－5 所示。

表 5－5　CRH1 型动车组断网络电源的断路器复位操作

名称	CRH1 型动车组断网络电源的断路器复位操作
编号	BI－CRH1（1）－8000－001
适用	（1）CRH1A （2）CRH1B （3）CRH1E
注意	（1）断路器的断开和闭合顺序及等待的时间非常重要； （2）如果主控端 IDU 一直显示“列车未配置”，整列不能进入查询界面，则需断开故障单元（可通过其他 IDU 查看）的计算机单元——MVB A/B 的断路器，然后重新激活列车。故障单元的制动需全部切除，然后继续行车； （3）断网络电源的断路器复位操作不必与断蓄电池接触器复位操作同时执行

车型	MVB A 断路器	MVB B 断路器	MVB C 断路器	微型系统断路器
CRH1A（1001～1040）	Tb－5：P1.K2.27 Mc：C.K1.20	Tb－5：P1.K2.28 Mc：C.K1.20	Tb－5：P1.K2.29	Tb－5：P1.K2.31 Mc：C.K1.26
CRH1A（其他）	Mc：C.K1.20	Mc：C.K1.20	Md－4：P1.K1.27	Mc：C.K1.26 Md－4：P1.K1.24
CRH1B	Mc：C.K1.20 Tp2－5/Tp－12：P3.J4.1 Mh－8：P1.K2.27 Md－9：P1.K1.27	Mc：C.K1.20 Tp2－5/Tp－12：P3.J4.2 Mh－8：P1.K2.27 Md－9：P1.K1.27	Tp2－5/Tp－12：P1.K2.29	Mc：C.K1.26 Tp2－5/Tp－12：P1.K2.31 Mh－8：P1.K2.24 Md－9：P1.K1.24
CRH1E	Mc：C.K1.20 Tp2－5/Tp－12：P3.K4.26 Mh－8：P3.K2.22 Md－9：P1.K2.27	Mc：C.K1.20 Tp2－5/Tp－12：P3.K4.27 Mh－8：P3.K2.22 Md－9：P1.K2.27	Tp2－5/Tp－12：P13.K2.31	Mc：C.K1.26 Tp2－5/Tp－12：P3.K2.32 Mh－8：P3.K2.27 Md－9：P1.K2.24

步骤	处理过程	
 1	激活： 停车、降弓； 激活钥匙打到“0”位	
 2	断开故障单元电源（具体位置参照“注意”栏中的表格）： （1）先断开故障单元“计算机单元－MVB A/B/C 断路器”； （2）再断开故障单元“计算机单元－微型系统断路器”	

续表

步骤	处理过程	
 3	闭合故障单元电源： （1）20 s 后，先闭合“计算机单元－微型系统断路器”； （2）再过 20 s 闭合“计算机单元－MVB A/B/C 断路器”	
 4	重新激活列车： 等待 10 s 后，重新激活列车	

实　训

完成项目 5 任务 5.1 工作单（见表 5－6）。

表 5－6　项目 5 任务 5.1 工作单

项目名称	项目 5 各级复位操作		
任务名称	任务 5.1 CRH1 型动车组各级复位操作		
班级名称		姓　名	
学习小组			
【基础知识认知】			
1. 判断：CRH1 型动车组蓄电池彻底断电操作仅将头车设备进行断电复位。（　　） 2. 判断：进行 CRH1 型动车组蓄电池彻底断电操作时应开启外门。（　　） 3. 判断：进行 CRH1 型动车组蓄电池复位操作时外门会关闭，需提醒乘客注意安全。（　　） 4. CRH1 型动车组使用司机密码登录后，最多只允许做（　　）次 IDU 主控复位操作。 A. 1　　B. 2　　C. 3　　D. 4 5. 判断：CRH1 型动车组断网络电源的断路器复位操作必须与断蓄电池接触器复位操作同时执行。（　　）			
【职业能力训练】			
通过学习相关资料，以小组为单位分别制作 CRH1 型动车组各级复位操作方法 PPT，根据教师安排，现场讲解 CRH1 型动车组的一种复位操作方法，讲解时，由两名学生分别扮演司机和随车机械师，各自口述处理过程，共同完成复位操作			
【实训总结】			
指导教师评价：			
任务完成人签字：　　日期：　　年　月　日 指导教师签字：　　日期：　　年　月　日			

任务 5.2 CRH380D 型动车组各级复位操作

任务单

任务名称	CRH380D 型动车组各级复位操作
任务分析	从蓄电池接触器断电复位、网络控制系统软件复位，以及常用部件级断电、软件复位等方面学习 CRH380D 型动车组各级复位操作方法。 课前下发《CRH380D 型动车组司机手册》和《动车组途中应急故障处理手册》，提前掌握 CRH380D 型动车组司机室设备布置情况和各级复位操作方法，并在课堂上采用角色扮演的方式进行演示
学习任务	完成项目 5 任务 5.2 工作单
成果展示	项目 5 任务 5.2 工作单、CRH380D 型动车组各级复位操作方法 PPT

学习引导文

5.2.1 CRH380D 型动车组蓄电池接触器断电复位操作

CRH380D 型动车组不适用蓄电池彻底断电操作。CRH380D 型动车组蓄电池接触器断电复位操作如表 5-7 所示。

表 5-7 CRH380D 型动车组蓄电池接触器断电复位操作

<table>
<tr><td>名称</td><td colspan="2">CRH380D 型动车组蓄电池接触器断电复位操作</td></tr>
<tr><td>编号</td><td colspan="2">BI-CRH380D-0000-001</td></tr>
<tr><td>适用</td><td colspan="2">CRH380D</td></tr>
<tr><td>注意</td><td colspan="2">（1）⚠该方法一般适用于有故障次数限制的保护，例如对高压及牵引系统的故障（如受电弓、LCB、变流器模块故障，故障设备在 IDU 上会显示红框）进行复位；
（2）⚠使用司机密码登录后，最多只允许进行 3 次复位，列车断蓄电池后重新激活，复位次数可恢复到 3 次；
（3）⚠当蓄电池电源复位时，之前被切除的相关设备将恢复，应确认是否需要再次切除；
（4）⚠蓄电池复位时外门会关闭，需提醒乘客注意安全</td></tr>
<tr><td>步骤</td><td colspan="2">处理过程</td></tr>
<tr><td>
1</td><td>停车：
通知列车长，列车长安排工作人员对车门进行看护。
停车、降弓。
根据随车机械师通知，将司机室激活钥匙打到“0”位</td><td></td></tr>
<tr><td>
2</td><td>操作蓄电池开关：
旋转主控端司机室蓄电池开关向左打到“蓄电池关”（1501～1570）或“蓄电池断开”（1571～1585）并保持至少 3 s，直至 IDU 出现关机提示
<table><tr><td>1501～1570</td><td>12. CP 面板</td></tr><tr><td>1571～1585</td><td>后墙 15. DC 柜</td></tr></table></td><td>
1501～1570（号车）
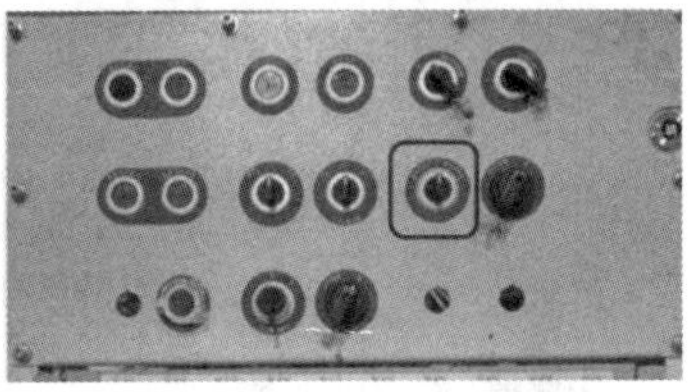
1571～1585（号车）</td></tr>
<tr><td>
3</td><td>重新激活列车：
等待约 1 min 或应急照明关闭后，将激活钥匙打到“激活”位，重新激活列车</td><td></td></tr>
</table>

5.2.2 CRH380D 型动车组网络控制系统软件复位操作

CRH380D 型动车组网络控制系统软件复位操作也称 IDU 主控复位操作。

CRH380D 型动车组网络控制系统软件复位操作如表 5-8 所示。

表 5-8 CRH380D 型动车组网络控制系统软件复位操作

<table>
<tr><td>名称</td><td colspan="2">CRH380D 型动车组网络控制系统软件复位操作（IDU 主控复位操作）</td></tr>
<tr><td>编号</td><td colspan="2">BI-CRH380D-8120-001</td></tr>
<tr><td>适用</td><td colspan="2">CRH380D</td></tr>
<tr><td>注意</td><td colspan="2">（1）⚠该方法一般适用于有故障次数限制的保护，例如对高压及牵引系统的故障（如受电弓、LCB、变流器模块故障，故障设备在 IDU 上会显示红框）进行复位；
（2）⚠使用司机密码登录后，最多只允许进行 3 次复位，列车断蓄电池后重新激活，复位次数可恢复到 3 次；
（3）⚠任何时候使用维护密码操作主控复位无次数限制</td></tr>
<tr><td>步骤</td><td colspan="2">处理过程</td></tr>
<tr><td>
1</td><td>动车组停车：
停车</td><td></td></tr>
<tr><td>
2</td><td>主控复位：
在主控端 IDU 上点击【主菜单】→【设置】→【主控复位】</td><td>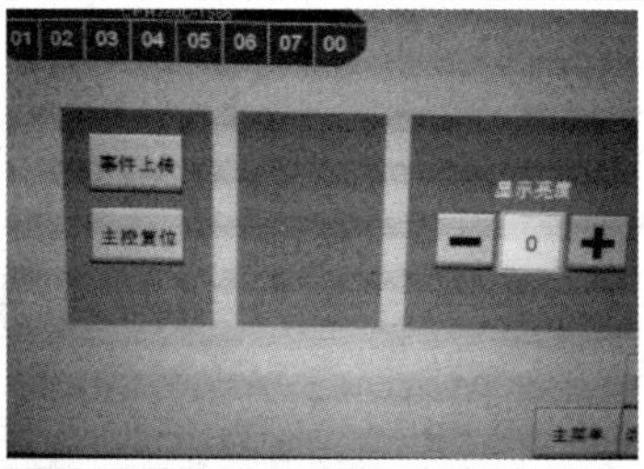</td></tr>
</table>

5.2.3 CRH380D 型动车组常用部件级断电、软件复位操作

CRH380D 型动车组常用部件级断电、软件复位操作主要包括重启 IDU 显示屏操作。

CRH380D 型动车组重启 IDU 显示屏操作如表 5-9 所示。

表 5-9 CRH380D 型动车组重启 IDU 显示屏操作

<table>
<tr><td>名称</td><td colspan="2">CRH380D 型动车组重启 IDU 显示屏操作</td></tr>
<tr><td>编号</td><td colspan="2">BI-CRH380D-8130-001</td></tr>
<tr><td>适用</td><td colspan="2">CRH380D</td></tr>
<tr><td>注意</td><td colspan="2">无</td></tr>
<tr><td>步骤</td><td colspan="2">处理过程</td></tr>
<tr><td>
1</td><td>断电重启司机室 IDU 显示屏：
将司机室中的 TCMS 监控屏旋钮打到非故障 IDU 位置，然后再打回中间位，重启司机室故障 IDU 显示屏
⚠旋钮位置
<table><tr><td>1501～1570</td><td>14. CP 面板</td></tr><tr><td>1571～1585</td><td>后墙 15. DC 柜</td></tr></table></td><td>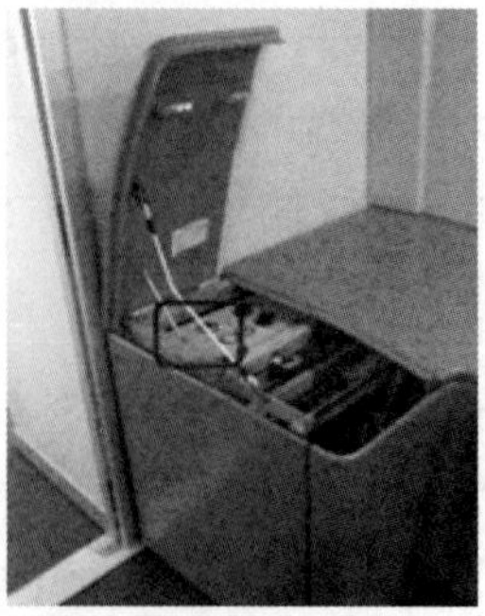
1501～1570（号车）
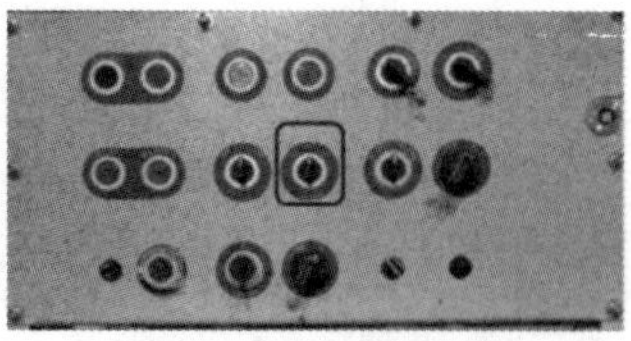
1571～1585（号车）</td></tr>
</table>

续表

步骤	处理过程	
 2	断电重启机械师室 IDU 显示屏： 将机械师室 IDU 背面的电源插头拔出，5 s 后再插入，重启该 IDU 显示屏	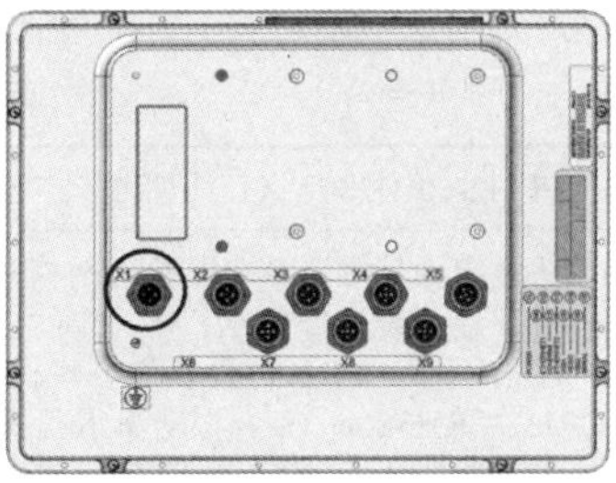

实　训

完成项目 5 任务 5.2 工作单（见表 5–10）。

表 5–10　项目 5 任务 5.2 工作单

<table>
<tr><td>项目名称</td><td colspan="3">项目 5 各级复位操作</td></tr>
<tr><td>任务名称</td><td colspan="3">任务 5.2 CRH380D 型动车组各级复位操作</td></tr>
<tr><td>班级名称</td><td></td><td>姓　名</td><td></td></tr>
<tr><td>学习小组</td><td colspan="3"></td></tr>
<tr><td colspan="4">【基础知识认知】</td></tr>
<tr><td colspan="4">1. 判断：进行 CRH380D 型动车组蓄电池电源复位操作时，之前被切除的相关设备将恢复，应确认是否需要再次切除。（　　）
2. 进行 CRH380D 型动车组蓄电池接触器断电复位操作，执行操作蓄电池开关步骤时，旋转主控端司机室蓄电池开关向左打到“蓄电池关”（1501～1570）或“蓄电池断开”（1571～1585）并保持至少（　　）s，直至 IDU 出现关机提示。
A. 1　　B. 3　　C. 5　　D. 10
3. 进行 CRH380D 型动车组蓄电池接触器断电复位操作，执行重新激活列车步骤时，等待约（　　）min 或应急照明关闭后，将激活钥匙打到“激活”位，重新激活列车。
A. 0.5　　B. 1　　C. 2　　D. 5
4. 判断：进行 CRH380D 型动车组 IDU 主控复位操作时，必须停车。（　　）</td></tr>
<tr><td colspan="4">【职业能力训练】</td></tr>
<tr><td colspan="4">通过学习相关资料，以小组为单位分别制作 CRH380D 型动车组各级复位操作方法 PPT，根据教师安排，现场讲解 CRH380D 型动车组的一种复位操作方法，讲解时，由两名学生分别扮演司机和随车机械师，各自口述处理过程，共同完成复位操作</td></tr>
<tr><td colspan="4">【实训总结】</td></tr>
<tr><td colspan="4"></td></tr>
<tr><td colspan="4">指导教师评价：</td></tr>
<tr><td colspan="4">任务完成人签字：　　　　日期：　　年　　月　　日
指导教师签字：　　　　日期：　　年　　月　　日</td></tr>
</table>

任务 5.3　CRH2/CRH380A（L）型动车组各级复位操作

任务单

任务名称	CRH2/CRH380A（L）型动车组各级复位操作
任务分析	从蓄电池接触器断电复位、网络控制系统复位，以及常用部件级断电、软件复位等方面学习 CRH2/CRH380A（L）型动车组各级复位操作方法。 课前下发《CRH2 型动车组司机手册》《CRH380A 型动车组司机手册》《动车组途中应急故障处理手册》，提前掌握 CRH2/CRH380A（L）型动车组司机室设备布置情况和各级复位操作方法，并在课堂上采用角色扮演的方式进行演示
学习任务	完成项目 5 任务 5.3 工作单
成果展示	项目 5 任务 5.3 工作单、CRH2/CRH380A（L）型动车组各级复位操作方法 PPT

学习引导文

5.3.1　CRH2/CRH380A（L）型动车组蓄电池接触器断电复位操作

CRH2/CRH380A（L）型动车组不适用蓄电池彻底断电操作。

CRH2/CRH380A（L）型动车组蓄电池接触器断电复位操作也称大复位操作。

CRH2/CRH380A（L）型动车组蓄电池接触器断电复位操作如表 5-11 所示。

表 5-11　CRH2/CRH380A（L）型动车组蓄电池接触器断电复位操作

名称	CRH2/CRH380A（L）型动车组蓄电池接触器断电复位操作（大复位操作）	
编号	BI-CRH2-0000-001 BI-CRH380A（L）-0000-001	
适用	（1）CRH2A （2）CRH2A 统 （3）CRH2B （4）CRH2B 统 （5）CRH2C （6）CRH2E （7）CRH2E 改 （8）CRH2G （9）CRH2J （10）CRH380A （11）CRH380AL （12）CRH380A 统 （13）CRH380AJ	
注意	⚠操作前须关闭全列侧门，复位之后须重新输入车次	
步骤	处理过程	
 1	停车断高压： 在停车状态下，断开 VCB、降下受电弓	
 2	手柄操作： 将制动手柄置于“拔取”位，30 s 后重新投入制动手柄	

5.3.2　CRH2/CRH380A（L）型动车组网络控制系统复位操作

CRH2/CRH380A（L）型动车组网络控制系统复位操作也称 RS 复位操作。

CRH2/CRH380A（L）型动车组网络控制系统复位操作如表 5-12 所示。

表 5-12　CRH2/CRH380A（L）型动车组网络控制系统复位操作

名称	CRH2/CRH380A（L）型动车组网络控制系统复位操作（RS 复位操作）
编号	BI-CRH2-8000-001 BI-CRH380A（L）-8000-001
适用	（1）CRH2A （2）CRH2A 统 （3）CRH2B （4）CRH2B 统 （5）CRH2C （6）CRH2E （7）CRH2E 改 （8）CRH2G （9）CRH2J （10）CRH380A （11）CRH380AL （12）CRH380A 统 （13）CRH380AJ
注意	RS 复位操作只对保护电器的轻故障起复位作用
步骤	处理过程
	RS 复位操作： 按压主控端司机室操纵台上的“复位”按钮

5.3.3　CRH2/CRH380A（L）型动车组常用部件级断电、软件复位操作

CRH2/CRH380A（L）型动车组常用部件级断电、软件复位操作包括紧急复位、设备远程切除/复位、电源切换、BKK/BKK2 投入、BKK/BKK2 复位、抱死切除/复位和轴温报警切除/复位操作。

CRH2/CRH380A（L）型动车组紧急复位操作如表 5-13 所示。

表 5-13　CRH2/CRH380A（L）型动车组紧急复位操作

名称	CRH2/CRH380A（L）型动车组紧急复位操作
编号	BI-CRH2-7000-001 BI-CRH380A（L）-7000-001
适用	（1）CRH2A （2）CRH2A 统 （3）CRH2B （4）CRH2B 统 （5）CRH2C （6）CRH2E （7）CRH2E 改 （8）CRH2G （9）CRH2J （10）CRH380A （11）CRH380AL （12）CRH380A 统 （13）CRH380AJ

续表

注意	无	
步骤	处理过程	
 1	手柄操作： 将制动手柄置于“快速”位	
 2	紧急复位： 按压主控端司机室操纵台上的“紧急复位”按钮	

CRH2/CRH380A（L）型动车组设备远程切除/复位操作如表 5-14 所示。

表 5-14　CRH2/CRH380A（L）型动车组设备远程切除/复位操作

名称	CRH2/CRH380A（L）型动车组设备远程切除/复位操作	
编号	BI-CRH2-8000-001 BI-CRH380A（L）-8000-001	
适用	（1）CRH2A （2）CRH2A 统 （3）CRH2B （4）CRH2B 统 （5）CRH2C （6）CRH2E （7）CRH2E 改 （8）CRH2G （9）CRH2J （10）CRH380A （11）CRH380AL （12）CRH380A 统 （13）CRH380AJ	
注意	⚠远程切除设备包括：受电弓、VCB、主空气压缩机等	
步骤	处理过程	
 1	切除单元设备： 按压主控端司机室 MON 屏【远程控制切除】键，进入远程控制切除界面。 （1）选择相应动力单元【1U/2U/3U】； （2）选择要切除/复位的设备； （3）按下【设定】键，即：【单元】+【对应设备】+【设定】	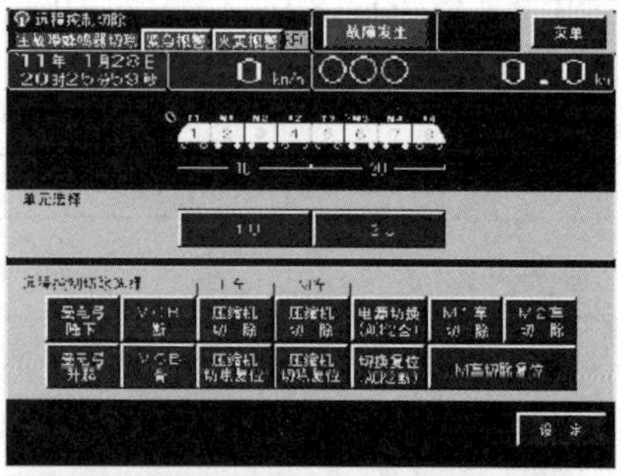
 2	状态确认： MON 屏切换至切除状态界面，确认对应设备的切除/复位状态	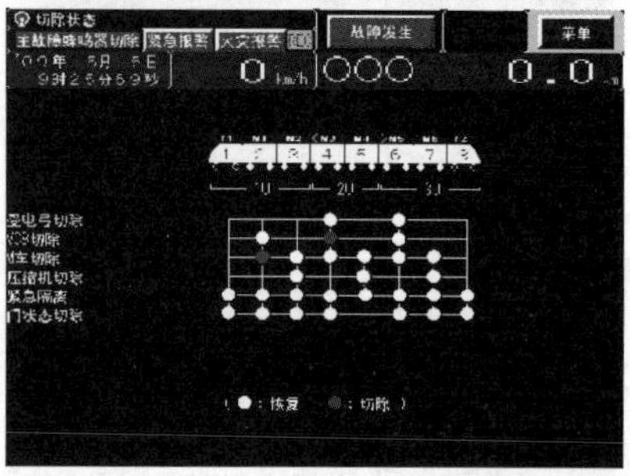

CRH2/CRH380A（L）型动车组电源切换操作如表 5-15 所示。

表 5-15　CRH2/CRH380A（L）型动车组电源切换操作

名称	CRH2/CRH380A（L）型动车组电源切换操作	
编号	BI-CRH2-6000-001 BI-CRH380A（L）-6000-001	
适用	（1）CRH2A （2）CRH2A 统 （3）CRH2B （4）CRH2B 统 （5）CRH2C （6）CRH2E （7）CRH2E 改 （8）CRH2G （9）CRH2J （10）CRH380A （11）CRH380AL （12）CRH380A 统 （13）CRH380AJ	
注意	⚠闭合 ACK2 进行扩展供电后： （1）CRH2A、CRH2A 统、CRH2C、CRH2G、CRH380A、CRH380A 统型动车组全列空调自动减半运行； （2）CRH2B、CRH2B 统、CRH2E、CRH2E 改、CRH380AL 型动车组相应的前 8 编组或后 8 编组空调自动减半运行； （3）闭合 ACK2 扩展供电后，相应故障单元牵引丢失	
步骤	处理过程	
 1	切除单元设备： （1）按压主控端司机室 MON 屏【远程控制切除】键，进入远程控制切除界面； （2）先将故障单元 VCB 远程切除，再选择故障单元，按【电源切换（ACK2 合）】键，再按【设定】键	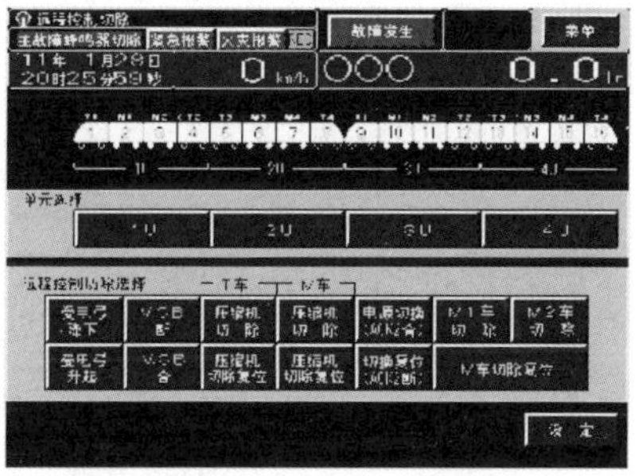
 2	状态确认： MON 屏切换至供电分类界面，确认 ACK1 断开，ACK2 合上（若有填充颜色，代表 ACK2 扩展供电成功）	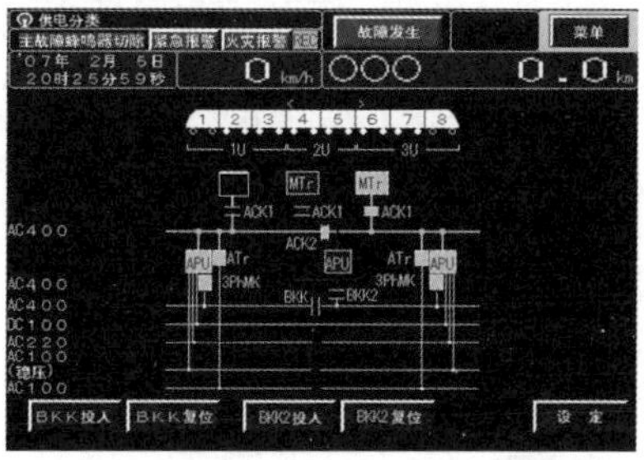

CRH2/CRH380A（L）型动车组 BKK、BKK2 投入操作如表 5-16 所示。

表 5-16 CRH2/CRH380A（L）型动车组 BKK、BKK2 投入操作

名称	CRH2/CRH380A（L）型动车组 BKK、BKK2 投入操作
编号	BI-CRH2-6000-002 BI-CRH380A（L）-6000-002
适用	（1）CRH2A （2）CRH2A 统 （3）CRH2B （4）CRH2B 统 （5）CRH2C （6）CRH2E （7）CRH2E 改 （8）CRH2G （9）CRH2J （10）CRH380A （11）CRH380AL （12）CRH380A 统 （13）CRH380AJ

注意：

扩展供电前，闭合相应“BMK 延时控制”断路器：

（1）CRH2A 统型动车组

扩展供电情况	断路器位置
01、00 车 APU 互相扩展	03 和 07 车组合配电盘

（2）CRH2C 型二阶段、CRH380A、CRH380A 统型动车组

扩展供电情况	闭合断路器位置
01、00 车 APU 互相扩展	03 和 07 车组合配电盘
00 车 APU 对 05 车 APU3 扩展	05 车运行配电盘和 07 车组合配电盘

（3）CRH380AL 型动车组

扩展供电情况	闭合断路器位置
01、05 车 APU 互相扩展	03 和 05 车组合配电盘
07、09 车 APU 互相扩展	07 车组合配电盘和 09 车运行配电盘
11、13 车 APU 互相扩展	11 和 13 车组合配电盘
13、00 车 APU 互相扩展	13 和 15 车组合配电柜中的组合配电盘

（4）CRH380AJ 型动车组

扩展供电情况	闭合断路器位置
01、05 车 APU 互相扩展	03、05、06 车组合配电盘
00、05 车 APU 互相扩展	05、06、08 车组合配电盘

步骤	处理过程	
 1	扩展供电前： 断开故障车“辅助电源装置控制”断路器。 CRH2A 统、CRH2C 二阶段和 CRH380A 型动车组需闭合相应“BMK 延时控制”断路器	

续表

步骤	处理过程	
 2	BKK、BKK2 投入： 按压主控端司机室 MON 屏【供电分类】键，进入供电分类界面，按压【BKK 投入】或【BKK2 投入】键，再按【设定】键	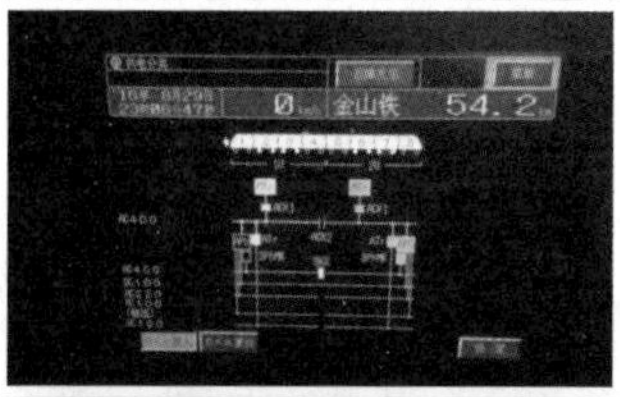
 3	状态确认： BKK/BKK2 扩展供电后，确认供电分类界面故障 APU 无颜色填充，BKK/BKK2 有（白色）填充颜色	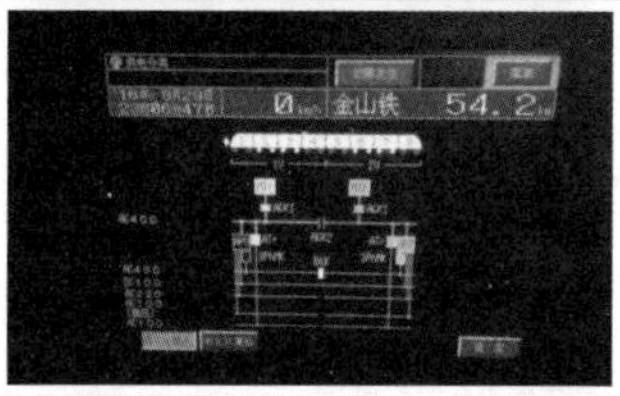

CRH2/CRH380A（L）型动车组 BKK、BKK2 复位操作如表 5-17 所示。

表 5-17　CRH2/CRH380A（L）型动车组 BKK、BKK2 复位操作

名称	CRH2/CRH380A（L）型动车组 BKK、BKK2 复位操作	
编号	BI-CRH2-6000-003 BI-CRH380A（L）-6000-003	
适用	（1）CRH2A （2）CRH2A 统 （3）CRH2B （4）CRH2B 统 （5）CRH2C （6）CRH2E （7）CRH2E 改 （8）CRH2G （9）CRH2J （10）CRH380A （11）CRH380AL （12）CRH380A 统 （13）CRH380AJ	
注意	无	
步骤	处理过程	
 1	复位操作前： 断开故障车“辅助电源装置控制”断路器	
 2	BKK、BKK2 复位： 按压主控端司机室 MON 屏【供电分类】键，进入供电分类界面。 按压【BKK 复位】或【BKK2 复位】键，再按【设定】键	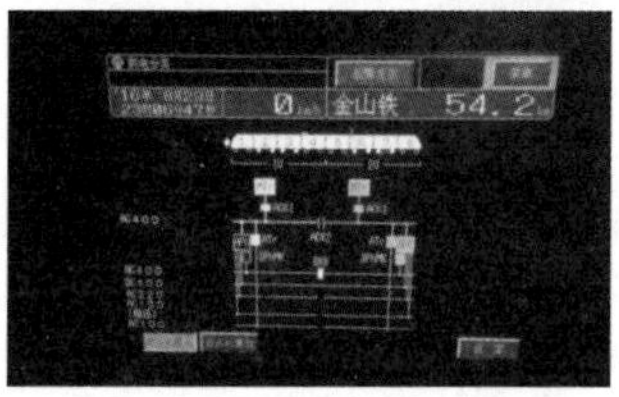

续表

步骤	处理过程	
 3	断路器操作： 闭合故障车“辅助电源装置控制”断路器。 CRH2A 统、CRH2C 二阶段和 CRH380A 型动车组断开相应“BMK 延时控制”断路器	
 4	状态确认： BKK/BKK2 复位后，确认供电分类界面 BKK/BKK2 无颜色填充	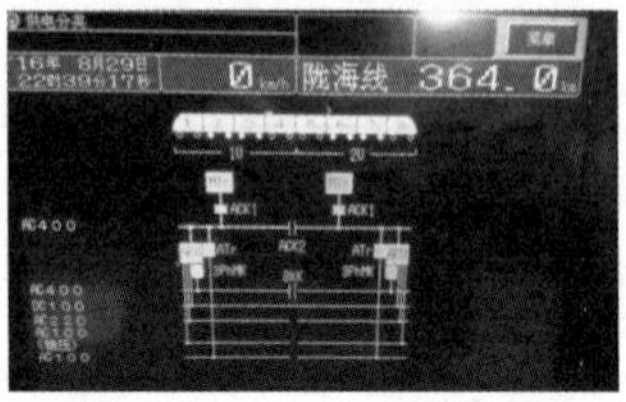

CRH2/CRH380A（L）型动车组抱死切除/复位操作如表 5–18 所示。

表 5–18　CRH2/CRH380A（L）型动车组抱死切除/复位操作

名称	CRH2/CRH380A（L）型动车组抱死切除/复位操作	
编号	BI–CRH2–3600–001 BI– CRH380A（L）–3600–001	
适用	（1）CRH2A （2）CRH2A 统 （3）CRH2B （4）CRH2B 统 （5）CRH2C （6）CRH2E （7）CRH2E 改 （8）CRH2G （9）CRH2J （10）CRH380A （11）CRH380AL （12）CRH380A 统 （13）CRH380AJ	
注意	无	
步骤	处理过程	
 1	进入相应界面： 按压主控端司机室 MON 屏【抱死切除】键，进入抱死切除界面	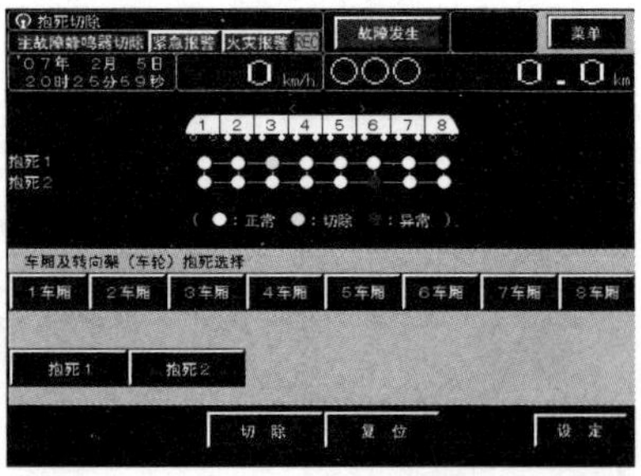

续表

步骤	处理过程	
 2	切除复位： 选择相应车厢；选择【抱死 1】或【抱死 2】。 按【切除】/【复位】键；按【设定】键	

CRH2/CRH380A（L）型动车组轴温报警切除/复位操作如表 5-19 所示。

表 5-19 CRH2/CRH380A（L）型动车组轴温报警切除/复位操作

名称	CRH2/CRH380A（L）型动车组轴温报警切除/复位操作	
编号	BI-CRH2-3600-002 BI-CRH380A（L）-3600-002	
适用	（1）CRH2A （2）CRH2A 统 （3）CRH2B （4）CRH2B 统 （5）CRH2C （6）CRH2E （7）CRH2E 改 （8）CRH2G （9）CRH2J （10）CRH380A （11）CRH380AL （12）CRH380A 统 （13）CRH380AJ	
注意	无	
步骤	处理过程	
 1	进入相应界面： 按压主控端司机室 MON 屏【轴温切除】键，进入轴温切除界面	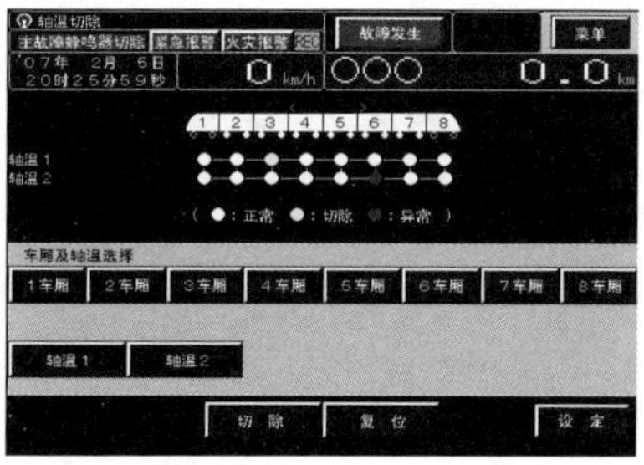
 2	切除复位： 选择相应车厢；选择【轴温 1】或【轴温 2】。 按【切除】/【复位】键；按【设定】键	

实 训

完成项目 5 任务 5.3 工作单（见表 5–20）。

表 5–20 项目 5 任务 5.3 工作单

项目名称	项目 5 各级复位操作		
任务名称	任务 5.3 CRH2/CRH380A（L）型动车组各级复位操作		
班级名称		姓 名	
学习小组			

【基础知识认知】

1. 判断：进行 CRH2/CRH380A(L)型动车组大复位时，操作前须关闭全列侧门，复位后须重新输入车次。 （ ）
2. 进行 CRH2/CRH380A(L)型动车组大复位时，执行手柄操作步骤，将制动手柄置于“拔取”位，（ ）s 后重新投入制动手柄。
   A. 10 B. 20 C. 30 D. 60
3. 判断：CRH2/CRH380A(L)型动车组 RS 复位操作只对保护电器的轻故障起复位作用。 （ ）
4. CRH2/CRH380A(L)型动车组可以远程切除的设备包括（ ）。
   A. 受电弓 B. VCB C. 主空气压缩机 D. 空气弹簧

【职业能力训练】

通过学习相关资料，以小组为单位分别制作 CRH2/CRH380A(L)型动车组各级复位操作方法 PPT，根据教师安排，现场讲解 CRH2/CRH380A(L)型动车组的一种复位操作方法，讲解时，由两名学生分别扮演司机和随车机械师，各自口述处理过程，共同完成复位操作

【实训总结】

指导教师评价：

任务完成人签字： 日期： 年 月 日

指导教师签字： 日期： 年 月 日

任务 5.4　CRH3C/CRH380B（L）型动车组各级复位操作

任务单

任务名称	CRH3C/CRH380B（L）型动车组各级复位操作
任务分析	从蓄电池接触器断电复位、网络控制系统软件复位，以及常用部件级断电、软件复位等方面学习 CRH3C/CRH380B（L）型动车组各级复位操作方法。 课前下发《CRH3 型动车组司机手册》《CRH380B 型动车组司机手册》《动车组途中应急故障处理手册》，提前掌握 CRH3C/CRH380B（L）型动车组司机室设备布置情况和各级复位操作方法，并在课堂上采用角色扮演的方式进行演示
学习任务	完成项目 5 任务 5.4 工作单
成果展示	项目 5 任务 5.4 工作单、CRH3C/CRH380B（L）型动车组各级复位操作方法 PPT

学习引导文

5.4.1　CRH3C/CRH380B（L）型动车组蓄电池接触器断电复位操作

CRH3C/CRH380B（L）型动车组不适用蓄电池彻底断电操作。

CRH3C/CRH380B（L）型动车组蓄电池接触器断电复位操作也称大复位操作。

CRH3C/CRH380B（L）型动车组蓄电池接触器断电复位操作如表 5-21 所示。

表 5-21　CRH3C/CRH380B（L）型动车组蓄电池接触器断电复位操作

名称	CRH3C/CRH380B（L）型动车组蓄电池接触器断电复位操作（大复位操作）	
编号	BI-CRH3-0000-001	
适用	（1）CRH3C （2）CRH380BL （3）CRH380BG （4）CRH380B	
注意	⚠复位时全列车门控器处于失电状态，可手动紧急解锁开门，需要列车长组织人员进行车门看护	
步骤	处理过程	
 1	通知列车长并退出占用： 司机施加停放制动，将制动手柄置于紧急制动位（有 UB 位的置于 UB 位，无 UB 位的置于 EB 位），通知列车长，列车长安排人员对车门进行看护，断主断，降弓，将方向开关、司机钥匙置零位，退出占用。 ⚠在进行此项复位操作时，动车组必须处于停车状态	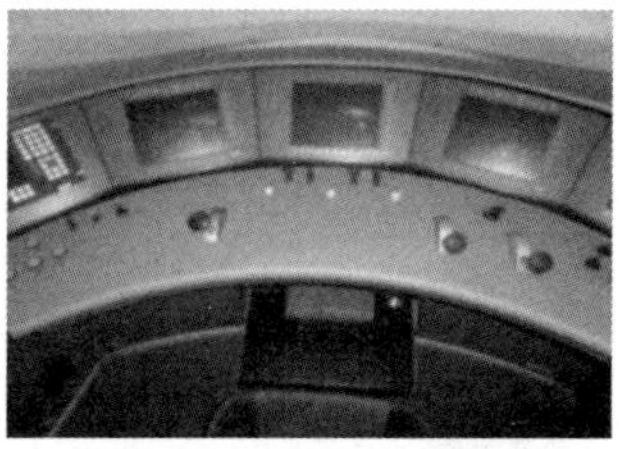
 2	重启蓄电池： 将电池开关打到“关”位，等待 HMI 屏断电后，重新开启蓄电池	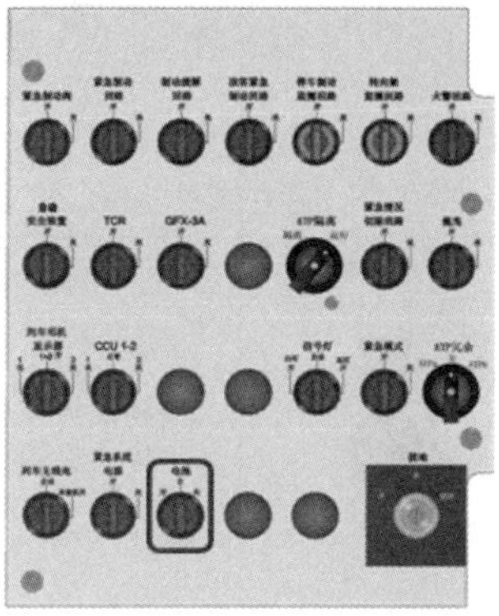

续表

步骤	处理过程	
 3	重新占用司机室： 重新占用司机室，进行正常操作。操作关门按钮，确认两侧车门关闭。重新设置ATP、CIR，并在占用端司机室将制动手柄置紧急制动位（有UB位的置于UB位，无UB位的置于EB位），确认制动有效率恢复至断电前的状态	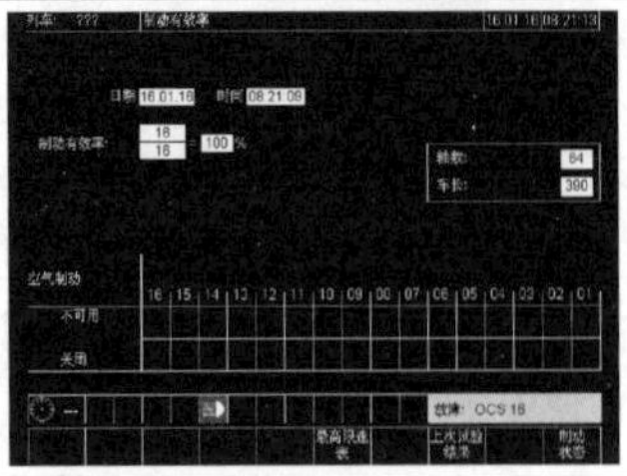

5.4.2 CRH3C/CRH380B（L）型动车组网络控制系统软件复位操作

CRH3C/CRH380B（L）型动车组网络控制系统软件复位操作包括三键复位操作和CCU软件复位操作。CRH3C/CRH380B（L）型动车组三键复位操作如表5－22所示。

表5－22　CRH3C/CRH380B（L）型动车组三键复位操作

名称	CRH3C/CRH380B（L）型动车组三键复位操作	
编号	BI－CRH3－0000－002	
适用	（1）CRH3C （2）CRH380BL （3）CRH380BG （4）CRH380B	
注意	三键复位可在惰行或停车状态下操作	
步骤	处理过程	
 1	开启维护模式： 随车机械师通知司机断主断，降弓，在HMI屏开启维护模式	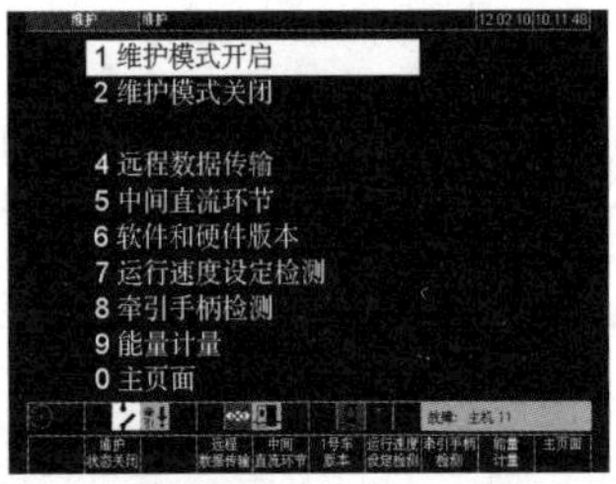
 2	进行三键复位： 在司机室中操作：保持“降弓”，“主断路器断”和“暗远光灯”三键按下至少4 s。 降弓操作必须打到降弓位，不能打到降弓并撒砂位；按远光灯位置操作必须是从远光灯打到暗远光灯位置	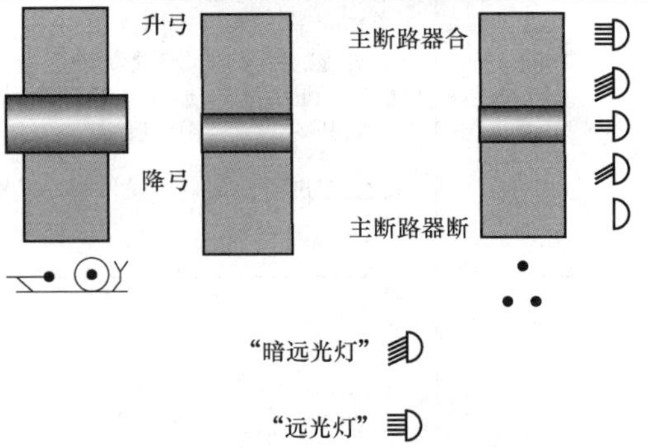
 3	关闭维护模式： 复位完成后在HMI上关闭维护模式	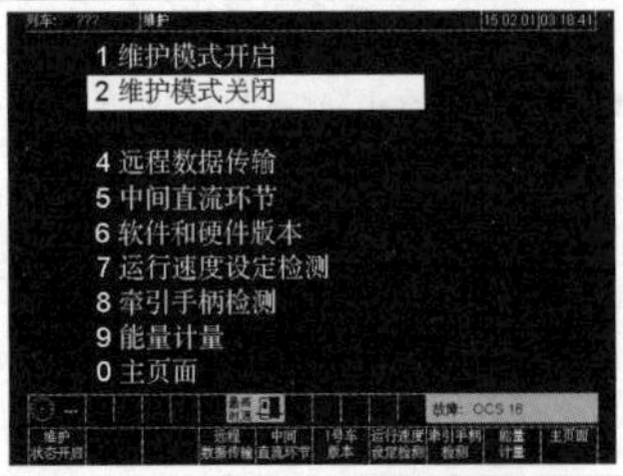

CRH3C/CRH380B（L）型动车组 CCU 软件复位操作如表 5－23 所示。

表 5－23　CRH3C/CRH380B（L）型动车组 CCU 软件复位操作

名称	CRH3C/CRH380B（L）型动车组 CCU 软件复位操作	
编号	BI－CRH3－8121－001	
适用	（1）CRH3C （2）CRH380BL （3）CRH380BG （4）CRH380B	
注意	⚠CCU 软件复位可在惰行或停车状态下操作	
步骤	处理过程	
 1	开启维护模式： 首先断开主断路器，在占用司机室 HMI 上开启维护模式	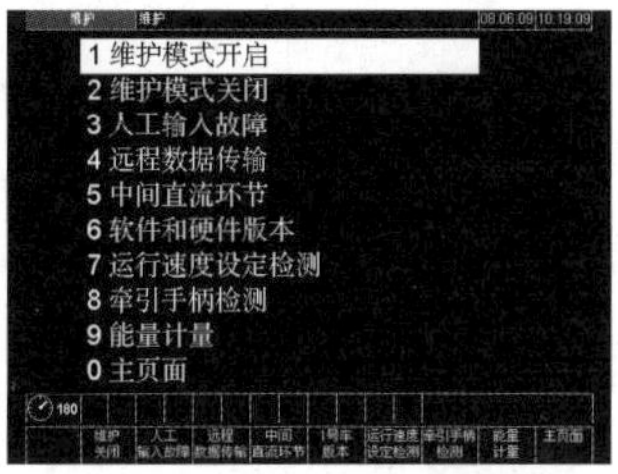
 2	连接 CCU： 使用 Monitor 软件连接整列车主控司机室或者所在牵引单元的主 CCU，显示正确连接	
 3	进行软件复位： 在 Maintain 下拉菜单中选择【RA Reset All】选项，回车进行复位	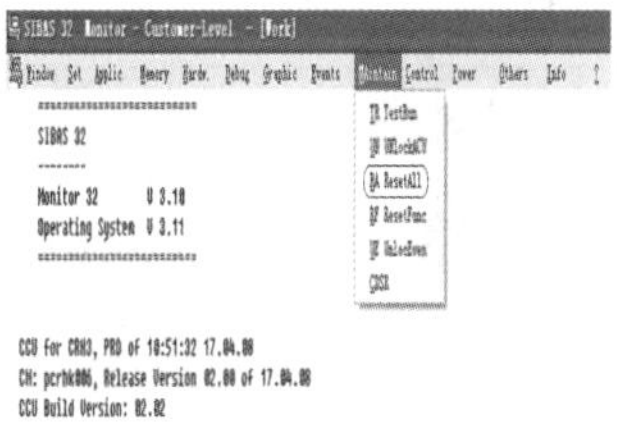
 4	关闭维护模式： 复位结束后，在 HMI 关闭维护模式，闭合主断路器	

5.4.3　CRH3C/CRH380B（L）型动车组常用部件级断电、软件复位操作

CRH3C/CRH380B（L）系列动车组常用部件级断电、软件复位操作包括 TCU 复位、BCU 复位、HMI 空气开关复位、HMI 旋钮复位、CCU 空气开关复位和 CCU 旋钮复位操作。

CRH3C/CRH380B（L）型动车组 TCU 复位操作如表 5－24 所示。

表 5-24　CRH3C/CRH380B（L）型动车组 TCU 复位操作

名称	CRH3C/CRH380B（L）型动车组 TCU 复位操作	
编号	BI-CRH3-8125-001	
适用	（1）CRH3C （2）CRH380BL （3）CRH380BG （4）CRH380B	
注意	TCU 软件复位时可在惰行或停车状态下操作。 TCU 切除时，无法进行软件复位操作	
步骤	处理过程	
 1	开启维护模式： 首先断开主断路器，在占用司机室 HMI 上开启维护模式	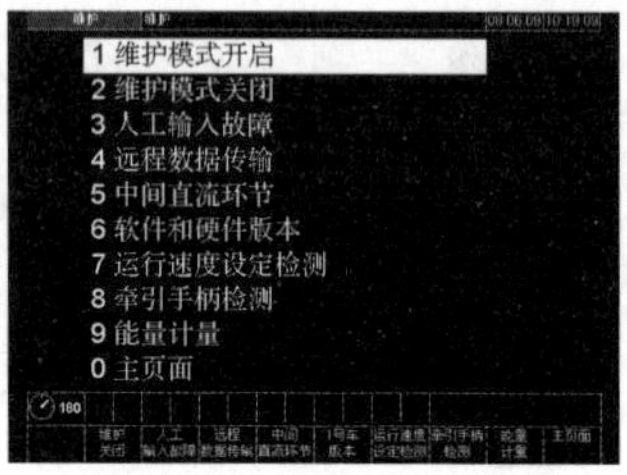
 2	连接 TCU： 使用 Monitor 软件连接锁闭车 TCU，显示正确连接	
 3	进行 TCU 复位： 在 Reset 下拉菜单中选择前三个选项，每选择一项回车一次，对本 TCU 进行复位。项目如下：【INHibit All】【MS Inhibit】【INVerter Inh】	
 4	关闭维护模式： 复位结束后，在 HMI 关闭维护模式，闭合主断路器	

CRH3C/CRH380B（L）型动车组 BCU 复位操作如表 5-25 所示。

表 5-25　CRH3C/CRH380B（L）型动车组 BCU 复位操作

名称	CRH3C/CRH380B（L）型动车组 BCU 复位操作
编号	BI-CRH3-7210-001
适用	（1）CRH3C （2）CRH380BL （3）CRH380BG （4）CRH380B
注意	BCU 复位时动车组需停车，头车 BCU 复位时需要施加停放制动。 对于有两个 BCU 的车厢，须结合故障情况，只对影响当前故障的 BCU 进行复位

续表

步骤	处理过程	
 1	断开空气开关： BCU1 供电空气开关：[=28－F11]；BCU2 供电空气开关：[=28－F12]，只断开相应车厢与故障相关的 BCU 空气开关	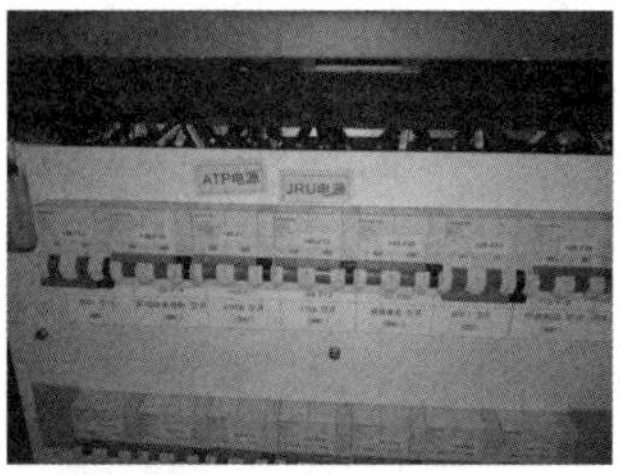
 2	恢复空气开关： 10 s 后，闭合空气开关	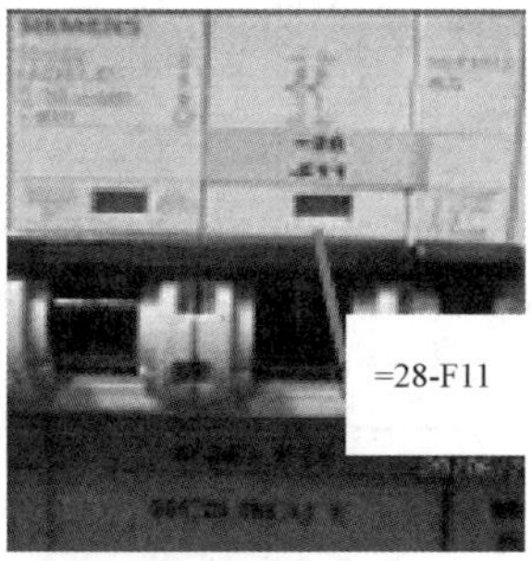 

CRH3C/CRH380B（L）型动车组 HMI 空气开关复位操作如表 5－26 所示。

表 5－26　CRH3C/CRH380B（L）型动车组 HMI 空气开关复位操作

名称	CRH3C/CRH380B（L）型动车组 HMI 空气开关复位操作	
编号	BI－CRH3－8130－001	
适用	（1）CRH3C （2）CRH380BL （3）CRH380BG （4）CRH380B	
注意	⚠每次进行 HMI 空气开关复位操作的间隔时间必须在 3 min 以上，左屏故障复位[=42－F01]，右屏故障复位[=42－F02]，禁止在单个显示屏发生故障时，将两个空气开关同时复位	
步骤	处理过程	
 1	打开空气开关柜门： 打开观光区右前方柜门	

续表

步骤	处理过程	
 2	断开 HMI 空气开关： 复位左屏断开[=42－F01]，复位右屏断开[=42－F02]	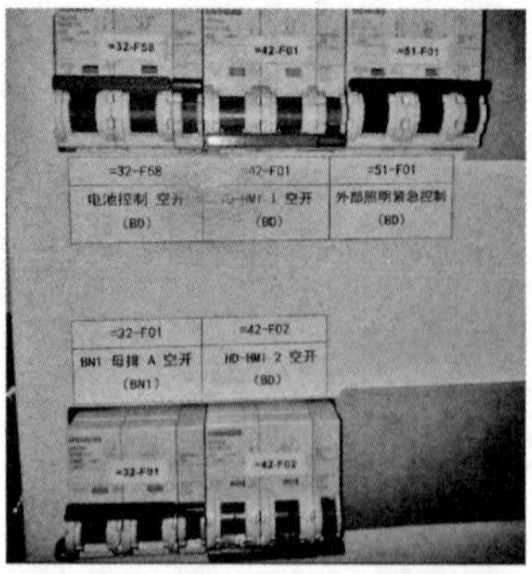
 3	闭合 HMI 空气开关： HMI 完全断电后，重新闭合 HMI 空气开关	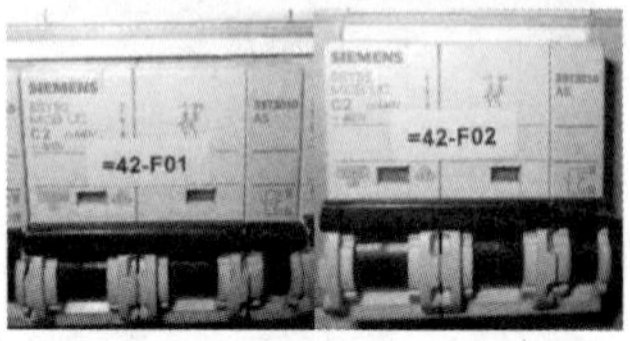

CRH3C/CRH380B（L）型动车组 HMI 旋钮复位操作如表 5－27 所示。

表 5－27　CRH3C/CRH380B（L）型动车组 HMI 旋钮复位操作

名称	CRH3C/CRH380B（L）型动车组 HMI 旋钮复位操作	
编号	BI－CRH3－8130－002	
适用	（1）CRH3C （2）CRH380BL （3）CRH380BG （4）CRH380B	
注意	无	
步骤	处理过程	
	复位显示屏： 随车机械师在故障开关面板上将 HMI 屏旋转开关打到“1 关”或“2 关”位置（1 为左侧显示屏，2 为右侧显示屏），1 min 后恢复至“1+2”位置	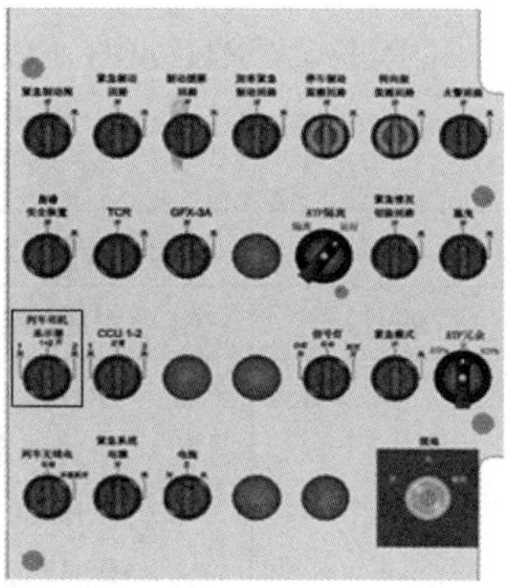

CRH3C/CRH380B（L）型动车组 CCU 空气开关复位操作如表 5－28 所示。

表 5－28　CRH3C/CRH380B（L）型动车组 CCU 空气开关复位操作

名称	CRH3C/CRH380B（L）型动车组 CCU 空气开关复位操作
编号	BI－CRH3－8121－002
适用	（1）CRH3C （2）CRH380BL （3）CRH380BG （4）CRH380B

续表

注意	断开 CCU 空气开关，等 1 min 后再闭合	
步骤	处理过程	
 1	打开空气开关柜门： 打开观光区右前方柜门（CRH380BL 型动车组 08/09 车设 CCU 柜）	
 2	断开 CCU 空气开关： 复位 CCU1 断开[=22－F41]，复位 CCU2 断开[=22－F42]	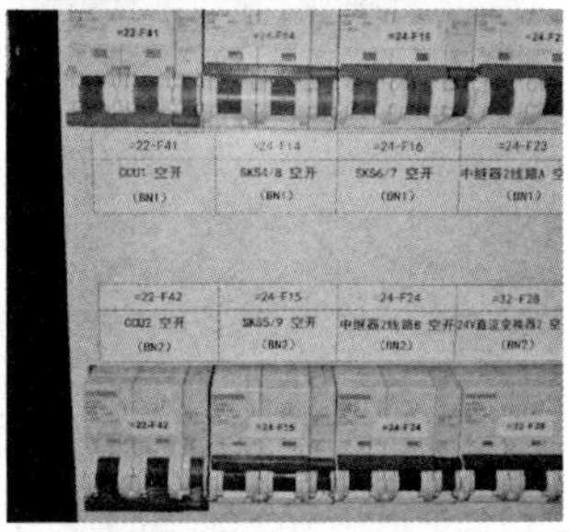
 3	闭合 CCU 空气开关： 1 min 后，重新闭合 CCU 空气开关	

CRH3C/CRH380B（L）型动车组 CCU 旋钮复位操作如表 5－29 所示。

表 5－29　CRH3C/CRH380B（L）型动车组 CCU 旋钮复位操作

名称	CRH3C/CRH380B（L）型动车组 CCU 旋钮复位操作	
编号	BI－CRH3－8121－003	
适用	（1）CRH3C （2）CRH380BL （3）CRH380BG （4）CRH380B	
注意	旋钮打到“1 关”或“2 关”位置 30 s 后再恢复	
步骤	处理过程	
	旋钮复位： 将故障开关面板（CRH380BL 型动车组 08/09 车设 CCU 柜）的 CCU 故障开关 CCU1－2[=22－S02]旋转至“1 关”位（6042：CCU1 失效），等 30 s 后，再将此开关打到“正常”位。然后将 CCU 故障开关 CCU1－2[=22－S02]旋转至“2 关”位（6052：CCU2 失效），等 30 s 后，再将此开关打到“正常”位	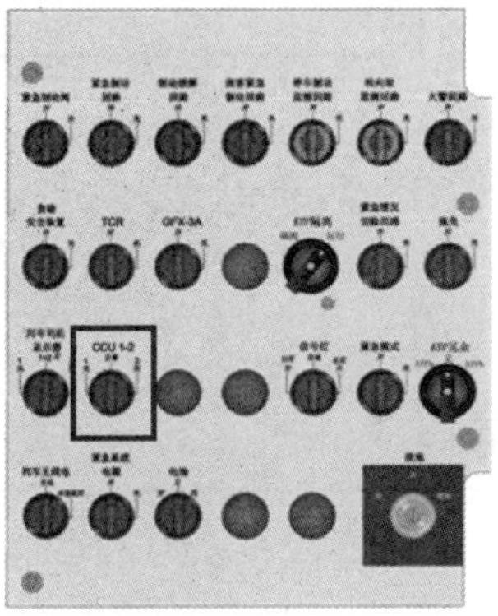

实　训

完成项目 5 任务 5.4 工作单（见表 5–30）。

表 5–30　项目 5 任务 5.4 工作单

<table>
<tr><td>项目名称</td><td colspan="3">项目 5 各级复位操作</td></tr>
<tr><td>任务名称</td><td colspan="3">任务 5.4 CRH3C/CRH380B（L）型动车组各级复位操作</td></tr>
<tr><td>班级名称</td><td></td><td>姓　名</td><td></td></tr>
<tr><td>学习小组</td><td colspan="3"></td></tr>
<tr><td colspan="4">【基础知识认知】</td></tr>
<tr><td colspan="4">1. 判断：进行 CRH3C/CRH380B（L）型动车组大复位操作时，全列车门控器处于失电状态，可手动紧急解锁开门，需要列车长组织人员进行车门看护。（　　）
2. 判断：CRH3C/CRH380B（L）型动车组三键复位必须在停车状态下操作。（　　）
3. 判断：进行 CRH3C/CRH380B（L）型动车组三键复位操作时，降弓操作可以打到降弓并撒砂位。（　　）
4. 判断：CRH3C/CRH380B（L）型动车组 TCU 切除时，无法进行软件复位操作。（　　）</td></tr>
<tr><td colspan="4">【职业能力训练】</td></tr>
<tr><td colspan="4">通过学习相关资料，以小组为单位分别制作 CRH3C/CRH380B（L）型动车组各级复位操作方法 PPT，根据教师安排，现场讲解 CRH3C/CRH380B（L）型动车组的一种复位操作方法，讲解时，由两名学生分别扮演司机和随车机械师，各自口述处理过程，共同完成复位操作</td></tr>
<tr><td colspan="4">【实训总结】</td></tr>
<tr><td colspan="4"></td></tr>
<tr><td colspan="4">指导教师评价：</td></tr>
<tr><td colspan="4">任务完成人签字：　　　　　　　　日期：　　年　　月　　日

指导教师签字：　　　　　　　　　日期：　　年　　月　　日</td></tr>
</table>

任务 5.5 CRH380C 型动车组各级复位操作

任务单

任务名称	CRH380C 型动车组各级复位操作
任务分析	从蓄电池接触器断电复位、网络控制系统软件复位，以及常用部件级断电、软件复位等方面学习 CRH380C 型动车组各级复位操作方法。 课前下发《CRH380C 型动车组司机手册》和《动车组途中应急故障处理手册》，提前掌握 CRH380C 型动车组司机室设备布置情况和各级复位操作方法，并在课堂上采用角色扮演的方式进行演示
学习任务	项目 5 任务 5.5 工作单
成果展示	项目 5 任务 5.5 工作单、CRH380C 型动车组各级复位操作方法 PPT

学习引导文

5.5.1 CRH380C 型动车组蓄电池接触器断电复位操作

CRH380C 型动车组不适用蓄电池彻底断电操作。

CRH380C 型动车组蓄电池接触器断电复位操作也称大复位操作。

CRH380C 型动车组蓄电池接触器断电复位操作如表 5-31 所示。

表 5-31 CRH380C 型动车组蓄电池接触器断电复位操作

名称	CRH380C 型动车组蓄电池接触器断电复位操作（大复位操作）	
编号	BI-CRH380CL-0000-001	
适用	CRH380CL（5601～5625）	
注意	⚠动车组在途中进行大复位操作时，全列车门处于“释放”状态，此时可手动紧急解锁开门，需要列车长组织人员对车门进行看护	
步骤	处理过程	
 1	通知列车长并退出占用： 通知列车长，列车长安排人员对车门进行看护，司机施加停放制动，断主断，降弓，将方向开关置零位，司机台钥匙保持激活状态。 ⚠在进行此项复位操作时，动车组必须处于停车状态，且断主断，降弓	
 2	重启蓄电池： 将蓄电池开关打到“关”位，等待 HMI 屏断电后，重新开启蓄电池	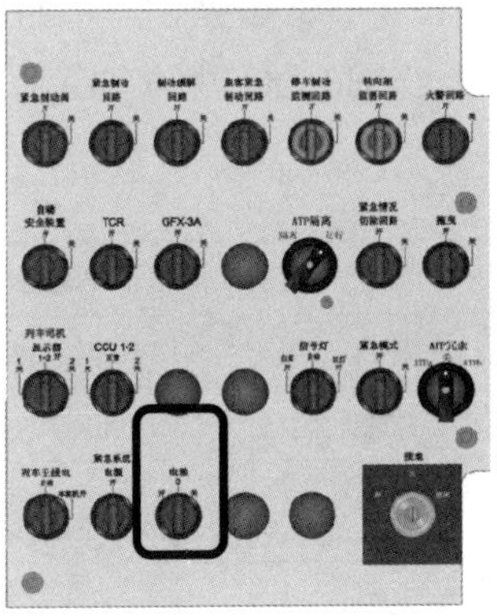
 3	重新占用司机室： 重新占用司机室，将方向开关置于运行位，进行正常操作。对 ATP、CIR 重新设置，并在占用端司机室重新进行制动试验（试验项点仅需进行 1、2、5 项），确认制动有效率恢复至断电前的状态	

5.5.2 CRH380C 型动车组网络控制系统软件复位操作

CRH380C 型动车组网络控制系统软件复位操作简称网络复位操作。

CRH380C 型动车组网络控制系统软件复位操作如表 5-32 所示。

表 5-32 CRH380C 型动车组网络控制系统软件复位操作

名称	CRH380C 型动车组网络控制系统软件复位操作（网络复位操作）	
编号	BI-CRH380CL-0000-002	
适用	CRH380CL（5601～5625）	
注意	网络复位时需保持停车状态	
步骤	处理过程	
 1	确认复位条件是否成立： 确认司机钥匙激活，主断路器断开，受电弓降下，方向开关设定在“0”位，停放制动已施加	
 2	进行网络复位： 按下右侧边控台上“网络复位”按钮 3 s 后释放。当 HMI 上显示牵引主界面与制动主界面时，将方向开关设定到非“0”位。 步骤 1 结束之后，需要间隔 1 s 以上，再开始执行本步骤	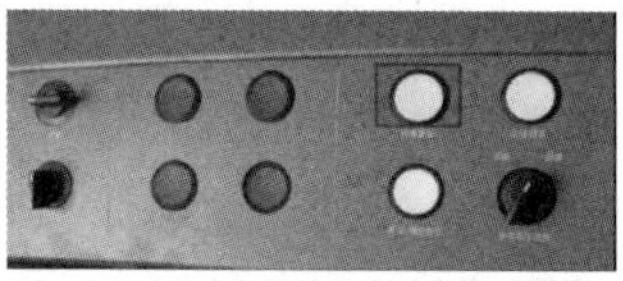
 3	检查“异常”界面： 复位完成后，在左 HMI 的主界面上，点击左上角的【异常】按键，若 4 个有受电弓的车同时报“受电弓严重故障”（代码 1940），则按“受电弓严重故障”处理，然后再操作升弓、合主断	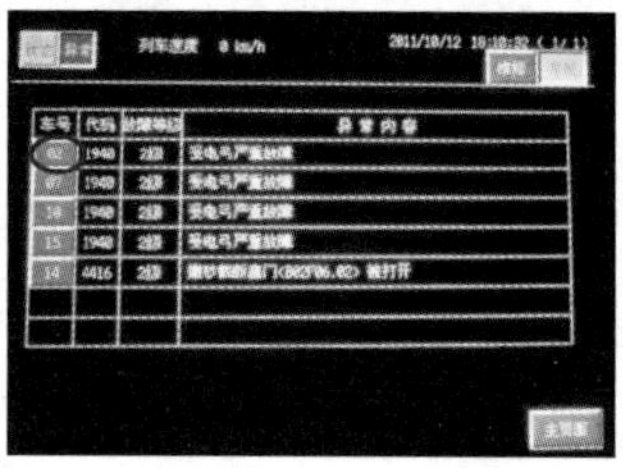

5.5.3 CRH380C 型动车组常用部件级断电、软件复位操作

CRH380C 型动车组常用部件级断电、软件复位包括牵引/辅助复位操作和 BCU 复位操作。

CRH380C 型动车组牵引/辅助复位操作如表 5-33 所示。

表 5-33 CRH380C 型动车组牵引/辅助复位操作

名称	CRH380C 型动车组牵引/辅助复位操作	
编号	BI-CRH380CL-5110-001	
适用	CRH380CL（5601～5625）	
注意	牵引/辅助复位操作在车辆运行过程中也可以进行	
步骤	处理过程	
 1	确认初始条件： 确认司机钥匙激活，方向开关设定在运行位，牵引手柄置“0”位	

续表

步骤	处理过程	
 2	执行复位： 按下右侧边控台上“牵引/辅助复位”按钮 3 s 后释放	

CRH380C 型动车组 BCU 复位操作如表 5-34 所示。

表 5-34　CRH380C 型动车组 BCU 复位操作

名称	CRH380C 型动车组 BCU 复位操作	
编号	BI-CRH380CL-7210-001	
适用	CRH380CL（5601～5625）	
注意	⚠BCU 复位时动车组需停车，头车 BCU 复位时需要施加停放制动	
步骤	处理过程	
 1	断开空气开关： 断开相应车厢 BCU 的空气开关，BCU1 供电空气开关：28-F11；BCU2 供电空气开关：28-F12。 ⚠对主控端和有受电弓的车进行 BCU 复位时需通知司机断主断，降弓	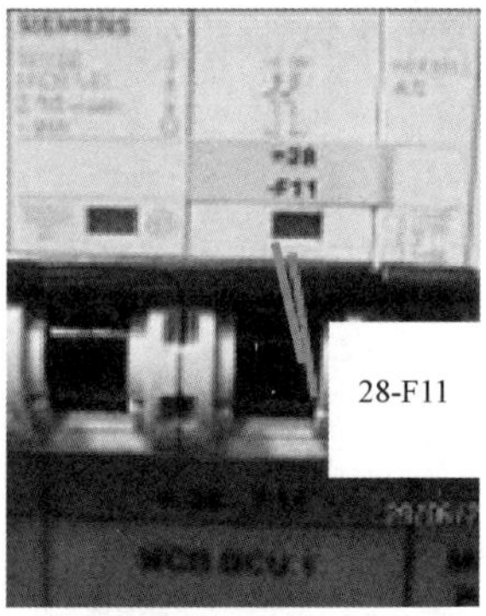 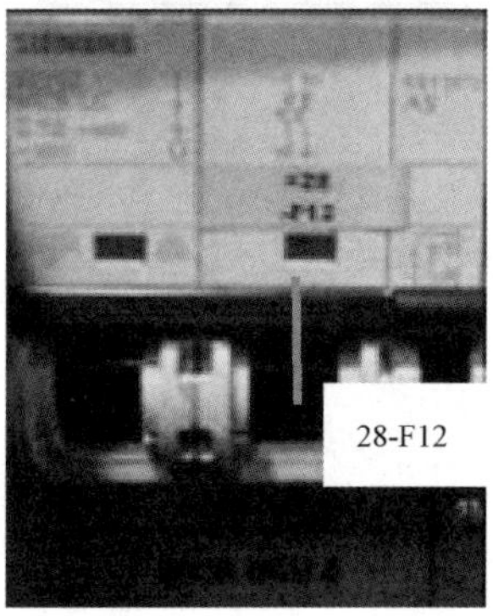
 2	闭合空气开关： 10 s 后闭合空气开关	

实 训

完成项目 5 任务 5.5 工作单（见表 5–35）。

表 5–35　项目 5 任务 5.5 工作单

<table>
<tr><td>项目名称</td><td colspan="3">项目 5 各级复位操作</td></tr>
<tr><td>任务名称</td><td colspan="3">任务 5.5 CRH380C 型动车组各级复位操作</td></tr>
<tr><td>班级名称</td><td></td><td>姓　名</td><td></td></tr>
<tr><td>学习小组</td><td colspan="3"></td></tr>
<tr><td colspan="4">【基础知识认知】</td></tr>
<tr><td colspan="4">1. CRH380C 型动车组在途中进行大复位操作时，全列车门处于“_______”状态，此时可手动紧急解锁开门，需要列车长组织人员对车门进行看护。
2. 判断：CRH380C 型动车组在进行网络复位时，需保持停车状态。（　）
3. 判断：CRH380C 型动车组在进行牵引/辅助复位操作时，必须处于停车状态。（　）
4. CRH380C 型动车组在进行 BCU 复位操作时，动车组需停车，头车 BCU 复位操作时需要_______。</td></tr>
<tr><td colspan="4">【职业能力训练】</td></tr>
<tr><td colspan="4">通过学习相关资料，以小组为单位分别制作 CRH380C 型动车组各级复位操作方法 PPT，根据教师安排，现场讲解 CRH380C 型动车组的一种复位操作方法，讲解时，由两名学生分别扮演司机和随车机械师，各自口述处理过程，共同完成复位操作</td></tr>
<tr><td colspan="4">【实训总结】</td></tr>
<tr><td colspan="4"></td></tr>
<tr><td colspan="4">指导教师评价：</td></tr>
<tr><td colspan="4">任务完成人签字：　　　　日期：　年　月　日

指导教师签字：　　　　日期：　年　月　日</td></tr>
</table>

任务 5.6 CRH5 型动车组各级复位操作

任务单

任务名称	CRH5 型动车组各级复位操作
任务分析	从蓄电池接触器断电复位和网络控制系统软件复位两个方面学习 CRH5 型动车组各级复位操作方法。 课前下发《CRH5 型动车组司机手册》和《动车组途中应急故障处理手册》，提前掌握 CRH5 型动车组司机室设备布置情况和各级复位操作方法，并在课堂上采用角色扮演的方式进行演示
学习任务	完成项目 5 任务 5.6 工作单
成果展示	项目 5 任务 5.6 工作单、CRH5 型动车组各级复位操作方法 PPT

学习引导文

5.6.1 CRH5 型动车组蓄电池接触器断电复位操作

CRH5 型动车组不适用蓄电池彻底断电操作和常用部件级断电、软件复位操作。

CRH5 型动车组蓄电池接触器断电复位操作如表 5-36 所示。

表 5-36 CRH5 型动车组蓄电池接触器断电复位操作

名称	CRH5 型动车组蓄电池接触器断电复位操作	
编号	BI-CRH5-0000-001	
适用	（1）CRH5A （2）CRH5G （3）CRH5G 提升 （4）CRH5E （5）CRH5J	
注意	⚠需保持动车组处于停车状态	
步骤	处理过程	
 1	确认手柄状态： 动车组须在停车状态下，确认主手柄和换向手柄均在“0”位	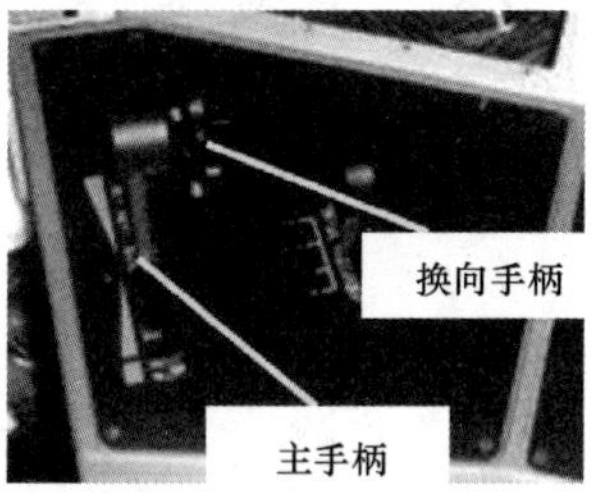
 2	断主断（路器），降弓： 断开主断路器，降下受电弓，确认网压为零	

续表

步骤	处理过程	
 3	拨主指令开关： 将主指令开关拨至“0”位，此时列车紧急制动	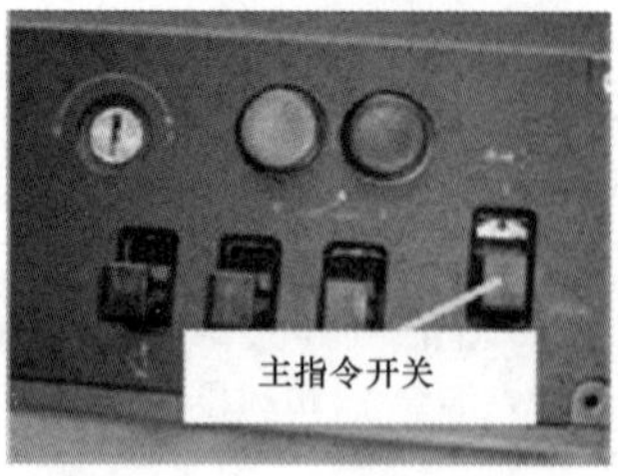
 4	置主控钥匙于“0”位： 将主控钥匙置“0”位	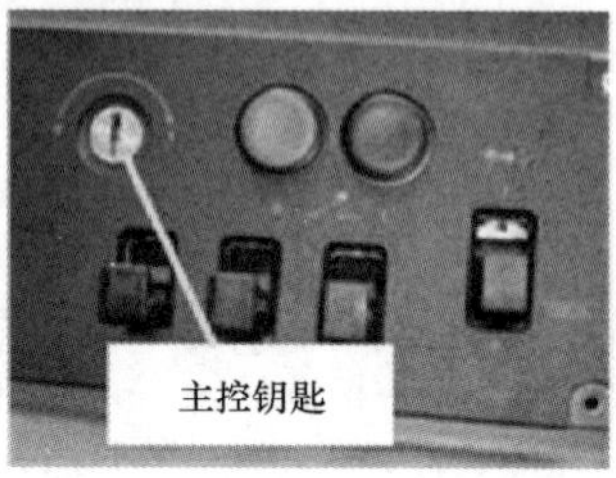
 5	断开蓄电池： 按下左后侧 QCA 电器柜“OFF”按钮，断开蓄电池	 CRH5A/5G  CRH5G 提升 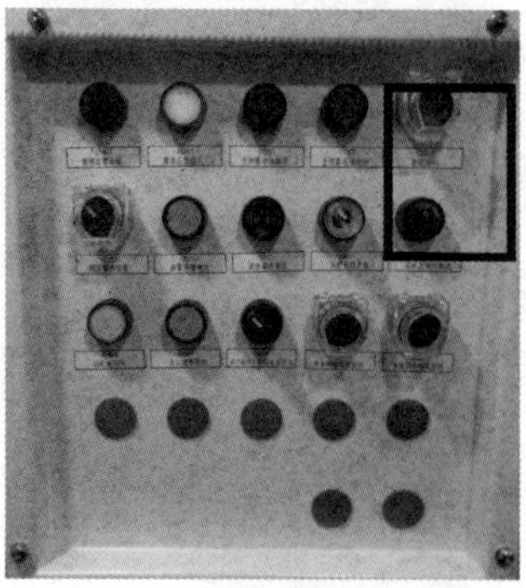 CRH5E

续表

步骤	处理过程	
 6	闭合蓄电池： 等待 30 s 后，按下左后侧 QCA 电器柜“ON”按钮，闭合蓄电池	 CRH5A/5G  CRH5G 提升  CRH5E
 7	置主控钥匙于“1”位： 将主控钥匙置“1”位	
 8	确认屏状态： 确认动车组 TD/TS 屏重新启动后，将主指令开关拨至“1”位	

5.6.2　CRH5 型动车组网络控制系统软件复位

CRH5 型动车组网络控制系统软件复位操作包括大复位操作和小复位操作。

CRH5 型动车组大复位操作如表 5-37 所示。

表 5-37　CRH5 型动车组大复位操作

名称	CRH5 型动车组大复位操作	
编号	BI-CRH5-0000-002	
适用	（1）CRH5A （2）CRH5G （3）CRH5G 提升 （4）CRH5E （5）CRH5J	
注意	⚠需保持动车组处于停车状态	
步骤	处理过程	
1	确认手柄状态： 动车组必须在停车状态下，确认主控钥匙在“1”位，主手柄和换向手柄均在“0”位	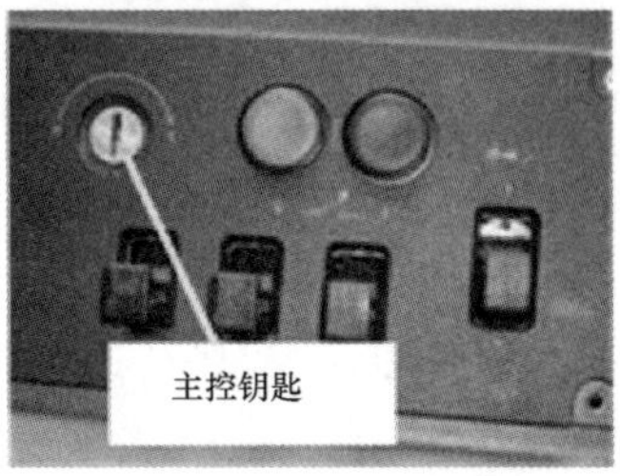 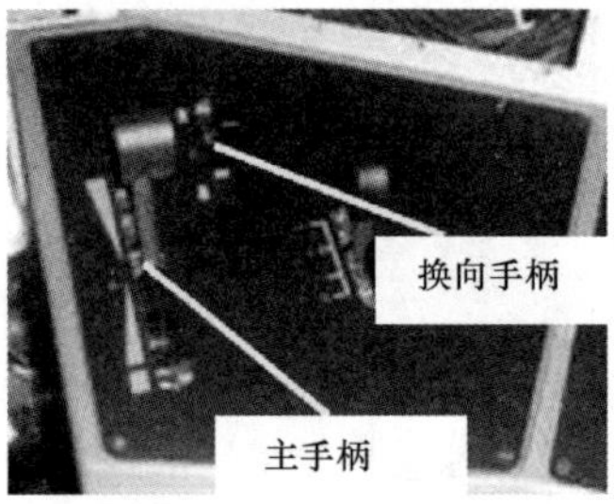
2	断主断，降弓： 断开主断路器，降下受电弓，确认网压为零	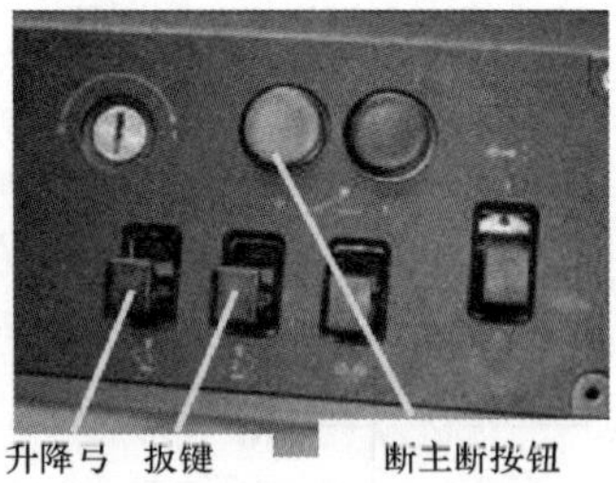
3	拨主指令开关： 将主指令开关拨至“0”位，此时列车紧急制动	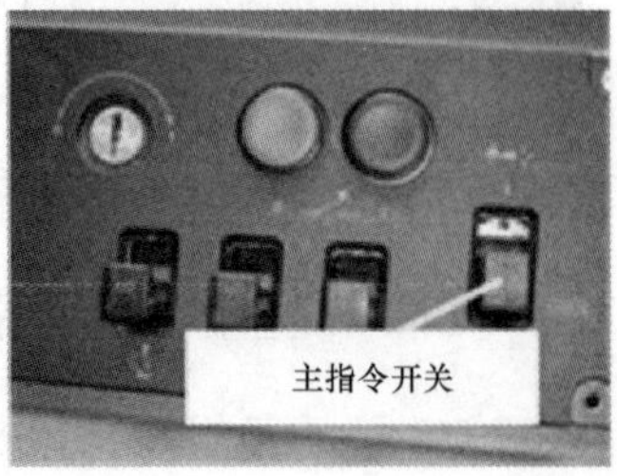

续表

步骤	处理过程	
 4	操作复位： 按下左后侧 QCA 电器柜“RESET”按钮，对 TCMS 系统进行复位操作	 CRH5A/5G  CRH5G 提升  CRH5E
 5	确认屏状态： 确认动车组 TD/TS 屏重新启动后，将主指令开关拨至“1”位	

CRH5 型动车组小复位操作如表 5-38 所示。

表 5-38　CRH5 型动车组小复位操作

名称	CRH5 型动车组小复位操作
编号	BI-CRH5-0000-003
适用	（1）CRH5A （2）CRH5G （3）CRH5G 提升 （4）CRH5E （5）CRH5J
注意	⚠需保持惰行或停车状态

续表

步骤	处理过程	
 1	断主断路器降弓： 断开主断路器，降下受电弓，确认网压为零	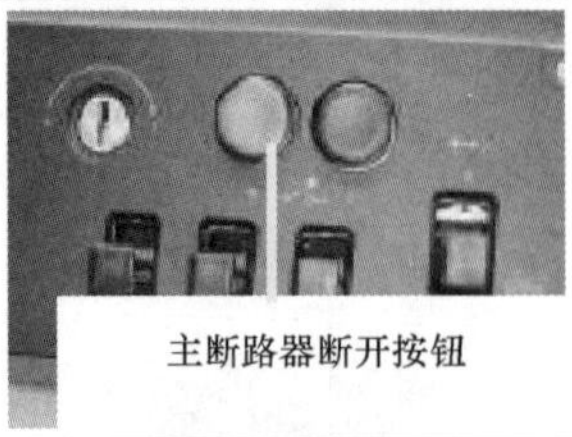
 2	系统配置： 按住“主断路器断开”红色按钮直至操纵台指示灯出现警告标识，系统进行重新配置	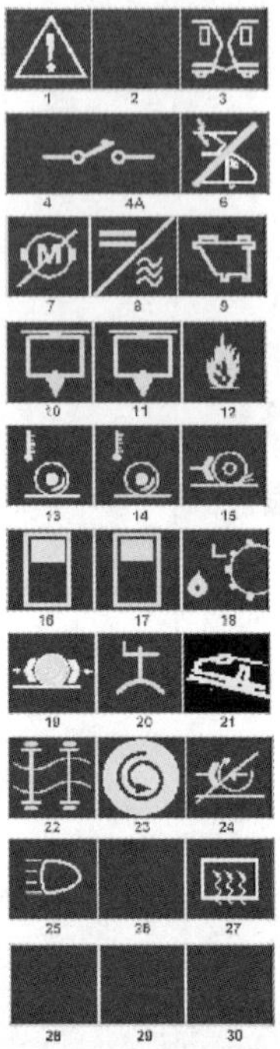
 3	确认 DJ1 状态： 警告标识消失后，确认 DJ1 闭合正常	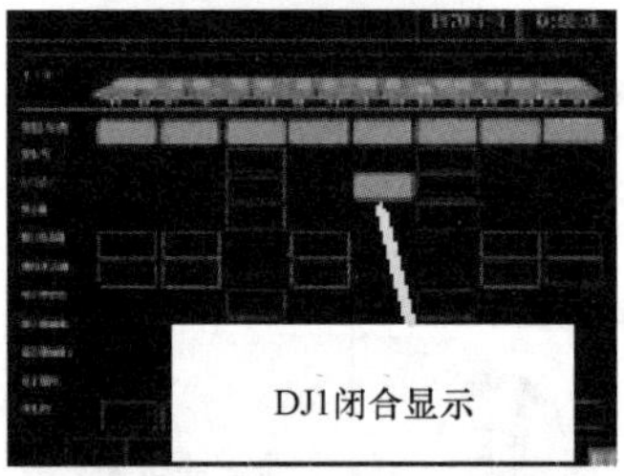 CRH5A/5G/5G 提升 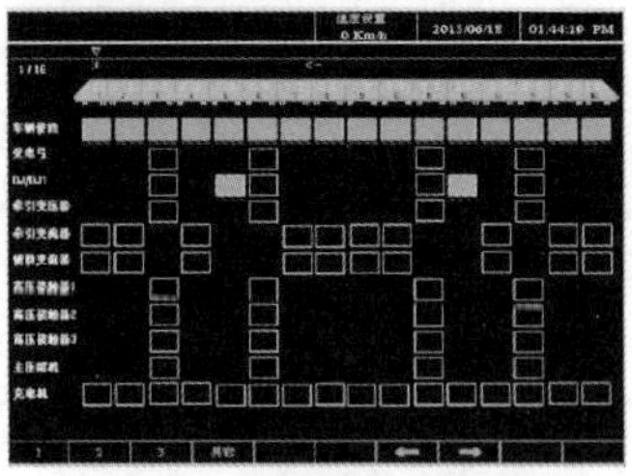 CRH5E
 4	升弓送电： 进行升弓操作，确认网压上升并稳定。网压稳定后闭合主断路器。确认辅助变流器工作正常后，可以操作主控手柄	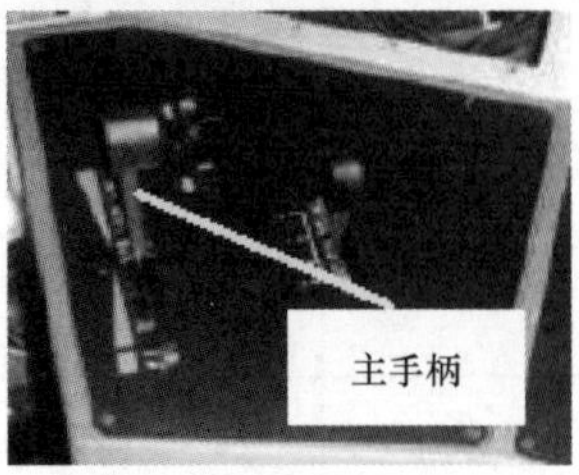

实　训

完成项目 5 任务 5.6 工作单（见表 5-39）。

表 5-39　项目 5 任务 5.6 工作单

<table>
<tr><td>项目名称</td><td colspan="3">项目 5 各级复位操作</td></tr>
<tr><td>任务名称</td><td colspan="3">任务 5.6 CRH5 型动车组各级复位操作</td></tr>
<tr><td>班级名称</td><td></td><td>姓　名</td><td></td></tr>
<tr><td>学习小组</td><td colspan="3"></td></tr>
<tr><td colspan="4">【基础知识认知】</td></tr>
<tr><td colspan="4">1. 判断：进行 CRH5 型动车组蓄电池接触器断电复位操作时，需保持动车组处于停车状态。（　）
2. 进行 CRH5 型动车组蓄电池接触器断电复位操作，执行拨主指令开关操作时，将主指令开关拨至“____”位，此时列车紧急制动。
3. 进行 CRH5 型动车组蓄电池接触器断电复位操作，执行闭合蓄电池操作时，等待（　）s 后，按下左后侧 QCA 电器柜“ON”按钮，闭合蓄电池。
A. 5　B. 10　C. 30　D. 60
4. 判断：进行 CRH5 型动车组小复位操作时，必须保持动车组处于停车状态。（　）
5. CRH5 型动车组真空断路器的英文简写是（　）。
A. VCB　B. DJ　C. EGS　D. LCB
6. CRH5 型动车组本地监视器的英文简写是（　）。
A. LT　B. TD　C. TS　D. BPS
7. CRH5 型动车组司机诊断显示屏的英文简写是（　）。
A. LT　B. TD　C. TS　D. BPS
8. CRH5 型动车组司机仪表显示屏的英文简写是（　）。
A. LT　B. TD　C. TS　D. BPS
9. CRH5 型动车组司机室信息显示面板的英文简写是（　）。
A. LT　B. TD　C. TS　D. BPS</td></tr>
<tr><td colspan="4">【职业能力训练】</td></tr>
<tr><td colspan="4">通过学习相关资料，以小组为单位分别制作 CRH5 型动车组各级复位操作方法 PPT，根据教师安排，现场讲解 CRH5 型动车组的一种复位操作方法，讲解时，由两名学生分别扮演司机和随车机械师，各自口述处理过程，共同完成复位操作</td></tr>
<tr><td colspan="4">【实训总结】</td></tr>
<tr><td colspan="4"></td></tr>
<tr><td colspan="4">指导教师评价：</td></tr>
<tr><td colspan="4">任务完成人签字：　　　　日期：　年　月　日
指导教师签字：　　　　日期：　年　月　日</td></tr>
</table>

任务 5.7　CR400AF 型动车组各级复位操作

任务单

任务名称	CR400AF 型动车组各级复位操作
任务分析	从蓄电池接触器断电复位、网络控制系统软件复位，以及常用部件级断电、软件复位等方面学习 CR400AF 型动车组各级复位操作方法。 课前下发《CR400AF 型动车组司机手册》和《动车组途中应急故障处理手册》，提前掌握 CR400AF 型动车组司机室设备布置情况和各级复位操作方法，并在课堂上采用角色扮演的方式进行演示
学习任务	完成项目 5 任务 5.7 工作单
成果展示	项目 5 任务 5.7 工作单、CR400AF 型动车组各级复位操作方法 PPT

学习引导文

5.7.1　CR400AF 型动车组蓄电池接触器断电复位操作

CR400AF 型动车组不适用蓄电池彻底断电操作。CR400AF 型动车组蓄电池接触器断电复位操作也称大复位操作。

CR400AF 型动车组蓄电池接触器断电复位操作如表 5-40 所示。

表 5-40　CR400AF 型动车组蓄电池接触器断电复位操作

名称	CR400AF 型动车组蓄电池接触器断电复位操作（大复位操作）	
编号	BI-CR400AF-0000-001	
适用	（1）CR400AF （2）CR400AF-A （3）CR400AF-B	
注意	（1）⚠大复位操作断电时，车门可手动紧急解锁开门；大复位操作上电时，所有开启的车门将自动关闭； （2）⚠大复位操作前，司机通知列车长做好边门防护； （3）⚠大复位操作条件：停车状态、VCB 断开、无火警报警（同时满足）	
步骤	处理过程	
 1	通知列车长并执行关门： 司机通知列车长，列车长通知乘客远离车门。 （1）司机施加制动； （2）司机断开 VCB 并降弓； （3）方向开关置“0”位； （4）操作【关门】按钮，确认全列塞拉门关闭	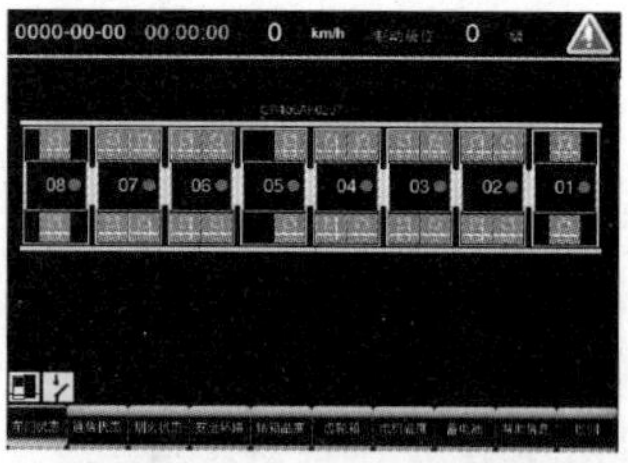
 2	断、合蓄电池操作： 司机将主控钥匙旋转至“0”位，将转换开关盘 1 内蓄电池开关打至“关”位并保持 3 s，等待 HMI 屏设备断电。 HMI 屏设备断电 5 s 后，将主控钥匙旋转至“司机室占用”位，并将蓄电池开关打至“开”位并保持 3 s，重新投入蓄电池	
 3	重新占用司机室后续操作： 司机重新占用司机室，将司机控制器（司控器）置“EB”位，确认制动可用性	

5.7.2　CR400AF 型动车组网络控制系统软件复位操作

CR400AF 型动车组网络控制系统软件复位操作包括小复位操作、牵引辅助复位操作和紧急复位操作。CR400AF 型动车组小复位操作如表 5–41 所示。

表 5–41　CR400AF 型动车组小复位操作

名称	CR400AF 型动车组小复位操作	
编号	BI–CR400AF–0000–002	
适用	（1）CR400AF （2）CR400AF–A （3）CR400AF–B	
注意	（1）小复位时需断开 VCB、降下受电弓； （2）仅适用于 CR400AF 与 CR400BF 重联运行时，对 CR400BF 设备进行小复位，对 CR400AF 设备无效	
步骤	处理过程	
	操作小复位： 司机在主控端司机室断 VCB、降下受电弓，操作 VCB 开关置“VCB 断”位并保持至少 8 s	

CR400AF 型动车组牵引辅助复位操作如表 5–42 所示。

表 5–42　CR400AF 型动车组牵引辅助复位操作

名称	CR400AF 型动车组牵引辅助复位操作	
编号	BI–CR400AF–5000–001	
适用	（1）CR400AF （2）CR400AF–A （3）CR400AF–B	
注意	（1）复位按钮可以对牵引变流器、辅助变流器、充电机、受电弓进行故障复位； （2）复位仅对非锁死子系统故障起作用，对于锁死的故障只有在故障处理完毕后才能复位成功； （3）操作复位前，司机应根据当前速度及线路情况（坡道、分相区等）择机操作	
步骤	处理过程	
	操作复位： 按压主控端操纵台上的复位按钮并保持 3 s	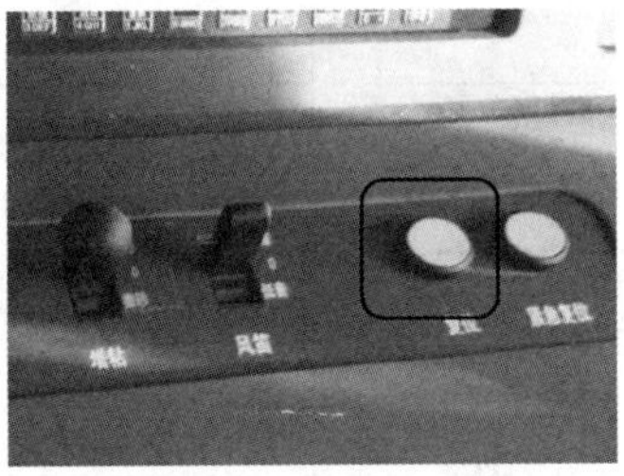

CR400AF 型动车组紧急复位操作如表 5–43 所示。

表 5-43　CR400AF 型动车组紧急复位操作

名称	CR400AF 型动车组紧急复位操作	
编号	BI-CR400AF-7000-001	
适用	(1) CR400AF (2) CR400AF-A (3) CR400AF-B	
注意	⚠为防止在大坡道上溜车，紧急复位时司控器手柄置“B7”位	
步骤	处理过程	
 1	施加停放制动： 司机按下主控端停放施加按钮并保持 3 s，通过 HMI 屏制动主界面或停放施加按钮指示灯确认全列车停放制动施加	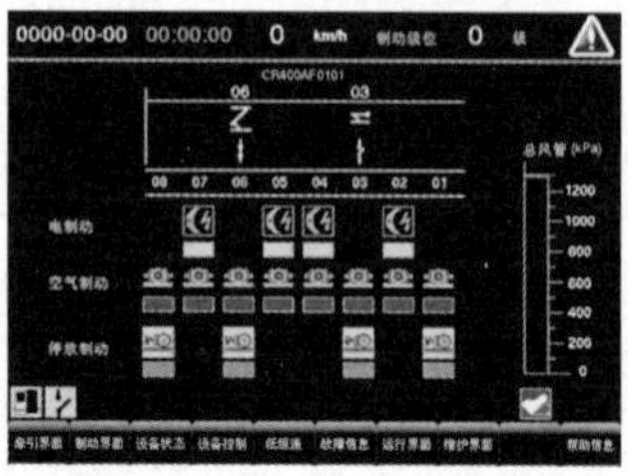
 2	操作手柄： 司机施加常用制动	
 3	紧急复位： 司机按压主控端司机室操纵台上的紧急复位按钮并保持 3 s，确认全列紧急制动缓解	

5.7.3　CR400AF 型动车组常用部件级断电、软件复位操作

CR400AF 型动车组常用部件级断电、软件复位操作包括设备远程切除/恢复操作、TCU 复位操作、ACU 复位操作、BC 复位操作、BCU 复位操作、CCU 复位操作和 CCU 主从切换操作，以及 HMI 显示屏复位操作。

CR400AF 型动车组设备远程切除/恢复操作如表 5-44 所示。

表 5-44　CR400AF 型动车组设备远程切除/恢复操作

名称	CR400AF 型动车组设备远程切除/恢复操作	
编号	BI-CR400AF-0000-003	
适用	(1) CR400AF (2) CR400AF-A (3) CR400AF-B	
注意	⚠远程切除/恢复设备包括：受电弓、VCB、高压隔离开关、牵引变流器、牵引逆变器、辅助变流器、充电机、空气压缩机	
步骤	处理过程	
 1	切除/恢复设备： (1) 司机在主控端司机室操作 VCB 断开； (2) 司机点击主界面上的【设备控制】，进入设备切除界面： 选择要切除/恢复的设备，按下【切除/恢复】按键。 ⚠受电弓切除前，需降下受电弓，列车速度应小于 200 km/h	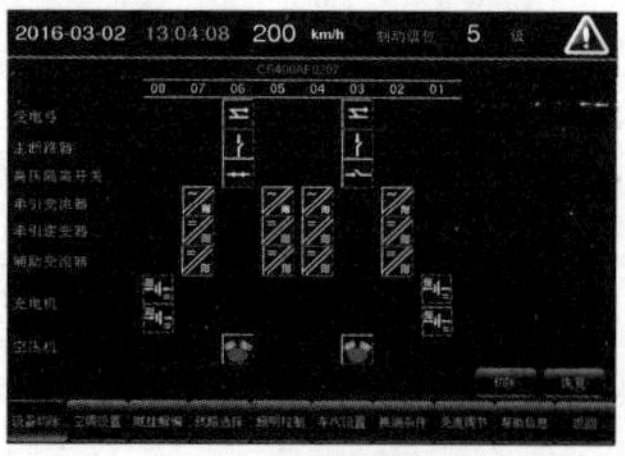

续表

步骤	处理过程	
 2	切除/恢复状态确认： 在 HMI 屏设备切除界面，确认相应设备的切除/恢复状态。 注：设备切除时，HMI 屏界面状态显示如：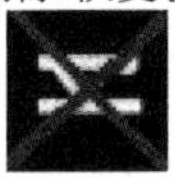	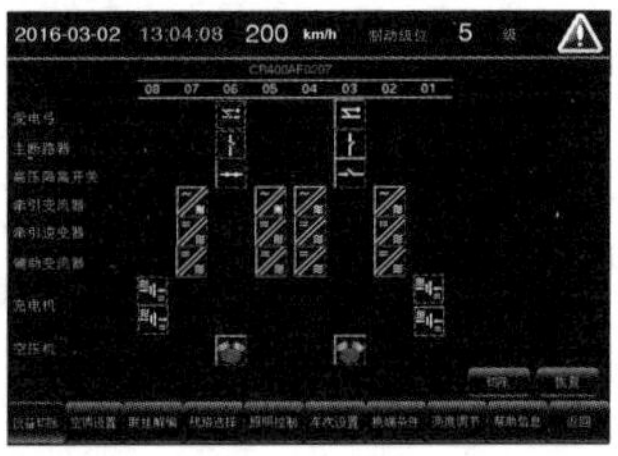

CR400AF 型动车组 TCU 复位操作如表 5-45 所示。

表 5-45　CR400AF 型动车组 TCU 复位操作

名称	CR400AF 型动车组 TCU 复位操作	
编号	BI-CR400AF-5110-001	
适用	（1）CR400AF （2）CR400AF-A （3）CR400AF-B	
注意	无	
步骤	处理过程	
 1	断开 VCB： 司机断开 VCB	
 2	进行 TCU 复位： 随车机械师断开故障车辆直流柜内“牵引变流器控制 1”断路器，10 s 后再闭合，操作完成后通知司机闭合 VCB	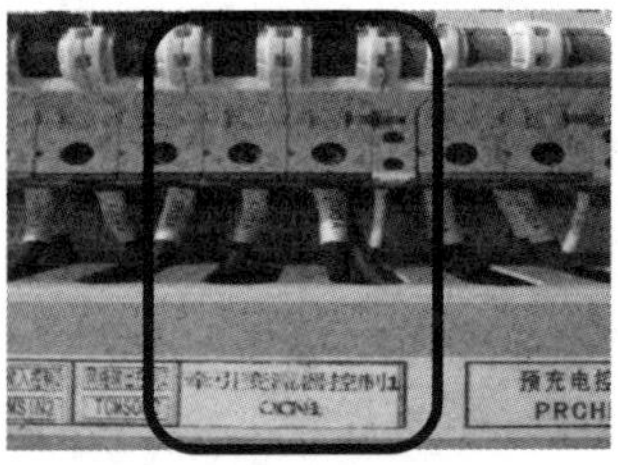

CR400AF 型动车组 ACU 复位操作如表 5-46 所示。

表 5-46　CR400AF 型动车组 ACU 复位操作

名称	CR400AF 型动车组 ACU 复位操作	
编号	BI-CR400AF-6100-001	
适用	（1）CR400AF （2）CR400AF-A （3）CR400AF-B	
注意	无	
步骤	处理过程	
 1	断开 VCB： 司机操作断开 VCB	

续表

<table>
<tr><td>步骤</td><td colspan="2">处理过程</td></tr>
<tr><td>
2</td><td>进行 ACU 复位：
随车机械师断开故障车辆直流柜内“牵引变流器控制 1”断路器，10 s 后再闭合，操作完成后通知司机闭合 VCB</td><td>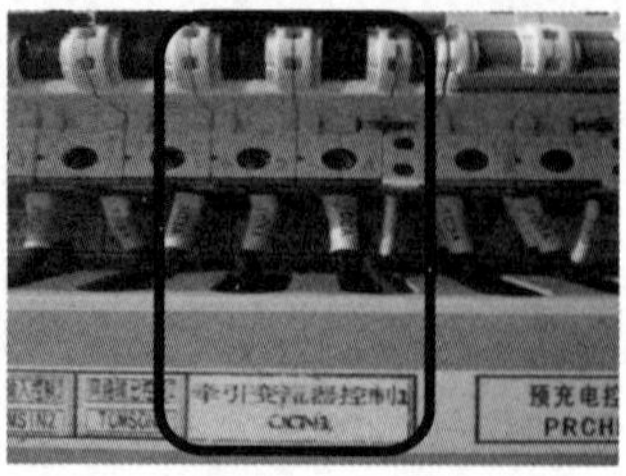</td></tr>
</table>

CR400AF 型动车组 BC 复位操作如表 5-47 所示。

表 5-47　CR400AF 型动车组 BC 复位操作

<table>
<tr><td>名称</td><td colspan="2">CR400AF 型动车组 BC 复位操作</td></tr>
<tr><td>编号</td><td colspan="2">BI-CR400AF-6220-001</td></tr>
<tr><td>适用</td><td colspan="2">（1）CR400AF
（2）CR400AF-A
（3）CR400AF-B</td></tr>
<tr><td>注意</td><td colspan="2">“充电机控制 1/2”断路器位置如下：<table><tr><td>车型</td><td>“充电机控制 1/2”断路器位置</td></tr><tr><td>CR400AF</td><td>01/00 车直流柜</td></tr><tr><td>CR400AF-A</td><td>01/08/09/00 车直流柜</td></tr><tr><td>CR400AF-B</td><td>01/08/09/16/00 车直流柜</td></tr></table></td></tr>
<tr><td>步骤</td><td colspan="2">处理过程</td></tr>
<tr><td>
1</td><td>断开 VCB：
司机断开 VCB</td><td></td></tr>
<tr><td>
2</td><td>进行 BC 复位：
随车机械师断开故障车直流柜内相应“充电机控制 1”或“充电机控制 2”断路器，10 s 后再闭合，操作完成后通知司机闭合 VCB</td><td></td></tr>
</table>

CR400AF 型动车组 BCU 复位操作如表 5-48 所示。

表 5-48　CR400AF 型动车组 BCU 复位操作

<table>
<tr><td>名称</td><td>CR400AF 型动车组 BCU 复位操作</td></tr>
<tr><td>编号</td><td>BI-CR400AF-7210-001</td></tr>
<tr><td>适用</td><td>（1）CR400AF
（2）CR400AF-A
（3）CR400AF-B</td></tr>
<tr><td>注意</td><td>无</td></tr>
</table>

续表

步骤	处理过程	
 1	司机停车： 司机施加制动停车并施加停放制动	
 2	进行 BCU 复位： （1）随车机械师断开故障车辆直流柜内“制动控制 3”断路器，5 s 后断开“制动控制 1”断路器； （2）10 s 后闭合“制动控制 1”断路器，再经过 5 s 后闭合“制动控制 3”断路器，通知司机进行制动试验	
 3	进行制动试验： 司机通过主控端 HMI 屏进行“直通制动试验”“紧急制动 UB 试验”“紧急制动 EB 试验/EB 转 UB 试验”，恢复空气制动可用性	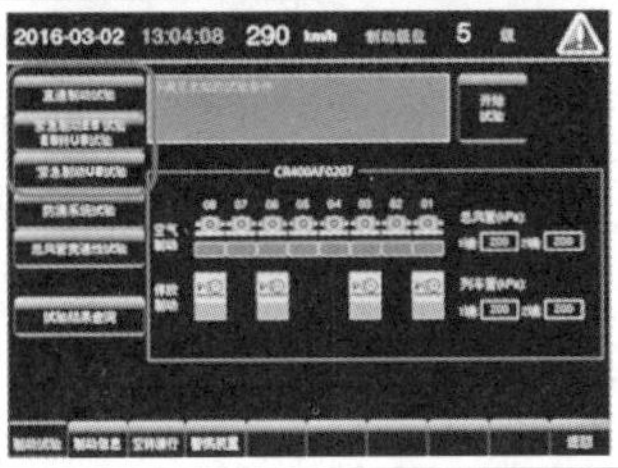

CR400AF 型动车组 CCU 复位和 CCU 主从切换操作如表 5–49 所示。

表 5–49　CR400AF 型动车组 CCU 复位和 CCU 主从切换操作

名称	CR400AF 型动车组 CCU 复位和 CCU 主从切换操作	
编号	BI–CR400AF–8121–001	
适用	（1）CR400AF （2）CR400AF–A （3）CR400AF–B	
注意	⚠CCU 复位操作要在停车、VCB 断开、受电弓降下的状态下进行	
步骤	处理过程	
 1	降弓、断主断操作： 在主控端操作断主断、降弓，操作完成后通知随车机械师	
 2	CCU 复位： 随车机械师断开故障车（01/08/09/00 车）控制柜内“网络系统控制 1”断路器、“网络系统控制 5”断路器，10 s 后再闭合	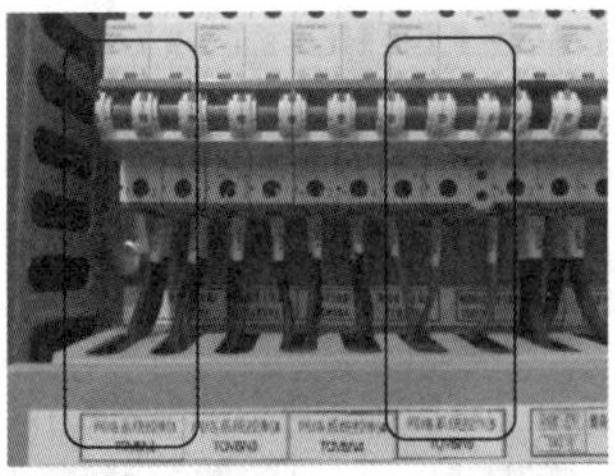
 3	判断主从 CCU： 在 01/08/09/00 车控制柜的 CCU1，观察网关面板上的指示灯：BA 常亮时，代表此时 CCU1 为主 CCU；BA 闪烁时，代表此时 CCU2 为主 CCU	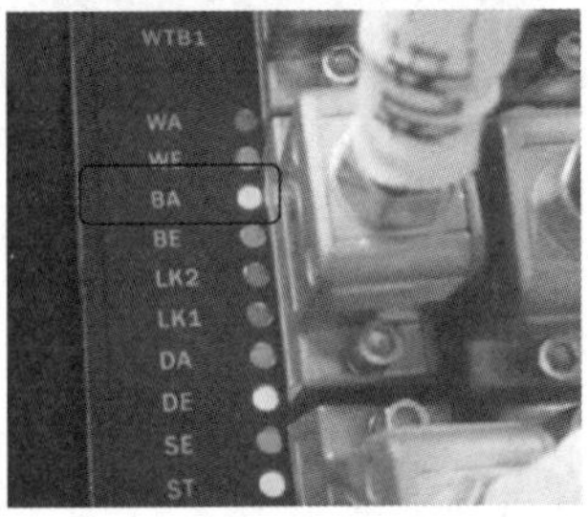

续表

步骤	处理过程	
 4	CCU 主从切换： 若 CCU1 为主 CCU，随车机械师断开故障车（01/08/09/00 车）控制柜内“网络系统控制 1”断路器，10 s 后闭合。 若 CCU2 为主 CCU，随车机械师断开故障车（01/08/09/00 车）控制柜内“网络系统控制 5”断路器，10 s 后闭合	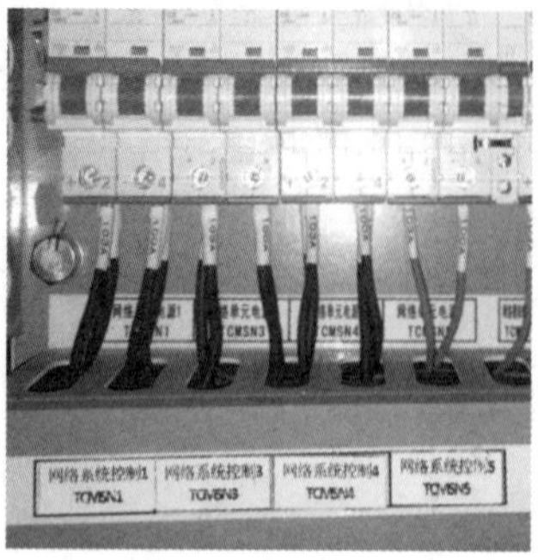

CR400AF 型动车组 HMI 显示屏复位操作如表 5-50 所示。

表 5-50　CR400AF 型动车组 HMI 显示屏复位操作

名称	CR400AF 型动车组 HMI 显示屏复位操作	
编号	BI-CR400AF-8130-001	
适用	（1）CR400AF （2）CR400AF-A （3）CR400AF-B	
注意	（1）⚠HMI 显示屏断路器复位操作，每次间隔时间需在 3 min 以上； （2）⚠禁止单个司机室 HMI 显示屏故障时，将两个显示屏断路器同时断开	
步骤	处理过程	
 1	司机室 HMI 显示屏断路器复位： 复位司机室 HMI 左显示屏时，断开司机室配电盘 2 中的“网络显示器控制 1”断路器，10 s 后再闭合。 复位司机室 HMI 右显示屏时，断开司机室配电盘 2 中的“网络显示器控制 2”断路器，10 s 后再闭合	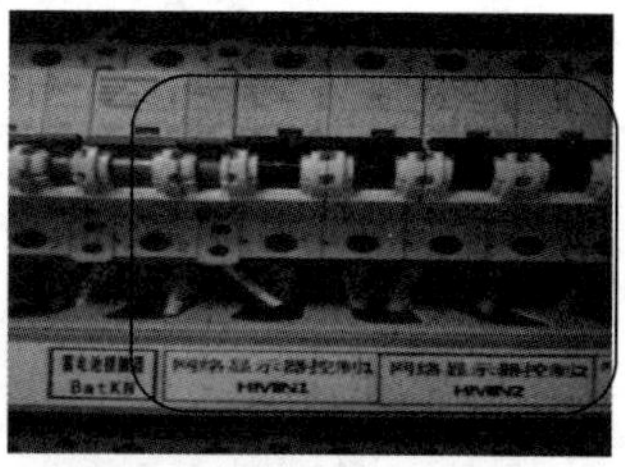
 2	机械师室 HMI 显示屏断路器复位： 断开 05/09 车控制柜中的“网络显示器控制 3”断路器，10 s 后再闭合	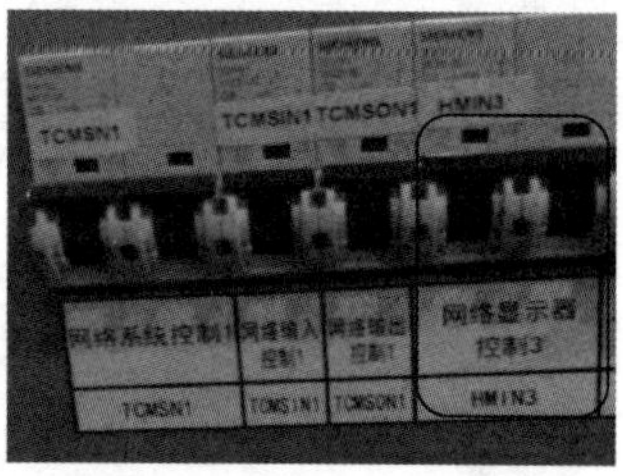

实　训

完成项目 5 任务 5.7 工作单（见表 5-51）。

表 5-51　项目 5 任务 5.7 工作单

项目名称	项目 5 各级复位操作		
任务名称	任务 5.7 CR400AF 型动车组各级复位操作		
班级名称		姓　名	
学习小组			
【基础知识认知】			
1. 判断：进行 CR400AF 型动车组蓄电池接触器断电复位（大复位）操作前，司机要通知列车长做好边门防护。（　　） 2. 以下（　　）项不是进行 CR400AF 型动车组蓄电池接触器断电复位（大复位）操作时必须满足的条件。 A. 停车状态　B. VCB 断开　C. 无火警报警　D. 方向开关置“向前”位 3. 进行 CR400AF 型动车组小复位操作时，司机在主控端司机室断 VCB、降下受电弓，将 VCB 开关置“VCB 断”位保持至少（　　）s。 A. 8　B. 30　C. 60　D. 120 4. 进行 CR400AF 型动车组紧急复位时，为防止在大坡道上溜车，司控器手柄置____位。 5. 进行 CR400AF 型动车组 HMI 显示屏断路器复位操作，每次间隔时间需在（　　）min 以上。 A. 1　B. 3　C. 5　D. 8			
【职业能力训练】			
通过学习相关资料，以小组为单位分别制作 CR400AF 型动车组各级复位操作方法 PPT，根据教师安排，现场讲解 CR400AF 型动车组的一种复位操作方法，讲解时，由两名学生分别扮演司机和随车机械师，各自口述处理过程，共同完成复位操作			
【实训总结】			
指导教师评价：			
任务完成人签字：　　　　日期：　　年　　月　　日 指导教师签字：　　　　日期：　　年　　月　　日			

任务 5.8 CR400BF 型动车组各级复位操作

任务单

任务名称	CR400BF 型动车组各级复位操作
任务分析	从蓄电池接触器断电复位、网络控制系统软件复位，以及常用部件级断电、软件复位等方面学习 CR400BF 型动车组各级复位操作方法。 课前下发《CR400BF 型动车组司机手册》和《动车组途中应急故障处理手册》，提前掌握 CR400BF 型动车组司机室设备布置情况和各级复位操作方法，并在课堂上采用角色扮演的方式进行演示
学习任务	完成项目 5 任务 5.8 工作单
成果展示	项目 5 任务 5.8 工作单、CR400BF 型动车组各级复位操作方法 PPT

学习引导文

5.8.1 CR400BF 型动车组蓄电池接触器断电复位操作

CR400BF 型动车组不适用蓄电池彻底断电操作。

CR400BF 型动车组蓄电池接触器断电复位操作也称大复位操作。

CR400BF 型动车组蓄电池接触器断电复位操作如表 5－52 所示。

表 5－52 CR400BF 型动车组蓄电池接触器断电复位操作

名称	CR400BF 型动车组蓄电池接触器断电复位操作（大复位操作）	
编号	BI－CR400BF－0000－001	
适用	（1）CR400BF （2）CR400BF－A （3）CR400BF－B	
注意	（1）⚠大复位操作断电时，车门可手动紧急解锁开门；大复位操作上电时，所有开启的车门将自动关闭； （2）⚠大复位操作前，司机通知列车长做好边门防护； （3）⚠大复位操作条件：处停车状态、主断路器断开、无火警报警（同时满足）	
步骤	处理过程	
 1	通知列车长并执行关门： 司机通知列车长，列车长通知乘客远离车门。 （1）司机断开主断路器并降弓； （2）司控器置于“B7”位； （3）方向开关置“0”位； （4）操作关门按钮，确认全列塞拉门关闭	
 2	蓄电池重新投入： 将蓄电池开关打到“关”位，待 HMI 屏断电后，重新开启蓄电池	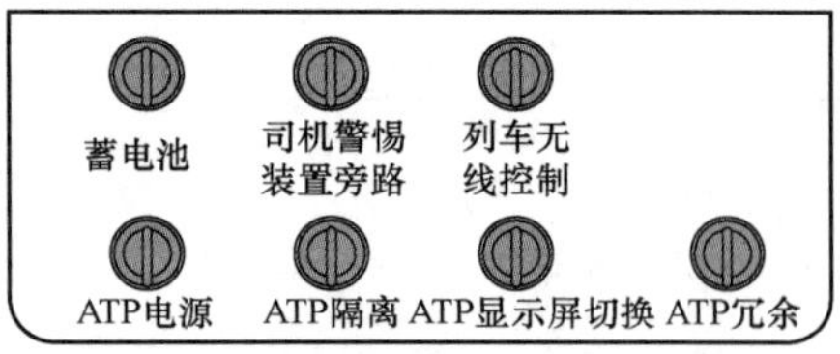
 3	重新占用司机室： 重新占用司机室，将司控器置紧急制动 EB 位，确认制动可用性	

5.8.2　CR400BF 型动车组网络控制系统软件复位

CR400BF 型动车组网络控制系统软件复位操作包括小复位操作、牵引辅助复位操作和紧急复位操作。CR400BF 型动车组小复位操作如表 5–53 所示。

表 5–53　CR400BF 型动车组小复位操作

名称	CR400BF 型动车组小复位操作	
编号	BI–CR400BF–0000–002	
适用	（1）CR400BF （2）CR400BF–A （3）CR400BF–B	
注意	无	
步骤	处理过程	
 1	小复位操作： 断主断路器，降弓，断主断路器保持至少 10 s	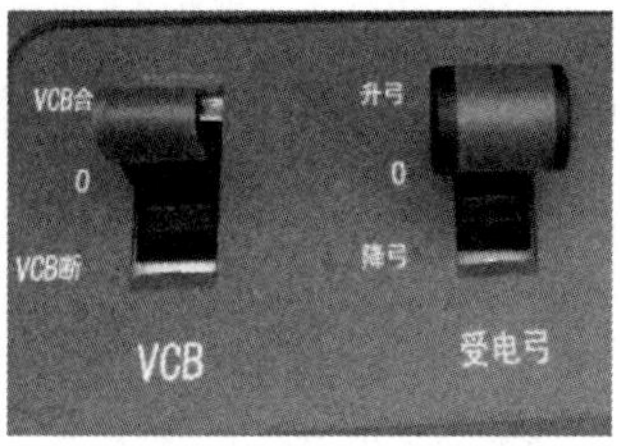
 2	确认复位操作完成： 复位完成后在 HMI 主界面确认出现“小复位”图标，表明小复位操作已完成	

CR400BF 型动车组牵引辅助复位操作如表 5–54 所示。

表 5–54　CR400BF 型动车组牵引辅助复位操作

名称	CR400BF 型动车组牵引辅助复位操作	
编号	BI–CR400BF–5000–003	
适用	（1）CR400BF （2）CR400BF–A （3）CR400BF–B	
注意	（1）⚠复位按钮可以对牵引变流器、辅助变流器进行故障复位； （2）⚠复位仅对子系统故障（如牵引丢失）起复位作用，对于锁死的故障只有在故障处理完毕后才能复位成功	
步骤	处理过程	
 1	断开主断路器： 在主控端司机室断开主断路器，维持车辆惰行或停车状态	
 2	操作复位： 按压操纵台上的复位按钮并保持 3 s	

CR400BF 型动车组紧急复位操作如表 5-55 所示。

表 5-55　CR400BF 型动车组紧急复位操作

名称	CR400BF 型动车组紧急复位操作	
编号	BI-CR400BF-7000-004	
适用	(1) CR400BF (2) CR400BF-A (3) CR400BF-B	
注意	无	
步骤	处理过程	
 1	施加停放制动： 按下【停放施加】按钮，在 HMI 屏制动界面确认全列车停放制动施加	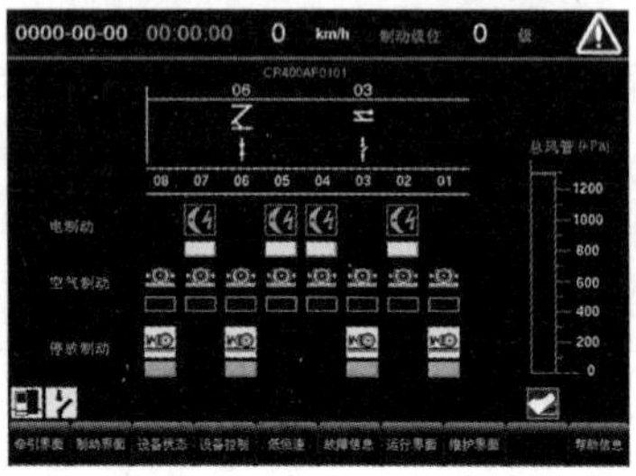
 2	操作手柄： 将司控器置“B7”位	
 3	紧急复位： 按压主控端司机室操纵台上的紧急复位按钮 3 s，确认紧急制动缓解	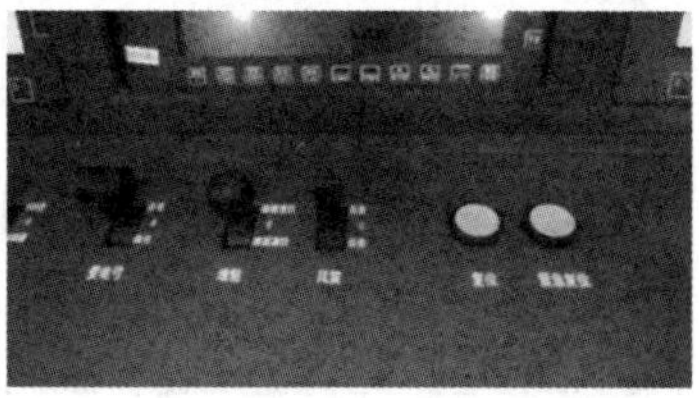

5.8.3　CR400BF 型动车组常用部件级断电、软件复位操作

CR400BF 型动车组常用部件级断电、软件复位操作包括设备远程切除/复位操作、TCU 复位操作、ACU 复位操作、BC 复位操作、BCU 复位操作、CCU 复位和主从切换操作，以及 HMI 复位操作。

CR400BF 型动车组设备远程切除/复位操作如表 5-56 所示。

表 5-56　CR400BF 型动车组设备远程切除/复位操作

名称	CR400BF 型动车组设备远程切除/复位操作
编号	BI-CR400BF-4000-005
适用	(1) CR400BF (2) CR400BF-A (3) CR400BF-B
注意	(1) ⚠受电弓的切除和恢复操作需在降弓、断主断路器的条件下进行； (2) ⚠主断路器、高压隔离开关、牵引变流器、牵引逆变器、辅助变流器、充电机和空气压缩机的切除和恢复操作需在断开主断路器（不需降弓）的条件下进行； (3) ⚠上述设备远程切除/复位操作须在左侧 HMI 显示屏进行

续表

步骤	处理过程	
 1	切除单元设备： （1）点击【设备控制】按键，进入设备切除界面； （2）选择要切除/复位的设备； （3）按下【切除/复位】键	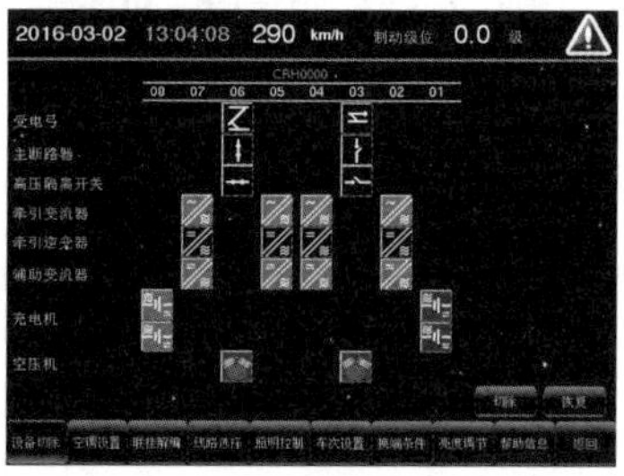
 2	状态确认： 在 HMI 屏设备控制界面中，确认相应设备的切除/复位状态	

CR400BF 型动车组 TCU 复位操作如表 5-57 所示。

表 5-57 CR400BF 型动车组 TCU 复位操作

名称	CR400BF 型动车组 TCU 复位操作	
编号	BI-CR400BF-5110-006	
适用	（1）CR400BF （2）CR400BF-A （3）CR400BF-B	
注意	无	
步骤	处理过程	
 1	断开主断路器： 断开主断路器，降弓	
 2	进行 TCU 复位： 复位 TCU 时，断开故障车辆断路器“=23-F01”“=23-F02”“=23-F25”；10 s 后再闭合断路器。 复位完成后，通知司机闭合主断路器	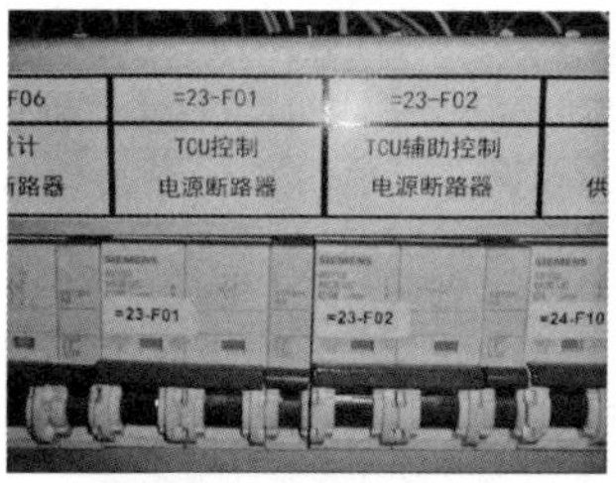 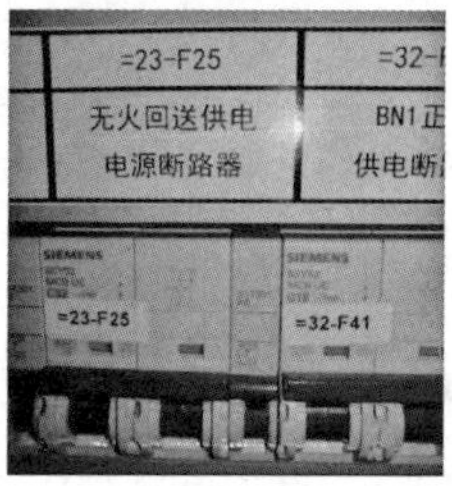

CR400BF 型动车组 ACU 复位操作如表 5-58 所示。

表 5-58　CR400BF 型动车组 ACU 复位操作

<table>
<tr><td>名称</td><td colspan="2">CR400BF 型动车组 ACU 复位操作</td></tr>
<tr><td>编号</td><td colspan="2">BI-CR400BF-6110-007</td></tr>
<tr><td>适用</td><td colspan="2">（1）CR400BF
（2）CR400BF-A
（3）CR400BF-B</td></tr>
<tr><td>注意</td><td colspan="2">ACU 复位涉及空气开关：<table><tr><td>“=31-F01”</td><td>ACU-A 供电断路器</td><td>01/08/09/16 车</td></tr><tr><td>“=31-F02”</td><td>ACU-B 供电断路器</td><td>03/06/11/14 车</td></tr></table></td></tr>
<tr><td>步骤</td><td colspan="2">处理过程</td></tr>
<tr><td></td><td>复位断路器：
在故障 ACU 所在车辆电气控制柜内，断开相应 ACU 供电断路器，10 s 后闭合断路器</td><td>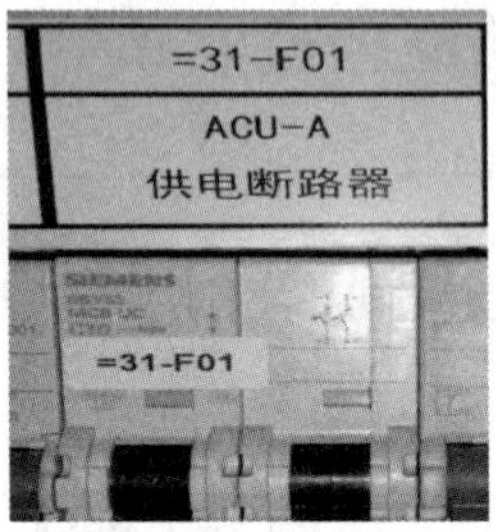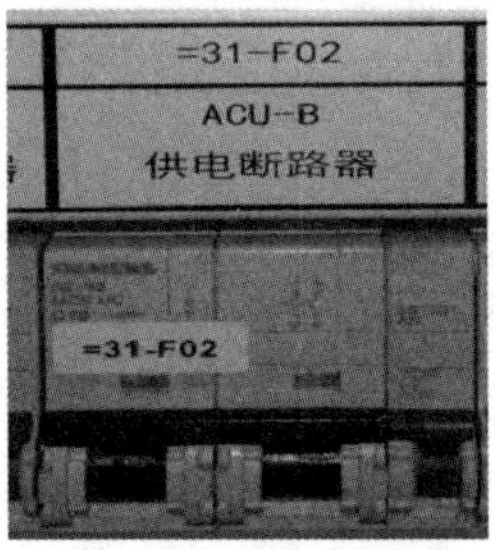</td></tr>
</table>

CR400BF 型动车组 BC 复位操作如表 5-59 所示。

表 5-59　CR400BF 型动车组 BC 复位操作

<table>
<tr><td>名称</td><td colspan="2">CR400BF 型动车组 BC 复位操作</td></tr>
<tr><td>编号</td><td colspan="2">BI-CR400BF-6220-008</td></tr>
<tr><td>适用</td><td colspan="2">（1）CR400BF
（2）CR400BF-A
（3）CR400BF-B</td></tr>
<tr><td>注意</td><td colspan="2">无</td></tr>
<tr><td>步骤</td><td colspan="2">处理过程</td></tr>
<tr><td></td><td>进行 BC 复位：
（1）司机断开 VCB；
（2）机械师在故障车的车辆电气柜内，将电池充电机电源控制断路器“=32-F51”断开，10 s 后闭合；
（3）司机闭合 VCB</td><td>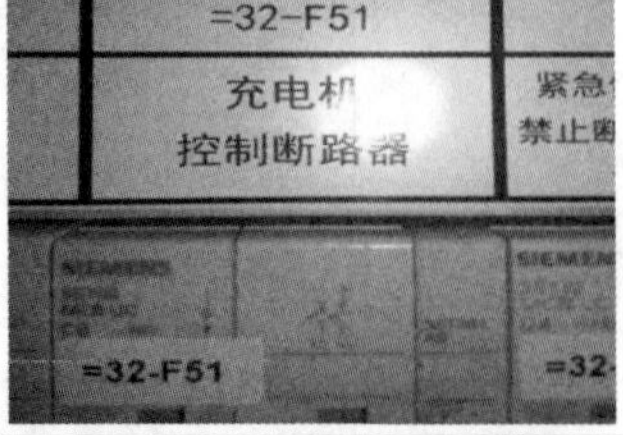</td></tr>
</table>

CR400BF 型动车组 BCU 复位操作如表 5-60 所示。

表 5－60　CR400BF 型动车组 BCU 复位操作

名称	CR400BF 型动车组 BCU 复位操作	
编号	BI－CR400BF－7211－009	
适用	（1）CR400BF （2）CR400BF－A （3）CR400BF－B	
注意	（1）BCU 复位时动车组需停车； （2）断路器“=28－F02”仅设置于拖车	
步骤	处理过程	
 1	断开空气开关： 先断开相应车厢 EBCU.2 供电空气开关：“=28－F02”，再断开 EBCU.1 供电空气开关：“=28－F01”	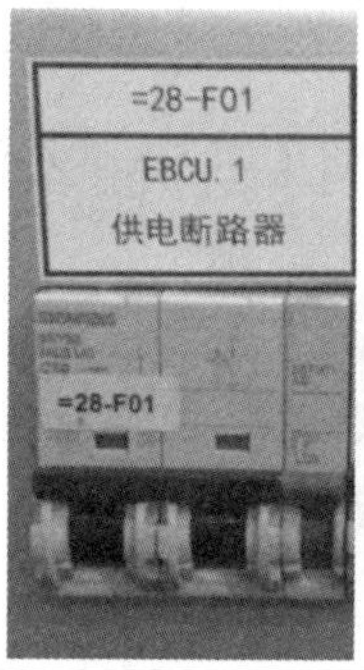 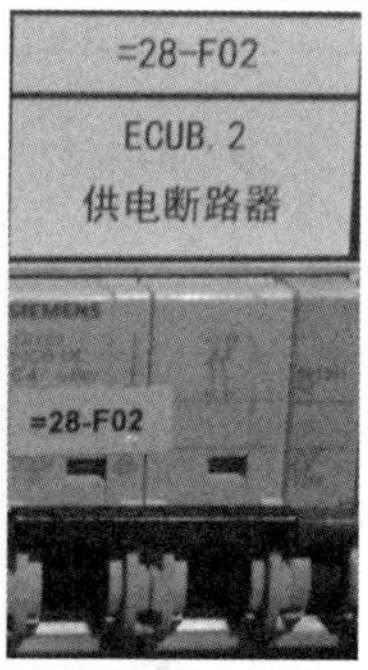
 2	恢复空气开关： 10 s 后，先闭合 EBCU.1 供电空气开关：“=28－F01”，再闭合 EBCU.2 供电空气开关：“=28－F02”	

CR400BF 型动车组 CCU 复位和主从切换操作如表 5－61 所示。

表 5－61　CR400BF 型动车组 CCU 复位和主从切换操作

名称	CR400BF 型动车组 CCU 复位和主从切换操作	
编号	BI－CR400BF－8121－010	
适用	（1）CR400BF （2）CR400BF－A （3）CR400BF－B	
注意	（1）CCU 主从切换操作要在主断路器断开的条件下进行； （2）断开 CCU 断路器，等 5 s 后再闭合	
步骤	处理过程	
 1	复位 CCU 断路器： 打开司机室左后方控制柜。 复位 CCU1 供电断路器“=24－F01”。 复位 CCU2 供电断路器“=24－F02”	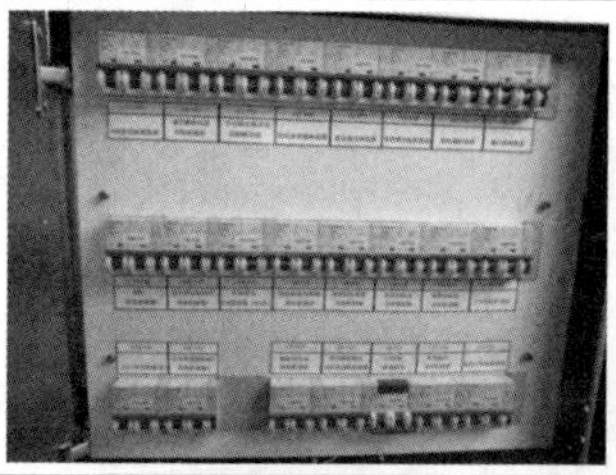 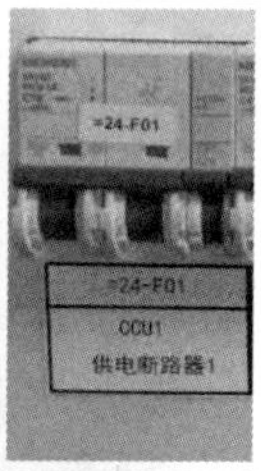
 2	CCU 主从判断： 打开司机座椅右侧后方 CCU1 盖板，观察数码管显示：显示为“A”时，代表此时 CCU1 为主 CCU；显示为“S”时，代表此时 CCU2 为主 CCU	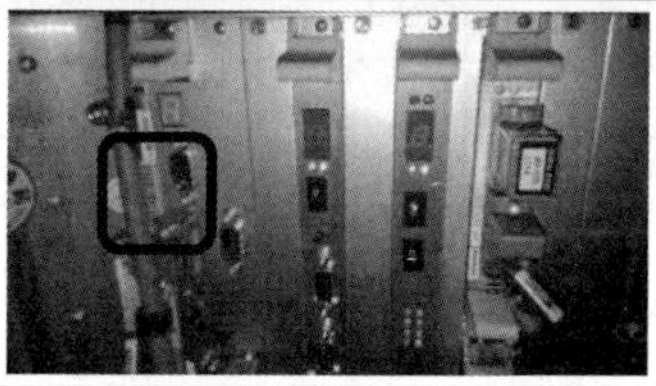

续表

步骤	处理过程	
 3	CCU 主从切换： 若 CCU1 为主 CCU，断开 CCU1 供电断路器“=24－F01”，10 s 后闭合。 若 CCU2 为主 CCU，断开 CCU2 供电断路器“=24－F02”，10 s 后闭合	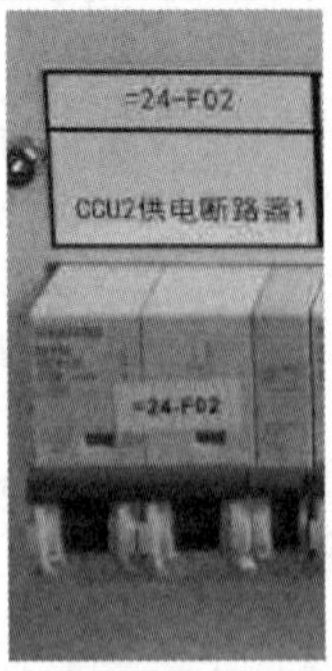

CR400BF 型动车组 HMI 复位操作如表 5－62 所示。

表 5－62　CR400BF 型动车组 HMI 复位操作

名称	CR400BF 型动车组 HMI 复位操作	
编号	BI－CR400BF－8131－011	
适用	（1）CR400BF （2）CR400BF－A （3）CR400BF－B	
注意	（1）⚠两次复位的间隔时间必须在 3 min 以上； （2）⚠禁止在单个显示屏故障时，将两个断路器同时断开	
步骤	处理过程	
 1	复位司机室 HMI 断路器： 打开观光区右前方柜门，复位 HMI 供电断路器。 复位司机室左屏供电断路器“=24－F40”， 复位司机室右屏供电断路器“=24－F41”	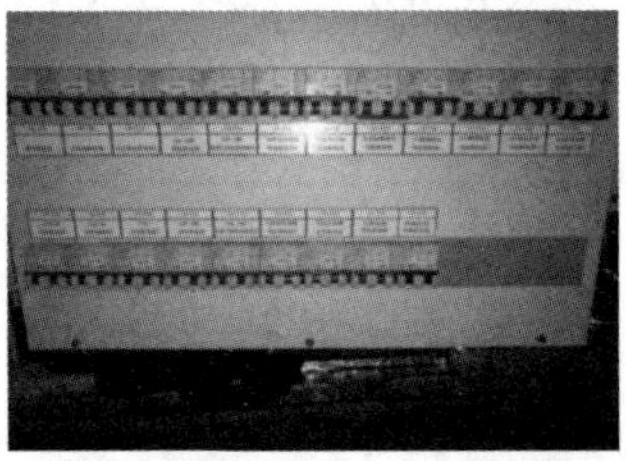 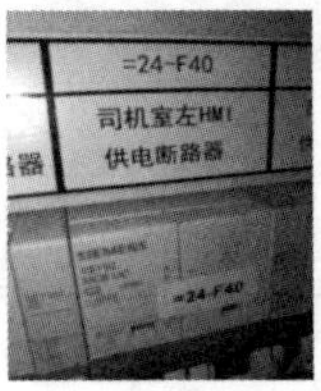 
 2	复位机械师 HMI 断路器： 打开 05 车电气柜，复位断路器“=24－F45”	

实　训

完成项目 5 任务 5.8 工作单（见表 5-63）。

表 5-63　项目 5 任务 5.8 工作单

<table>
<tr><td>项目名称</td><td colspan="3">项目 5 各级复位操作</td></tr>
<tr><td>任务名称</td><td colspan="3">任务 5.8 CR400BF 型动车组各级复位操作</td></tr>
<tr><td>班级名称</td><td></td><td>姓　名</td><td></td></tr>
<tr><td>学习小组</td><td colspan="3"></td></tr>
<tr><td colspan="4">【基础知识认知】</td></tr>
<tr><td colspan="4">1. 判断：CR400BF 型动车组受电弓的切除和恢复操作需在降弓、断主断路器的条件下进行。（　　）
2. 判断：CR400BF 型动车组牵引变流器、辅助变流器的切除和恢复操作必须在降弓、断主断路器的条件下进行。（　　）
3. 判断：CR400BF 型动车组单个显示屏故障时，要将两个 HMI 断路器同时断开。（　　）
4. 判断：CR400BF 型动车组操纵台上的复位按钮可以对牵引变流器、辅助变流器进行故障复位。（　　）</td></tr>
<tr><td colspan="4">【职业能力训练】</td></tr>
<tr><td colspan="4">通过学习相关资料，以小组为单位分别制作 CR400BF 型动车组各级复位操作方法 PPT，根据教师安排，现场讲解 CR400BF 型动车组的一种复位操作方法，讲解时，由两名学生分别扮演司机和随车机械师，各自口述处理过程，共同完成复位操作</td></tr>
<tr><td colspan="4">【实训总结】</td></tr>
<tr><td colspan="4"></td></tr>
<tr><td colspan="4">指导教师评价：</td></tr>
<tr><td colspan="4">任务完成人签字：　　　　　　　　日期：　　年　　月　　日

指导教师签字：　　　　　　　　　日期：　　年　　月　　日</td></tr>
</table>

项目 6　应急故障处理

项目描述

行进途中故障应急处理是随车机械师的主要工作内容之一，也是动车组运用与管理课程的重点。进行应急处理时，应坚持安全第一的原则，同时兼顾时效性，很多故障可能导致列车运行性能降低，但仍可以维持运行，经过处理，也许可以恢复列车的运行性能，但也可能会因耗时过多，而造成较严重的晚点，甚至有可能因处理不当而造成故障扩大化。因此应综合各种情况，判断选择在前方车站采取处理措施，恢复性能，还是维持现状继续运行。进行应急处理时，随车机械师应与故障发生地铁路局动车调度员、动车组司机保持联系。

本项目主要依据《动车组途中应急故障处理手册》编写，针对 CR400BF 型动车组，重点学习车厢制动切除等 4 项应急故障处理中的基本操作方法和齿轮箱温度预警、报警级等 7 项重点故障处理办法，使学生掌握重点故障的应急处理流程，同时牢固树立安全正点意识，不臆测行车、盲目行车。

本项目任务

任务 6.1　车厢制动切除
任务 6.2　门扇隔离及侧门紧急开门
任务 6.3　前端开闭机构手动开关
任务 6.4　统型过渡车钩的安装及拆卸
任务 6.5　齿轮箱温度预警、报警故障应急处理
任务 6.6　受电弓故障应急处理
任务 6.7　制动不缓解故障应急处理

教学目标

1. 知识目标

（1）掌握 CR400BF 型动车组车厢制动切除操作方法；
（2）掌握 CR400BF 型动车组门扇隔离及侧门紧急开门操作方法；
（3）掌握 CR400BF 型动车组前端开闭机构手动开关操作方法；
（4）掌握 CR400BF 型动车组统型过渡车钩的安装及拆卸操作方法；
（5）掌握 CR400BF 型动车组齿轮箱温度预警、报警故障应急处理方法；
（6）掌握 CR400BF 型动车组受电弓控制、机械故障应急处理方法；
（7）掌握 CR400BF 型动车组紧急制动 EB 不缓解、紧急制动 UB 不缓解和常用制动不缓解故障应急处理方法。

2. 能力目标

依托高铁综合实训基地和机车车辆实训基地，采用角色扮演的方式，完成以下任务：
（1）进行 CR400BF 型动车组 01 车空气制动切除、停放制动切除和空气制动与停放制动全部切除操作；
（2）进行 CR400BF 型动车组门扇隔离及侧门紧急开门操作；
（3）进行 CR400BF 型动车组前端开闭机构手动开关操作；
（4）进行机车适配模块安装拆解操作；

（5）进行 CR400BF 型动车组齿轮箱温度预警、报警故障应急处理；

（6）进行 CR400BF 型动车组受电弓控制、机械故障应急处理；

（7）进行 CR400BF 型动车组紧急制动 EB 不缓解、紧急制动 UB 不缓解和常用制动不缓解故障应急处理。

3. 课程思政目标

（1）牢固树立安全正点意识，在动车组突发故障时，能够沉着冷静地按照规定进行应急处理；

（2）培养实际操作能力，树立劳动意识；

（3）培养团队协作能力。

任务 6.1　车厢制动切除

任务单

任务名称	车厢制动切除
任务分析	从空气制动切除、停放制动切除，以及空气制动与停放制动全部切除三个方面学习车厢制动切除操作方法。 依托高铁综合实训基地，采用角色扮演的方式，严格按照作业标准进行车厢制动切除操作，作业结束后做到“工完料净场地清”，从而提高学生实际操作能力和职业素养
学习任务	完成项目 6 任务 6.1 工作单
成果展示	项目 6 任务 6.1 工作单、进行车厢制动切除操作的影像资料

学习引导文

6.1.1　空气制动切除操作

空气制动切除操作如表 6–1 所示。

表 6–1　空气制动切除操作

名称	空气制动切除操作	
编号	BI–CR400BF–7000–001	
适用	（1）CR400BF （2）CR400BF–A （3）CR400BF–B	
注意	无	
步骤	处理过程	
 1	切除空气制动供风： ● 车上切除操作 将 PIS 柜内车辆控制面板上单车空气制动隔离开关“28–S06”置“关”位，切除本车空气制动，并通过压力表确认缓解。 ● 车下切除操作 将车辆一位侧制动阀板上 B32 塞门置于“关断”位（手柄与管路垂直），此时制动指示器显示绿色	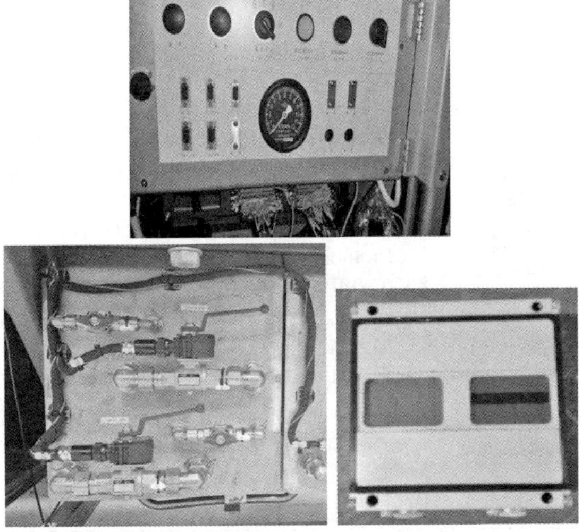

续表

步骤	处理过程	
 2	通过 HMI 确认切除状态： 司机通过 HMI 制动主界面空气制动状态确认空气制动已切除	

6.1.2 停放制动切除操作

停放制动切除操作如表 6-2 所示。

表 6-2 停放制动切除操作

名称	停放制动切除操作	
编号	BI-CR400BF-7000-002	
适用	（1）CR400BF （2）CR400BF-A （3）CR400BF-B	
注意	（1）停放制动配置。 ① CR400BF 型动车组（CR400BF-0503、CR400BF-0507、CR400BF-5001 至 CR400BF-5047、CR400BF-5068 至 CR400BF-5081）停放制动设置于 01/03/06/00 车，其中 01/00 车仅二位端转向架设置停放制动；CR400BF-5081 之后的 CR400BF 型动车组 01/03/06/00 车的所有转向架均设置停放制动。 ② CR400BF-A 型动车组（CR400BF-A-5048 至 CR400BF-A-5067、CR400BF-A-5082 至 CR400BF-A-5095）停放制动设置于 01/03/06/08/09/11/14/00 车，其中 01/08/09/00 车仅二位端转向架设置停放制动；CR400BF-A-5095 之后的 CR400BF-A 型动车组 01/03/06/08/09/11/14/00 车的所有转向架均设置停放制动）。 ③ CR400BF-B 型动车组（CR400BF-B-5097）停放制动设置于 01/03/06/08/09/11/14/00 车，其中 01/08/09/00 车仅二位端转向架设置停放制动；CR400BF-B-5097 之后的 CR400BF-B 型动车组停放制动设置于 01/03/06/08/09/11/14/00 车，其中 00 车仅一位端转向架设置停放制动。 （2）司机应通过点击 HMI 屏提示框对停放制动切除进行确认，如不确认，当列车速度高于 5 km/h 时列车将施加紧急制动停车。 （3）停放制动隔离车辆，停放缓解指示器显示红色	
步骤	处理过程	
 1	切除空气制动供风	
 2	切除停放制动供风： 在车上打开 B35 塞门（塞门手柄与管路水平），CR400BF 型动车组 01/00 车 B35 塞门在二位端大件行李柜检查门内；03/06 车 B35 塞门在客室检查门内。 CR400BF-A 型动车组 01/00 车 B35 塞门在二位端大件行李柜检查门内；03/06/08/09/11/14 车 B35 塞门在客室检查门内。 CR400BF-B 型动车组 01/00 车 B35 塞门在二位端大件行李柜检查门内；03/06/08/09/11/14/16（CR400BF-B-5097 的 16 车未配置停放制动，除外）车 B35 塞门在客室检查门内。 如上述操作无效，则打开制动阀板所在的裙板，关闭该车 B37 塞门（塞门手柄与管路垂直）	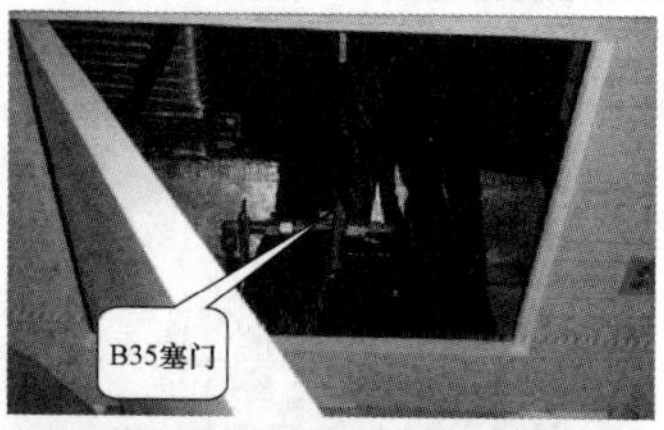 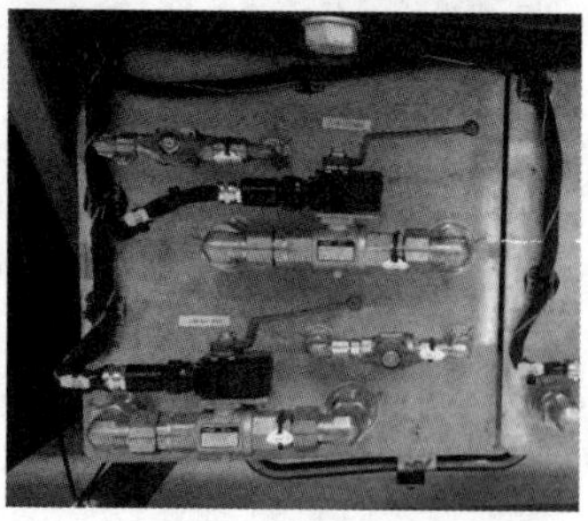

续表

步骤	处理过程	
 3	车下缓解操作： 1. 在车下拉动停放制动紧急缓解拉手，缓解停放制动，可听见明显的“砰”声。 2. 车下确认停放制动已缓解（闸片与制动盘间存在间隙代表缓解）	
  4	停放制动隔离确认： 随车机械师确认手动缓解完成，通知司机在 HMI 屏弹出界面点击【确认】按键，进行停放制动隔离确认	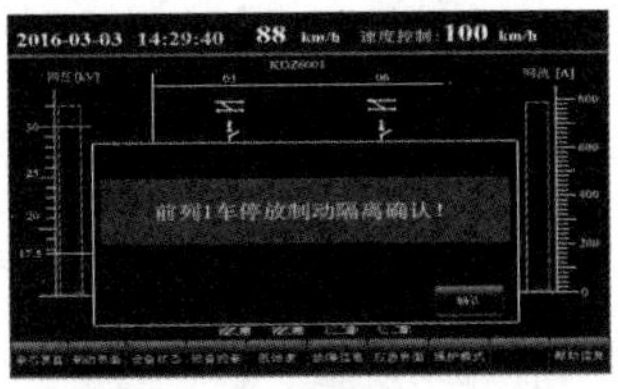
 5	恢复空气制动供风： 处理完毕后，恢复本车空气制动，并通过压力表确认空气制动已施加	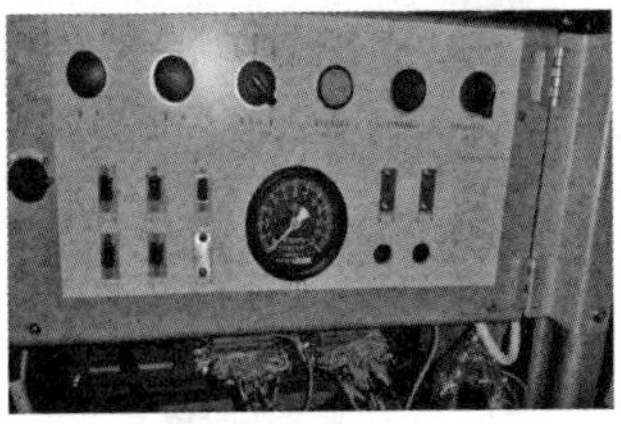
 6	通过 HMI 确认制动状态： 司机通过 HMI 制动主界面确认停放制动已切除，空气制动缓解状态正常	
  7	滚动试验确认： 随车机械师通知司机进行人工滚动试验	
 8	前方站停车检查： 制动切除恢复运行后，随车机械师按规定申请在前方站停车检查，对制动切除车厢制动盘进行点温，重点检查是否存在抱闸现象	

6.1.3 空气制动与停放制动全部切除操作

空气制动与停放制动全部切除操作如表 6-3 所示。

表 6-3 空气制动与停放制动全部切除操作

名称	空气制动与停放制动全部切除操作
编号	BI-CR400BF-7000-003
适用	（1）CR400BF （2）CR400BF-A （3）CR400BF-B

续表

注意	（1）⚠停放制动配置。 ① CR400BF 型动车组（CR400BF－0503、CR400BF－0507、CR400BF－5001 至 CR400BF－5047、CR400BF－5068 至 CR400BF－5081）停放制动设置于 01/03/06/00 车，其中 01/00 车仅二位端转向架设置停放制动；CR400BF－5081 之后的 CR400BF 型动车组 01/03/06/00 车的所有转向架均设置停放制动。 ② CR400BF－A 型动车组（CR400BF－A－5048 至 CR400BF－A－5067、CR400BF－A－5082 至 CR400BF－A－5095）停放制动设置于 01/03/06/08/09/11/14/00 车，其中 01/08/09/00 车仅二位端转向架设置停放制动；CR400BF－A－5095 之后的 CR400BF－A 型动车组 01/03/06/08/09/11/14/00 车的所有转向架均设置停放制动。 ③ CR400BF－B 型动车组（CR400BF－B－5097）停放制动设置于 01/03/06/08/09/11/14/00 车，其中 01/08/09/00 车仅二位端转向架设置停放制动；CR400BF－B－5097 之后的 CR400BF－B 型动车组停放制动设置于 01/03/06/08/09/11/14/00 车，其中 00 车仅一位端转向架设置停放制动。 （2）⚠停放制动手动隔离后，若不在 HMI 屏进行停放制动隔离确认，动车组速度达到 5 km/h 以上时，将自动触发紧急制动 EB 停车。 （3）⚠停放制动隔离车辆，停放缓解指示器显示红色。 （4）⚠恢复停放制动切除，停放制动隔离塞门复位后，应先缓解停放制动，再施加停放制动	
步骤	处理过程	
 1	切除空气制动供风	
 2	切除停放制动： 完成停放制动切除、缓解、确认操作	
 3	确认制动切除状态： 司机通过 HMI 确认空气制动、停放制动已切除	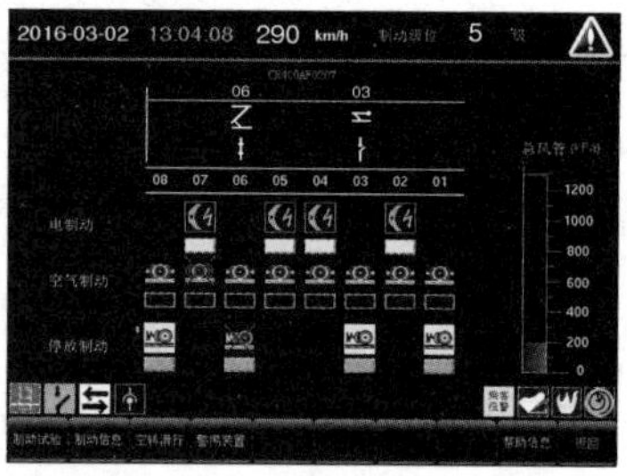
  4	滚动试验确认： 进行人工滚动试验	
 5	前方站停车检查： 制动切除恢复运行后，随车机械师按规定申请前方站停车检查，对制动切除车厢制动盘进行点温，重点检查是否存在抱闸现象	

实 训

完成项目 6 任务 6.1 工作单（见表 6-4）。

表 6-4 项目 6 任务 6.1 工作单

<table>
<tr><td>项目名称</td><td colspan="3">项目 6 应急故障处理</td></tr>
<tr><td>任务名称</td><td colspan="3">任务 6.1 车厢制动切除</td></tr>
<tr><td>班级名称</td><td></td><td>姓　名</td><td></td></tr>
<tr><td>学习小组</td><td colspan="3"></td></tr>
<tr><td colspan="4">【基础知识认知】</td></tr>
<tr><td colspan="4">1. 针对 CR400BF 型动车组，司机应通过点击 HMI 屏提示框对停放制动切除进行确认，如不确认，当列车速度高于（　　）km/h 时列车将施加紧急制动停车。
A. 5　B. 10　C. 20　D. 30
2. 停放制动隔离车辆，停放缓解指示器显示_______色。
3. 判断：恢复 CR400BF 型动车组停放制动切除时，停放制动隔离塞门复位后，应先缓解停放制动，再施加停放制动。（　　）
4. 制动控制单元的英文简写是（　　）。
A. ACU　B. BCU　C. CCU　D. TCU
5. 停放制动的英文简写是（　　）。
A. SB　B. EB　C. PB　D. ED
6. 制动管的英文简写是（　　）。
A. BP　B. MRP　C. MR　D. WSP</td></tr>
<tr><td colspan="4">【职业能力训练】</td></tr>
<tr><td colspan="4">每个小组选派两名学生分别扮演司机和随车机械师，对 CR400BF 型动车组 01 车进行空气制动切除、停放制动切除，以及空气制动与停放制动全部切除操作。每个小组作业结束后，其余学生可以指出作业中存在的问题，教师针对注意事项和操作步骤进行提问，同时对作业情况进行点评</td></tr>
<tr><td colspan="4">【实训总结】</td></tr>
<tr><td colspan="4"></td></tr>
<tr><td colspan="4">指导教师评价：</td></tr>
<tr><td colspan="4">任务完成人签字：　　　　日期：　　年　　月　　日
指导教师签字：　　　　日期：　　年　　月　　日</td></tr>
</table>

任务 6.2　门扇隔离及侧门紧急开门

任务单

任务名称	门扇隔离及侧门紧急开门
任务分析	分别学习门扇隔离及侧门紧急开门的操作方法。 依托高铁综合实训基地，采用角色扮演的方式，严格按照作业标准进行门扇隔离及侧门紧急开门操作，提高学生实际操作能力和职业素养
学习任务	完成项目 6 任务 6.2 工作单
成果展示	项目 6 任务 6.2 工作单、进行门扇隔离及侧门紧急开门操作的影像资料

学习引导文

6.2.1　门扇隔离操作

门扇隔离操作如表 6–5 所示。

表 6–5　门扇隔离操作

名称	门扇隔离操作	
编号	BI–CR400BF–C100–005	
适用	（1）CR400BF （2）CR400BF–A （3）CR400BF–B	
注意	⚠必须将车门手动关闭到位，否则无法隔离	
步骤	处理过程	
 1	切断车门控制： 车门带电，处于打开位置，随车机械师用四角钥匙将“紧急解锁请求钥匙开关”右旋 90°，或用四角钥匙打开塞拉门罩板，断开端子排上的“电源开关‘M2–QF1’”，切断车门控制	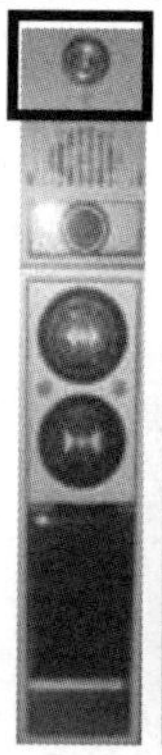 
 2	关闭车门： 手动将车门关闭到二级锁闭位置	
 3	隔离车门： 用四角钥匙操作门页上的隔离锁将车门可靠隔离。 ⚠红点位置在“隔离”字样处，表示车门可靠隔离。 ⚠若车门处于二级锁闭位置时，直接执行第 4 步	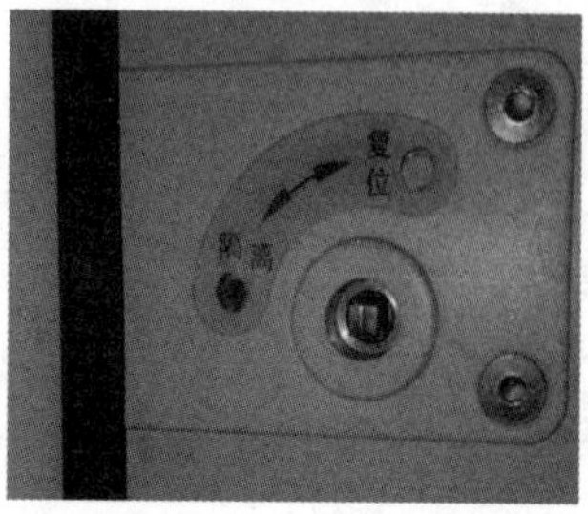

续表

步骤	处理过程	
4	开关复位： 用四角钥匙将“紧急解锁请求钥匙开关”左旋 90°或闭合“电源开关‘M2－QF1’”，使开关复位	

6.2.2　侧门紧急开门操作

侧门紧急开门操作如表 6－6 所示。

表 6－6　侧门紧急开门操作

名称	侧门紧急开门操作	
编号	BI－CR400BF－C100－006	
适用	（1）CR400BF （2）CR400BF－A （3）CR400BF－B	
注意	（1）⚠在门系统有电且列车速度大于 10 km/h 时，操作紧急开门装置将不能打开车门。 （2）⚠在门系统有电、列车速度大于 5 km/h 且小于 10 km/h 时，需保持把手一直处于拉起状态才能紧急开门，把手松开后车门会自动关闭。 （3）⚠开关使用完后必须复位	
步骤	处理过程	
1	切断车门控制： 车门带电，随车机械师用四角钥匙将“紧急解锁请求钥匙开关”右旋 90°，或用四角钥匙打开塞拉门罩板，断开端子排上的“电源开关‘M2－QF1’”，切断车门控制。 ⚠若车门无电时，直接执行第 2 步	 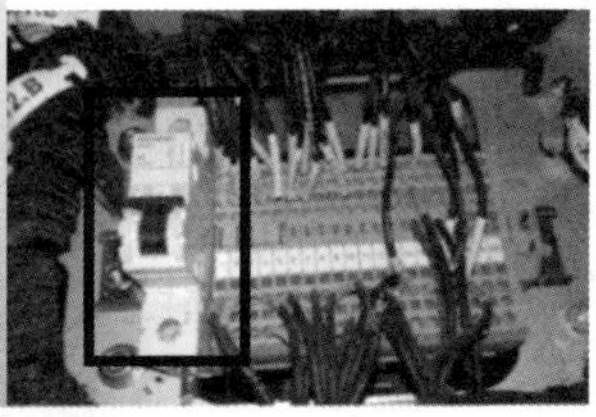
2	紧急开门： 扳动红色把手解锁，向外推动车门，车门离开锁闭位置后可松开把手，手动拉开车门	
3	开关复位： 用四角钥匙将“紧急解锁请求钥匙开关”左旋 90°或闭合“电源开关‘M2－QF1’”，使开关复位	
4	关闭车门： 触摸“关门按钮”自动关闭车门。若车门不能自动关闭，则隔离车门	

实 训

完成项目 6 任务 6.2 工作单（见表 6–7）。

表 6–7 项目 6 任务 6.2 工作单

<table>
<tr><td>项目名称</td><td colspan="3">项目 6 应急故障处理</td></tr>
<tr><td>任务名称</td><td colspan="3">任务 6.2 门扇隔离及侧门紧急开门</td></tr>
<tr><td>班级名称</td><td></td><td>姓 名</td><td></td></tr>
<tr><td>学习小组</td><td colspan="3"></td></tr>
<tr><td colspan="4">【基础知识认知】</td></tr>
<tr><td colspan="4">1. 针对 CR400BF 型动车组，在门系统有电且列车速度大于（ ）km/h 时，操作紧急开门装置将不能打开车门。
A. 3　　B. 5　　C. 10　　D. 30
2. 隔离 CR400BF 型动车组车门时，用（ ）操作门扇上的隔离锁将车门可靠隔离。
A. 三角钥匙　　B. 四角钥匙　　C. 内六角钥匙　　D. 主控钥匙
3. 判断：隔离 CR400BF 型动车组车门时，隔离锁的红点位置在“隔离”字样处，表示车门可靠隔离。（ ）
4. 门控单元的英文简写是（ ）。
A. ACU　　B. BCU　　C. CCU　　D. DCU</td></tr>
<tr><td colspan="4">【职业能力训练】</td></tr>
<tr><td colspan="4">每个小组选派两名学生分别扮演司机和随车机械师，对 CR400BF 型动车组进行门扇隔离及侧门紧急开门操作。每个小组作业结束后，其余学生可以指出作业中存在的问题，教师针对注意事项和操作步骤进行提问，同时对作业情况进行点评</td></tr>
<tr><td colspan="4">【实训总结】</td></tr>
<tr><td colspan="4"></td></tr>
<tr><td colspan="4">指导教师评价：</td></tr>
<tr><td colspan="4">任务完成人签字：　　　　日期：　年　月　日
指导教师签字：　　　　日期：　年　月　日</td></tr>
</table>

任务 6.3　前端开闭机构手动开关

任务单

任务名称	前端开闭机构手动开关
任务分析	从手动开启和手动关闭两个方面学习前端开闭机构手动开关操作方法。 依托高铁综合实训基地，采用角色扮演的方式，严格按照作业标准进行前端开闭机构手动开关操作，作业结束后做到“工完料净场地清”，从而提高学生实际操作能力和职业素养
学习任务	完成项目 6 任务 6.3 工作单
成果展示	项目 6 任务 6.3 工作单、进行前端开闭机构手动开关操作的影像资料

学习引导文

6.3.1　手动开启操作

手动开启操作如表 6-8 所示。

表 6-8　手动开启操作

名称	手动开启操作	
编号	BI-CR400BF-2100-006	
适用	（1）CR400BF （2）CR400BF-A （3）CR400BF-B	
注意	（1）总风管压力（MRP）>650 kPa。 （2）CR400BF-A 及 CR400BF-B 型动车组无“=74-F08”及“=74-F09”，可忽略相应空气开关处置	
步骤	处理过程	
 1	关闭机构电源： 断开客室电气柜车钩开闭机构电源“=74-F08”及“=74-F09”	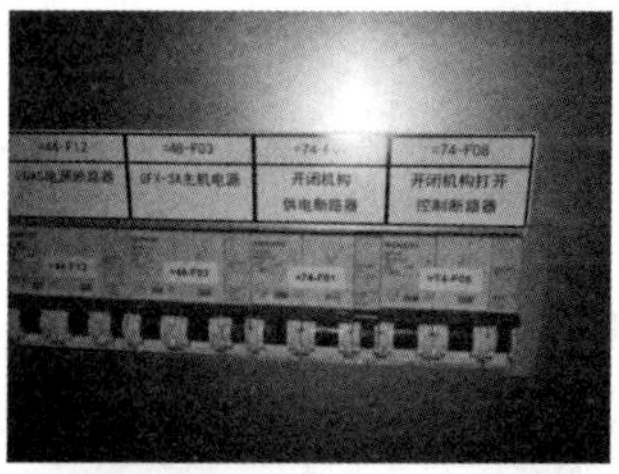 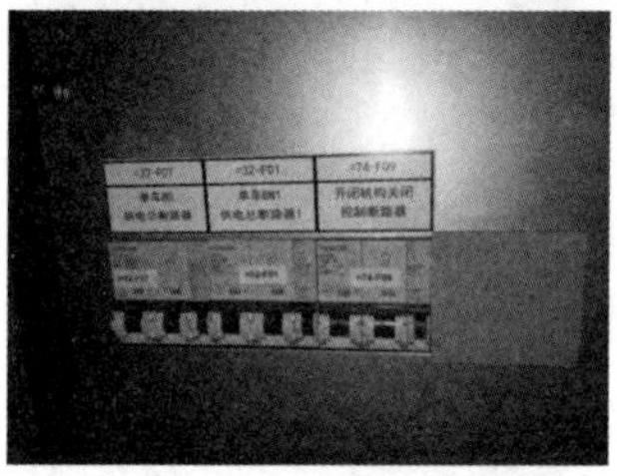
 2	截断风源： 关闭头车一位端一位侧开闭机构供风截断塞门 Z38	

续表

步骤	处理过程	
 3	解锁开闭机构： 由随车机械师将六角棘轮扳手（SW18）套在固定罩下方手动解锁六角螺柱上，按照前端模块下方旋转箭头开的方向，旋转棘轮扳手解锁开闭机构（解锁状态）。 操作双孔开闭门双侧解锁结构的机构时，可先对其中一侧完成解锁操作后，再对另一侧进行解锁操作。 操作单孔开闭门同步解锁结构的机构时，只需按照前端模块下方旋转箭头方向操作即可	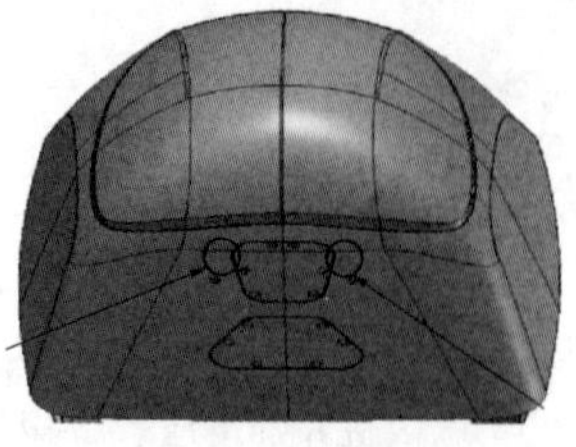 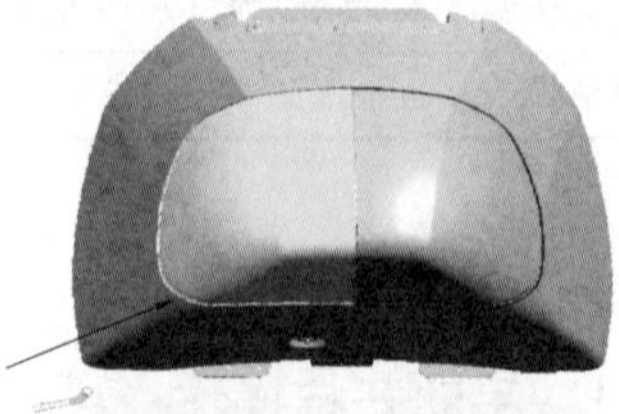 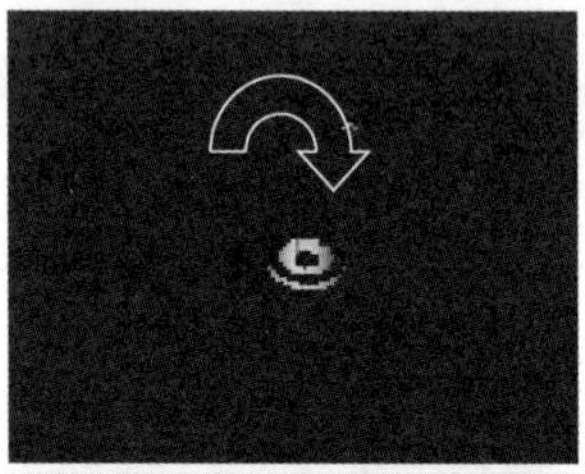 
 4	手动打开舱门： 在头罩解锁状态下，由随车机械师手动推开开闭机构舱门	
 5	确认锁闭： 开闭机构手动开启完毕，手拉开闭机构舱门，确保锁闭到位	
 6	恢复电源及塞门： 闭合客室电气柜车钩开闭机构电源“=74－F08”及“=74－F09”； 打开头车一位端一位侧开闭机构供风截断塞门 Z38	

6.3.2 手动关闭操作

手动关闭操作如表 6－9 所示。

表 6－9 手动关闭操作

名称	手动关闭操作
编号	BI－CR400BF－2100－007
适用	（1）CR400BF （2）CR400BF－A （3）CR400BF－B

续表

注意	（1）总风管压力（MRP）＞650 kPa。 （2）CR400BF－A 及 CR400BF－B 型动车组无“=74－F08”及“=74－F09”，可忽略相应空气开关处置	
步骤	处理过程	
 1	关闭机构电源： 断开客室电气柜车钩开闭机构电源“=74－F08”及“=74－F09”	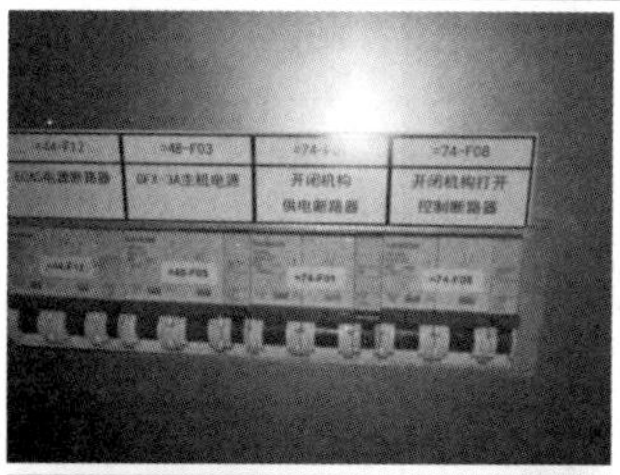 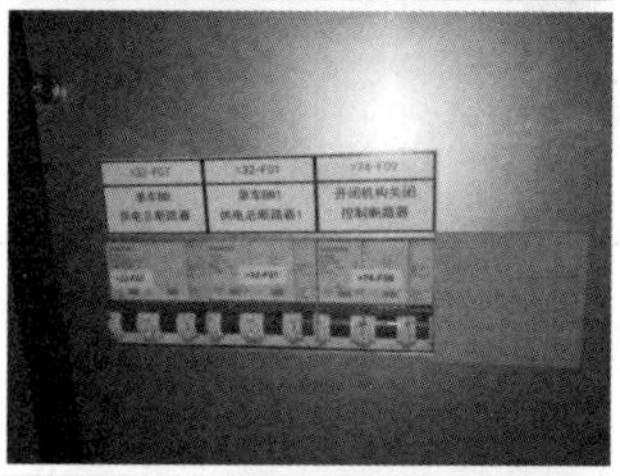
 2	截断风源： 关闭开闭机构一位端一位侧供风截断塞门	
 3	解锁开闭机构： 由随车机械师将六角棘轮扳手（SW18）套在固定罩下方手动解锁六角螺柱上，按照前端模块下方旋转箭头关的方向，旋转棘轮扳手解锁开闭机构（解锁状态）。 操作双孔开闭门双侧解锁结构的机构时，可先对其中一侧完成解锁操作后，再对另一侧进行解锁操作。 操作单孔开闭门同步解锁结构的机构时，只需按照前端模块下方旋转箭头方向操作即可	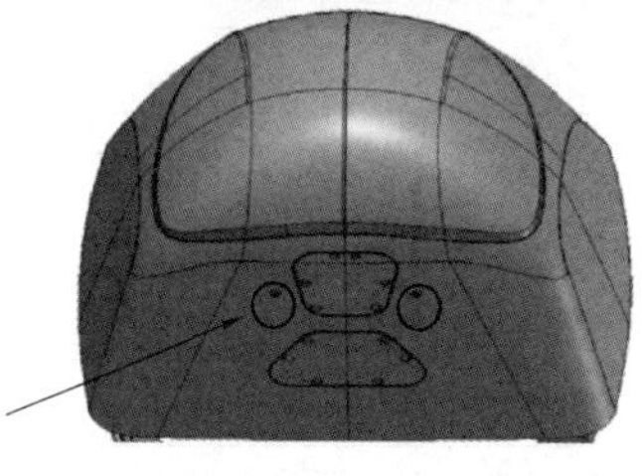 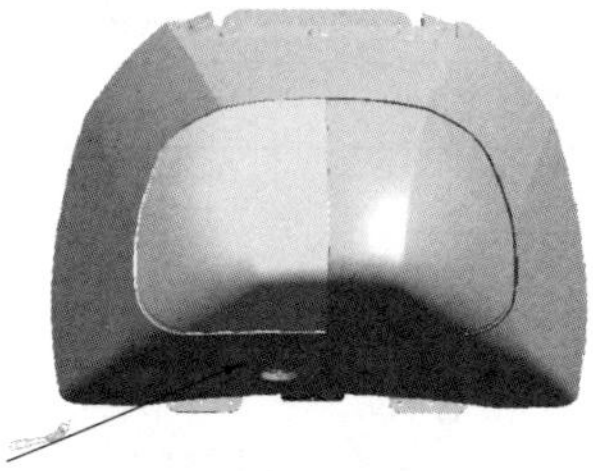  

续表

步骤	处理过程	
 4	手动关闭舱门： 在头罩解锁状态下，由随车机械师手动关闭开闭机构舱门	
 5	确认锁闭： 开闭机构手动开启完毕，手推开闭机构舱门，确保锁定到位	
 6	恢复电源及塞门： 开闭机构手动开启完毕，手拉开闭机构舱门，确保锁闭到位	

实 训

完成项目 6 任务 6.3 工作单（见表 6–10）。

表 6–10　项目 6 任务 6.3 工作单

项目名称	项目 6 应急故障处理		
任务名称	任务 6.3 前端开闭机构手动开关		
班级名称		姓　名	
学习小组			
【基础知识认知】			
1. 手动开启 CR400BF 型动车组前端开闭机构时，需满足总风管压力（MRP）>（　　）kPa。 A. 550　　B. 600　　C. 650　　D. 700 2. 判断：关闭 CR400BF 型动车组头车一位端二位侧开闭机构供风截断塞门 Z38，可以截断开闭机构风源。（　　） 3. 判断：断开客室电气柜车钩开闭机构电源“=74–F08”及“=74–F09”，可以关闭开闭机构电源。（　　）			
【职业能力训练】			
每个小组选派两名学生分别扮演司机和随车机械师，对 CR400BF 型动车组 01 车进行前端开闭机构手动开关操作。每个小组作业结束后，其余学生可以指出作业中存在的问题，教师针对注意事项和操作步骤进行提问，同时对作业情况进行点评			
【实训总结】			
指导教师评价：			
任务完成人签字：　　日期：　年　月　日 指导教师签字：　　日期：　年　月　日			

任务 6.4　统型过渡车钩的安装及拆卸

任务单

任务名称	统型过渡车钩的安装及拆卸
任务分析	从机车连挂和动车组连挂两个方面学习统型过渡车钩的安装及拆卸操作方法。 依托机车车辆实训基地，采用角色扮演的方式，严格按照作业标准进行统型过渡车钩的安装及拆卸操作，提高学生实际操作能力和职业素养
学习任务	完成项目 6 任务 6.4 工作单
成果展示	项目 6 任务 6.4 工作单、进行机车适配模块安装、拆解的影像资料

学习引导文

统型过渡车钩的安装及拆卸分为机车连挂和动车组连挂。

6.4.1　机车连挂

机车连挂作业包括本车适配模块的安装、机车适配模块的安装、机车适配模块的拆解和本车适配模块的拆解 4 个部分。

1. 本车适配模块的安装

本车适配模块的安装如表 6-11 所示。

表 6-11　本车适配模块的安装

名称	本车适配模块的安装	
编号	BI-CR400BF-2310-001	
适用	（1）CR400BF （2）CR400BF-A （3）CR400BF-B	
注意	（1）前端开闭机构已打开并锁闭良好； （2）车钩处于待挂状态	
步骤	处理过程	
 1	拉出过渡车钩箱： 在 01/00 车过渡车钩存放柜内，扭开过渡车钩箱上的锁定螺栓，（手动）使过渡车钩箱从下托架上滑出	
 2	松开过渡车钩： 分别松开过渡车钩上的捆扎带，拔出 R 形销，抽出连接销组成	 
 3	取出模块： 取出本车适配模块	

续表

步骤	处理过程	
 4	检查车钩： 打开头罩，检查前端车钩及过渡车钩，以保证连挂机构运动自如	
 5	清洁车钩： 清洁过渡车钩和前端车钩的接触面；清除两车钩头凸凹锥上所有外部物质	
 6	辅助挂钩： 使用辅助挂钩较低一侧	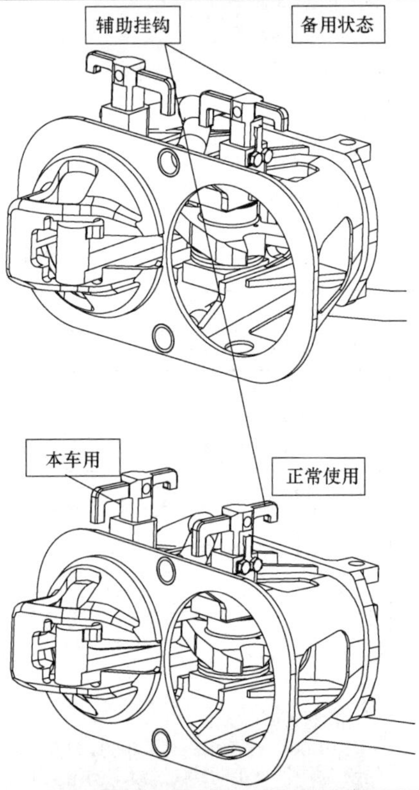
 7	关闭截断塞门： 打开车头二位侧总风管截断阀盖板，关闭总风管截断塞门 B33、电钩风管截断塞门 Z35	 

续表

步骤	处理过程	
 8	关闭截断阀： 打开头车一位侧列车管截断阀盖板，关闭列车管截断阀 B52	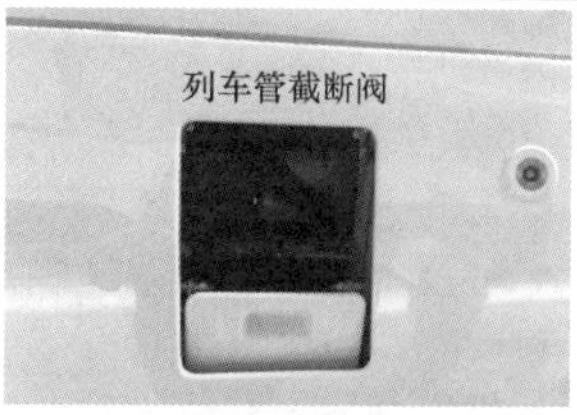 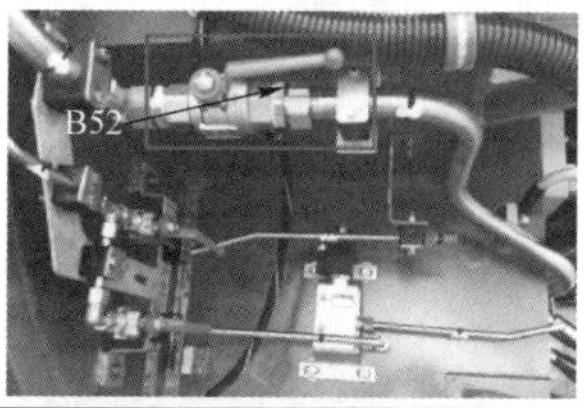
 9	安装 10 型车钩： 使用辅助挂钩将过渡车钩挂在前端车钩上沿，用力下压，完成连挂	
 10	确认连挂到位： 确认车钩指针处于“红点”位置，同时确认车钩钩舌处红线重合	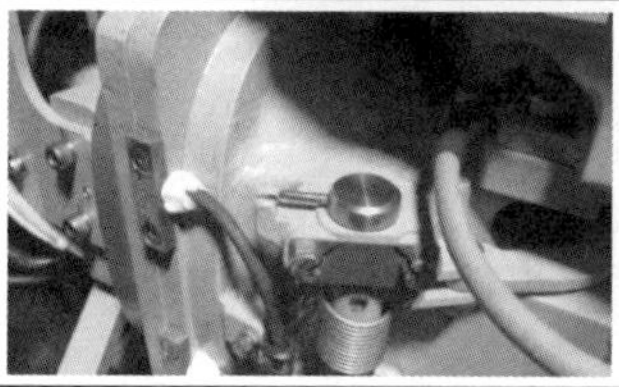 
 11	后续工作： 如为机车或 CRH1B/1E 型动车组来救援，随车机械师将本车自带的机车适配模块提前安装到本车适配模块上。 如为动车组来救援（CRH1B/1E 型动车组除外），则需要由救援动车组提供相应适配模块后安装	

2. 机车适配模块的安装

机车适配模块的安装如表 6-12 所示。

表 6-12　机车适配模块的安装

名称	机车适配模块的安装	
编号	BI-CR400BF-2310-002	
适用	（1）CR400BF （2）CR400BF-A （3）CR400BF-B	
注意	⚠该项目仅适用于救援列车为机车或 CRH1B/1E 型动车组	
步骤	处理过程	
 1	取出模块： 取出机车适配模块	

续表

步骤	处理过程	
 2	确认取下防跳架： 在与救援车车钩连挂前，随车机械师应取下上下防跳架	
 3	安装模块： 把机车适配模块通过右图所示方式安装至本车适配模块上，依次穿入连接销，并插入 R 形销	
 4	调整过渡车钩： 确认过渡车钩中心线与机车（或 CRH1B/1E 型动车组）车钩中心线高度差不超过 50 mm。如超差，允许上下调一格，机车侧较高时可调 2 格；880 模块（模块 1）仅允许调 1 格；极端情况依然无法满足时人工干预	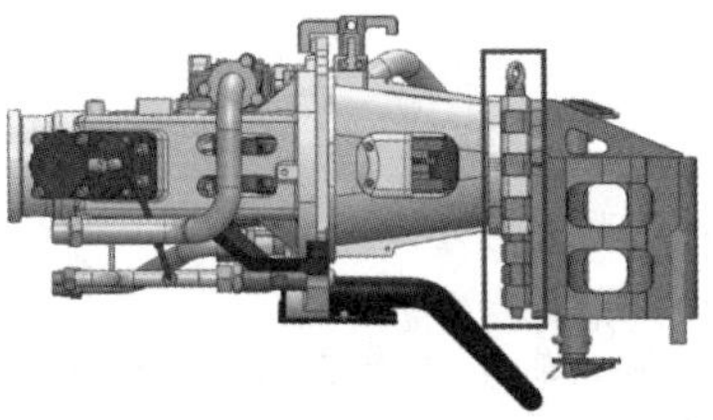 正常状态 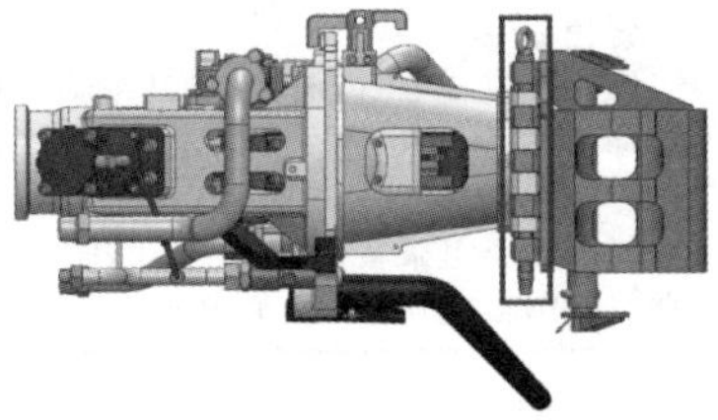 提高 60 mm
  5	机车连挂： 随车机械师将机车车钩（CRH1B/1E 型动车组车钩）准备完毕，引导机车以不大于 5 km/h 的速度进行连挂。确认机车车钩和过渡车钩接触，完成连挂。通知司机进行试拉	
 6	安装防跳架： 当机车车钩与过渡车钩中心线在 50 mm 范围内，上、下防跳架反转使挡板朝向车钩内侧，定位销插入第 2 个眼孔；如遇到无法正常安装防跳架，允许使用其他眼孔调节上下防跳架工作位置，并穿入自锁销锁定位置	

续表

步骤	处理过程	
 7	确认防跳架安装正确： 上下防跳架不可反装。防跳架止挡应朝向机车方向	
 8	打开截断塞门： 连接过渡车钩的制动风管，然后先打开机车列车管截断塞门，检查连接管是否漏风，再打开动车组列车管截断塞门	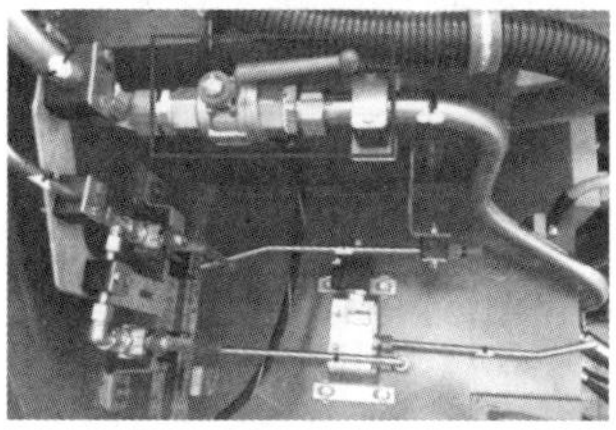
 9	关闭盖板： 锁上总风管截断阀和列车管截断阀的盖板	 

3. 机车适配模块的拆解

机车适配模块的拆解如表 6－13 所示。

表 6－13　机车适配模块的拆解

名称	机车适配模块的拆解	
编号	BI－CR400BF－2310－003	
适用	（1）CR400BF （2）CR400BF－A （3）CR400BF－B	
注意	⚠ 该项目仅适用于救援列车为机车或 CRH1B/1E 型动车组	
步骤	处理过程	
 1	关断截断塞门： 先关断动车组列车管截断塞门 B52，再关闭机车列车管截断塞门	
 2	分离连接风管： 分离过渡车钩与机车之间的连接风管	

续表

步骤	处理过程	
3	机车解钩： 随车机械师向上拉动机车车钩的解钩杆，使机车车钩处于解锁状态；通知机车司机使机车向后缓慢移动 5 m，与过渡车钩分离	
4	拆除模块： 拔出连接销上的 R 形销，拆除连接销，拆除机车适配模块	

4. 本车适配模块的拆解

本车适配模块的拆解如表 6–14 所示。

表 6–14　本车适配模块的拆解

名称	本车适配模块的拆解	
编号	BI–CR400BF–2310–004	
适用	（1）CR400BF （2）CR400BF–A （3）CR400BF–B	
注意	⚠适用于本车被救援或回送时	
步骤	处理过程	
1	车钩拆除： 拉动红色解钩绳，将本车适配模块从自动车钩上拆除	
2	车钩放回车钩箱： 分别将本车适配模块和机车适配模块放在过渡车钩箱内，并进行固定。 错格使用后，入库需重点检查连接销，变形时更换。机车连挂采用人工干预时，入库后需检查防跳架及自锁销，变形时更换	

6.4.2　动车组连挂

动车组连挂作业包括本车适配模块的安装、连挂车适配模块的安装、连挂车适配模块的拆解和本车适配模块的拆解 4 个部分，其中本车适配模块的安装、拆解与连挂车适配模块的安装、拆解相同。

1. 连挂车适配模块的安装

连挂车适配模块的安装如表 6–15 所示。

表 6-15　连挂车适配模块的安装

名称	连挂车适配模块的安装	
编号	BI-CR400BF-2200-001	
适用	（1）CR400BF （2）CR400BF-A （3）CR400BF-B	
注意	（1）⚠先安装本车适配模块，再安装连挂车适配模块； （2）⚠该项目仅适用于救援列车为动车组（CRH1B/1E 型动车组除外）时	
步骤	处理过程	
 1	取出连挂车适配模块： 取出连挂车适配模块，运至动车组连挂端	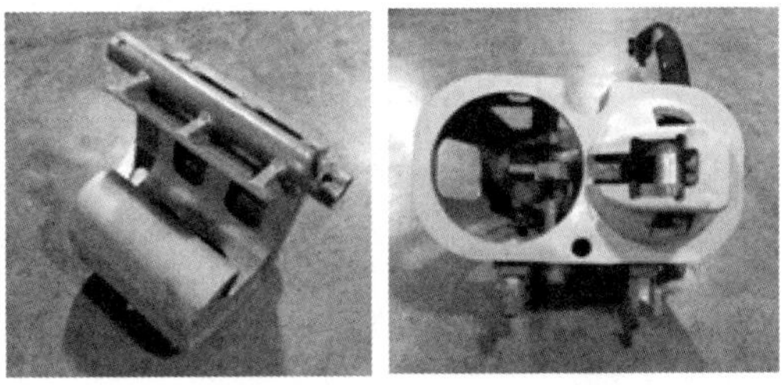
 2	清洁车钩： 清洁过渡车钩和前端车钩的接触面；清除两车钩头凸凹锥上所有外部物质。 取下连挂车适配模块风管防尘堵	
 3	安装连挂车适配模块： 确认安装方向，面对过渡车钩，凸起侧应位于左手侧。 确认红色对正槽齐平，将救援动车组适配模块扣在本车适配模块上，将连接销插入插隼后，用 R 形销锁紧	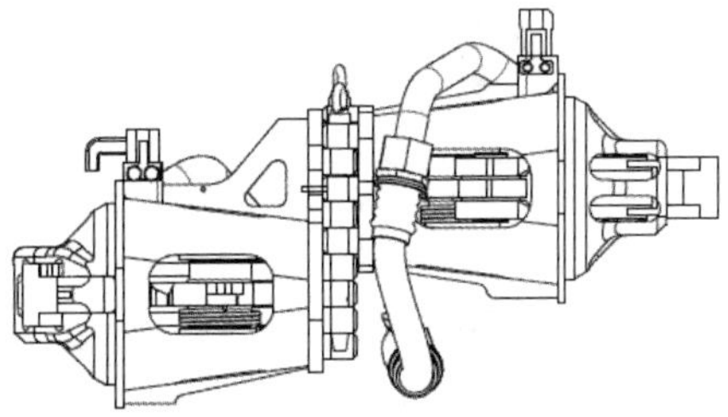
 4	触发本车前端车钩连挂： 用力下压过渡车钩，触发自动车钩完成连挂操作。确认车钩指针处于“红点”位置，同时确认车钩钩舌处红线重合	
 5	检查辅助挂钩： 检查后安装模块的辅助挂钩处于备用状态	
 6	确认连挂面高度差： 确认连挂面高度差不超过 50 mm；如超差，一般允许上下调 1 格，但 880 模块（模块 1）仅允许向上单向调 2 格及以内	
 7	连挂： 救援动车组司机配合随车机械师以不大于 5 km/h 的速度与被救援动车组进行连挂	
 8	后续操作： 安装完成后进行试拉、风管连接、打开列车管截断阀、制动试验等工作	

2. 连挂车适配模块的拆解

连挂车适配模块的拆解如表 6–16 所示。

表 6–16　连挂车适配模块的拆解

名称	连挂车适配模块的拆解	
编号	BI–CR400BF–2200–002	
适用	（1）CR400BF （2）CR400BF–A （3）CR400BF–B	
注意	（1）先分解连挂车适配模块，再分解本车适配模块； （2）该项目仅适用于救援列车为动车组（CRH1B/1E 型动车组除外）时，救援动车组适配模块的拆解过程	
步骤	处理过程	
 1	关闭截断阀： 关闭两列动车组连挂端制动管及总风管截断阀	
 2	分离连接风管： 分离过渡车钩与连挂车之间的连接风管	
 3	车钩拆除： 随车机械师拉动救援动车组解钩绳索，直至钩锁解开（咔嗒声），使用后将手柄恢复在固定座中；司机操作救援动车组向后缓慢移动，与过渡车钩分离	
 4	拆除救援动车组适配模块： 司机协助随车机械师将过渡车钩向上抬起，使辅助挂钩脱离前端车钩，过渡车钩与动车组车钩分离	
 5	存放连挂车适配模块： 将拆除的救援动车组适配模块存放在原位置。 错格使用后，入库需重点检查连接销，变形时更换。 机车连挂采用人工干预时，入库后需检查防跳架及自锁销，变形时需更换	

6.4.3　动车组统型过渡车钩使用说明

1. 统型过渡车钩配置标准

（1）配备柴田式自动车钩（钩高 1 000 mm）的动车组［如：CRH2 系列（不含 CRH2A 统型、CRH380A 统型、CRH2B（4096～4105）、CRH2E 改型（2461～2465）、CRH380AL 型（2913～2920，2926～2930）］，每列配备柴田式过渡钩模块（以下简称“模块 2”）、机车过渡钩模块（以下简称“模块 4”）及附件各 2 套。模块 2 和模块 4 如图 6–1 所示。

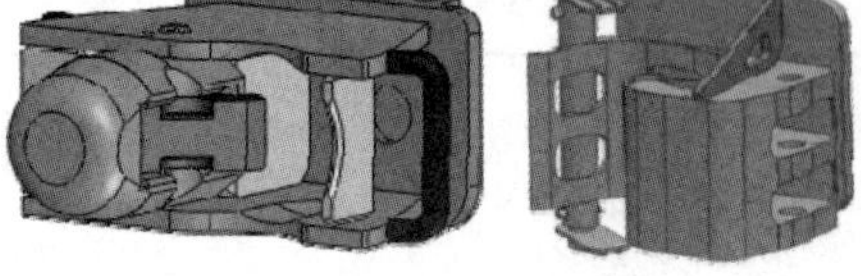

图 6–1　模块 2 和模块 4

（2）配备 10 型自动车钩（钩高 1 000/1 025 mm）的动车组［如：CRH3 及 CRH5 系列、CRH3A 型、CR400 系列、CRH2A 统型、CRH380A 统型、CRH2B 型（4096～4105）、CRH2E 改型（2461～2465）、CRH380AL 型（2913～2920，2926～2930）、CRH1A–A 型、CRH1E 改进型卧铺动车组］，每列配备 1 000/1 025 mm 钩高的 10 型过渡钩模

块（以下简称“模块 3”）、模块 4 及附件各 2 套。模块 3 和模块 4 如图 6–2 所示。

（3）配备 10 型自动车钩（钩高 880 mm）的动车组[如：CRH1 系列（不含 CRH1A–A、CRH1B、CRH1E、CRH1E 改进型卧铺动车组）、CRH380D 型短编组]，每列配备 880 mm 钩高的 10 型过渡钩模块（以下简称“模块 1”）、模块 4 及附件各 2 套。模块 1 和模块 4 如图 6–3 所示。

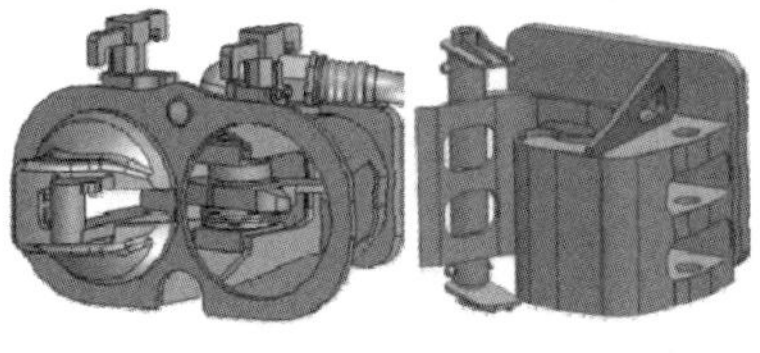

图 6–2　模块 3 和模块 4

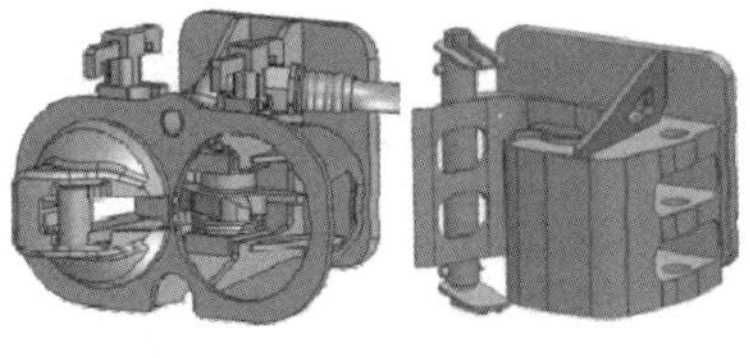

图 6–3　模块 1 和模块 4

（4）配备 15 型头车车钩的动车组（如：CRH1B 型、CRH1E 型），不配备过渡车钩。

2. 统型过渡车钩连挂方式

各型动车组满足相互救援条件时，救援动车组、被救援动车组按表 6–17 进行直接连挂或组合连挂。

表 6–17　统型过渡车钩连挂方式

动车组自动车钩类型及过渡车钩型号	10 型自动车钩（钩高 880 mm）模块 1+模块 4	15 型头车车钩	柴田式自动车钩（钩高 1 000 mm）模块 2+模块 4	10 型自动车钩（钩高 1 000/1 025 mm）模块 3+模块 4
10 型自动车钩（钩高 880 mm）模块 1+模块 4	直接连挂	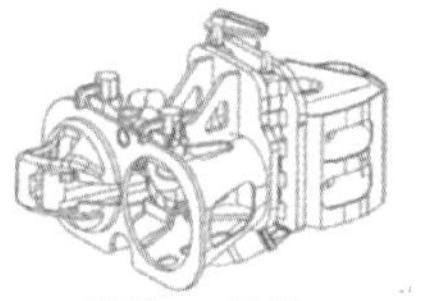 模块 1+模块 4	 模块 1+模块 2	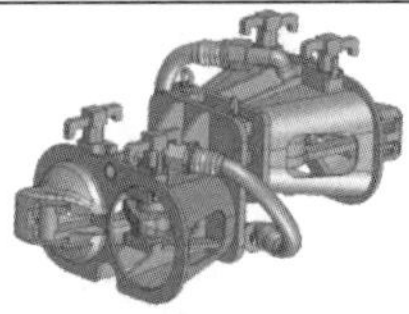 模块 1+模块 3
15 型头车车钩	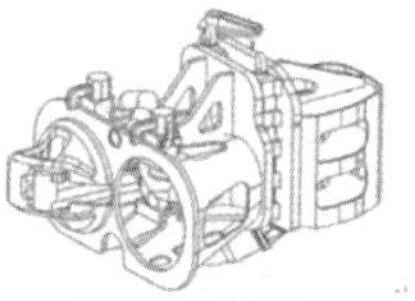 模块 1+模块 4	直接连挂	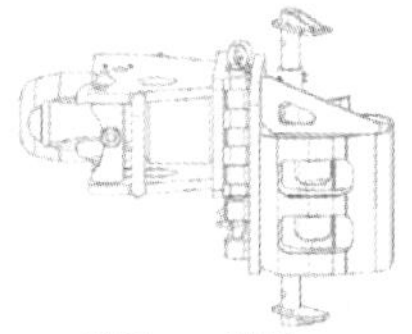 模块 2+模块 4	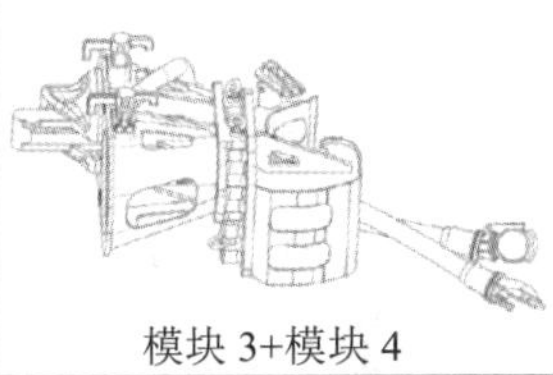 模块 3+模块 4
柴田式自动车钩（钩高 1 000 mm）模块 2+模块 4	 模块 1+模块 2	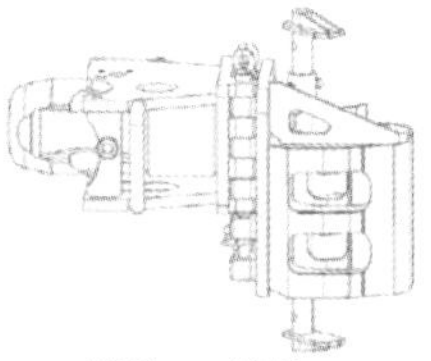 模块 2+模块 4	直接连挂	 模块 3+模块 2
10 型自动车钩（钩高 1 000/1 025 mm）模块 3+模块 4	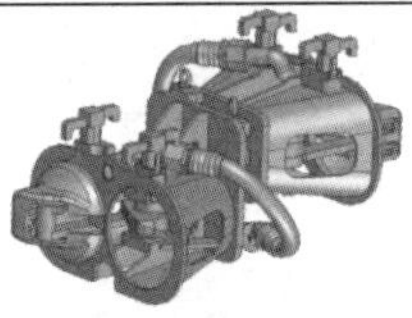 模块 1+模块 3	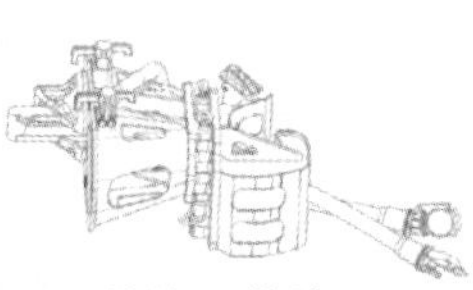 模块 3+模块 4	 模块 3+模块 2	直接连挂

3. 统型过渡车钩连挂方法

前端车钩采用 15 型头车车钩的 CRH1B 型、CRH1E 型动车组与其他动车组相互救援时，前端车钩需置于全开位，随车机械师须将其他动车组统型过渡车钩模块 4 安装在其救援连挂端的自动车钩上，再与 CRH1B 型、CRH1E 型动车组进行连挂。

其他动车组使用统型过渡车钩相互救援时，动车组司机配合随车机械师，先将被救援车过渡车钩模块手动安装在救援连挂端的自动车钩上，待救援车到达后，将救援车过渡车钩模块与被救援车过渡车钩模块连接，司机操作救援动车组与被救援动车组进行连挂，具体连挂办法如下。

1）模块 1（或模块 3）与模块 4 组合

（1）检查准备。

① 从连挂端司机室气密隔舱中取出过渡车钩模块及附件。如有统型过渡车钩存放箱，还应将其锁定，防止快速制动、紧急制动时滑移、冲撞动车组设备。

② 通过非会车侧或站台侧车门将过渡车钩各模块及附件运至连挂端。

③ 取下模块 4 上下防跳装置并放置在不易遗失、不侵入邻线的地点。

④ 检查自动车钩伸出并锁闭，确认自动车钩处于准备联挂位置（钩舌缩进凸锥、棘轮从车钩头外壳的侧面伸出）。

⑤ 将自动车钩电器钩气动单元上的手柄移动至“关闭”位置。

⑥ 清洁模块 1（或模块 3）和自动车钩连挂面及接触区，确认无杂物。

⑦ 检查模块 1（或模块 3）锁闭机构运动是否自如。

（2）安装模块 1（或模块 3）。利用模块 1（或模块 3）辅助挂钩把模块 1（或模块 3）挂在对侧 10 型自动车钩上，确认无干涉情况。

（3）组合车钩模块。

① 把模块 4 扣在模块 1（或模块 3）上，使对正标示对齐。

② 依次穿入连接销，并插入 R 形销，对模块 4 和模块 1（或模块 3）进行装配，模块 1（或模块 3）与模块 4 连挂操作示意图如图 6-4 所示。

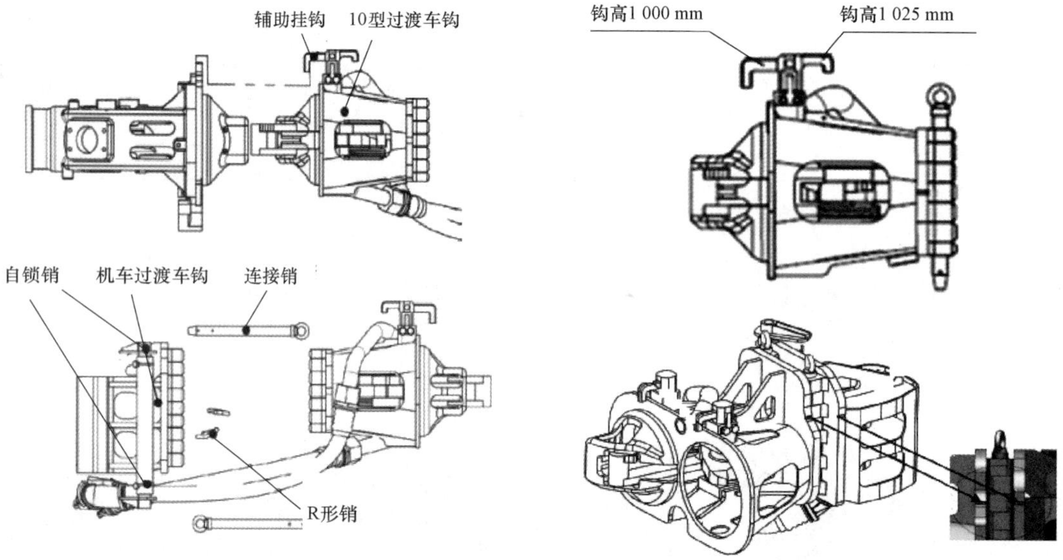

图 6-4　模块 1（或模块 3）与模块 4 连挂操作示意图

③ 用力下压过渡车钩，触发自动车钩进行连挂，连挂后确认模块 1（或模块 3）连挂指示到位，模块 1（或模块 3）与动车组自动车钩连挂到位示意图如图 6-5 所示。

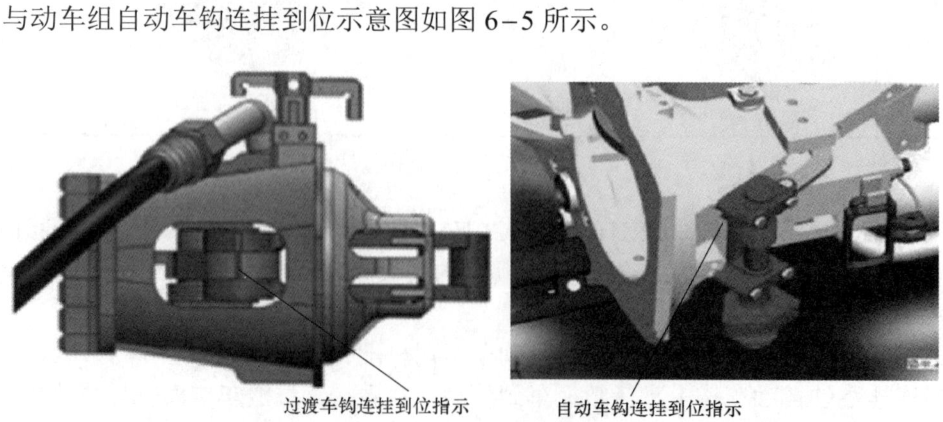

图 6-5　模块 1（或模块 3）与动车组自动车钩连挂到位示意图

（4）确认钩高。

① 救援动车组推进连挂后，确认动车组15型头车车钩和模块4中心水平线高度差不超过50 mm。

② 如超限，调整模块4与模块1（或模块3）插隼位置，调整车钩高度。

（5）安装防跳装置。

（1）安装、调节上下防跳装置，使上下防跳装置止挡在机车车钩一侧且距机车车钩距离约为40 mm。

（2）使用自锁销将上下防跳装置止挡锁定在工作位，模块4上下防跳装置（A—初始位，B—工作位）如图6-6所示。

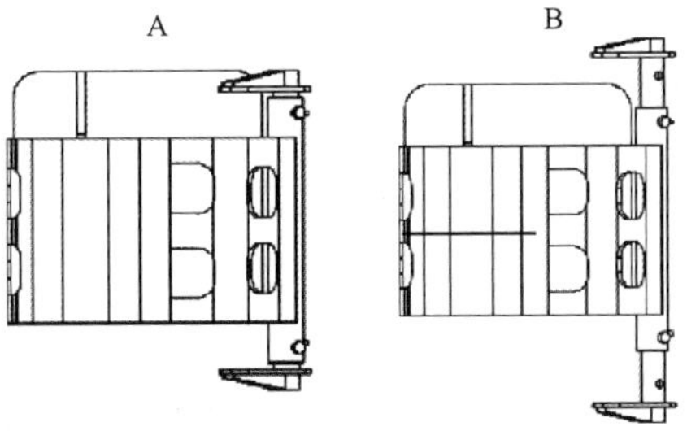

图6-6 模块4上下防跳装置（A—初始位，B—工作位）

2）模块2与模块4组合

（1）检查准备。

① 从连挂端司机室气密隔舱中取出模块2与模块4及附件。如有统型过渡车钩存放箱，还应将其锁定，防止快速制动、紧急制动时滑移、冲撞动车组设备。

② 通过非会车侧或站台侧车门将模块2与模块4及附件运至连挂端。

③ 取下模块4上下防跳装置并放置在不易遗失、不侵入邻线的地点。

④ 转动检查模块2和自动车钩的钩舌，确认锁闭机构运动自如。

⑤ 清洁模块2和自动车钩连挂面及钩舌的接触区，确认无杂物。

（2）安装模块2。

① 抬起模块2，拉动解钩手柄至全开位，使模块2和自动车钩的凸凹锥相互插入，连挂面贴合。

② 松开解钩手柄，确认手柄完全回复到初始位置（表示车钩连挂到位）。

（3）组合车钩模块。

① 把模块4扣在模块2上，使对正标示对齐。

② 依次穿入连接销，并插入R形销，对模块4和模块2进行装配，模块2与模块4连挂操作示意图如图6-7所示。

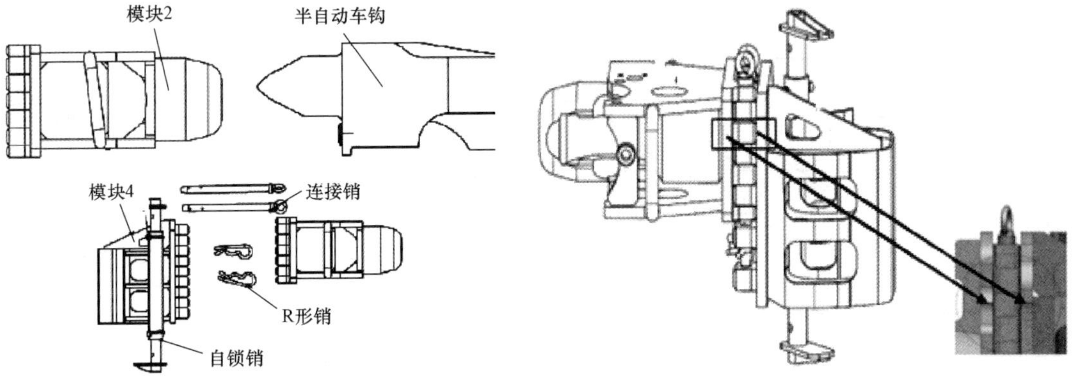

图6-7 模块2与模块4连挂操作示意图

（4）确认钩高。

① 救援动车组推进连挂后，确认动车组15型头车车钩和模块4中心水平线高度差不超过50 mm。

② 如超限，调整模块4与模块2插隼位置，调整车钩高度。

（5）安装防跳装置。

① 安装、调节上下防跳装置，使上下防跳装置止挡在机车车钩一侧且距机车车钩距离约为 40 mm。

② 使用自锁销将上下防跳装置止挡锁定在工作位，如图 6–6 所示。

3）模块 1（或模块 3）与模块 2 组合

先将被救援车过渡钩模块手动安装在救援连挂端的自动车钩上，待救援车到达后，将救援车过渡钩模块与被救援车过渡钩模块连接，使对正标示对齐，由连接销、R 形销连接，确认组合过渡车钩与救援动车组不产生干涉，司机操作救援动车组与被救援动车组进行连挂，模块 1（或模块 3）与模块 2 连挂示意图如图 6–8 所示。

4）模块 1 与模块 3 组合

先将被救援车过渡钩模块手动安装在救援连挂端的自动车钩上，待救援车到达后，将救援车过渡钩模块与被救援车过渡钩模块连接，使对正标示对齐，由连接销、R 形销连接，确认组合过渡车钩与救援动车组不产生干涉，司机操作救援动车组与被救援动车组进行连挂，模块 1 与模块 3 连挂示意图如图 6–9 所示。

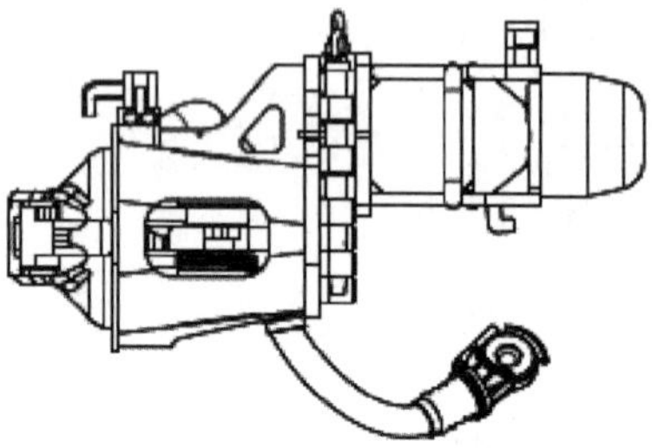

图 6–8 模块 1（或模块 3）与模块 2 连挂示意图

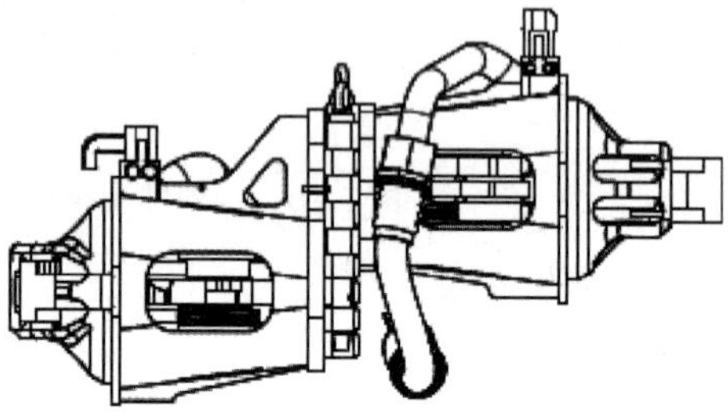

图 6–9 模块 1 与模块 3 连挂示意图

实 训

完成项目 6 任务 6.4 工作单（见表 6–18）。

表 6–18 项目 6 任务 6.4 工作单

<table>
<tr><td>项目名称</td><td colspan="3">项目 6 应急故障处理</td></tr>
<tr><td>任务名称</td><td colspan="3">任务 6.4 统型过渡车钩的安装及拆卸</td></tr>
<tr><td>班级名称</td><td></td><td>姓　名</td><td></td></tr>
<tr><td>学习小组</td><td colspan="3"></td></tr>
<tr><td colspan="4">【基础知识认知】</td></tr>
<tr><td colspan="4">1. 动车组统型过渡车钩共包括________种模块。
2. CR400BF 型动车组被救援时，如为机车或________动车组救援，将本车自带的机车适配模块提前安装到本车的适配模块上。
3. CR400BF 型动车组进行动车组连挂时，需要确认连挂面高度差不超过（　　）mm。
A. 10　　B. 20　　C. 30　　D. 50</td></tr>
<tr><td colspan="4">【职业能力训练】</td></tr>
<tr><td colspan="4">每个小组选派两名学生分别扮演司机和随车机械师，进行机车适配模块安装拆解操作。每个小组作业结束后，其余学生可以指出作业中存在的问题，教师针对注意事项和操作步骤进行提问，同时对作业情况进行点评</td></tr>
<tr><td colspan="4">【实训总结】</td></tr>
<tr><td colspan="4"></td></tr>
<tr><td colspan="4">指导教师评价：</td></tr>
<tr><td colspan="4">任务完成人签字：　　　　日期：　　年　月　日
指导教师签字：　　　　日期：　　年　月　日</td></tr>
</table>

任务 6.5　齿轮箱温度预警、报警故障应急处理

任务单

任务名称	齿轮箱温度预警、报警故障应急处理
任务分析	在掌握齿轮箱结构、原理和基本操作的基础上，依托高铁综合实训基地，采用角色扮演的方式，严格按照作业标准对齿轮箱温度预警、报警故障进行应急处理，提高学生实际操作能力和职业素养
学习任务	完成项目 6 任务 6.5 工作单
成果展示	项目 6 任务 6.5 工作单、进行热轴预警故障应急处理的影像资料

学习引导文

6.5.1　齿轮箱温度预警级（1 级）

齿轮箱温度预警级（1 级）如表 6–19 所示。

表 6–19　齿轮箱温度预警级（1 级）

<table>
<tr><td>名称</td><td colspan="2">齿轮箱温度预警级（1 级）（2009～2018 等）</td></tr>
<tr><td>编号</td><td colspan="2">BI–CR400BF–3661–002</td></tr>
<tr><td>适用</td><td colspan="2">（1）CR400BF
（2）CR400BF–A
（3）CR400BF–B</td></tr>
<tr><td>现象</td><td colspan="2">HMI 自动弹出故障界面并显示相应诊断代码。
诊断代码与齿轮箱位置对应关系：
<table>
<tr><td>系统</td><td>部位</td><td>电机 1</td><td>电机 2</td><td>电机 3</td><td>电机 4</td></tr>
<tr><td rowspan="2">大齿轮</td><td>车轮侧</td><td>2009</td><td>200D</td><td>2011</td><td>2015</td></tr>
<tr><td>电机侧</td><td>200A</td><td>200E</td><td>2012</td><td>2016</td></tr>
<tr><td rowspan="2">小齿轮</td><td>车轮侧</td><td>200B</td><td>200F</td><td>2013</td><td>2017</td></tr>
<tr><td>电机侧</td><td>200C</td><td>2010</td><td>2014</td><td>2018</td></tr>
</table></td></tr>
<tr><td>行车</td><td colspan="2">动车组自动限速</td></tr>
<tr><td>原因</td><td colspan="2">检测到齿轮箱轴承温度过高或误报导致</td></tr>
<tr><td>注意</td><td colspan="2">⚠若 1 min 后速度仍大于 200 km/h，列车自动施加最大常用制动，限速 200 km/h</td></tr>
<tr><td>步骤</td><td colspan="2">处理过程</td></tr>
<tr><td>
1</td><td>故障确认：
当 HMI 屏主菜单页面弹出“×轴×位齿轮箱温度预警级（1 级）”提示，并伴有声音报警时，司机通过报警提示画面确认故障情况，列车速度大于 200 km/h 时，司机手动限速至 200 km/h，1 min 后如速度仍大于 200 km/h 则自动限速 200 km/h，维持运行。
将相关情况通知随车机械师</td><td>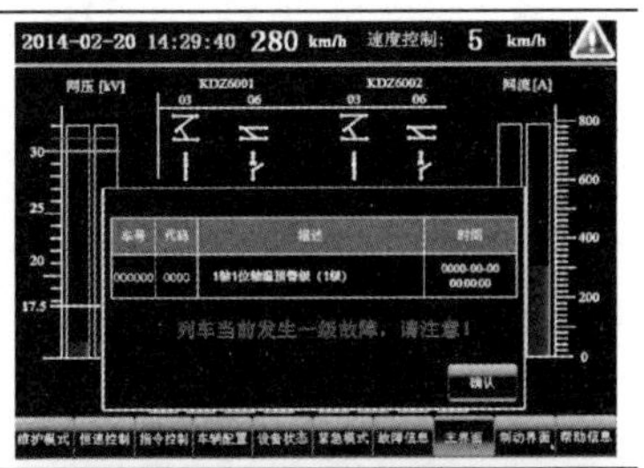
</td></tr>
<tr><td>
2</td><td>温度确认及监控：
HMI 屏切换至齿轮箱信息界面，确认故障位置。
密切关注齿轮箱信息页面，观察温度变化，并重点监控故障车辆的振动和运行声音。
车辆无异常振动及声音，预警解除、限速图标消失，通知司机恢复正常速度运行。
预警不消除，维持限速到前方站，下车检查，执行第 3 步。
当温度值持续上升或车辆有异常振动、异常声音时，立即通知司机停车，下车检查，执行第 3 步</td><td>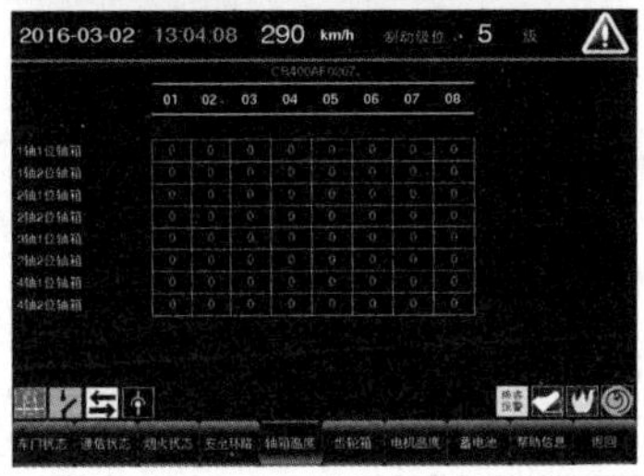
</td></tr>
</table>

续表

步骤	处理过程	
 3	下车检查： 按规定程序申请下车检查。检查齿轮箱有无破损、滴油现象，齿轮箱油位是否正常（如线路存在超高或坡道时，油位会有所变化甚至无法观察到，需检查同一转向架相邻齿轮箱油位加以辅助判断，一侧齿轮箱油位下降甚至无法观察到，另一侧齿轮箱油位上升为正常情况；如无法检查同一转向架相邻齿轮箱油位，需检查相邻两个转向架相同位置齿轮箱油位，如存在超高或坡道，齿轮箱油位均下降甚至无法观察到为正常情况）；确认联轴节未破损、未偏斜、未滴油、未变色；电机（轴端）温度传感器未断线、未破损，连接器未松脱、未变形，并进行“走行部重点部位点温”操作	
 4	判断是否真报警： 检查后，如为真报警则执行第5～8步；如无异常则执行第9步	
 5	机械故障，不能自轮运转： 随车机械师检查为无法维持运行的严重机械故障或轴箱破损、变色，通知司机请求救援	
 6	齿轮箱、联轴节、牵引电机等异常： 随车机械师若发现齿轮箱破损、滴油；联轴节破损、偏斜、滴油、变色；滚动试验无异常后，通知司机限速40 km/h维持运行，申请前方站救援。 滚动试验异常后，执行第5步	
 7	齿轮箱、牵引电机点温超标： 随车机械师若发现齿轮箱点温超标，但可视范围内无异常，且未伴随发生其他组合故障，滚动试验无异常后，通知司机限速140 km/h维持运行，申请前方站救援。 滚动试验异常后，执行第5步	
 8	运行监控： 维持运行途中，随车机械师对故障车辆进行重点监控，如出现异常振动或异音，应立即通知司机停车	
 9	检查无异常： 通知司机，司机在HMI运行界面下的限速管理界面中，点击【3 齿轮箱预警限速200 km/h】|【取消限速】|【确认】，恢复正常运行。 运行途中司机密切注意HMI屏齿轮箱实时温度变化，随车机械师应重点巡视报警车厢，对故障车辆的振动和运行声音进行监控，如齿轮箱温度异常报警或出现转向架异常振动、异常声音等，应立即停车，下车检查	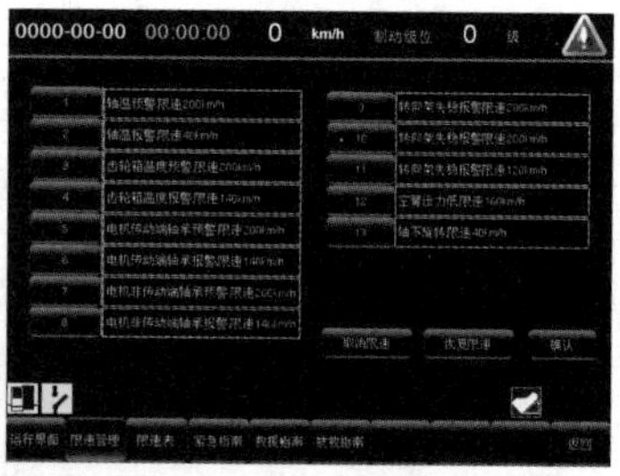

6.5.2 齿轮箱温度报警级（2级）

齿轮箱温度报警级（2级）如表6–20所示。

表6–20 齿轮箱温度报警级（2级）

名称	齿轮箱温度报警级（2级）（2029～2038）
编号	BI–CR400BF–3661–004
适用	（1）CR400BF （2）CR400BF–A （3）CR400BF–B

续表

现象	HMI自动弹出故障界面，并显示相应诊断代码。 诊断代码与齿轮箱位置对应关系：

部件	系统	部位	温度＞140 ℃
电机1	大齿轮	车轮侧	2029
		电机侧	202A
	小齿轮	车轮侧	202B
		电机侧	202C
电机2	大齿轮	车轮侧	202D
		电机侧	202E
	小齿轮	车轮侧	202F
		电机侧	2030
电机3	大齿轮	车轮侧	2031
		电机侧	2032
	小齿轮	车轮侧	2033
		电机侧	2034
电机4	大齿轮	车轮侧	2035
		电机侧	2036
	小齿轮	车轮侧	2037
		电机侧	2038

行车	司机施加制动停车
原因	检测到齿轮箱轴承温度过高或误报导致
注意	无

步骤	处理过程	
 1	故障确认： 当HMI屏主菜单界面弹出“×轴×位齿轮箱温度报警级（2级）”提示，并伴有声音报警时，司机通过报警提示界面确认故障情况，列车速度大于140 km/h时，动车组自动限速140 km/h。 司机施加制动停车并通知随车机械师	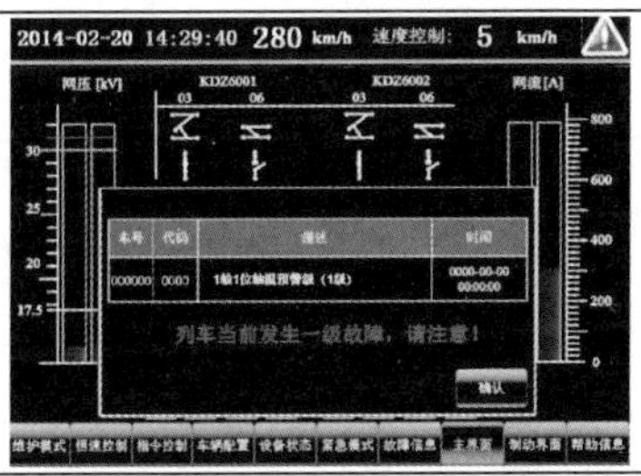
 2	故障确认、下车检查： 随车机械师将HMI屏切换至齿轮箱信息界面，确认故障设备温度并记录。 按规定程序申请下车检查。检查齿轮箱有无破损、有无滴油，齿轮箱油位是否正常（如线路存在超高或坡道时，油位会有所变化甚至无法观察到，需检查同一转向架相邻齿轮箱油位加以辅助判断，一侧齿轮箱油位下降甚至无法观察到，另一侧齿轮箱油位上升为正常情况；如无法检查同一转向架相邻齿轮箱油位，需检查相邻两个转向架相同位置齿轮箱油位，如存在超高或坡道，齿轮箱油位均下降甚至无法观察到为正常情况）；确认联轴节未破损、未偏斜、未滴油、未变色；电机（轴端）温度传感器未断线、未破损，连接器未松脱、未变形，并对本车进行“走行部重点部位点温”操作	
 3	判断是否真报警： 检查后，如为真报警则执行第4～7步；如无异常则执行第8步	
  4	机械故障，不能自轮运转： 随车机械师检查为无法维持运行的严重机械故障或轴箱破损、变色，通知司机请求救援	
  5	齿轮箱、联轴节、牵引电机等异常： 随车机械师若发现齿轮箱破损、滴油；联轴节破损、偏斜、滴油、变色；牵引电机破损；轴箱点温超标但可视范围内无异常且未伴随发生其他组合故障，滚动试验无异常后，通知司机限速40 km/h维持运行，申请前方站救援。 滚动试验异常后，执行第4步	

续表

步骤	处理过程	
 6	齿轮箱、牵引电机点温超标： 随车机械师若发现齿轮箱、牵引电机点温超标，但可视范围内无异常，且未伴随发生其他组合故障，滚动试验无异常后，通知司机限速 140 km/h 维持运行，申请前方站救援。 滚动试验异常后，执行第 4 步	
 7	运行监控： 维持运行途中，随车机械师对故障车辆进行重点监控，如出现异常振动、异常声音，应立即通知司机停车	
 8	检查无异常： 通知司机，司机在 HMI 运行界面下的限速管理界面中，点击【4 齿轮箱报警限速 140 km/h】|【取消限速】|【确认】，恢复正常运行。 运行途中司机密切注意 HMI 屏齿轮箱实时温度变化，随车机械师应重点巡视报警车厢，对故障车辆的振动和运行声音进行监控，如齿轮箱温度异常报警或出现转向架异常振动、异常声音等，应立即停车，下车检查	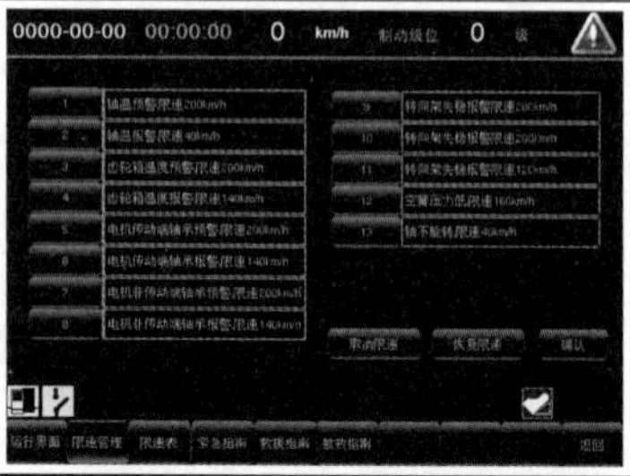

实　训

完成项目 6 任务 6.5 工作单（见表 6–21）。

表 6–21　项目 6 任务 6.5 工作单

项目名称	项目 6 应急故障处理		
任务名称	任务 6.5 齿轮箱温度预警、报警故障应急处理		
班级名称		姓　名	
学习小组			
【基础知识认知】			
1. 若 CR400BF 型动车组出现齿轮箱温度预警级（1 级）故障，1 min 后速度仍大于 200 km/h，列车自动施加________，限速 200 km/h。 2. 若 CR400BF 型动车组出现齿轮箱温度预警级（1 级）故障，随车机械师发现齿轮箱破损，滚动试验无异常时，通知司机限速（　　）km/h 维持运行，申请前方站救援。 A. 10　B. 20　C. 30　D. 40 3. 若 CR400BF 型动车组出现齿轮箱温度预警级（1 级）故障，随车机械师发现齿轮箱点温超标，但可视范围内无异常，且未伴随发生其他组合故障，滚动试验无异常时，通知司机限速（　　）km/h 维持运行，申请前方站救援。 A. 80　B. 120　C. 140　D. 160 4. 判断：当 CR400BF 型动车组 HMI 屏主菜单界面弹出“×轴×位齿轮箱温度报警级（2 级）”提示，并伴有声音报警时，司机通过报警提示界面确认故障情况，列车速度大于 120 km/h 时，动车组自动限速 120 km/h，司机需要施加制动停车并通知随车机械师。（　　）			
【职业能力训练】			
每个小组选派两名学生分别扮演司机和随车机械师，对 CR400BF 型动车组齿轮箱温度预警、报警故障进行应急处理。每个小组作业结束后，其余学生可以指出作业中存在的问题，教师针对注意事项和操作步骤提问，同时对作业情况进行点评			
【实训总结】			
指导教师评价：			
任务完成人签字：		日期：　年　月　日	
指导教师签字：		日期：　年　月　日	

任务 6.6　受电弓故障应急处理

任务单

任务名称	受电弓故障应急处理
任务分析	在掌握受电弓结构、原理和基本操作的基础上，依托高铁综合实训基地，采用角色扮演的方式，严格按照作业标准对受电弓故障进行应急处理，提高学生实际操作能力和职业素养
学习任务	完成项目 6 任务 6.6 工作单
成果展示	项目 6 任务 6.6 工作单、进行受电弓故障应急处理的影像资料

学习引导文

6.6.1　受电弓控制故障

受电弓控制故障如表 6-22 所示。

表 6-22　受电弓控制故障

<table>
<tr><td>名称</td><td colspan="2">受电弓控制故障（3007，3398）</td></tr>
<tr><td>编号</td><td colspan="2">BI-CR400BF-4110-001</td></tr>
<tr><td>适用</td><td colspan="2">（1）CR400BF
（2）CR400BF-A
（3）CR400BF-B</td></tr>
<tr><td>现象</td><td colspan="2">故障名称与诊断代码对应关系：
<table>
<tr><td>序号</td><td>故障名称</td><td>诊断代码</td></tr>
<tr><td>1</td><td>受电弓补气阀启动导致气囊压力过大</td><td>3004</td></tr>
<tr><td>2</td><td>受电弓 MVB 通信故障</td><td>3398</td></tr>
<tr><td>3</td><td>受电弓压力传感器异常</td><td>3005</td></tr>
<tr><td>4</td><td>受电弓 CRC 校验错误</td><td>3006</td></tr>
<tr><td>5</td><td>受电弓电子气动特性适应故障</td><td>3007</td></tr>
<tr><td>6</td><td>受电弓气囊压力调整错误 1</td><td>3008</td></tr>
<tr><td>7</td><td>受电弓气囊压力调整错误 2</td><td>3009</td></tr>
</table></td></tr>
<tr><td>行车</td><td colspan="2">维持运行</td></tr>
<tr><td>注意</td><td colspan="2">⚠ 运行中换弓操作时，速度应在 200 km/h 以下</td></tr>
<tr><td>步骤</td><td colspan="2">处理过程</td></tr>
<tr><td>
1</td><td>操作动车组降速：
发生故障，受电弓降下时，若此时动车组速度超过 200 km/h，司机应将动车组降速至 200 km/h 以下，并通知随车机械师</td><td></td></tr>
<tr><td>
2</td><td>故障确认及换弓操作：
随车机械师确认故障信息及诊断代码，通知司机进行换弓操作。
司机在 HMI 屏上切除故障单元受电弓，换升另一受电弓，正常运行</td><td>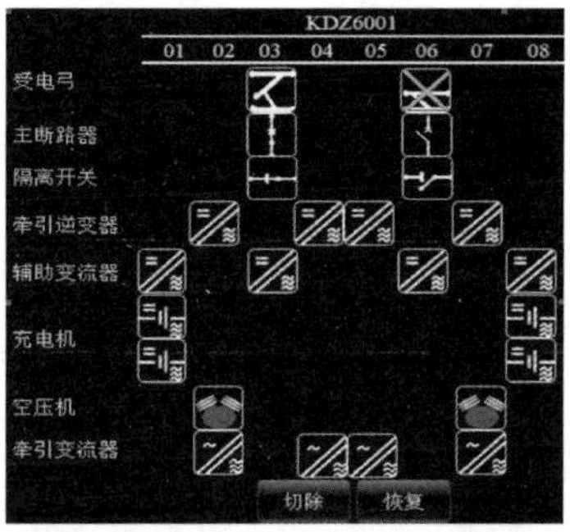
</td></tr>
</table>

6.6.2 受电弓机械故障

受电弓机械故障如表 6–23 所示。

表 6–23 受电弓机械故障

名称	受电弓机械故障（3000、30B1、30B8）	
编号	BI–CR400BF–4110–002	
适用	（1）CR400BF （2）CR400BF–A （3）CR400BF–B	
现象	（1）受电弓自动降下。 （2）HMI 屏报诊断代码： 3000：受电弓 ADD 紧急降弓； 30B1：受电弓故障； 30B8：ADD 触发	
行车	司机施加常用制动停车	
原因	受电弓机械故障（碳滑板断裂、管路漏气等）或挂有异物	
步骤	处理过程	
 1	司机停车： 司机施加常用制动停车，并通知随车机械师	
 2	可通过受电弓视频监控的检查： 确认车顶高压区设备可视部分的状态并通过回放功能查看故障发生过程； 检查外观可见部分有无明显变形、有无脱落、有无异物搭接和接地风险，检查有无异物缠绕，但不超限，有无脱落风险等情况，通知司机切除故障受电弓，换弓维持运行。 需要捆绑受电弓或清除异物时，申请登顶处理	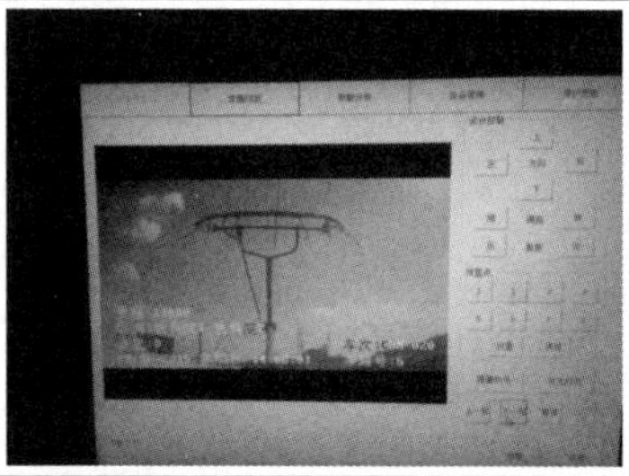
 3	无法通过受电弓视频监控（故障）时，申请下车检查： （1）外观可见部分无明显变形或不超限、无脱落风险时： 通知司机切除故障受电弓。换弓限速 160 km/h 运行至前方站停车，检查确认无异常后恢复常速运行。 需要捆绑受电弓或清除异物时，申请登顶处理。 （2）外观可见部分有明显变形或超限或有脱落风险时： 申请登顶处理	
 4	登顶处理： （1）向司机申请登顶，做好安全防护。 （2）作业完毕后，确认各部不侵限、无脱落风险，电气间隙满足要求（最低点应超过绝缘子顶部第一个伞裙）。 通知司机切除故障受电弓	
 5	后续操作： 切除故障受电弓，换弓使用剩余最大动力维持运行	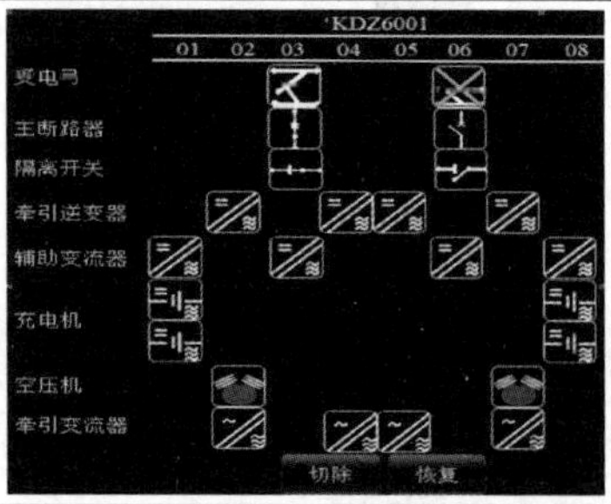
 6	运行监控： 运行途中机械师需重点监控故障受电弓状态	

实　训

完成项目 6 任务 6.6 工作单（见表 6-24）。

表 6-24　项目 6 任务 6.6 工作单

<table>
<tr><td>项目名称</td><td colspan="3">项目 6 应急故障处理</td></tr>
<tr><td>任务名称</td><td colspan="3">任务 6.6 受电弓故障应急处理</td></tr>
<tr><td>班级名称</td><td></td><td>姓　名</td><td></td></tr>
<tr><td>学习小组</td><td colspan="3"></td></tr>
<tr><td colspan="4">【基础知识认知】</td></tr>
<tr><td colspan="4">1. CR400BF 型动车组运行中换弓操作时，速度应在（　　）km/h 以下。
A. 120　B. 160　C. 200　D. 250
2. 自动降弓装置的英文简写是（　　）。
A. ASC　B. ADD　C. APU　D. MPU
3. 判断：CR400BF 型动车组 HMI 屏报诊断代码 30B8 时，司机施加常用制动停车，并通知随车机械师。（　　）</td></tr>
<tr><td colspan="4">【职业能力训练】</td></tr>
<tr><td colspan="4">每个小组选派两名学生分别扮演司机和随车机械师，对 CR400BF 型动车组受电弓控制故障和机械故障进行应急处理。每个小组作业结束后，其余学生可以指出作业中存在的问题，教师针对注意事项和操作步骤进行提问，同时对作业情况进行点评</td></tr>
<tr><td colspan="4">【实训总结】</td></tr>
<tr><td colspan="4"></td></tr>
<tr><td colspan="4">指导教师评价：</td></tr>
<tr><td colspan="4">任务完成人签字：　　日期：　年　月　日
指导教师签字：　　日期：　年　月　日</td></tr>
</table>

任务 6.7　制动不缓解故障应急处理

任务单

任务名称	制动不缓解故障应急处理
任务分析	在掌握制动系统结构、原理和基本操作的基础上，依托高铁综合实训基地，采用角色扮演的方式，严格按照作业标准对常见的制动不缓解故障进行应急处理，提高学生实际操作能力和职业素养
学习任务	完成项目 6 任务 6.7 工作单
成果展示	项目 6 任务 6.7 工作单、进行制动不缓解故障应急处理的影像资料

学习引导文

6.7.1　紧急制动 EB 和 UB 的区别

1. 紧急制动 EB

紧急制动 EB（emergency brake）是在制动系统设备正常的情况下实施的紧急制动，按速度模式曲线控制方式实施制动控制。列车设置紧急制动 EB 环路，EBCU 通过检测紧急制动 EB 环路状态和网络信号触发紧急制动 EB。

紧急制动 EB 施加时，采用电空复合制动，充分利用电制动能力。

紧急制动 EB 施加时，制动系统具有制动力不足检测功能，检测到 EB 制动力不足时，通过硬线断开紧急制动 UB 环路。

紧急制动 EB 触发条件：司机控制器在紧急制动 EB 位；客室或乘务员室紧急制动拉闸被拉下；列车非静止条件（速度＞5 km/h）下停放制动意外施加；司机警惕装置触发紧急制动请求；车载地震紧急处置装置发出（Ⅱ级、Ⅲ级）报警信号；轴温熔断继电器动作。

由司机控制器置 EB 位所触发紧急制动 EB，可以通过司控器手柄离开 EB 位进行缓解；由客室或乘务员室紧急制动拉闸被拉下所触发紧急制动 EB，可以通过司机操纵台“乘客报警旁路”按钮缓解紧急制动 EB。其他情况触发的紧急制动 EB，制动系统在列车完全停止前不允许缓解紧急制动 EB。

列车停止后，触发条件复位、紧急制动 EB 环路建立后，缓解紧急制动 EB。

2. 紧急制动 UB

紧急制动 UB（urgent brake）通过独立的紧急制动安全环路，直接作用于紧急制动电磁阀。紧急制动电磁阀采用失电制动的控制形式。

紧急制动 UB 触发条件：列车运行控制系统 ATP 触发列车紧急制动；紧急制动 UB 安全环路断开或失电；EB 制动力不足；被救援时，机车产生紧急制动，列车管压力排空时；按下司机室紧急制动按钮或监控室紧急制动拉闸时。

以上条件触发时，制动系统自动实施紧急制动 UB，在列车完全停止前不允许缓解紧急制动 UB。列车停止后，触发条件复位、紧急制动 UB 环路建立后，缓解紧急制动 UB。

6.7.2　紧急制动 EB 不缓解

紧急制动 EB 不缓解如表 6-25 所示。

表 6-25　紧急制动 EB 不缓解

名称	紧急制动 EB 不缓解
编号	BI-CR400BF-7220-001
适用	（1）CR400BF （2）CR400BF-A （3）CR400BF-B

续表

现象	紧急制动 EB 不缓解	
行车	动车组自动施加紧急制动停车	
原因	（1）非占用端手柄在 EB 位（50C3）； （2）警惕装置触发紧急制动请求（50C4）； （3）停放制动监控环路断开（50C7）； （4）乘客紧急制动监控环路触发紧急制动请求（50C8）； （5）地震预警装置报警（500E）； （6）紧急制动 EB 安全环路断开； （7）其他故障等	
注意	⚠操作 EBL 旁路开关后，相应设备动作发出紧急制动 EB 请求时，将不能自动触发紧急制动 EB，运行中注意观察	
步骤	处理过程	
 1	停车处理： 停车后，司机通过 HMI 屏安全环路界面确认 EB 紧急制动环路断开。司机将司控器手柄置 B7 位，通知随车机械师，并报告列车调度员	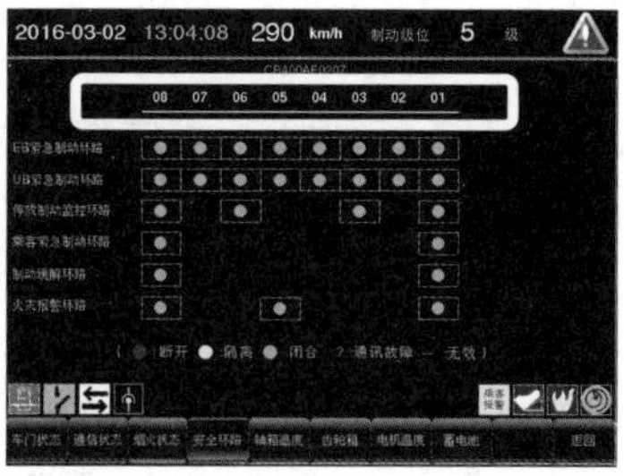
 2	查看诊断代码： 司机确认 HMI 是否报出诊断代码； 若报出诊断代码 50C3，则通知随车机械师将非主控司机室制动手柄归“0”位； 若报出诊断代码 50C4，则进行“紧急复位”； 若报出诊断代码 500E，则与列车调度员联系，如行车调度员确认地震预警解除但单车 EB 仍不缓解，随车机械师将“地震预警旁路开关”置“关”位； 若报出诊断代码 50C7，则按照“停放制动监控环路断开”处理； 若报出诊断代码 50C8，则按照“乘客紧急制动监控环路断开”处理； 若紧急制动 EB 缓解则继续行车，否则执行下一步	
 3	确认安全环路状态： 随车机械师通过 HMI 屏安全环路界面确认安全环路状态： 若单车紧急制动 EB 环路闭合，且出现单车紧急制动 EB 不缓解现象，则复位故障车 BCU，制动缓解后正常行车；若 BCU 复位后仍不缓解或出现单车紧急制动 EB 环路断开，则执行第 4 步。 若出现全列紧急制动 EB 环路断开或全列紧急制动 EB 环路闭合且紧急制动不缓解现象，则执行第 5 步	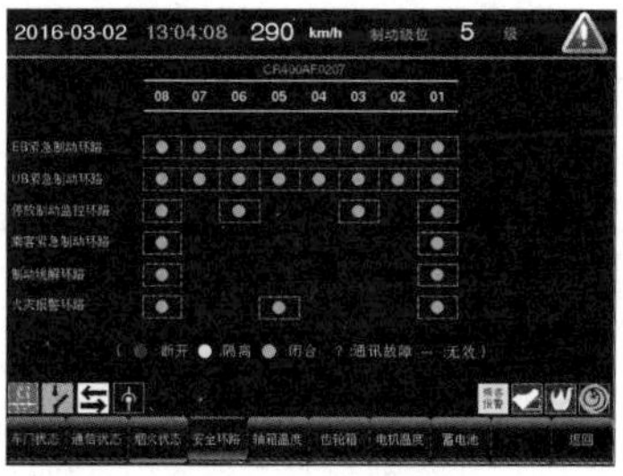
 4	切除空气制动： 切除故障车空气制动，继续行车	
 5	隔离 EBL： 将占用端司机室的紧急制动 EB 环路旁路开关“=43－S31”置“关”位。如紧急制动 EB 缓解，则在没有紧急制动 EB 环路功能的情况下继续运行；如紧急制动不缓解，则执行下一步	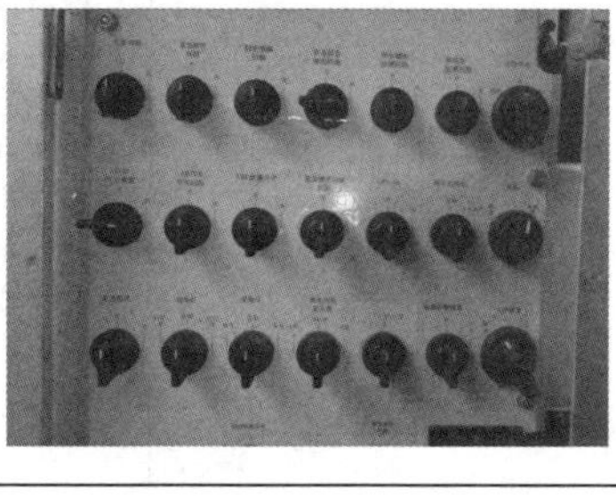

续表

步骤	处理过程	
 6	隔离“EB 转 UB”： 将司机室的“EB 转 UB”旁路开关置“关”位，如紧急制动 EB 缓解，则继续运行	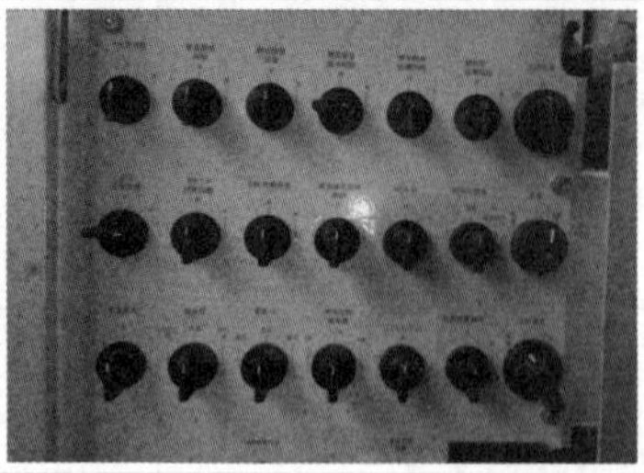
 7	请求救援： 若进行上述处理后，紧急制动 EB 仍不缓解，则请求救援	

6.7.3 紧急制动 UB 不缓解

紧急制动 UB 不缓解如表 6-26 所示。

表 6-26 紧急制动 UB 不缓解

名称	紧急制动 UB 不缓解	
编号	BI-CR400BF-7220-002	
适用	（1）CR400BF （2）CR400BF-A （3）CR400BF-B	
现象	紧急制动 UB 不缓解	
行车	动车组自动施加紧急制动停车	
原因	（1）蘑菇头按钮触发紧急制动请求（50C6）； （2）紧急制动 EB 时减速度不足（5221）； （3）ATP UP（50AC）； （4）EBL 旁路时，存在 EB 请求； （5）紧急制动 UB 安全环路断开； （6）其他故障等	
注意	无	
步骤	处理过程	
 1	停车处理： 停车后，司机通过 HMI 屏安全环路界面确认 UB 紧急制动环路断开。司机将司控器手柄置 B7 位，通知随车机械师，并向列车调度员报告	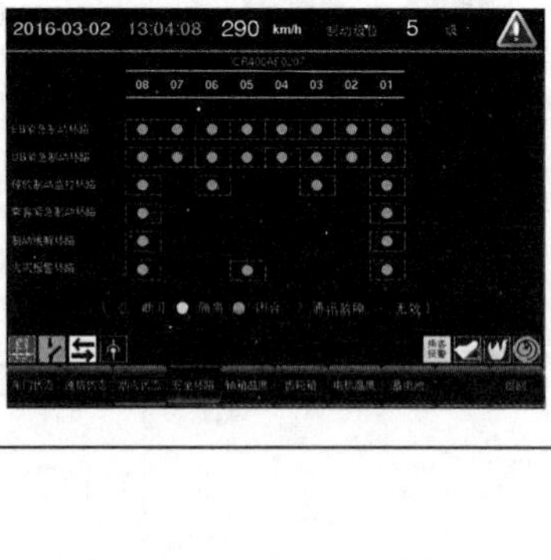
  2	查看诊断代码： 司机确认 HMI 是否报出诊断代码； 若报出诊断代码 50AC 或 ATP 显示屏提示 ATP 触发紧急制动，则向调度员请示； 若报出诊断代码 50C6，则司机和随车机械师分别查看主控、非主控司机室紧急制动按钮是否被按下，如按下则复位，复位后司机进行“紧急复位”操作； 若报出诊断代码 5221 或 EBL 已经隔离，则按照“紧急制动 EB 不缓解”处理； 若紧急制动 UB 缓解则继续行车，否则执行第 3 步	

续表

步骤	处理过程	
 3	确认安全环路状态： 随车机械师通过 HMI 屏安全环路界面确认安全环路状态： 若出现单车紧急制动 UB 环路闭合，且单车紧急制动 UB 不缓解现象，则复位故障车 BCU，制动缓解后正常行车；若 BCU 复位后仍不缓解或出现单车紧急制动 UB 环路断开，则执行第 4 步。 若出现全列紧急制动 UB 环路断开或全列紧急制动 UB 环路闭合且紧急制动不缓解现象，则执行第 5 步	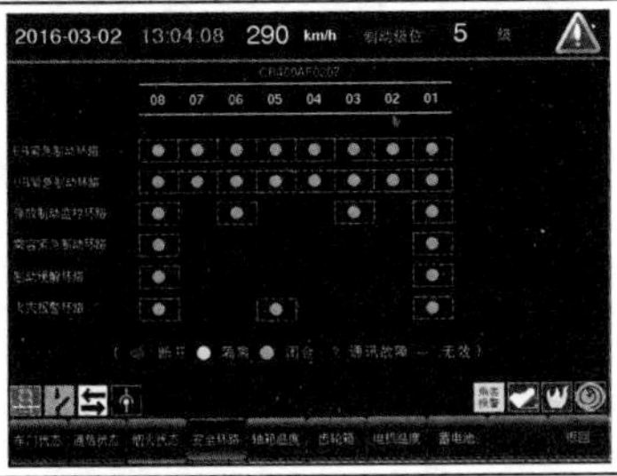
 4	切除空气制动： 切除故障车空气制动，继续行车	
 5	故障处置： 将占用端司机室的紧急制动 UB 环路旁路开关“=43－S21”置“关”位。如果紧急制动 UB 缓解，则在没有紧急制动 UB 环路功能的情况下继续运行	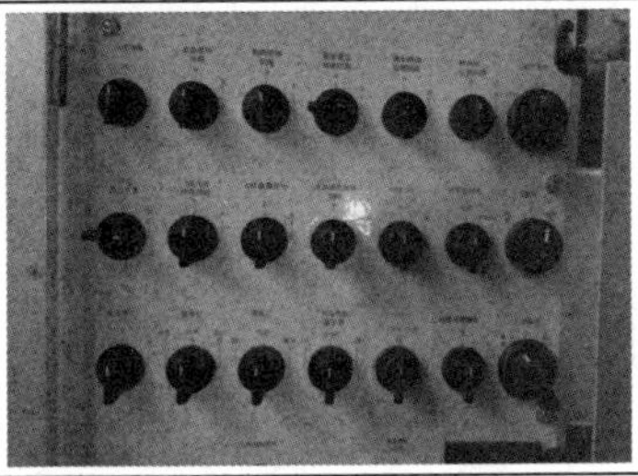
 6	故障处置： 如果紧急制动 UB 仍无法缓解，则请求救援	

6.7.4 常用制动不缓解

常用制动不缓解如表 6－27 所示。

表 6－27 常用制动不缓解

名称	常用制动不缓解	
编号	BI－CR400BF－7220－003	
适用	（1）CR400BF （2）CR400BF－A （3）CR400BF－B	
现象	常用制动不缓解，无代码	
行车	司机施加制动停车	
原因	（1）司控器手柄在常用制动位； （2）ATP 输出 1/4 级常用制动； （3）ATP 输出 7 级常用制动（50AB）	
步骤	处理过程	
 1	确认不缓解车辆： 如单车出现常用制动不缓解现象，则执行第 2 步。 如全列出现常用制动不缓解现象，则执行第 3～4 步	
 2	切除空气制动： 切除故障车空气制动，继续行车	

续表

步骤	处理过程	
 3	缓解制动： 将制动手柄推至 0 位，保持 5 s 以上。 如不缓解则执行下一步	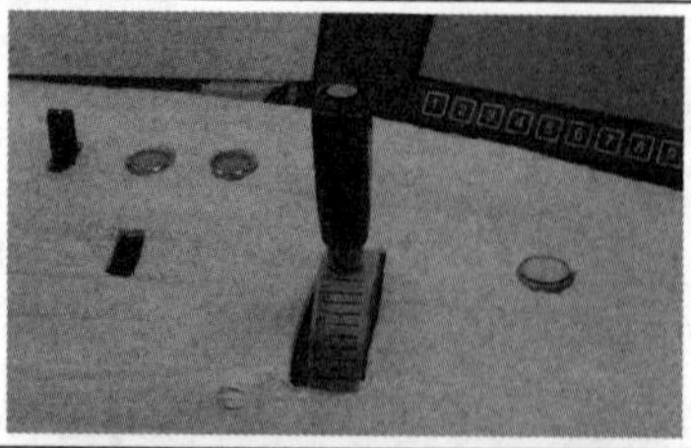
 4	隔离 ATP： 将 ATP 隔离开关置“隔离”位。如常用制动缓解，则向调度员报告：ATP 触发常用制动不能缓解。如常用制动不缓解则请求救援	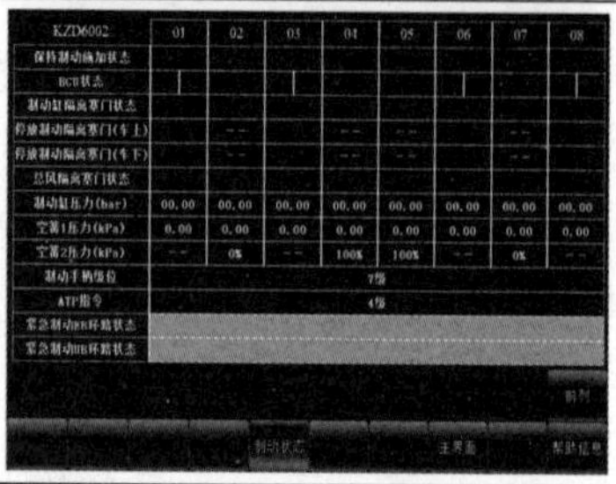

实 训

完成项目 6 任务 6.7 工作单（见表 6–28）。

表 6–28　项目 6 任务 6.7 工作单

项目名称	项目 6 应急故障处理		
任务名称	任务 6.7 制动不缓解故障应急处理		
班级名称		姓　名	
学习小组			
【基础知识认知】			
1. 判断：CR400BF 型动车组运行中出现紧急制动 EB 不缓解故障时，动车组自动施加紧急制动停车。（　　） 2. CR400BF 型动车组运行中出现紧急制动 UB 不缓解故障，动车组自动施加紧急制动停车后，司机通过 HMI 屏安全环路界面确认 UB 紧急制动环路断开。司机将司控器手柄置 B7 位，通知随车机械师，并向（　　）报告。 A. 列车长　B. 车站值班员　C. 乘警　D. 列车调度员 3. 判断：CR400BF 型动车组运行中出现常用制动不缓解故障时，动车组自动施加紧急制动停车。（　　）			
【职业能力训练】			
每个小组选派两名学生分别扮演司机和随车机械师，分别对 CR400BF 型动车组紧急制动 EB 不缓解、紧急制动 UB 不缓解和常用制动不缓解故障进行应急处理。每个小组作业结束后，其余学生可以指出作业中存在的问题，教师针对注意事项和操作步骤进行提问，同时对作业情况进行点评			
【实训总结】			
指导教师评价：			
任务完成人签字：　　日期：　年　月　日 指导教师签字：　　日期：　年　月　日			

项目 7　应急预案

项目描述

动车组在运用中，会遇到各种各样的突发情况，这也是最考验随车机械师、司机，以及各级技术管理干部业务水平和心理素质的时候，如果不能做到快速反应、科学处置，很可能会造成事故的扩大化。因此，只有居安思危、未雨绸缪，提前制定应急预案，才能在面对突发情况的时候做到响应及时、处置果断。

本项目任务 7.1 主要依据动车段《动车组行车安全应急响应方案》编写，侧重管理层面，对应急响应标准、应急响应流程等作出了具体规定。任务 7.2 主要依据动车段《行车应急预案》编写，侧重具体操作层面，针对典型故障或恶劣天气制定了应急处置办法。

本项目任务

任务 7.1　动车组行车安全应急响应方案

任务 7.2　行车应急预案

教学目标

1. 知识目标

（1）掌握一级、二级、三级应急响应的标准、流程；

（2）掌握复杂场景下动车组应急救援关键项点卡控流程；

（3）掌握出现典型故障或恶劣天气时的应急处置办法；

（4）掌握出现典型故障或恶劣天气时的限速要求。

2. 能力目标

采用角色扮演的方式，完成以下任务：

（1）模拟进行复杂场景下动车组应急救援处置；

（2）模拟进行出现典型故障或恶劣天气时的应急处置；

（3）填写《应急指挥信息确认表》。

3. 课程思政目标

（1）培养在突发事件面前的应急处置能力，树立保护国家财产意识；

（2）培养严谨认真的态度、安全生产的意识、遵章守纪的作风。

任务 7.1　动车组行车安全应急响应方案

任务单

任务名称	动车组行车安全应急响应方案
任务分析	从组织机构、应急响应标准、应急响应流程、复杂场景下动车组应急救援关键项点卡控流程和相关要求等方面学习行车安全应急响应方案，掌握应急救援处置关键项点
学习任务	完成项目 7 任务 7.1 工作单
成果展示	项目 7 任务 7.1 工作单

学习引导文

7.1.1　动车段《动车组行车安全应急响应方案》(节选)

为了确保实现“应急有备、科学处置、安全有序、畅通高效”的动车组行车故障应急处置目标，提高动车组运行中发生问题后的应急处置响应速度，明确各部门在应急处置过程中的工作职责并细化随车机械师应急处置流程，特制定动车段《动车组行车安全应急响应方案》，各动车所、相关科室应认真遵照执行。

1. 组织机构

1）成立动车组行车安全应急响应小组（以下简称应急小组）

组长：段长、党委书记。

副组长：安全副段长、运用副段长、检修副段长、总工程师。

组员：安全科、调度科、技术科科长，办公室、党委办公室主任，各动车所所长，乘务车间、检修车间、转向架车间主任，动车组生产厂家（主机厂）售后负责人。

2）职责分工

（1）应急小组负责动车组应急救援方案的制订，指导相关人员进行正确的应急处置。

（2）安全科负责启动应急响应机制；分析、研判动车组突发事件应急救援过程中存在的安全隐患和事故扩大、产生次生事故等风险，提出处置和安全保障措施建议；不断改进救援设备和救援办法；定期组织开展事故救援应急演练及工作经验交流、总结活动。

（3）调度科负责行车信息的收集、上报，向铁路局调度部门反馈应急处置信息，及时发布上级命令，以及备用动车组的启动命令。

（4）技术科负责组织对救援方案进行分析研判，提供技术支持；不断根据上级文件、动车组技术条件变化修订《动车组途中应急故障处理手册》。

（5）办公室负责交通工具保障工作，确保应急救援队伍迅速出动。

（6）党委宣传部门负责向铁路局宣传部门及时汇报故障情况及动车组停车时长信息，配合铁路局做好舆情控制工作。

（7）各动车所负责救援小组使用设备、工具的日常保存、运输、管理工作。

（8）各车间、动车所负责应急救援队伍、救援工具的准备工作。检修车间、转向架车间选定对动车组走行部部件、车体组装与拆卸等操作熟悉的人员组成应急救援队伍。

（9）主机厂负责选派相关专业的专家提供现场救援技术支持。

2. 应急响应标准

应急小组按一级、二级、三级分级响应。

1）一级响应标准

出现下列情形之一，启动一级响应。

（1）铁路局启动应急响应。

① 铁路局因动车组故障影响行车启动应急响应时（任何级别）；

② 铁路局因接触网故障、线路问题、外部环境等影响动车组运行启动应急响应时（任何级别）；

（2）动车组发生故障时。

① 动车组发生火情、爆炸、脱轨、冲突等铁路交通事故；

② 发生因动车组车辆本身原因造成旅客死亡的行车事故；

③ 动车组故障或其他原因可能中断高速铁路行车 1 h 以上时；

④ 动车组因受电弓、走行部、牵引系统、制动系统、挡风玻璃破损严重影响瞭望等故障不具备自轮运转条件；

⑤ 动车组走行部部件脱落；

⑥ 动车组可能发生一般 C 类事故。

（3）外部环境因素导致重大问题中断行车的。

① 不良天气造成动车组区间停车无法自轮运转；

② 线路轨道或接触网故障造成动车组无法自轮运转；

③ 列车冲突受损无法自轮运转。

（4）经指挥长认为有必要启动应急处置一级响应时。

2）二级响应标准

出现下列情形之一，启动二级响应。

（1）高速铁路因动车组故障申请救援时；

（2）动车组发生故障后，无法判明故障原因或虽已判明故障原因，但短时间内难以修复，区间停车超过 20 min、站内停车超过 30 min 时；

（3）动车组发生较大及以上路外事故；

（4）动车组半列空调失效或因动车组空调故障造成旅客较多投诉；

（5）已启动三级应急响应，指挥长认为有必要启动二级响应时。

3）三级响应标准

（1）动车组发生区间停车；

（2）动车组故障处置时间超过 10 min。

3. 应急响应流程

1）三级响应流程

段应急指挥中心接到报告后，通知调度科、安全科、技术科值班人员，值班人员 10 min 内赶赴指挥中心。如有必要，应急指挥中心人员可直接通知值班领导及应急小组其他成员。

应急小组成员：安全科、技术科、调度科值班人员。

应急小组分工及职责：应急指挥小组成员到位后，根据动车组故障情况开展以下工作。

（1）安全科值班人员任指挥长，负责组织汇总各项信息并将各专业意见向指挥员传达，负责组织向车辆处应急值班人员报告。

（2）技术科值班人员负责针对故障情况分析远程数据、动车组最近一次踏面诊断数据、受电弓监测数据，提供故障处置技术支持，通知检测车间查看动车组 TEDS 情况。

（3）调度科值班人员负责了解运行区段等信息，通知动车所核对动车组检修出库情况，向铁路局调度员汇报故障处理信息，做好与铁路局调度指挥部门的信息沟通。

（4）段应急指挥中心指挥员向随车机械师传达应急处置意见。（注：其他任何人未经指挥长同意不得向随车机械师传达应急处置意见）

（5）遇故障无明确处置办法时，应急指挥中心指挥员有权直接启动应急指挥系统，接入随车机械师，安全、运用、检修副段长，安全、技术、调度科科长，动车所所长，动车所值班副所长，动车所主管乘务副所长。

2）二级响应流程

段应急指挥中心接到报告后，立即启动电话指挥系统，依次接入随车机械师，安全、运用、检修副段长，安全、技术、调度科科长，动车所所长，动车所值班副所长，动车所主管乘务副所长；各科室得知信息后 10 min 内到达指挥中心，参与应急指挥。

应急小组成员：值班段长，安全科、技术科、调度科科长（副科长），动车所所长（值班所长、主管乘务副所长）。

应急小组分工及职责：应急小组成员到位后，根据动车组故障情况开展以下工作。

（1）值班段长任指挥长，安全科科长（副科长）协助指挥长，负责组织汇总各项信息并将各专业意见向指挥员传达；根据动车组故障情况判断是否有必要出动救援小组并通知救援小组做好出发准备。

（2）技术科科长（副科长）负责针对故障情况分析远程数据、动车组最近一次踏面诊断数据、受电弓监测数据，提供故障处置技术支持，通知检测车间查看动车组 TEDS 情况。

（3）调度科科长（副科长）负责了解运行区段等信息，通知动车所核对动车组检修出库情况，向铁路局调度员汇报故障处理信息，做好与铁路局调度指挥部门的信息沟通。

（4）动车所所长（值班所长、主管乘务副所长）根据随车机械师的日常特点、业务能力，动车组出库状态等情况，对应急指挥工作提出建议，向指挥中心汇报动车组检修情况。

3）一级响应流程

（1）段应急指挥中心、调度科接到信息后，立即做好信息汇报等工作。

① 立即启动电话指挥系统，依次接入随车机械师，应急领导小组全体组员；按指挥长要求接入车辆处应急值班人员、车辆处动车组运用科科长、车辆处主管副处长。

② 向段长、书记汇报。

（2）一级响应启动后，应急小组成员必须在 10 min 内赶到应急指挥中心；应急小组成员未在段时，涉及部门副职 10 min 内到达指挥中心；应急小组组员在接到一级响应通知后要立即出发赶赴段应急指挥中心或按指挥长要求赶赴现场。

（3）指挥长顺位：安全副段长、主管运用副段长、主管检修副段长。

（4）分工。

① 指挥长负责整体指挥工作指导、救援方案确定、救援人员分配，运用副段长负责指导随车机械师应急处置作业，检修副段长负责协调动车所启动应急救援队伍，梳理车组信息。需启动救援队时，指挥长协调安排一名副段长带领救援队伍立即赶赴现场。

② 安全科科长协调组织救援队出动。

③ 技术科科长协助指挥长制订整体救援方案；重点负责针对故障情况分析远程数据、动车组最近一次踏面诊断数据、受电弓监测数据，提供故障处置技术支持，通知检测车间查看动车组 TEDS 情况。

④ 调度科科长协助指挥长收集汇总各项信息，向铁路局调度员汇报故障处理信息，做好与铁路局调度指挥部门的信息沟通。

⑤ 指挥员负责将指挥长的救援指令向随车机械师下达，同时继续进行具体故障处置的指挥。

⑥ 动车所所长（值班所长、主管乘务所长）根据随车机械师的日常特点、业务能力，动车组出库状态等情况，对应急指挥工作提出建议，向指挥中心汇报动车组检修情况。配合安全科组织救援队出动。

（5）一级响应流程图如图 7－1 所示。

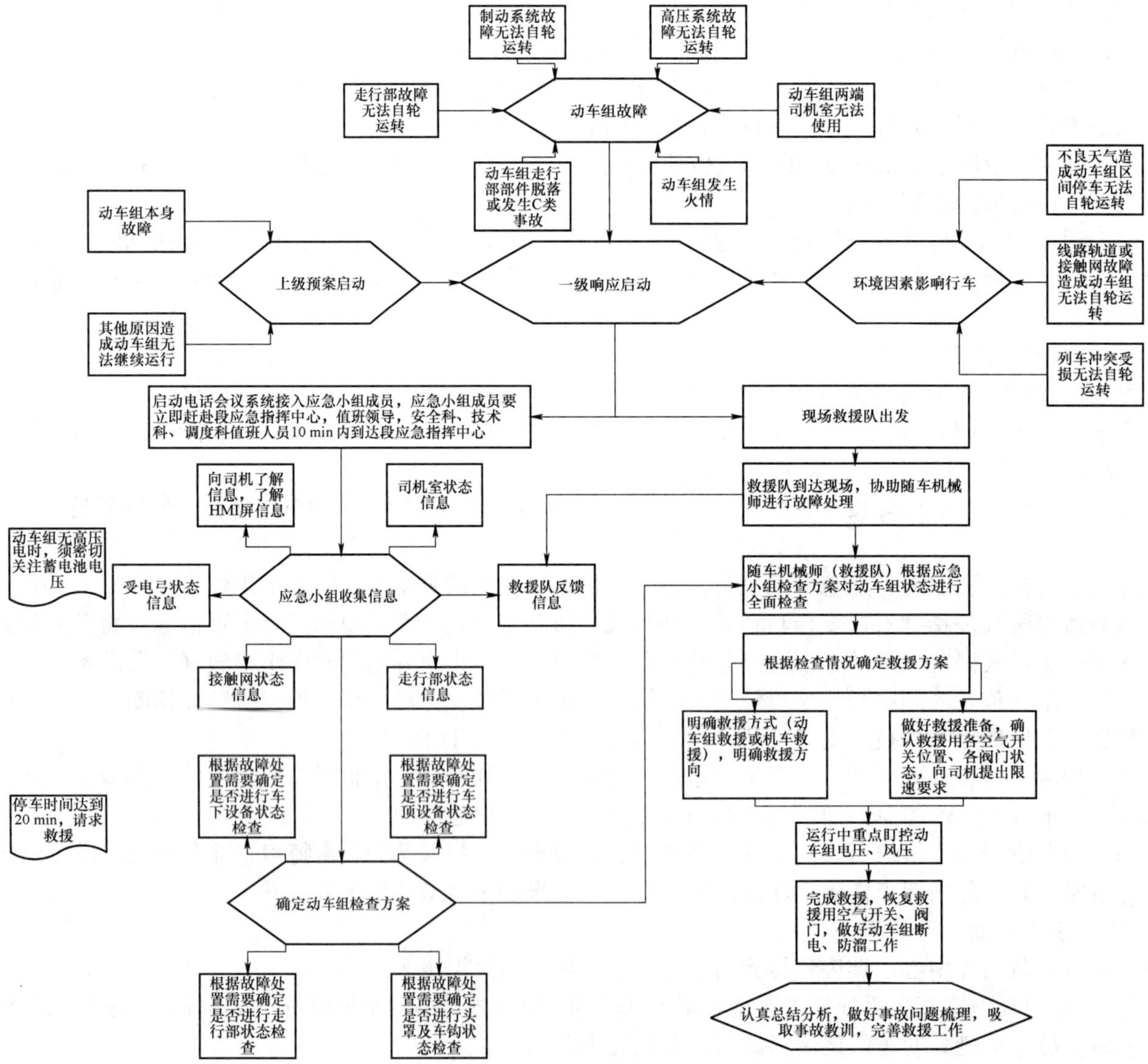

图 7－1　一级响应流程图

4. 复杂场景下动车组应急救援关键项点卡控流程

围绕防范动车组应急处置中可能出现的“三个三”，现将“接触网无法供电但动车组自身具备自走行条件”“接触网无法供电且动车组自身也不具备自走行条件”“接触网有电但动车组不具备自走行条件”三类场景下，指挥长需掌握、卡控的关键项点介绍如下，指挥长在救援指挥中参照执行。此外，当发生机械故障导致受电弓严重受损，但不侵限、无脱落风险、满足与接触网最小间距要求，可根据现场检查情况，切除故障单元牵引、故障受电弓气路，换弓以不超过 40 km/h 运行至前方站进一步处理。

场景 1：接触网无法供电但动车组自身具备自走行条件（由于供电设备原因导致接触网无法供电，但动车组各项技术状态良好）

（1）随车机械师及时确认现场情况并向故障发生地铁路局动车调度室、段应急指挥中心汇报。

（2）随车机械师确认车顶状态，明确是否需要登顶（经确认不需要登顶）。

（3）随车机械师及时通知司机申请救援（区间停车超过 20 min、车站停车超过 30 min 需及时申请救援）。

（4）随车机械师向司机核实停车地点坡度信息，按规定做好防溜。

（5）随车机械师密切关注蓄电池电压，达到各型动车组回送电压限值时关断蓄电池。

（6）指挥长与铁路局应急指挥中心确认救援方案。

（7）及时启动应急救援队，需搭乘救援机车、动车组时与铁路局沟通联系。

（8）明确救援方案后随车机械师及时做好连挂准备。

（9）救援连挂后进行制动试验、风压确认、走行部检查及运行注意事项盯控。

场景 2：接触网无法供电且动车组自身也不具备自走行条件（接触网无法供电，且动车组受电弓、高压互感器等车顶部件破损需登顶处理或同时发生动车组车下部件受损等导致动车组自身也不具备走行条件）

场景 2.1 动车组高压系统故障（受电弓、高压互感器等车顶部件破损需登顶处理）

（1）随车机械师及时确认现场情况并向故障发生地铁路局动车调度室、段应急指挥中心汇报。

（2）随车机械师确认车顶状态，明确是否需要登顶，若确认需要登顶处理，立即通过司机向列车调度员申请。

（3）随车机械师及时通知司机申请救援（区间停车超过 20 min、车站停车超过 30 min 须及时申请救援）。

（4）随车机械师向司机核实停车地点坡度信息，按规定做好防溜。

（5）随车机械师密切关注蓄电池电压，达到各型动车组回送电压限值时关断蓄电池。

（6）指挥长与铁路局应急指挥中心确认救援方案。

（7）及时启动应急救援队，需搭乘救援机车、动车组时向铁路局沟通联系。

（8）随车机械师提前准备登顶所需工具。

（9）接触网断电后，随车机械师与司机共同升良好受电弓进行验电（无法升弓或无法确认两受电弓状态时可不执行此操作）。

（10）明确救援方案后随车机械师做好连挂准备。

（11）救援连挂后进行制动试验、风压确认、走行部检查及运行注意事项盯控。

场景 2.2 动车组高压系统、走行部同时故障（动车组受电弓、高压互感器等车顶部件破损需要登顶处理，同时发生动车组撞击异物导致动车组自身也不具备走行条件）

（1）随车机械师及时确认现场情况并向故障发生地铁路局动车调度室、段应急指挥中心汇报。

（2）随车机械师确认车顶状态，确认需登顶处理，立即通过司机向列车调度员申请，并申请下车检查走行部。

（3）随车机械师及时通知司机申请救援（区间停车超过 20 min、车站停车超过 30 min 需及时申请救援）。

（4）随车机械师向司机核实停车地点坡度信息，按规定做好防溜。

（5）随车机械师密切关注蓄电池电压，达到各型动车组回送电压限值时关断蓄电池。

（6）指挥长与铁路局应急指挥中心确认救援方案。

（7）及时启动应急救援队，需搭乘救援机车、动车组时与铁路局沟通联系。

（8）随车机械师提前准备登顶所需工具。

（9）接触网断电命令下达前，随车机械师先检查车下走行部，并确认是否具备走行能力。检查发现头罩、自动车钩等部件受损影响机车连挂时，及时向铁路局应急指挥中心汇报。

（10）接触网断电后，随车机械师与司机共同升良好受电弓进行验电（无法升弓或无法确认两受电弓状态时可不执行此操作）。

（11）明确救援方案后随车机械师进行连挂准备。

（12）救援连挂后进行制动试验、风压确认、走行部检查及运行注意事项盯控。

场景3：接触网有电但动车组不具备自走行条件（接触网可正常供电，但动车组因所有受电弓、高压互感器等故障无法升弓供电或走行部轮对卡滞导致无法自轮走行）

场景3.1 动车组高压系统故障无法升弓供电导致不能自轮走行（不需要登顶处理）

（1）随车机械师及时确认现场情况并向故障发生地铁路局动车调度室、段应急指挥中心汇报。

（2）随车机械师确认车顶状态，明确是否需要登顶（经确认不需要登顶）。

（3）随车机械师及时通知司机申请救援（区间停车超过20 min、车站停车超过30 min需及时申请救援）。

（4）随车机械师向司机核实停车地点坡度信息，按规定做好防溜。

（5）随车机械师密切关注蓄电池电压，达到各型动车组回送电压限值时关断蓄电池。

（6）指挥长与铁路局应急指挥中心确认救援方案。

（7）及时启动应急救援队，需搭乘救援机车、动车组时与铁路局沟通联系。

（8）明确救援方案后随车机械师进行连挂准备。

（9）救援连挂后进行制动试验、风压确认、走行部检查及运行注意事项盯控。

场景3.2 动车组高压系统故障无法升弓供电导致不能自轮走行（需登顶处理）

（1）随车机械师及时确认现场情况并向故障发生地铁路局动车调度室、段应急指挥中心汇报。

（2）随车机械师确认车顶状态，确认需登顶处理，立即通过司机向列车调度员申请。

（3）随车机械师及时通知司机申请救援（区间停车超过20 min、车站停车超过30 min需及时申请救援）。

（4）随车机械师向司机核实停车地点坡度信息，按规定做好防溜。

（5）随车机械师密切关注蓄电池电压，达到各型动车组回送电压限值时关断蓄电池。

（6）指挥长与铁路局应急指挥中心确认救援方案。

（7）及时启动应急救援队，需搭乘救援机车、动车组时与铁路局沟通联系。

（8）接触网断电后，随车机械师与司机共同升良好受电弓进行验电（无法升弓或无法确认两受电弓状态时可不执行此操作）。

（9）明确救援方案后随车机械师进行连挂准备。

（10）救援连挂后进行制动试验、风压确认、走行部检查及运行注意事项盯控。

场景3.3 动车组走行部故障无法自走行（走行部破损、轮对卡滞等）

（1）随车机械师及时确认现场情况并向故障发生地铁路局动车调度室、段应急指挥中心汇报。

（2）随车机械师申请下车检查，确认走行部损坏情况、轮对是否卡滞（经确认轮对卡滞无法运行）。

（3）随车机械师及时通知司机申请救援（区间停车超过20 min、车站停车超过30 min需及时申请救援）。

（4）随车机械师向司机核实停车地点坡度信息，按规定做好防溜。

（5）指挥长向铁路局应急指挥中心汇报，共同制定动车组悬轮装置运送至现场的方案。

（6）及时启动应急救援队，需搭乘救援机车、动车组时与铁路局沟通联系。

（7）随车机械师提前做好悬轮装置安装准备工作。

（8）悬轮装置安装完毕具备开车条件时，随车机械师向司机明确提出行车限制条件。

5. 相关要求

（1）突发事件达到相应预案响应标准时，应同步启动相应应急预案。

（2）启动应急响应后，二、三级响应由安全科负责，一级响应由指挥长负责，应急小组成员到岗到位情况向指挥长汇报，并可根据故障情况指定其他部门人员到岗协助处置。

（3）应急小组成员及相关部门人员接到通知后，应立即赶赴应急指挥中心，预判可能影响行车的时间、指导各专业应急处置工作。

（4）应急指挥过程中，为保证统一指挥，任何车间和个人未经段应急小组同意，不得私自联系随车机械师，不得向随车机械师拨打电话，发生上述问题，严肃追究车间主要领导责任。

（5）应急小组成员变更时，有关部门应主动向段应急指挥中心报备。

（6）应急指挥过程中，指挥员要认真填写应急指挥信息确认表，沉着冷静，使用规范用语，指挥过程要全程录音。

（7）应急处置完毕后，由指挥长组织对处置过程进行回顾分析，填写指挥处置日志，对各部门工作情况进行点评，提出奖励考核意见。

7.1.2 应急指挥信息确认表

《应急指挥信息确认表》如表 7–1 所示。

表 7–1 应急指挥信息确认表

<table>
<tr><td colspan="2">车次：</td><td colspan="2">车型：</td><td colspan="2">车号：</td><td>主控端：</td></tr>
<tr><td colspan="7">系统状态确认</td></tr>
<tr><td>空调系统
（三级）</td><td>上部服务设施
（三级）</td><td>辅助供电
（二级）</td><td>制动系统
（一级）</td><td>头罩、玻璃及车体
（一级）</td><td>受电弓及高压系统
（一级）</td><td>走行部
（一级）</td></tr>
<tr><td>□</td><td>□</td><td>□</td><td>□</td><td>□</td><td>□</td><td>□</td></tr>
<tr><td>故障描述
（代码）</td><td colspan="6"></td></tr>
<tr><td colspan="7">外部环境</td></tr>
<tr><td>运行工况</td><td>隧道□</td><td>高架桥□</td><td>坡道□</td><td colspan="3">分相区□</td></tr>
<tr><td>现场天气</td><td>高温□</td><td>雨雪□</td><td>冰冻□</td><td>大风□</td><td colspan="2">雷电□</td></tr>
<tr><td colspan="7">备注：遇高温天气注意空调和断电时间；遇雨雪天气注意可能导致空转滑行、接触网取流不畅；遇冰冻天气注意接触网结冰、转向架结冰；遇大风天气注意异物击打；遇雷电天气注意人身安全并禁止登顶。动车组区间停车 20 min（站内 30 min）故障未修复应及时申请救援</td></tr>
<tr><td colspan="7">处置纪要（时间、内容）：</td></tr>
</table>

备注：此表格在二级以上响应时填写。

指挥员：

指挥长：　　　　　　　　　　日期：　　年　　月　　日

7.1.3 应急救援处置关键项点提示卡

场景 1 应急救援处置关键项点提示卡如图 7–2 所示。

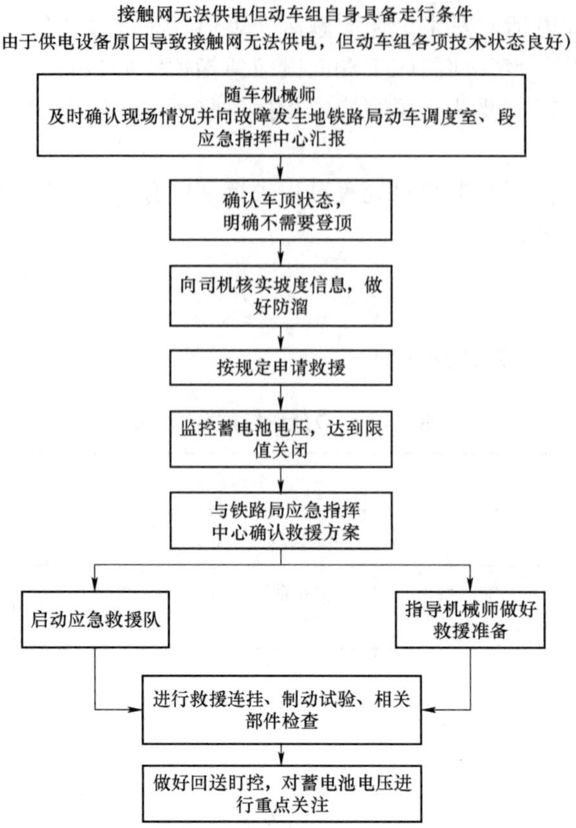

图 7-2　场景 1 应急救援处置关键项点提示卡

场景 2.1 应急救援处置关键项点提示卡如图 7-3 所示。

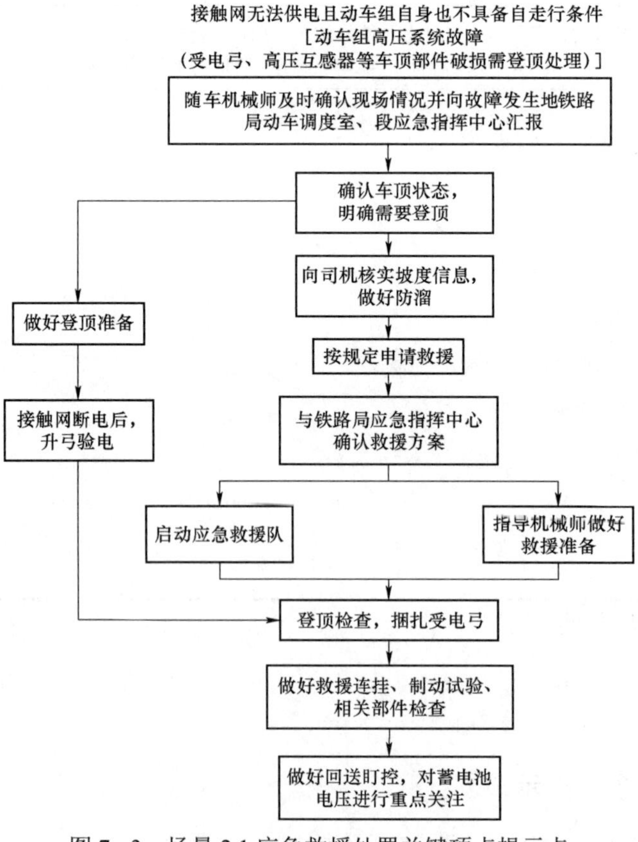

图 7-3　场景 2.1 应急救援处置关键项点提示卡

场景 2.2 应急救援处置关键项点提示卡如图 7–4 所示。

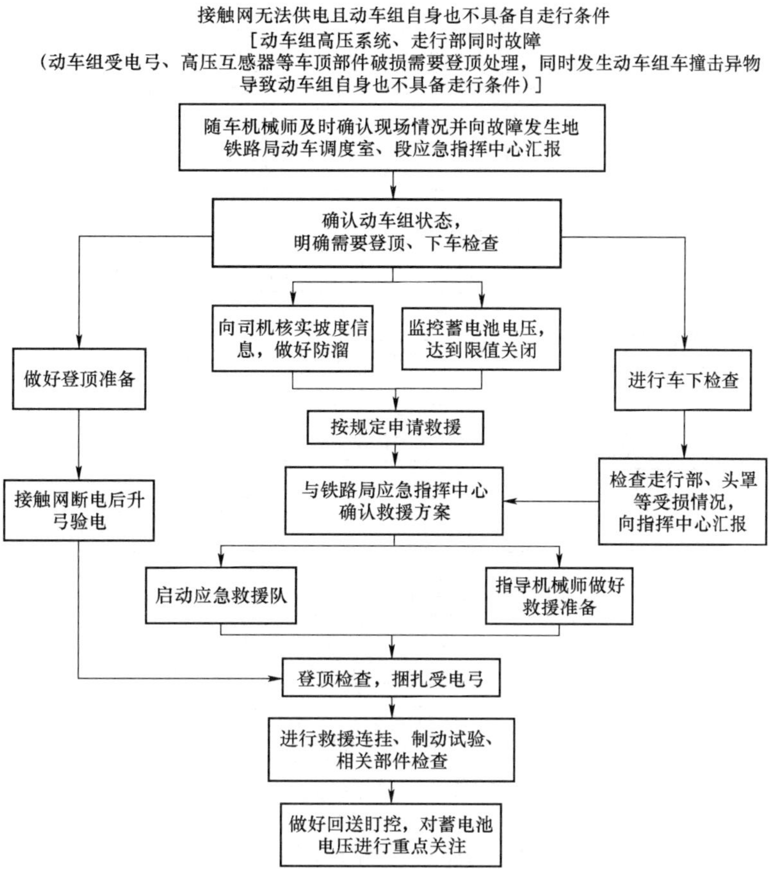

图 7–4　场景 2.2 应急救援处置关键项点提示卡

场景 3.1 应急救援处置关键项点提示卡如图 7–5 所示。

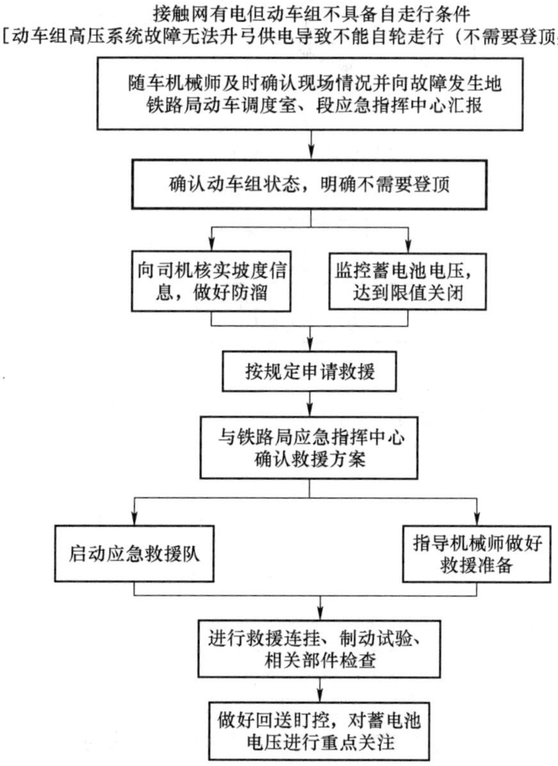

图 7–5　场景 3.1 应急救援处置关键项点提示卡

场景 3.2 应急救援处置关键项点提示卡如图 7–6 所示。

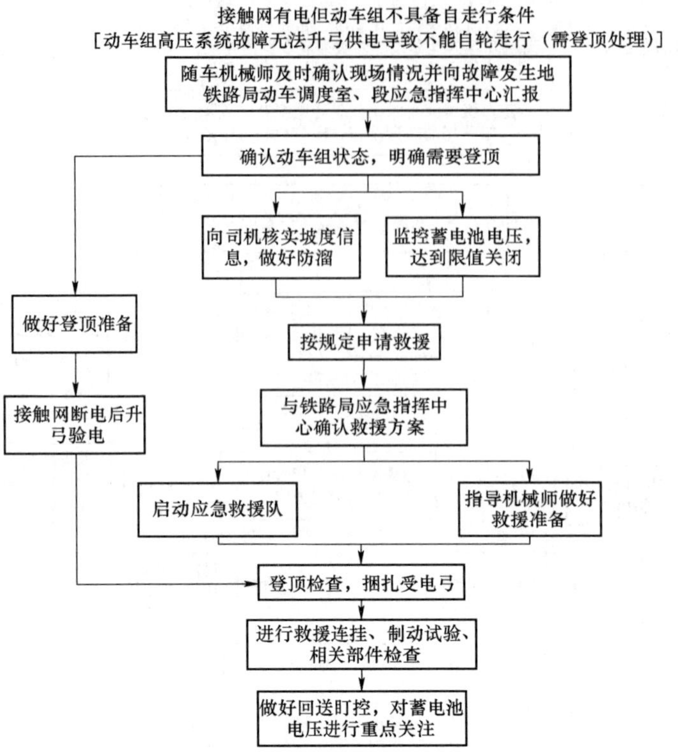

图 7–6　场景 3.2 应急救援处置关键项点提示卡

场景 3.3 应急救援处置关键项点提示卡如图 7–7 所示。

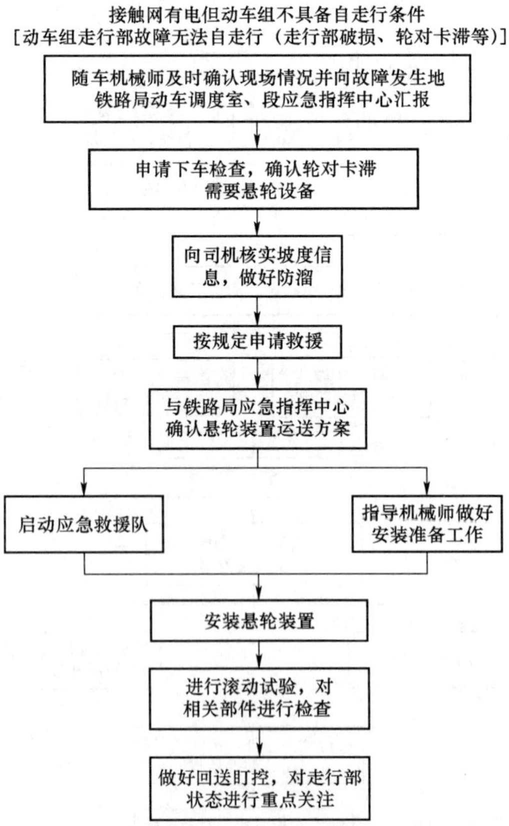

图 7–7　场景 3.3 应急救援处置关键项点提示卡

实 训

完成项目 7 任务 7.1 工作单（见表 7–2）。

表 7–2 项目 7 任务 7.1 工作单

项目名称	项目 7 应急预案		
任务名称	任务 7.1 行车安全应急响应方案		
班级名称		姓 名	
学习小组			

【基础知识认知】

1. 动车组行车安全应急响应分为（ ）级。

A. 2 B. 3 C. 4 D. 5

2. 动车组故障或其他原因可能中断高速铁路行车（ ）h 以上时，启动一级响应。

A. 0.5 B. 1 C. 2 D. 5

3. 动车组故障处置时间超过（ ）min，启动三级响应。

A. 5 B. 10 C. 20 D. 30

4. 判断：区间停车超过 20 min 需及时申请救援。（ ）

5. 判断：车站停车超过 20 min 需及时申请救援。（ ）

【职业能力训练】

1. 在“一级响应流程图”的空白方框中填入相应内容。

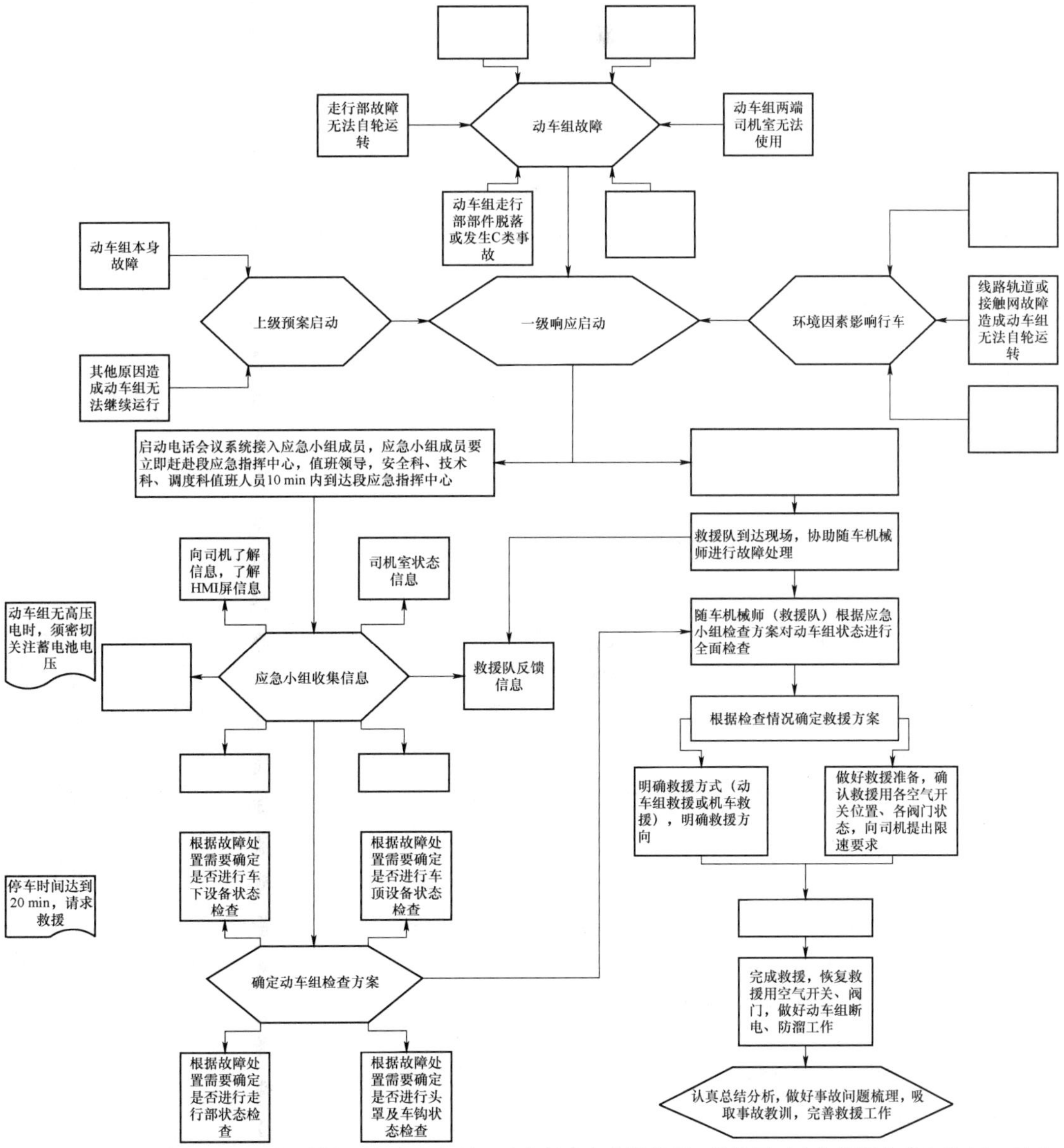

2. 以小组为单位，采用角色扮演的方式，模拟进行复杂场景下动车组应急救援处置，并填写《应急指挥信息确认表》（见表 7–1）。

续表

【实训总结】	
指导教师评价：	
任务完成人签字：	日期：　　年　　月　　日
指导教师签字：	日期：　　年　　月　　日

任务 7.2　行车应急预案

任务单

任务名称	行车应急预案
任务分析	从总则、组织机构、相关部门职责、应急响应、应急演练、奖励和责任追究，以及附则等方面学习动车段《行车应急预案》，同时掌握动车组运行故障应急处置办法、库内检查发现典型故障应急处置办法、动车组冰雪天气安全预案、动车组雾霾天气应急处置办法、动车组空调失效应急处置办法、动车组列车空调失效应急处置场景、动车组车门应急操作流程、动车组蓄电池亏电应急处置办法、动车组登顶处置办法、CRH 系列动车组恶劣天气下限速要求和 CR400BF－A 型动车组故障限速表
学习任务	完成项目 7 任务 7.2 工作单
成果展示	项目 7 任务 7.2 工作单、模拟进行出现典型故障或恶劣天气时的应急处置影像资料

学习引导文

7.2.1　动车段《行车应急预案》

第一章　总　　则

第一条　本预案适用于动车段投入运营的动车组发生交通事故、自然灾害、设备故障等突发事件的应急处置。

第二条　坚持“以人为本、安全第一、预防为主，统一指挥、专业管理、分级负责，快速反应、分工协作、科学处置”的原则，不断提高高速铁路突发事件的应急处置能力，确保高速铁路运行安全有序。

第三条　按照“工作程序规范、信息传递及时、应急处置迅速、调度指挥高效”的原则，进一步细化、明确动车组应急处置预案。

第四条　动车组故障处理必须遵循故障导向安全的原则，各车间、科室要严格按国铁集团、铁路局下发的应急故障处理办法操作，避免因错误操作造成次生故障事故的发生。

第五条　动车组应急故障处置、技术支持及救援组织实施专业负责、逐级负责制，随车机械师在途中处理故障时要注意和其他单位加强联劳协作，牢固树立大局意识，将故障影响降到最低限度。

第六条　在动车组运行途中发生设备故障时，随车机械师应严格按《动车组途中应急故障处理手册》、动车段发布的应急处置文件中的相关规定执行。

第二章　组织机构

第七条　动车段成立突发事件应急领导小组（以下简称“应急领导小组”）。

组　长：段长、党委书记

副组长：主管运用副段长、主管安全副段长

组　员：安全科、运用管理科、劳动人事科科长，安全生产调度指挥中心主任，办公室主任，各动车所所长。

第八条　应急领导小组职责。

1. 统一领导动车段动车组发生高速铁路突发事件的应急处置工作。

2. 指挥相关部门参与应急处置工作。

3. 负责与相关单位沟通协调，共同开展应急处置工作。

4. 发生高速铁路突发事件时，决定启动相应的应急预案。

5. 决定向上级主管部门应急机构请求支援和报告。

第三章　相关部门职责

第九条　安全科负责分析、研判动车组突发事件应急处置过程中存在的安全隐患和事故扩大、产生次生事故等风险，提出处置和安全保障措施建议；负责行车事故发生后的调查分析、定性定责和责任追究；应急指挥中心负责发布应急处置指令，并根据需要及时启动远程通信指挥系统。

第十条　运用管理科负责提供故障动车组相关技术资料，对故障动车组的应急处置提出建设性意见或建议；在发生高速铁路突发事件后，参与应急处置工作。

第十一条　安全生产调度指挥中心在发生高速铁路突发事件后，及时通知应急领导小组相关成员，做好同上下级之间的信息传达和备用动车组组织工作。

第十二条　劳动人事科在应急处置结束后，负责对应急处置过程中存在问题的部门或人员落实行车考核和经济考核。

第十三条　办公室在发生高速铁路突发事件后，负责做好相关后勤保障工作。

第十四条　各动车所在发生高速铁路突发事件后，负责提供动车组相关检修信息，并参与应急处置工作。

第四章　应急响应

第十五条　突发事件发生后，应急领导小组根据具体情况启动相应应急预案，并组织开展突发事件应急处置，实施对突发事件应急救援处置工作的统一领导指挥。各部门根据现场实际，按照应急领导小组要求，结合各自职责，迅速启动应急处置方案，并开展各项应急处置工作。

第十六条　突发事件救援处置工作已基本完成，且次生、衍生事件的危害已基本消除后，参与处置的队伍或人员可撤离现场，由应急领导小组宣布应急处置工作结束。

第十七条　应急处置工作结束后，构成铁路交通事故的，安全科组织相关单位、部门对事故性质、原因、责任和处置等情况进行调查和总结，并形成事故报告，按时报送上级机构或主管部门；未构成铁路交通事故的，由运用管理科组织分析故障原因，并针对检修、运用上存在的问题，提出防范措施和改进建议。

第五章　应急演练

第十八条　安全科每月至少组织开展一项段级动车组故障应急演练，安全科负责制订演练计划及演练脚本，并进行演练总结。

第十九条　运用管理科负责段级应急演练的技术指导与现场写实，协助安全科做好演练总结。

第二十条　职工教育科负责段级应急演练的现场影像记录，并根据演练项目组织车间开展培训工作。

第二十一条　各动车所（车间）根据段级动车组故障应急演练项目开展车间级应急演练，并进行演练总结。

第六章　奖励和责任追究

第二十二条　在实施应急预案的过程中，对于表现突出的部门和人员，由应急领导小组审核并决定给予表彰和奖励。对于玩忽职守、严重失职的责任人，根据段相关规定，给予责任人严肃处理。

第七章　附　　则

第二十三条　动车组运行线路允许最高速度如低于本办法明确的限速要求时，则按线路允许最高速度运行。

第二十四条　各动车所应根据本办法细化、完善车间级相关应急办法、应急预案，细化故障处置流程、步骤与检查项点。根据段每月组织的动车组故障应急演练，定期组织相关人员进行理论培训和实作演练，提高动车组故障应急处置能力。

7.2.2 动车组运行故障应急处置办法

第一章 动车组故障应急处置基本原则

第一条 应急处置基本原则：确保安全、保障运输、统一指挥、科学处置。

1. 确保安全：应急处置必须坚持安全第一，处置过程必须做到有序可控。

2. 保障运输：应急处置必须尽快恢复列车运行，最大限度减少对运输秩序的影响。

3. 统一指挥：应急处置必须遵循和维护行车工作集中领导、统一指挥、逐级负责的原则。

4. 科学处置：应急处置必须严格遵守相关规章制度，并充分利用科技化、信息化手段，优化动车组故障应急处置流程。

第二条 在动车组运行途中发生设备故障时，随车机械师应按《动车组途中应急故障处理手册》及上级文件的相关规定执行，并及时上报信息，服从铁路局调度的统一指挥。配属段应急指挥中心负责远程技术支持，根据需要启动应急指挥系统。段应急指挥中心接到报告后，应立即启动故障应急处置程序。应急指挥人员根据随车机械师汇报的信息，分析、判断故障原因，指挥随车机械师进行故障处置。动车组故障处置过程中，段应急指挥中心密切与铁路局动车调度员、故障发生地铁路局动车调度员的联系，沟通故障处置情况。

在处理动车组运行故障时，动车组司机、随车机械师及其他有关人员既要讲职责分工，更要讲团结协作，按规定步骤、方法处置动车组运行途中突发故障，把运行安全风险和对运输秩序的影响降到最低。

第三条 动车组在高速铁路运行途中发生故障，随车机械师需下车检查、处理故障时，通知司机向列车调度员申请下车检查，随车机械师在接到司机转述的邻线列车已扣停或已限速的调度命令和准许下车的指示后方可下车。随车机械师需要到会车侧进行检查时，首先应通过司机向列车调度员请求扣停邻线列车，遇有邻线列车未扣停的情况时，随车机械师通知本务司机对邻线来车情况进行辅助监控，并请求列车调度员（车站值班员）通知邻线列车司机在作业处所加强瞭望鸣笛。本务司机发现邻线来车后，用对讲机通知车下随车机械师，随车机械师作业中发现来车或接到来车通知后立即停止作业避车，待邻线列车通过后方可继续作业；只对动车组非会车侧进行检查时，随车机械师在接到司机转述的邻线列车已扣停或已限速的调度命令和准许下车的指示后方可下车。

随车机械师途中下车检查应从非会车侧车门下车，着有反光标志的防护服，下车时防止摔跤；进入会车侧检查时，应从头车处绕行，禁止从车下钻爬，观察来车方向无来车后方可进入会车侧。车下行走时，应侧身紧贴车体，一手抓扶车身，时刻观察来车方向。车下检查时，应尽量靠近车体，检查过程中严禁向邻线侧退行，注意身体任何部位及使用的工具不得超过两轨之间中心线。检查完毕后清点工具、材料，防止其遗留在线路上。随车机械师车下作业前，应使用电台（对讲机）通知司机："××次司机，现在准备车下作业，请勿动车"，得到司机回复后，方准进行车下作业；车下作业完毕后，通知司机："××次司机，车下作业完毕"，并须得到司机回示。

第四条 动车组在普速铁路线路运行途中发生故障，随车机械师需下车检查时，通过司机向车站值班员（CTC 区段向列车调度员）申请下车检查。随车机械师在接到司机转述准许下车的指示后方可下车。随车机械师应从非会车侧车门下车，着有反光标志的防护服，进入会车侧检查时，禁止从车下钻爬。必须在会车侧作业时，随车机械师通知本务司机对邻线来车情况进行辅助监控，并请求车站值班员（CTC 区段向列车调度员）通知邻线列车司机在作业处所加强瞭望和鸣笛。本务司机发现邻线来车后，用电台通知车下随车机械师，随车机械师作业中发现来车或接到来车通知后立即停止作业避车。待邻线列车通过后方可继续作业。

随车机械师途中下车检查应从非会车侧车门下车，着有反光标志的防护服，下车时防止摔跤；进入会车侧检查时，应从头车处绕行，禁止从车下钻爬，观察来车方向无来车后方可进入会车侧。车下行走时，应侧身紧贴车体，一手抓扶车身，时刻观察来车方向。车下检查时，应尽量靠近车体，检查过程中严禁向邻线侧退行，注意身体任何部位及使用的工具不得超过两轨之间中心线。检查完毕后清点工具、材料，防止其遗留在线路上。随车机械师车下作业前，应使用电台通知司机："××次司机，现在准备车下作业，请勿动车"，得到司机回复后，方准进入车下作业；车下作业完毕后，通知司机："××次司机，车下作业完毕”，并须得到司机回示。

第五条　下车作业时随车机械师应手动开启车门并通知客运人员做好防护，加强瞭望，确保人身安全。随车机械师检查处理完毕后立即上车，通知司机检查处理结果，司机立即向列车调度员报告，列车调度员恢复邻线正常行车。

第六条　随车机械师需登顶检查、处理故障时，通知司机向列车调度员报告，在得到接触网已停电、准许登顶的调度命令和列车调度员已发布邻线列车限速调度命令及准许下车的指示后，司机切除故障受电弓后升另一良好受电弓，与随车机械师共同确认无网压（其中“四方”平台动车组需升弓并闭合主断确认，且需进行放电操作），司机、随车机械师互相签认，随车机械师穿戴好防护用品后下车。随车机械师在本线非邻线侧使用验电器确认接触网已断电，在动车组两端接触网各挂设一根接地杆，挂设接地杆时先将接地杆接地部分与钢轨可靠接地，再将挂钩部分与接触网相连（拆除接线时顺序相反）。

第七条　随车机械师途中下车检查应从非会车侧车门下车，下车时防止摔跤；进入会车侧检查时，应从头车处绕行，禁止从车下钻爬，观察来车方向无来车后方可进入会车侧。车下行走时，应侧身紧贴车体，一手抓扶车身，时刻观察来车方向。车下检查时，应尽量靠近车体，检查过程中严禁向邻线侧退行，注意身体任何部位及使用的工具不得超过两轨之间中心线。检查完毕后清点工具、材料，防止其遗留在线路上。

第八条　随车机械师途中登顶检查原则上应从非邻线侧登顶，车顶作业时全程使用安全带、安全帽，并注意与接触网线连挂良好；雷电天气（在作业地点可见闪电或可听闻雷声）禁止登顶。检查完毕后清点工具材料，防止其遗留在车顶上。

第九条　动车组在车站或区间无动力停留时，防溜工作按照有关规定执行。

第十条　动车组救援要求。

1. 动车组故障处置过程中，随车机械师按规定进行故障处置，可以维持运行时，及时向司机提出运行限制条件；不能继续运行时，及时通知司机请求救援。

2. 随车机械师故障处置时间，区间超过 20 min、站内超过 30 min，仍无法判明故障原因或无法处置不能继续运行时，通知司机请求救援。

3. 请求救援后，随车机械师须立即向发生地所在铁路局动车调度员报告。动车组随车乘务人员应严格服从发生地所在铁路局调度员的指挥，按要求做好救援准备或故障应急处置工作。

4. 救援时，列车调度员可组织动车组或机车进行动车组救援，重联动车组可采用分部运行、换端重联、无故障动车组解编后单组先行等方式进行处置。采用动车组救援时优先采用同型动车组救援的方式。被救援动车组具备升弓供电条件时，允许被救援动车组升弓供电；不具备升弓供电条件时，被救援动车组须关闭动车组上部服务设施电源，严密监视蓄电池电压。

5. 动车组故障处置及救援过程中，调度员、应急指挥员以外其他人员需了解故障处置情况及进度时，可拨打动车段应急指挥中心电话会议系统电话，但不得占用司机、随车机械师 GSM–R 手持终端通信资源。

6. 动车组救援作业流程、责任分工、运行条件、现场防护等相关要求按国铁集团、铁路局有关规定执行。

第二章　动车组发生故障的汇报程序和要求

第十一条　随车机械师接到或发现动车组故障信息后，应立即与司机联系，了解故障详细情况，需到司机室确认时应立即赶赴司机室，并在 5 min 内将故障基本情况先后向故障发生地所在铁路局动车调度员和配属动车所调度员报告，动车所调度员向动车段调度员报告，动车段调度员向段长（或主管段长）报告。如故障发生在管外，动车段调度员接到信息后立即向本铁路局动车调度员报告。当随车机械师遇到无法独立处理的故障时，立即向段应急指挥中心汇报，并在应急指挥中心的指导和监控下进行应急故障处置。

第十二条　随车机械师要加强与客运、机务部门的联系，按照各自职责分工，加强团结协作，做好动车组故障处理。随车机械师应会同司机，根据故障处理情况及时提出维持运行、救援、更换车底等应急处理建议方案。在行车命令下达后，随车机械师必须服从故障发生时所在铁路局的统一指挥，并做好故障信息反馈工作。

第三章　典型故障应急处置办法

第十三条　动车组运行途中，站车工作人员发现或接到下列情况或信息时，须立即采取停车措施。停车后司机、随车机械师须确认故障位置、故障描述、故障代码等信息（查询故障时不仅要确认当前故障，还要查询历史故障)，按《动车组途中应急故障处理手册》进行处理。

1. 车辆下部有拖、拉、击打声、上下振动声、连续摩擦声时；车辆突发剧烈上、下跳动，车体剧烈摆动；连接处明显下垂时。

2. 轴箱轴承、齿轮箱轴承、牵引电机轴承温度报警。

3. 车载信息监控装置提示轴不旋转、抱死故障。

4. 发现制动力不足等异常情况时。

5. 受电弓不明原因自动降弓或挂异物。

6. 运行途中发生外门故障。

7. 重联动车组意外解编、编组间传输不良、重联端车钩故障。

8. 动车组碰撞异物影响行车安全时。

9. 动车组裙板、外掀式盖板开启。

10. TEDS 预报需立即停车检查的故障。

11. 其他原因影响动车组行车安全时。

第十四条 车辆下部有拖、拉、击打声，上下振动声，连续摩擦声。

列车工作人员发现或接到反映车辆下部有拖、拉、击打声，上下振动声，连续摩擦声等异音时，应通知司机立即停车，停车后司机向列车调度员（车站值班员）报告，并通知随车机械师。随车机械师了解情况后按规定程序下车检查。如故障暂不能修复，但不影响行车安全时，随车机械师进行临时应急处理并向司机提出运行限制条件；如故障暂不能修复且影响行车安全时，随车机械师通知司机请求救援。

第十五条 车辆突发剧烈上、下跳动，车体剧烈摆动，连接处明显下垂。

列车工作人员发现或接到反映车辆突发剧烈上、下跳动，车辆剧烈摆动，连接处明显下垂等异状时，应通知司机立即停车，停车后司机向列车调度员（车站值班员）报告，并通知随车机械师。随车机械师了解情况后按规定程序下车检查。如故障暂不能修复，但不影响行车安全时，随车机械师进行临时应急处理并向司机提出运行限制条件；如故障暂不能修复且影响行车安全时，随车机械师通知司机请求救援。

第十六条 轴箱轴承、齿轮箱轴承、牵引电机轴承温度报警。

动车组运行途中，发生轴箱轴承、齿轮箱轴承、牵引电机轴承温度报警时，司机应立即停车，向列车调度员（车站值班员）报告并通知随车机械师，随车机械师按规定程序下车检查，并按如下要求处理。

1. 如确认温度报警为误报，经检查处理后，通知司机正常运行。对于有红外线设备的线路，由司机联系列车调度员，安排地面红外线设备加强监控，随车机械师申请在每个办客站下车点温；对于无红外线设备的线路，随车机械师申请在每个办客站下车点温，若相邻两个办客站点温时间间隔超过 1 h，由司机联系列车调度员，安排在预设点温车站停车点温，随车机械师应将故障轴位在前行方向的左右侧位置通知司机向列车调度员汇报，列车调度员安排将动车组故障轴位置停靠在非站台侧。

2. 随车机械师下车确认走行部轴承温度为真报警，可视范围内无异常且未伴随发生其他组合故障时按表 7-3 所列走行部轴承报警限速要求运行。

表 7-3 走行部轴承报警限速要求

级别	轴箱轴承	齿轮箱轴承	电机轴承
预警级（1 级）	200 km/h	200 km/h	200 km/h
报警级（2 级）	40 km/h	140 km/h	140 km/h

CRH380D 型动车组暂不纳入本规范适用车型范围，其有关限速要求按该车型应急手册（试行版）执行。

第十七条 车载信息监控装置提示轴不旋转、抱死故障。

1. 当司机发现或得到动车组轮对不旋转故障（动车组轮对抱死故障）信息时，应立即停车，向列车调度员（车站值班员）报告并通知随车机械师。随车机械师按规定程序下车检查处理。

2. 需要进行制动切除操作时，随车机械师要严格按照《动车组途中应急故障处理手册》执行。动车组制动切除后，随车机械师通知司机进行缓解制动，检查确认闸片处于缓解状态，通知司机以不超过 5 km/h 速度运行，进行滚动试验，进一步确认走行部是否出现真正抱死或异常声响。滚动试验完毕后，随车机械师向段应急指挥中心汇报试验结果，并通知司机向列车调度员（车站值班员）汇报滚动试验结果。随车机械师未进行滚动试验或滚动试验未通过时，不得开车。

3. 动车组制动切除，并完成故障检查处理恢复运行后，随车机械师要将切除制动的车厢作为盯控重点，除进行必要的检查巡视外，其余时间要在制动切除车厢进行重点盯控。随车机械师通知司机向列车调度员（车站值班员）申请在前方站停车检查，在前方站停车后随车机械师按规定下车对切除制动车辆的制动盘进行点温，确认是否存在抱闸现象。

第十八条　发现制动力不足等异常情况。

司机施加制动时，发现制动力不足或制动系统未响应，应立即采取紧急制动或按压紧急制动按钮方式停车，停车后向列车调度员（车站值班员）报告并通知随车机械师。随车机械师按照车载信息监控装置的提示、《动车组途中应急故障处理手册》的规定、段应急指挥中心的指挥进行处置，经应急处置无效须立即请求救援。

第十九条　受电弓不明原因自动降弓故障。

动车组运行途中，受电弓不明原因自动降下时，司机应立即断主断路器、降弓，并采取停车措施，向列车调度员（车站值班员）报告并通知随车机械师。未装配受电弓视频监控装置的动车组，随车机械师按规定下车检查、确认受电弓状态；装配受电弓视频监控装置的动车组，随车机械师首先通过受电弓视频监控装置检查、确认受电弓状态，若受电弓视频监控装置故障或无法确认受电弓状态时，须下车进行检查。

1. 经初步检查，确认接触网正常，受电弓外观可见部分无明显异常或超限，随车机械师应立即将检查情况报告司机，司机报告列车调度员（车站值班员）。司机按随车机械师要求切除已降下的受电弓，换弓运行，限速 160 km/h 运行至前方站。如前方站为终点站，列车调度员应提前安排启动热备动车组替换，替换下的故障动车组限速 160 km/h 返回动车所进行处理。如前方站为非终点站，随车机械师在停站后使用望远镜或其他手段进行进一步检查确认，如确认受电弓外观整体正常或不影响运行安全时，动车组以正常速度维持运行至终点站，列车调度员应提前安排启动热备动车组替换，替换下的故障动车组限速 160 km/h 返回动车所进行处理；如不能确认，则必须登顶检查。

2. 如检查发现受电弓轻微损坏，且无部件脱落危险时，随车机械师通知司机切除受损的受电弓，换弓后以不高于 120 km/h 的速度运行进入前方车站停车。停车后，随车机械师下车进一步确认，如确认受电弓配件无脱落危险时，通知司机限速 160 km/h 运行；如发现受电弓损坏部位有扩展趋势，则必须按规定程序登顶检查处理。

3. 如检查发现受电弓刮弓或损坏较严重，有部件脱落危险时，随车机械师应通知司机请求接触网停电。司机向列车调度员汇报，在得到接触网已停电准许登顶作业的调度命令和列车调度员已发布邻线列车限速 160 km/h 及以下调度命令的口头指示后，切除受损的受电弓后升另一良好受电弓，与随车机械师共同确认无网压，并实施放电后（“四方”平台动车组需进行升弓合主断放电），随车机械师进行登顶检查；随车机械师用验电器确认接触网停电后按规定挂接地杆，登车顶检查处理，捆扎受损受电弓，确保受损受电弓离开接触网的距离大于 300 mm，无部件脱落危险，且距离车顶高压器件的距离大于 300 mm；处理完毕后，在司机手账上签认，通知司机使用良好受电弓正常运行。

4. 如经现场登顶确认全部受电弓受损严重，在所有受损受电弓捆扎完毕，确认受损受电弓、车顶其他部件离开接触网的距离大于 300 mm 后，通知司机请求救援。

第二十条　受电弓挂异物。

动车组运行途中，司机接到受电弓挂有异物的通知时，立即降弓停车，向列车调度员（车站值班员）报告并通知随车机械师。随车机械师申请下车处理，司机接到接触网已停电准许登顶作业的调度命令和邻线列车限速 160 km/h 及以下调度命令已发布的口头指示后，切除挂有异物的受电弓后升另一良好受电弓，并与随车机械师共同确认无网压，并实施放电后（“四方”平台动车组需进行升弓、合主断、放电），通知随车机械师下车作业。随车机械师在确认接触网停电及动车组放电完毕后，下车用令克棒（绝缘棒）在非会车侧清除受电弓异物，如无法清除时，按规定作业程序登车顶清除异物，并检查受电弓情况，受电弓如有损伤，随车机械师按规定对受电弓进行处理。检查、处理完毕后，通知司机切除故障受电弓，使用良好受电弓正常运行。

第二十一条　运行途中发生外门故障。

动车组运行途中，司机发现外门（侧门）故障报警时，应立即停车，停车后向列车调度员（车站值班员）报告并通知随车机械师故障车门位数，随车机械师立即赶赴故障车门处按《动车组途中应急故障处理手册》规定处理。如进行车门隔离操作，特别要确认低站台踏板是否收回。列车工作人员发现车门存在缝隙、漏风等情况（车载监控屏未报警）时，通知司机立即停车并通知随车机械师，随车机械师立即赶赴故障车门按《动车组途中应急故障处理手册》规定处理。

第二十二条 重联动车组意外解编、编组间传输不良、重联端车钩故障。

重联动车组运行途中，发现意外解编、编组间传输不良、重联端车钩故障、重联装置显示故障时，司机应立即停车，向列车调度员（车站值班员）报告并通知随车机械师，随车机械师按规定检查、处理，根据处理情况确定后续运行方式及行车限制条件。

第二十三条 动车组碰撞异物。

动车组运行中碰撞异物影响行车安全时，司机应立即停车，向列车调度员（车站值班员）报告碰撞异物地点、碰撞异物情况及停车地点，并通知随车机械师。随车机械师按规定下车检查，发现部件损坏时，根据受损程度提出后续运行限制条件。

第二十四条 动车组裙板、外掀式盖板开启。

动车组运行途中，当发现或接到风挡外翻、司机室逃生窗、侧门脚踏、车辆盖板（裙板、外掀式盖板和检查门）未关闭或未关闭到位等信息时，司机应立即停车，并通知随车机械师。随车机械师按规定进行检查、处理。

第二十五条 TEDS 预报需立即停车检查的故障。

根据 TEDS 发现动车组故障的不同等级，采取立即停车检查、前方站检查、前方办客站检查、途中监控入库检查、限速运行或取消限速的处置方式，具体检查范围、处置方式及信息上报要求按照铁路局有关 TEDS 运用管理细则执行。

第二十六条 其他影响动车组行车安全的情况。

1. 火情火警。列车工作人员发现车厢空调通风口、配电柜、客室内其他设备设施等冒烟、起火，或察觉到因车辆设备烧损产生的异味时，应立即通知司机停车（司机应尽量避免列车停在隧道、长大下坡道、油库等重要建筑物及居民区）。列车工作人员应及时组织扑救，随车机械师及时赶到相应车厢关闭空调、通风系统或设备设施电源。司机将列车停于安全地点，断开主断路器并降弓施加制动，向列车调度员（车站值班员）汇报并通知随车机械师。需要下车确认火警火情或采取防溜措施时，随车机械师按规定下车进行检查。随车机械师（司机）按照车载信息提示、《动车组途中应急故障处理手册》、应急指挥人员有关要求进行检查、处理。

2. 齿轮箱油位报警、传动系统损坏。动车组运行途中，司机发现齿轮箱油位报警或传动系统损坏的故障信息后，应立即停车，向列车调度员（车站值班员）报告并通知随车机械师。随车机械师按规定下车检查，按照《动车组途中应急故障处理手册》及应急指挥人员要求进行检查、处理。

3. 动车组运行途中，发生其他影响动车组行车安全的故障或情况时，列车工作人员应及时通知司机停车（司机发现的可直接停车），司机停车后向列车调度员（车站值班员）报告并通知随车机械师或其他列车工作人员进行检查、处理。

7.2.3 库内检查发现典型故障应急处置办法

第一章 上级通知典型故障处置规定

第一条 动车组车轮踏面硌伤超限时。安全生产调度指挥中心接上级通知，要动车段核实动车组车轮踏面硌伤情况时，安全生产调度指挥中心要及时向上级部门索要硌伤故障信息及图片，并及时通知相关动车所组织排查。

第二条 各动车所要求值班所长、技术干部组织开展排查，发现动车组车轮踏面硌伤超限时，由动车所调度员在 20 min 内向安全生产调度指挥中心汇报，报告内容包括动车组车号，硌伤位置、形状、尺寸，上一次踏面检查起运行交路等信息。动车所应根据后续检查情况，不断补充报告。调度员应在 20 min 内将硌伤信息、照片上报铁路局动车调度员。严格执行“检修一列、发现一列、立即上报一列”的汇报制度。

第三条 动车所排查发现车轮踏面硌伤但不超限时，动车所调度员应立即上报动车段调度员，动车段调度员将硌伤信息、照片立即上报铁路局动车调度员。严格执行“检修一列、发现一列、立即上报一列”的汇报制度。

第二章　库内检修发现典型故障处置规定

第四条　动车组车轮踏面硌伤超限。动车所检修作业过程中，发现动车组车轮踏面硌伤超限时，经复核后由动车所调度员在 20 min 内直接报国铁集团动车调度员，同时报动车段调度员，报告内容包括动车组车号，硌伤位置、形状、尺寸，上一次踏面检查起运行交路等信息。动车所应根据后续检查情况，不断补充报告。动车段调度员应在 20 min 内将硌伤信息、照片上报铁路局动车调度员。严格执行“检修一列、发现一列、立即上报一列”的汇报制度。

第五条　车轮踏面硌伤不超限。动车所检修作业发现车轮踏面硌伤但不超限时，动车所调度员应立即上报动车段调度员，动车段调度员将硌伤信息、照片立即上报铁路局动车调度员。严格执行“检修一列、发现一列、立即上报一列”的汇报制度。

第六条　动车组受电弓碳滑板损伤。动车所发现受电弓碳滑板损伤后，应立即报告铁路局动车调度员，铁路局动车调度员应立即报告国铁集团动车调度员。报告内容包括动车组车号、受电弓型号、升弓压力、损伤位置、上一次受电弓检查后运行交路、升弓弓位、运行途中受电弓相关故障信息等。动车所应根据检查情况，不断补充报告。滑板损伤照片应于发现后 1 h 内由铁路局动车调度员报告国铁集团动车调度员。

第七条　动车组配件脱落。动车所发现动车组配件脱落、丢失后，动车所调度员在 20 min 内直接向国铁集团动车调度员进行报告。报告内容包括动车组车号、故障部位位置、基本参数情况、上次部件检查情况及后续运行交路等信息。动车所应根据检查情况不断补充报告，相关照片信息应于发现后 1 h 内由铁路局动车调度员上报国铁集团动车调度员。

7.2.4　动车组冰雪天气安全预案

第一条　得到降雪的预报、通知后，安全生产调度指挥中心、各动车所要提前做好准备，最大限度将检备动车组转入运用备用状态。

第二条　对于安装 TEDS 的区段，段 TEDS 监控中心要加强对动车组转向架结冰、积雪等情况的监测分析，发现动车组转向架结冰需限速运行时，应立即将车次及限速要求按相关规定报告动车调度员。确认动车组转向架空气弹簧与转向架构架间、轴箱弹簧处、横向止挡及中央牵引装置，以及制动夹钳单元无冰雪覆盖或填充后，提出提速或取消限速的申请。

第三条　TEDS 检测遇到以下情况时须限速运行，无砟轨道区段按 250 km/h 及以下，有砟轨道区段按 200 km/h 及以下，隧道内按 160 km/h 及以下。

1. 空气弹簧与转向架构架间隙被冰雪填充；
2. 轴箱弹簧被冰雪覆盖；
3. 横向止挡处及中央牵引装置被冰雪覆盖；
4. 转向架制动夹钳单元被冰雪覆盖。

第四条　遇降雪，随车机械师应注意观察雪情，重点检查动车组转向架、受电弓结冰状况；当发现动车组转向架、受电弓结冰及动车组被击打需要列车限速时，应立即通知司机并向动车段调度员报告。司机根据随车机械师的限速要求运行。冰雪天气随车机械师在始发、折返站要加强对动车组列车的检查（重点是动车组走行部和车顶设备），发现异常情况及时通知司机并报告动车段调度员。动车段调度员根据车底运用情况向调度所提出更换车底或限速申请，并组织入库动车组除雪融冰。

第五条　列车运行过程中，随车机械师发现动车组被击打时，应立即使用对讲机向司机报告动车组被击打的时间，并向动车段调度员报告，司机向列车调度员报告动车组被击打的区间处所和时间。列车调度员通知动车调度员并提示后续首列动车组司机、随车机械师在该区间处所共同注意运行状态（随车机械师由动车组司机负责转告），动车调度员通知前方动车组运行故障动态图像检测系统（TEDS）监测点进行重点监测，涉及跨局列车还应通知邻局动车调度员。列车通过该区间处所后，司机、随车机械师应及时向列车调度员报告有关运行情况。

第六条　对于安装有受电弓视频监控系统的动车组，运行中随车机械师加强对受电弓状态的监控，发现受电弓严重拉弧时应立即通知司机。

7.2.5 动车组雾霾天气应急处置办法

第一章 总 则

第一条 本预案适用于雾霾天气下，动车段配属动车组检修、应急处置、行车等工作，预案等级分为黄色、橙色、红色预警。

第二条 各车间、科室应树立高度敏感的安全意识，严格执行安全规定，加强应急组织处置，做好安全研判与人员安全提示，切实确保动车组安全。

第二章 相关部门职责

第三条 安全科负责分析、研判动车组检修、应急处置过程中存在的安全隐患，对运行中动车组突发故障提供远程技术支持，强化应急指挥人员业务素质，定期聘请主机厂技术专家进行专题业务培训，不断提高应急指挥能力，同时加强动车组故障联合演练。

第四条 运用管理科负责动车组高压系统检修、擦拭作业指导书的编制，参与应急处置工作，对故障动车组的应急处置提出指导性意见或建议，并负责与异地段发函对接绝缘子清洁事宜。

第五条 安全生产指挥中心负责雾霾天气应急预案启动及取消信息的发布，出现雾霾天气时，经段领导批准或接铁路局启动应急预案通知时，及时启动雾霾天气应急预案，并及时通知应急领导小组相关成员，做好与上下级的信息传达和备用动车组的组织工作。针对铁路局发布的应急预案，段应启动不低于雾霾橙色等级的应急预案。

第六条 质检科在启动雾霾天气应急预案后，负责做好动车组质量抽查工作。

第七条 办公室在启动雾霾天气应急预案后，负责做好相关后勤保障工作。

第八条 各动车所在启动雾霾天气应急预案后，负责组织动车组检修、应急处置、行车等工作。对可能发生的故障做好应急准备工作，提前储备恶劣天气条件下多发故障的应急检修备品备件，确保故障动车组能够第一时间得到修复。

第三章 雾霾天气应急预案具体内容

第九条 雾霾黄色应急预案。

1. 各动车所根据干部值班情况，合理制订干部包保安排，明确包保盯控重点及有关要求，对关键处所、关键岗点进行现场盯控包保。动车所质检员、技术员按包保分工，做好包保动车组检修质量过程盯控，确保动车组出库质量达标。

2. 动车组终到后，取消当日库外洗车作业，并组织各线路首趟回段（所）的动车组入库检查车顶高压设备及绝缘子情况，根据检查情况确定后续继乘动车组入库清洁计划，并及时将情况向安全生产调度指挥中心反馈。

3. 各动车所要积极组织开展动车组绝缘子擦拭作业，确保动车组出库时车顶高压设备清洁状态良好。检修人员、质检员对擦拭质量要逐辆逐列进行盯控验收，并对清洁状态进行拍照留存。值班干部要对绝缘子擦拭质量进行抽查。

4. 严格落实检修作业标准，通过强化入库故障引继、引继故障重点组织处置、故障处置情况质检复查、出库联检作业逐项核对等环节，充分发挥检修工长、质检员、技术干部、值班所长出库质量签认作用，确保动车组出库质量良好。

5. 对于在异地停留动车组（以动车组停放地雾霾天气为依据），根据实际情况由配属动车所申请，安全生产调度指挥中心负责与停放的异地段（所）联系，协调入库进行绝缘子擦拭作业；异地停放不具备入异地段（所）条件时，由随车机械师在运行过程中、始发及折返站重点监控车顶运行状态，发现问题及时汇报处理。

6. 安全生产调度指挥中心要与动车所一起最大限度地优化动车组入库方式，在保证检修节点的前提下，短编动车组尽量排入最近列位的股道，减少入库时间，长编动车组减少不必要的调车次数，保证动车组及时入库。

7. 动车组出库前，随车机械师要通知司机切除当日不使用的受电弓。各型动车组当天运行均使用同一受电弓，无特殊情况严禁进行倒弓作业。

8. 对于始发、折返、终到动车组，随车机械师要加强对车顶高压设备的巡视作业，利用站停时间加强对车顶高压设备的检查确认，发现存在异常放电、打火等现象，及时通知司机更换受电弓。

9. 动车组运行途中，通过受电弓视频监控系统加强对受电弓状态的监控，严格落实“听、看、闻、巡、联”五字作业法，加强车内巡视作业，对发现的异音、异状、异味等情况进行认真检查，发现故障隐患果断采取措施处置，确保列车运行安全。

10. 动车组运行途中发生不明原因受电弓降下或接触网断电情况时，随车机械师必须通过司机申请下车检查，下车前通过受电弓视频监控系统查看受电弓状态，并通过监控屏确认故障信息，必要时申请登顶检查，确认动车组受电弓状态良好时方可通知司机继续行车。

11. 动车组运行途中发生故障导致接触网跳闸、断线时，在故障原因不明的情况下严禁再次升弓，避免问题扩大化。

12. 随车机械师确认故障信息后，立即向铁路局调度员、动车所调度员汇报，动车所调度员向段安全生产调度指挥中心汇报，汇报内容主要包括：时间、地点、故障内容、故障现象、是否停车、当时天气情况、大致能见度等，确保信息汇报全面、准确。故障处置无效或无法独立处理时，及时向段应急指挥中心请求技术支持。

13. 段安全生产调度指挥中心、应急指挥中心在接到上述情况汇报后，立即将故障的详细信息向值班段长汇报，并通过信息平台发送至相关领导、部门，安全科、运用管理科接到故障信息后立即前往应急指挥中心协助进行故障处置。

14. 动车组车顶高压设备发生雾闪故障后，随车机械师检查发现车顶高压设备存在拉弧放电痕迹，禁止要求司机进行升降弓操作，如检查发现异常或者有明显的烧灼气味，随车机械师要申请接触网断电以进行登顶检查，并及时请求救援，避免雾霾天气下盲目升弓造成接触网烧断，扩大故障影响。

15. 各动车所严格按照动车段《热备动车组管理办法》的要求，在规定地点配置热备动车组，每日夜班至少完成一组库内热备动车组的检修、联检，并对动车组绝缘子等车顶高压设备进行重点擦拭，确保热备动车组状态良好，保证接令后车站热备动车组在 10 min 内、车站外热备动车组在 20 min 内具备发车条件。热备动车组启动后，由原热备动车组担当所立即组织、安排一列状态良好的动车组担当热备工作。根据铁路局调度命令，及时对动车组列车运行计划进行调整，尽快恢复运输秩序。

第十条 雾霾橙色应急预案。

1. 启动雾霾橙色预警后，值班段长要统一指挥安全生产调度指挥中心负责人要及时赶赴调度大厅，安全科负责人要及时赶赴应急指挥中心，组织做好各项应急处置工作。

2. 应急领导小组成员要保持通信畅通，发生问题 30 min 内到达现场，做好事件处置工作。

3. 各动车所根据干部值班情况，合理制订干部包保安排，明确包保盯控重点及有关要求，并报安全生产调度指挥中心备案，对关键处所、关键岗点进行现场盯控包保。动车所质检员、技术员按包保分工，做好包保动车组检修质量过程盯控，确保动车组出库质量达标。

4. 安全科、运用管理科值班干部对现场作业、干部包保情况进行抽查，重点加强对动车所现场后半夜作业情况的检查盯控，及时督促动车所加强现场作业管理和质量卡控。

5. 各动车所值班所长亲自参与动车组检修计划的编订。

6. 启动雾霾橙色应急预案后，各动车所根据交路情况与实际生产运用情况，安排专业技术干部添乘重点动车组列车。

7. 动车组终到后，取消当日库外洗车作业，并安排继乘动车组入库进行车顶高压设备及绝缘子清洁作业。

8. 各动车所根据库内车组情况，向安全生产调度指挥中心提报换车计划，提前做好备用车检修工作，动车组回段（所）后，根据检修需要采取换车检修模式，使用备用车担当次日开行交路。

9. 安全生产调度指挥中心要提前收集各动车所备用车情况，积极协调铁路局相关部门提报换车计划，统一协调、管理全段备用车使用，提高备用车使用效率。

10. 各动车所要积极组织开展动车组绝缘子擦拭作业，确保动车组出库时车顶高压设备清洁状态良好。检修人员、质检员对擦拭质量要逐辆逐列进行盯控验收，并对清洁状态进行拍照留存。各动车所要制订质量干部包保计划，对绝缘子擦拭质量进行抽查。

11. 严格落实检修作业标准，通过强化入库故障引继、引继故障重点处置、故障处置情况质检复查、出库联检作业逐项核对等环节，充分发挥检修工长、质检员、技术干部、值班所长出库质量签认作用，确保动车组出库质量良好。

12. 加强值班干部对联检作业的质量控制，动车所技术干部要参加动车组出库联检作业，值班所长抽查出库联检作业，确保动车组出库质量达标。

13. 对于在异地停留动车组（以动车组停放地雾霾天气为依据），根据实际情况由配属动车所申请，安全生产调度指挥中心负责与停放的异地段（所）联系，协调入库进行绝缘子擦拭作业；异地停放不具备入异地段（所）条件时，由随车机械师在运行过程中、始发及折返站重点监控车顶运行状态，发现问题及时汇报处理。各动车所根据需要，针对反复运行在同一雾霾区的动车组，配属动车所与安全生产调度指挥中心要制订换车计划，充分利用铁路局管内热备动车组进行交替开行。动车组替换入库方案可参考《雾霾天气条件下动车组替换方案表》。

14. 安全生产调度指挥中心要与动车所一起最大限度地优化动车组入库方式，在保证检修节点的前提下短编动车组尽量排入最近列位的股道，减少入库时间，长编动车组减少不必要的调车次数，保证动车组及时入库。动车组入库后，采取先断电后供电的检修模式。

15. 动车组出库前，随车机械师要通知司机切除当日不使用的受电弓。各型动车组当天运行均使用同一受电弓，无特殊情况严禁进行倒弓作业。

16. 各动车所安排干部、主机厂技术人员上站进行送车作业，发生异常情况时及时到位，协助进行故障处置，确保动车组运行安全及运输秩序。

17. 对于始发、折返、终到动车组，随车机械师要加强对车顶高压设备的巡视作业。利用站停时间加强对车顶高压设备的检查确认，发现存在异常放电、打火等现象，及时通知司机更换受电弓。

18. 动车组运行途中，通过受电弓视频监控系统加强对受电弓状态的监控，严格落实“听、看、闻、巡、联”五字作业法，加强车内巡视作业，对发现的异音、异状、异味等情况进行认真检查，发现故障隐患果断采取措施处置，确保列车运行安全。

19. 动车组运行途中发生不明原因受电弓降下或接触网断电情况时，随车机械师必须通过司机申请下车检查，下车前通过受电弓视频监控系统查看受电弓状态，并通过监控屏确认故障信息，必要时申请登顶检查，确认动车组受电弓状态良好时方可通知司机继续行车。

20. 动车组运行途中发生故障导致接触网跳闸、断线时，在故障原因不明的情况下严禁再次升弓，避免问题扩大化。

21. 随车机械师确认故障信息后，立即向铁路局调度员、动车所调度员汇报，动车所调度员向段安全生产调度指挥中心汇报，汇报内容主要包括：时间、地点、故障内容、故障现象、是否停车、当时天气情况、大致能见度等，确保信息汇报全面、准确。故障处置无效或无法独立处理时，及时向段应急指挥中心请求技术支持。

22. 段安全生产调度指挥中心、应急指挥中心在接到上述情况汇报后，立即将故障的详细信息向值班段长汇报，并通过信息平台发送至相关领导、部门，安全科、运用管理科接到故障信息后立即前往应急指挥中心协助进行故障处置。

23. 动车组车顶高压设备发生雾闪故障后，随车机械师检查发现车顶高压设备存在拉弧放电痕迹，禁止要求司机进行升降弓操作，如检查发现异常或者有明显的烧灼气味，随车机械师要申请接触网断电以进行登顶检查，并及时请求救援，避免雾霾天气下盲目升弓造成接触网烧断，扩大故障影响。

24. 动车组发生车顶高压设备故障后，采取启用备用动车组替换下线、就近入库检查的方式，组织进行修复，避免盲目行车造成影响扩大。

25. 各动车所严格按照动车段《热备动车组管理办法》的要求，在规定地点配置热备动车组，每日夜班至少完成一组库内热备动车组的检修、联检，并对动车组绝缘子等车顶高压设备进行重点擦拭，确保热备动车组状态良好，保证接令后车站热备动车组在 10 min 内、车站外热备动车组在 20 min 内具备发车条件。热备动车组启动后，由原热备动车组担当所立即组织、安排一列状态良好的动车组担当热备工作。根据铁路局调度命令，及时对动车组列车运行计划进行调整，尽快恢复运输秩序。

第十一条 雾霾红色应急预案。

1. 启动雾霾橙色预警后，值班段长要统一指挥，安全生产调度指挥中心负责人要及时赶赴调度大厅，安全科负责人要及时赶赴应急指挥中心，组织做好各项应急处置工作。

2. 应急领导小组成员要保持通信畅通，发生问题 30 min 内到达现场，做好事件处置工作。

3. 应急指挥小组要安排段值班干部对各动车所进行包保；各动车所根据干部值班情况，合理制订干部包保安排，明确包保盯控重点及有关要求，并报安全生产调度指挥中心备案，对关键处所、关键岗点进行现场盯控包保。动车所质检员、技术员按包保分工，做好包保动车组检修质量过程盯控，确保动车组出库质量达标。

4. 安全科、运用管理科值班干部对现场作业、干部包保情况进行抽查，重点加强对动车所现场后半夜作业情况的检查盯控，及时督促动车所加强现场作业管理和质量卡控。

5. 各动车所值班所长亲自参与动车组检修计划的编订。

6. 启动雾霾红色应急预案后，各动车所根据交路情况与实际生产运用情况，安排专业技术干部添乘重点动车组列车。

7. 动车组终到后，各动车所派干部上站接车，发生异常情况时及时到位，协助进行故障处置，动车组回段（所）后取消当日库外洗车作业。

8. 各动车所根据库内车组情况，向安全生产调度指挥中心提报换车计划，提前做好备用车检修工作，动车组回段（所）后，直接采取最大限额的换车检修模式，使用备用车担当次日开行交路，未换车的继乘交路动车组需安排入库进行车顶高压设备及绝缘子清洁作业。

9. 安全生产调度指挥中心要提前收集各动车所备用车情况，积极协调铁路局相关部门提报换车计划，统一协调、管理全段备用车使用，提高备用车使用效率。

10. 各动车所要积极组织开展动车组绝缘子擦拭作业，确保动车组出库时车顶高压设备清洁状态良好。检修人员、质检员对擦拭质量要逐辆逐列进行盯控验收，并对清洁状态进行拍照留存。各动车所要制订质量干部包保计划，对绝缘子擦拭质量进行抽查。

11. 严格落实检修作业标准，通过强化入库故障引继、引继故障重点处置、故障处置情况质检复查、出库联检作业逐项核对等环节，充分发挥检修工长、质检员、技术干部、值班所长出库质量签认作用，确保动车组出库质量良好。

12. 加强值班干部对联检作业的质量控制，明确要求动车组出库联检作业时，动车所技术干部参加，值班所长抽查出库联检作业，确保动车组出库质量达标。

13. 对于在异地停留动车组（以动车组停放地雾霾天气为依据），由配属动车所申请，安全生产调度指挥中心负责与停放异地段（所）联系，协调入库进行绝缘子擦拭作业；异地停放不具备入异地段（所）条件时，由配属动车所根据实际情况，充分利用热备车体进行车体替换，制订换车计划并向安全生产调度指挥中心提报，安全生产调度指挥中心协调上级部门进行处置；若未进行换车或绝缘子清洁，由随车机械师在运行过程中、始发及折返站重点监控车顶运行状态，发现问题及时汇报处理，针对反复运行在同一雾霾区的动车组，配属动车所与安全生产调度指挥中心要制订换车计划，充分利用铁路局管内热备动车组进行交替开行。

14. 安全生产调度指挥中心要与动车所一起最大限度地优化动车组入库方式，在保证检修节点的前提下短编动车组尽量排入最近列位的股道，减少入库时间，长编动车组减少不必要的调车次数，保证动车组及时入库。动车组入库后，采取先断电后供电的检修模式。

15. 长编（重联）动车组入库采用单弓模式（后弓），由动车所调度员联控司机切除一台受电弓，入库进行车顶清洁后，恢复被切除的受电弓，并进行相应的检修作业。

16. 动车组出库前，随车机械师要通知司机切除当日不使用的受电弓。各型动车组当天运行均使用同一受电弓，无特殊情况严禁进行倒弓作业。

17. 应急指挥小组安排科室值班人员、各动车所安排干部、主机厂技术人员上站进行送车作业，发生异常情况时及时到位，协助进行故障处置，确保动车组运行安全及运输秩序。

18. 对于始发、折返、终到动车组，随车机械师要加强对车顶高压设备的巡视作业。利用站停时间加强对车顶高压设备的检查确认，发现存在异常放电、打火等现象，及时通知司机更换受电弓。

19. 动车组运行途中，通过受电弓视频监控系统加强对受电弓状态的监控，严格落实“听、看、闻、巡、联”五字作业法，加强车内巡视作业，对发现的异音、异状、异味等情况进行认真检查，发现故障隐患果断采取措施处置，确保列车运行安全。

20. 动车组运行途中发生不明原因受电弓降下或接触网断电情况时，随车机械师必须通过司机申请下车检查，下车前通过受电弓视频监控系统查看受电弓状态，并通过监控屏确认故障信息，必要时申请登顶检查，确认动车组受电弓状态良好时方可通知司机继续运行。

21. 动车组运行途中发生故障导致接触网跳闸、断线时，在故障原因不明的情况下严禁再次升弓，避免问题扩大化。

22. 随车机械师确认故障信息后，立即向铁路局调度员、动车所调度员汇报，动车所调度员向段安全生产调度指挥中心汇报，汇报内容主要包括：时间、地点、故障内容、故障现象、是否停车、当时天气情况、大致能见度等，确保信息汇报全面、准确。故障处置无效或无法独立处理时，及时向段应急指挥中心请求技术支持。

23. 段安全生产调度指挥中心、应急指挥中心在接到上述情况汇报后，立即将故障的详细信息向值班段长汇报，并通过信息平台发送至相关领导、部门，安全科、运用管理科接到故障信息后立即前往应急指挥中心协助进行故障处置。

24. 动车组车顶高压设备发生雾闪故障后，随车机械师检查发现车顶高压设备存在拉弧放电痕迹，禁止要求司机进行升降弓操作，如检查发现异常或者有明显的烧灼气味，随车机械师要申请接触网断电以进行登顶检查，并及时请求救援，避免雾霾天气下盲目升弓造成接触网烧断，扩大故障影响。

25. 动车组发生车顶高压设备故障后，采取启用备用动车组替换下线、就近入库检查的方式，组织进行修复，避免盲目行车造成影响扩大。

26. 各动车所严格按照动车段《热备动车组管理办法》的要求，在规定地点配置热备动车组，每日夜班至少完成一组库内热备动车组的检修、联检，并对动车组绝缘子等车顶高压设备进行重点擦拭，确保热备动车组状态良好，保证接令后车站热备动车组在 10 min 内、车站外热备动车组在 20 min 内具备发车条件。热备动车组启动后，由原热备动车组担当所立即组织、安排一列状态良好的动车组担当热备工作。根据铁路局调度命令，及时对动车组列车运行计划进行调整，尽快恢复运输秩序。

7.2.6 动车组空调失效应急处置办法

第一章　总　　则

第一条　为贯彻落实以旅客为中心的发展思想，减少动车组空调失效对旅客运输造成的影响，切实做好空调失效应急处置工作，确保旅客安全，特制定本办法。

第二条　本办法适用于动车组、接触网故障及停于无电区等情况下空调机组无法使用或空调机组故障，严重影响旅客服务质量时的应急处置。

第二章　基本原则

第三条　以人为本，安全第一。开展动车组空调失效应急处置工作时，要把动车组安全和旅客生命财产安全放在首位，要以解决旅客通风透气为首要任务。

第四条　快速反应、科学处置。接到动车组空调失效报告后，各车间、科室要迅速行动，果断开展应急处置工作，应急处置要注重实效，依法合规。

第五条　统一指挥，分工协作。动车组空调失效后，各车间、科室要在段、铁路局应急领导小组统一指挥下，分工负责、协调联动，合理开展应急处置工作。

第三章　责任分工

第六条　动车组空调失效时，各岗位要按照各自职责和权限，紧密联系、密切配合，科学合理地开展应急处置工作，各岗位职责如下。

（一）随车机械师负责动车组空调故障应急处置工作；负责配合列车长开启动车组车门；负责协调 CRH1/CRH380D 型动车组司机采取越障行车模式行车。

（二）动车所调度员负责热备、备用动车组的准备工作。

（三）段安全生产调度指挥中心负责核对热备、备用动车组信息，了解故障处置进度，并向上级部门汇报。

（四）应急指挥中心负责动车组途中空调故障的远程指挥工作，制定处置方案，及时通知段领导及专业科室投入指挥，并将处置进度向调度部门汇报。

（五）动车组空调失效超过 5 min 时，应急指挥中心电话通知安全科、运用管理科技术人员到应急指挥中心协助指挥（每日 17 时以后、节假日期间通知值班人员投入指挥）。空调失效超过 15 min 时，应急指挥中心电话通知主管安全副段长、运用副段长（每日 17 时以后、节假日期间通知值班段长）。

（六）动车组空调失效超过 20 min 时，启动远程指挥会议系统，接入相关段领导、专业科室领导、动车所领导及主机厂技术人员，共同制定应急处置预案。

第四章　处置流程

第七条　动车组途中发生空调故障后，随车机械师立即向段应急指挥中心汇报，在应急指挥中心的指导下进行故障处置。

第八条　应急指挥中心接到随车机械师的信息汇报后，按规定协助随车机械师进行故障处置，并立即发布故障信息。其间随车机械师密切关注故障空调客室温度。

第九条　动车组空调失效超过 20 min 不能恢复且列车不能维持运行时，随车机械师会同列车长、司机商定，可视车内温度和旅客舒适度做出动车组开门的决定，并通知司机转报列车调度员，同时向事发地动车调度员汇报。随车机械师通过司机向列车调度员了解后续救援方案，并提前做好准备工作。

第十条　动车组空调失效超过 20 min 不能恢复但列车能够正常运行时，随车机械师会同列车长、司机商定，可视车内温度和旅客舒适度通知司机向列车调度员提出在前方最近客运站停车的请求，同时向事发地动车调度员汇报。随车机械师通过司机向列车调度员了解后续组织方案，并提前做好准备工作。

第十一条　动车组空调失效需组织旅客换乘或疏散时，可根据不同场景，采取机车救援、动车组救援、换乘至热备动车组或其他旅客列车、停运等处置方式。

第十二条　动车组开门运行基本要求。

（一）动车组在停车站安装好防护网、打开部分车门后，随车机械师向司机及动车调度员汇报，并提出：动车组打开车门限速 60 km/h，通过临靠高站台的线路时限速 40 km/h 的运行限制条件。司机汇报给列车调度员，按列车调度员发布的调度命令运行。动车组开车前，需解除门–牵引连锁。

装有外开式塞拉门的动车组开门运行时，开车前由随车机械师向司机提出进站前需停车关闭车门的申请。司机停车后，通知列车长，列车长通知看护人员手动关闭车门，随车机械师与列车长共同确认关门完毕后向司机报告。

（二）动车组列车安装防护网、打开车门由列车长组织列车乘务人员进行，司机、随车机械师配合。防护网安装位置为运行方向左侧（非会车侧）车门处。车门开启数量应根据车内情况及列车乘务人员数量决定。各型动车组原则上按照单侧全部车门数量配备防护网。

防护网安装完毕，打开车门后，由列车长组织列车乘务人员按照“一人一门”值守，直到车门关闭，严禁旅客靠近防护网和自行下车。列车长确认防护网安装牢固、看护到位后向司机报告。

第十三条　动车组列车旅客换乘基本要求。

（一）需要组织旅客下车或换乘其他列车时，应在车站站台进行，车站与列车一起组织旅客乘降。必须在站内不邻靠站台的线路或区间组织旅客下车或换乘时，需经铁路局分管运输副总经理（总调度长）批准，同时要做好安全防护，以防发生意外。

（二）在站内不邻靠站台的线路或在区间，组织旅客疏散时，须在邻线列车已扣停的情况下进行。列车长要根据线路两侧自然地形及人员走行条件，组织列车员选择从列车运行方向右侧或左侧将旅客有序疏散到安全地带。组织旅客换乘时，列车长可根据现场实际情况，采用搭设紧急用渡板或应急梯的方式进行换乘。条件允许时，优先选择搭设紧急用渡板方式换乘。

第十四条　动车组空调失效后，安全科、运用管理科、相关动车所立即安排人员前往现场，进行故障处理。空调设备恢复正常工作、车内温度达标后，应关闭车门。列车长组织工作人员在动车组车门关闭后，适时撤除防护网。随车机械师与司机确认车门关闭良好后，恢复门–牵引连锁功能。

第十五条 各动车所立即对防护网、应急梯配备情况及使用状态进行普查，未配备齐全的立即申请配备，使用状态不良的立即组织修复或更换。

第十六条 安全科负责组织随车机械师、应急指挥人员开展动车组空调失效应急演练，确保行车人员熟练掌握空调故障应急处置流程。

7.2.7 动车组列车空调失效应急处置场景

一、接触网停电导致动车组空调失效应急处置场景

1. 随车机械师接到司机接触网停电通知后，立即开启动车组应急通风功能（仅 CRH2 型由随车机械师开启，其他车型动车组自动开启应急通风功能）并确认启动正常，通知司机密切关注蓄电池电压。

2. 随车机械师按照信息上报规定，分别向故障发生地铁路局动车调度员、配属所调度员及应急指挥中心汇报。

3. 当动车组蓄电池电压值低于限值时，随车机械师要立即通知司机关闭动车组蓄电池并确认其关闭状态，同时通知列车长动车组应急通风功能已关闭。各型动车组蓄电池电压限值规定如下：CRH1/CRH380D 型动车组不低于 100 V；CRH2/CRH6A/CRH6F/CRH380A（L）型动车组不低于 87 V；CRH3A/CRH3C/CRH380B/CRH380BG/CRH380BL/CRH380CL 型动车组不低于 100 V；CRH5A、CRH5G 型动车组不低于 21 V；CR400AF/CR400BF 型动车组不低于 100 V。

4. 接触网供电恢复正常，动车组空调正常启动后，随车机械师及时关闭应急通风装置（仅 CRH2 型动车组由随车机械师关闭）。

5. 随车机械师根据司机通知的救援方案，按规定做好救援准备。

6. 动车组在区间无动力停留期间，随车机械师按规定进行动车组防溜设置。

7. 救援列车开车前，随车机械师按规定撤除动车组防溜设置，并做好确认。

8. 装有外开式塞拉门的动车组开车门运行时，开车前随车机械师向司机提出进站前需停车关闭车门的申请，并做好防护网安装、车门隔离等相关配合工作。

二、动车组故障导致动车组空调失效应急处置场景

1. 因动车组故障导致空调失效且无法维持运行，随车机械师按规定进行故障处置，并按照信息上报规定分别向故障发生地铁路局动车调度员、配属所调度员及应急指挥中心汇报。

2. 因动车组故障导致空调失效超过 20 min 且无法维持运行时，随车机械师立即通知司机请求救援，立即开启动车组应急通风功能（仅 CRH2 型由随车机械师开启，其他车型动车组自动开启应急通风功能）并确认启动正常，通知司机密切关注蓄电池电压。

3. 当动车组蓄电池电压值低于限值时，随车机械师要立即通知司机关闭动车组蓄电池并确认其关闭状态，同时通知列车长动车组应急通风功能已关闭。各型动车组蓄电池电压限值规定如下：CRH1/CRH380D 型动车组不低于 100 V；CRH2/CRH6A/CRH6F/CRH380A（L）型动车组不低于 87 V；CRH3A/CRH3C/CRH380B/CRH380BG/CRH380BL/CRH380CL 型动车组不低于 100 V；CRH5A、CRH5G 型动车组不低于 21 V；CR400AF/CR400BF 型动车组不低于 100 V。

4. 动车组在区间无动力停留期间，随车机械师按规定进行动车组防溜设置。

5. 救援机车或动车组到达后，随车机械师按规定进行救援连挂作业。

6. 如采用同型动车组重联救援，列车开车前随车机械师通知司机取消动车组门–牵引联锁功能。

7. 救援列车开车前，随车机械师按规定撤除动车组防溜设置，并做好确认。

8. 装有外开式塞拉门的动车组开车门运行时，开车前随车机械师向司机提出进站前需停车关闭车门的申请，并做好防护网安装、车门隔离等相关配合工作。

三、动车组全列空调故障应急处置场景

1. 因动车组故障导致动车组全列空调失效但可维持运行时，随车机械师按规定进行故障处置，并按照信息上报规定分别向故障发生地铁路局动车调度员、配属所调度员及应急指挥中心汇报。

2. 经应急处置无效，随车机械师应立即开启动车组应急通风功能（仅 CRH2 型由随车机械师开启，其他车型动车组自动开启应急通风功能）并确认启动正常，通知司机密切关注蓄电池电压。

3. 列车维持运行过程中，随车机械师根据列车长要求做好应急处置和相关配合工作。

四、动车组部分空调故障应急处置场景

1. 动车组部分空调故障时，随车机械师按规定进行故障处置，并分别向故障发生地铁路局动车调度员、配属所调度员及应急指挥中心汇报。

2. 经处置无效时，随车机械师要及时将处置结果通知列车长。

3. 列车维持运行过程中，随车机械师根据列车长要求做好应急处置和相关配合工作。

7.2.8 动车组车门应急操作流程

一、应急开启动车组车门操作

1. CRH1A/CRH1B/CRH6A/CRH6F 型动车组：列车员通过“紧急解锁装置”打开对应车门。

2. CRH1E/CRH1A－A/CRH380D 型动车组：列车员隔离对应车门脚踏，断开车门电源，通过“紧急解锁装置”打开车门。

3. CRH2/CRH380A 型动车组（除第 4 条明确的 CRH2E 和 CRH2G 型动车组）：列车员操作对应车门“紧急开门阀”排风后打开车门。

4. CRH2E（2461～2465）/CRH2G、CRH3A/3C、CRH5A/5G/5E、CRH380B/BL/BG/CL、CR400AF、CR400BF 型动车组：列车员隔离对应车门站台补偿器，断开车门电源，通过“紧急解锁拉手”打开车门。

二、门一牵引联锁功能取消操作

1. CRH1/CRH380D 型动车组：随车机械师通知司机操作“牵引阻断旁路”或“门回路旁路”开关，随车机械师协助采取越障行车模式行车。

2. CRH2/CRH380A 型、CR400AF 型、CRH6A 型动车组：随车机械师通知司机将司机室配电盘“关门连锁”旋钮旋至“闭合”位。

3. CRH3A 型动车组：随车机械师通知司机将主控司机室故障控制面板“门隔离旋钮”旋至“关”位。

4. CRH3C 型、CRH380B 型动车组：随车机械师通知司机在 HMI 屏主界面中选择进入“紧急”界面，操作【取消牵引限制】按键。

5. CRH380CL 型动车组：随车机械师通知司机在 HMI 屏主界面点击【设备状态】，进入“门状态”界面后，点击【取消牵引限制】按键。

6. CR400BF 型动车组：随车机械师通知司机将主控司机室故障控制面板“车门环路旁路”旋钮旋至“关”位。

7. CRH5A/5G/EE 型动车组：随车机械师通知司机断开主控司机室 QCA 柜内 45QBY 空气开关。

8. CRH6F 型动车组：随车机械师通知司机将主控司机室配电盘“车门连锁隔离”旋钮旋至“关”位。

7.2.9 动车组蓄电池亏电应急处置办法

第一章 总 则

第一条 为加强动车组蓄电池亏电应急处置工作，及时、有序、有效开展应急处置工作，确保行车安全，特制定本预案。

第二条 本预案适用于配属动车段动车组发生蓄电池亏电，无法继续运行的应急指挥和救援处置工作。

第二章 基本原则

第三条 以人为本，安全第一。开展动车组蓄电池亏电应急处置工作时，要把动车组安全和旅客生命安全放在首位。

第四条 快速反应、科学处置。接到动车组蓄电池亏电的报告后，各车间、科室应迅速行动，果断开展应急处置工作，应急处置要严格落实相关规章、处置流程的规定。

第五条 信息准确、反馈及时。现场人员必须真实、客观地将现场基本情况进行上报，严禁臆测、谎报，为救援决策提供准确信息。

第三章 责任分工

第六条 动车组蓄电池亏电时，各部门按照各自职责和权限，紧密联系、密切配合，科学合理开展应急处置工作，各部门岗位职责如下。

（一）随车机械师负责向所在铁路局调度员报告，提出救援申请，对动车组开展应急充电工作。

（二）动车所负责热备、备用动车组的准备工作，确保救援车底启动及时。安排专业人员赶赴现场协助随车机械师进行后续处置工作，并及时向动车段安全生产调度指挥中心汇报现场处置情况。

（三）动车段安全生产调度指挥中心负责核对热备、备用动车组的信息，组织进行热备车底的启动。了解故障处置进度，并向动车段领导及相关部门汇报。

（四）安全科负责动车组蓄电池亏电的应急指挥工作，安排专业人员赶赴现场协助进行后续处置工作，并做好安全风险研判。

（五）运用管理科负责动车组蓄电池亏电的技术指导工作，安排专业人员赶赴现场协助进行后续处置工作，并做好现场技术支持工作。

第四章　基本要求

第七条　各动车所内均需配备至少一套应急升弓装置。

第八条　动车段配属的 CRH2、CRH380A（L）、CRH5 型动车组需逐列配备应急升弓装置。

第九条　各动车所按规定定期对所内、车内配备的应急升弓装置进行检查、充电作业，确保其使用状态良好。

第十条　各动车所针对应急升弓装置的使用，组织随车机械师进行重点学习，要求人人掌握。

第五章　处置流程

第十一条　单组、全列动车组蓄电池亏电。

1. 随车机械师接到或发现单组、全列动车组蓄电池亏电后，立即前往司机室确认蓄电池电压并通知司机请求救援。

2. 随车机械师向所在铁路局调度员及动车段应急指挥中心汇报。

3. 随车机械师确认动车组已断电降弓，确认防溜已设置（带停放制动功能的动车组，确认停放制动已施加）。

4. 对于 CRH2A、CRH2A（统型）、CRH2E、CRH380A（L）、CRH5A、CR400AF 型动车组，随车机械师使用应急升弓装置对蓄电池进行充电。

5. 对于 CRH3C、CRH380B（L）、CRH380CL、CR400BF 型动车组，使用地面电源对蓄电池进行充电。

6. 若站内发生动车组蓄电池亏电，在车内应急升弓装置无法使用的情况下，由配属动车所联系发生地就近动车所协助将状态良好的应急升弓装置送至故障动车组，进行应急充电。

7. 若在区间发生动车组蓄电池亏电，在车内应急升弓装置无法使用的情况下，申请使用机车或动车组救援，将无电动车组拖至具备条件的地点进行充电。

8. 动车组无动力回送，制动可用时限速 120 km/h，制动不可用时限速 5 km/h。

9. 救援动车组能够控制被救援动车组常用制动，整列救援列车无车辆空气制动切除时救援限速 120 km/h，有车辆空气制动切除时救援限速 60 km/h。

10. 动车段各动车所接到因动车组蓄电池亏电需协助进行故障处置的通知后，立即安排专业人员携带状态良好的应急升弓装置前往故障动车组协助进行后续处置。

11. 对动车组连续充电 3.5 h 以上，确认蓄电池电压满足要求。

12. 充电作业完毕后，对动车组进行断蓄电池复位操作，复位完毕确认动车组受电弓正常升起、主断闭合正常，高压、牵引、辅助、网络等系统状态良好后，方具备上线运行条件。

第十二条　重联动车组中单组蓄电池亏电。

1. 随车机械师接到或发现重联动车组中单组蓄电池亏电后，立即确认蓄电池电压并通知司机请求救援。

2. 随车机械师向所在铁路局调度员及段应急指挥中心汇报。

3. 随车机械师确认动车组已断电降弓，确认防溜已设置（带停放制动功能的动车组，确认停放制动已施加）。

4. 对于 CRH2A、CRH2A（统型）、CRH2E、CRH380A（L）、CRH5A、CR400AF 型动车组，随车机械师使用应急升弓装置对蓄电池进行充电。

5. 对于 CRH3C、CRH380B（L）、CRH380CL、CR400BF 型动车组，使用地面电源对蓄电池进行充电。

6. 若站内发生动车组蓄电池亏电，在车内应急升弓装置无法使用的情况下，由配属动车所联系发生地就近动车所协助将状态良好的应急升弓装置送至故障动车组，进行应急充电。

7. 若在区间发生单组动车组蓄电池亏电，可采用有电动车组救援无电动车组的方式将无电动车组拖至就近车站进行充电。

8. 进行救援作业时，两名随车机械师为各自动车组操作、状态确认的主体，非主体操作者可进行相关协助、卡控工作。

9. 有电动车组救援无电动车组需摘解重联端电气车钩。

10. 进行救援作业时，无电动车组随车机械师负责重连端电气车钩摘解等操作，有电动车组随车机械师负责车钩等状态的确认。

11. 随车机械师进行重联动车组电气车钩摘解时需对无电动车组设置防溜。

12. 重联动车组电气车钩摘解完毕，需进行试拉，确认电气车钩解开，机械钩连接状态良好。

13. 确认动车组试拉良好后，撤除防溜，将无电动车组拖至具备条件地点进行充电。

14. 救援动车组能够控制被救援动车组常用制动，整列救援列车无车辆空气制动切除时救援限速 120 km/h，有车辆空气制动切除时救援限速 60 km/h。

15. 救援动车组不能控制被救援动车组常用制动时，救援限速 60 km/h。

16. 动车段各动车所接到因动车组蓄电池亏电需协助进行故障处置的通知后，立即安排专业人员携带状态良好的应急升弓装置前往故障动车组协助进行后续处置。

17. 对动车组连续充电 3.5 h 以上，确认蓄电池电压满足要求。

18. 充电作业完毕后，对动车组进行断蓄电池复位操作，复位完毕确认动车组受电弓正常升起、主断闭合正常，高压、牵引、辅助、网络等系统状态良好后，方具备上线运行条件。

7.2.10 动车组登顶处置办法

动车组列车运行途中，遇弓网故障时，司机、随车机械师应进行故障判断和处置，原则上不在区间进行登顶作业，必须在区间登顶作业时按以下规定办理。

一、动车组在局管内区间停车需登顶作业

1. 确认故障及请令。随车机械师确认受电弓损坏严重且与接触网距离小于 400 mm 时，应通过司机及时向列车调度员提出登顶作业请求，请求命令包括：邻线限速 160 km/h 及以下，下车检查；接触网断电，登顶检查。请令后及时通知列车长做好配合作业的准备工作。

2. 准备工具备品。随车机械师提出申请后立即组织列车长指派的列车员或相关配合人员，将登顶梯、下车梯、绝缘防护用品（两套接地杆、接地线、接地靴、验电笔、绝缘鞋、手套、安全帽）、登顶用工具备品包（捆绑扎带、破拆工具、安全带）搬至受损受电弓所在车厢侧门处，在受损受电弓所在车厢侧门处等候司机通知。

3. 接令及命令确认。随车机械师接动车组司机通知：邻线限速 160 km/h 及以下可以下车和接触网已停电准许登顶作业的调度命令已发布（CRH2A/B/C/E/G、CRH380A/AL 型动车组司机已闭合主断进行放电）后，使用对讲机与司机二次确认准许登顶作业命令。如遇外局司机要求随车机械师现场签认调度命令，随车机械师立即赶往主控端司机室进行签认。

4. 下车并准备登顶。随车机械师在动车组非会车侧就近车门下车，列车长指派列车员或相关配合人员协助随车机械师将工具备品移动至车下，并对开启的车门进行防护。

5. 验电挂杆。随车机械师使用验电器确认接触网已停电，在受损受电弓两端邻近接触网腕臂处各挂设一根接地杆。遇多架受电弓损坏，在最远距离两受损受电弓外侧邻近接触网腕臂各挂设一根接地杆。

6. 登顶检查处理故障。随车机械师架设登顶梯，带上工具备品，做好安全防护，登顶处置故障。

7. 动车组蓄电池监控。动车组停车后，随车机械师通知司机监控蓄电池电压，停车 30 min 后断开蓄电池（如司机为外局司机，应急指挥中心指挥员要在故障发生 30 min 后提示随车机械师通知司机断开蓄电池）。

8. 处置完毕，下顶。随车机械师在车顶处理完毕后，按以下程序作业。

（1）在车顶清点完物品后，确认所有物品全部收回，无物品遗落车顶后下车。

（2）下顶后立即收回登顶梯，然后取下接地杆，确定登顶梯及接地杆已取下后，通知司机，登顶完毕，申请接触网恢复供电。

9. 恢复运行或进行下一步应急处置。随车机械师判断处置完毕后列车仍不能继续运行时，应立即通过司机向调度所请求救援，调度所立即按应急预案组织实施。随车机械师将工具备品收回车内，列车长指派列车员或相关配合人员协助随车机械师。随车机械师确保相关工具全部清理完毕后向司机报告并按规定进行防护，司机立即向列车调度员报告，等待救援。

随车机械师处置完毕，确认列车可以继续运行且全部工具收回车内后，关闭车门，向司机报告（有限制条件时一并报告）全部作业完毕，动车组可以恢复运行。需限速运行时，司机根据随车机械师的通知限速运行。动车组在铁路局管内区间停车需登顶作业流程图如图 7－8 所示。

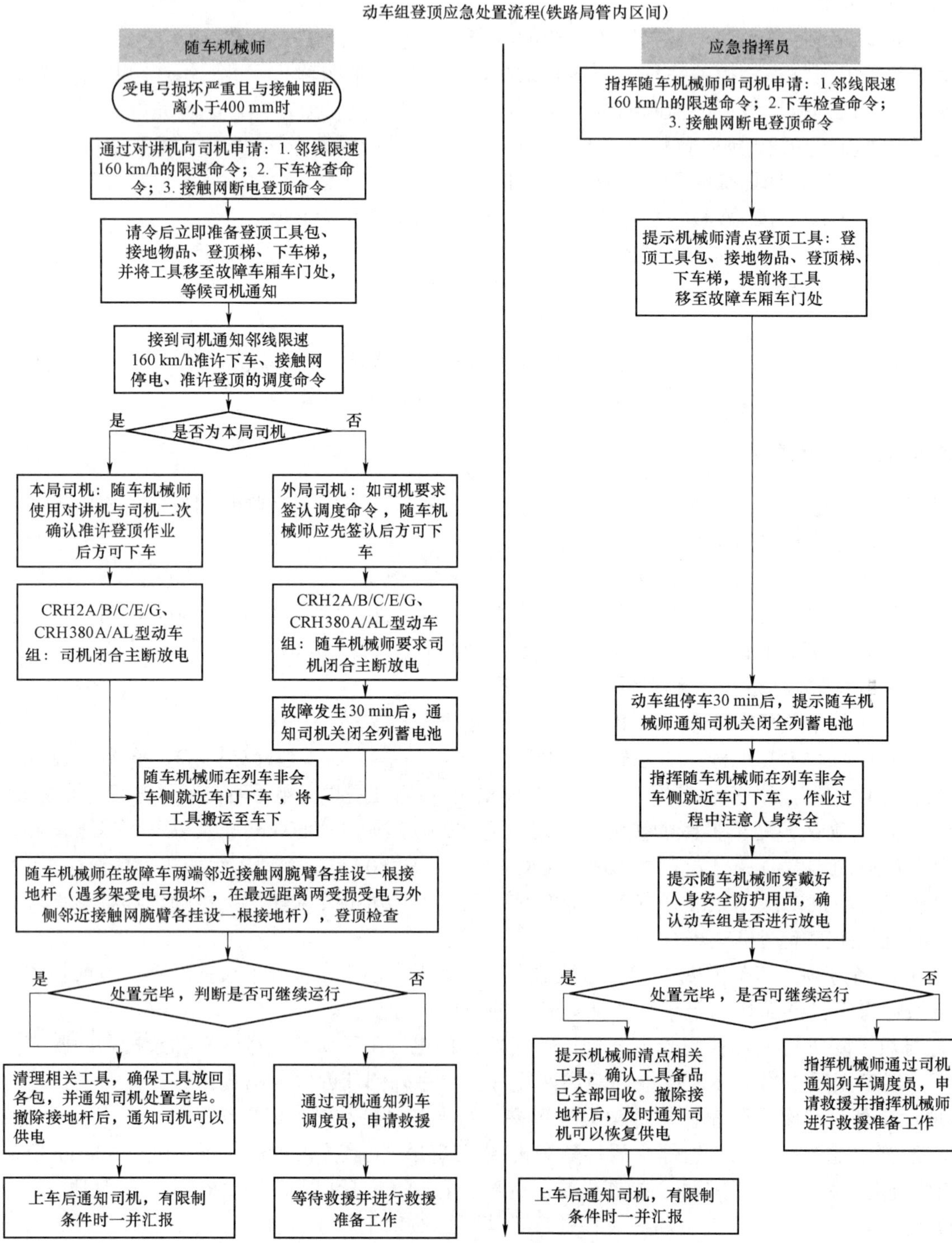

图 7－8　动车组在铁路局管内区间停车需登顶作业流程图

二、动车组在局管外区间停车需登顶作业

1. 确认故障及请令。随车机械师确认受电弓损坏严重且与接触网距离小于 400 mm 时，应通过司机及时向列车调度员提出登顶作业请求，请求命令包括：邻线限速 160 km/h 及以下，下车检查；接触网断电，登顶检查。请令后及时通知列车长做好配合作业的准备工作。

2. 准备工具备品。随车机械师提出申请后立即组织列车长指派的列车员或相关配合人员，将登顶梯、下车梯、绝缘防护用品（两套接地杆、接地线、接地靴、验电笔、绝缘鞋、手套、安全帽）、登顶用工具备品包（捆绑扎带、破拆工具、安全带）搬至受损受电弓所在车厢侧门处。提前询问司机是否需要签认调度命令，不需要时在受损受电弓所在车厢侧门处等候司机通知；如需要签认时，到主控端司机室等候司机通知。

3. 接令及命令确认。

（1）当司机未要求签认调度命令时，随车机械师接动车组司机通知：邻线限速 160 km/h 及以下可以下车和接触网已停电准许登顶作业的调度命令已发布（CRH2A/B/C/E/G、CRH380A/AL 型动车组司机已闭合主断进行放电）后，使用对讲机与司机二次确认准许登顶作业命令。

（2）当司机要求签认调度命令时，随车机械师在司机室与司机签认命令，确认：邻线限速 160 km/h 及以下可以下车和接触网已停电准许登顶作业的调度命令已发布（CRH2A/B/C/E/G、CRH380A/AL 型动车组，要求司机闭合主断进行放电）后，返回故障车厢车门处。

4. 下车并准备登顶。随车机械师在动车组非会车侧就近车门下车，列车长指派列车员或相关配合人员协助随车机械师将工具备品移动至车下，并对开启的车门进行防护。

5. 验电挂杆。随车机械师使用验电器确认接触网已停电，在受损受电弓两端邻近接触网腕臂处各挂设一根接地杆。遇多架受电弓损坏，在最远距离两受损受电弓外侧邻近接触网腕臂各挂设一根接地杆。

6. 登顶检查处理故障。随车机械师架设登顶梯，带上工具备品，做好安全防护，登顶处置故障。

7. 动车组蓄电池监控。动车组停车后，随车机械师通知司机监控蓄电池电压，停车 30 min 后断开蓄电池（如司机为外局司机，应急指挥中心指挥员要在故障发生 30 min 后提示随车机械师通知司机断开蓄电池）。

8. 处置完毕，下顶。随车机械师在车顶处理完毕后，按以下程序作业。

（1）在车顶清点完物品后，确认所有物品全部收回，无物品遗落车顶后下车。

（2）下顶后立即收回登顶梯，然后取下接地杆，确定登顶梯及接地杆已取下后，通知司机，登顶完毕，申请接触网恢复供电。

9. 恢复运行或进行下一步应急处置。随车机械师判断处置完毕后列车仍不能继续运行时，应立即通过司机向调度所请求救援，调度所立即按应急预案组织实施。随车机械师将工具备品收回车内，列车长指派列车员或相关配合人员协助随车机械师。随车机械师确保相关工具全部清理完毕后向司机报告并按规定进行防护，司机立即向列车调度员报告，等待救援。

随车机械师处置完毕，确认列车可以继续运行且全部工具收回车内后，关闭车门，向司机报告（有限制条件时一并报告）全部作业完毕，动车组可以恢复运行。需限速运行时，司机根据随车机械师的通知限速运行。

动车组在铁路局管外区间停车需登顶作业流程图如图 7–9 所示。

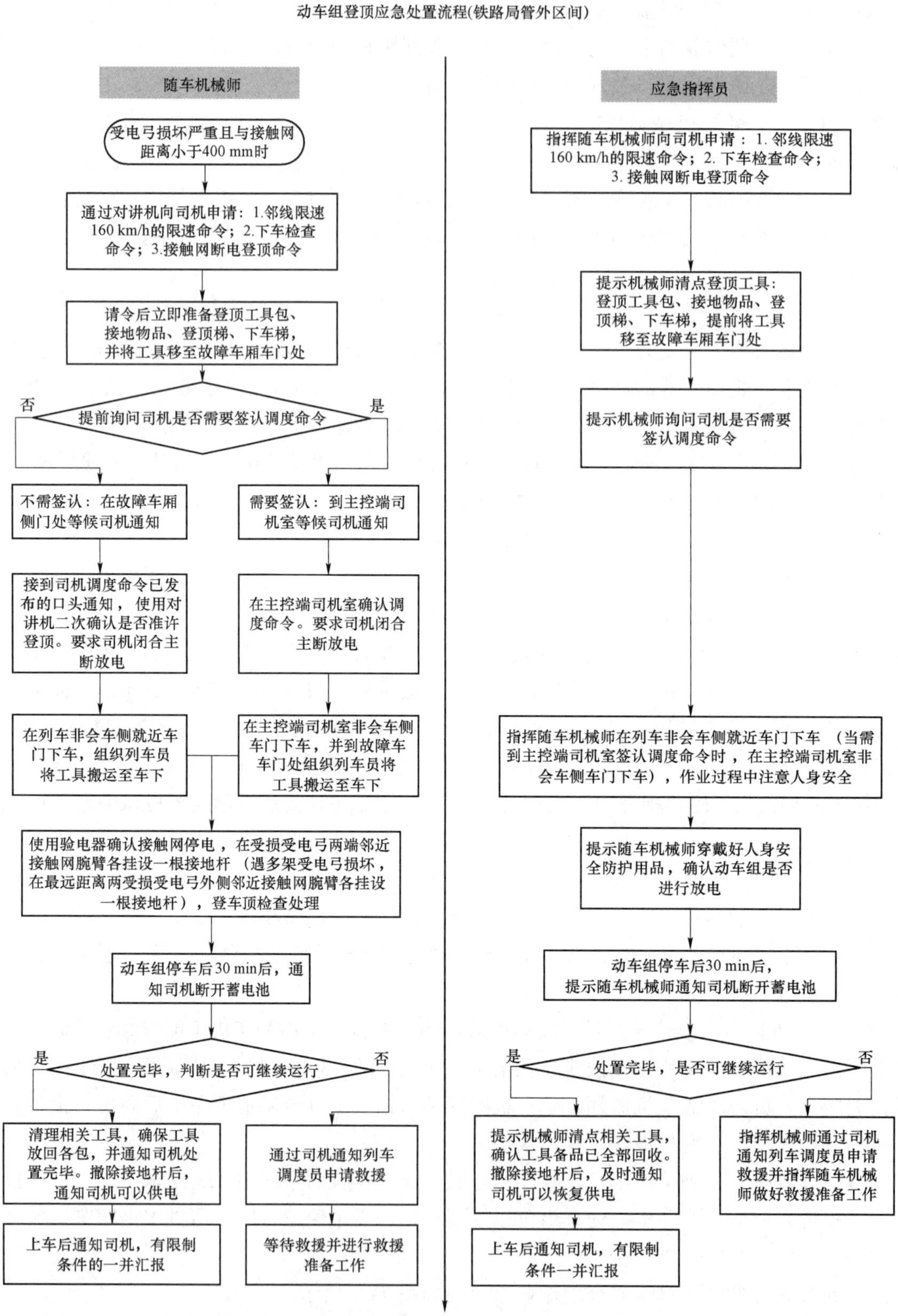

图 7-9　动车组在铁路局管外区间停车需登顶作业流程图

三、动车组在站内停车需登顶作业

1. 确认故障及请令。随车机械师确认受电弓损坏需要登顶时，应通过司机及时向列车调度员提出登顶作业请求，请求命令包括：邻线限速 160 km/h 及以下，下车检查；接触网断电，登顶检查。请令后及时通知列车长做好配合作业的准备工作。

2. 准备工具备品。随车机械师提出申请后立即组织列车长指派的列车员或相关配合人员开展准备工作。

（1）将登顶梯、登顶用工具备品包（捆绑扎带、破拆工具、安全带）搬至受损受电弓所在车厢侧门处。

（2）将绝缘防护用品（接地杆、接地线、接地靴、验电笔、绝缘鞋、手套、安全帽）搬运至首尾两端司机室外站台处。

如为单组或长编动车组，随车机械师首先将绝缘防护用品搬运至主控端司机室处，然后在主控端等待调度命令。

如为重联动车组，两名随车机械师分别将绝缘防护用品（接地杆、接地线、接地靴、验电笔、绝缘鞋、手套、安全帽）搬运至首尾两端司机室外站台处；然后主控车随车机械师在主控端司机室等待命令。

3. 接令及命令确认。随车机械师接到动车组司机命令并确认：邻线限速 160 km/h 及以下可以下车和接触网已停电准许登顶作业的调度命令已发布（CRH2A/B/C/E/G、CRH380A/AL 型动车组司机已闭合主断进行放电）后，立即下车开始作业。

4. 下车并准备登顶。随车机械师从站台下车到线路上，列车长指派列车员或相关配合人员协助随车机械师将工具备品移动至线路上，并对开启的车门进行防护。

5. 验电挂杆。

单组或长编动车组，随车机械师使用验电器确认接触网已停电，在接触网上挂接地杆，然后到另一端验电挂杆。

重联动车组，主控端随车机械师得到命令后，通知非主控端随车机械师，两名随车机械师同时下车进行验电挂杆作业。

6. 登顶检查处理故障。随车机械师架设登顶梯，带上工具备品，做好安全防护，登顶处置故障。

7. 动车组蓄电池监控。动车组停车后，随车机械师通知司机监控蓄电池电压，停车 30 min 后断开蓄电池（如司机为外局司机，应急指挥中心指挥员要在故障发生 30 min 后提示随车机械师通知司机断开蓄电池）。

8. 处置完毕，下顶。随车机械师在车顶处理完毕后，按以下程序作业。

（1）在车顶清点完物品后，确认所有物品全部收回，无物品遗落车顶后下车；

（2）下顶后立即收回登顶梯，然后取下接地杆，确定登顶梯及接地杆已取下后，通知司机，登顶完毕，申请接触网恢复供电。

9. 恢复运行或进行下一步应急处置。随车机械师判断处置完毕后列车仍不能继续运行时，应立即通过司机向调度所请求救援，调度所立即按应急预案组织实施。随车机械师将工具备品收回车内，列车长指派列车员或相关配合人员协助随车机械师。随车机械师确保相关工具全部清理完毕后向司机报告并按规定进行防护，司机立即向列车调度员报告，等待救援。

随车机械师处置完毕，确认列车可以继续运行且全部工具收回车内后，关闭车门，向司机报告（有限制条件时一并报告）。全部作业完毕，动车组可以恢复运行。需限速运行时，司机根据随车机械师的通知限速运行。

动车组在站内停车需登顶作业流程图如图 7－10 所示。

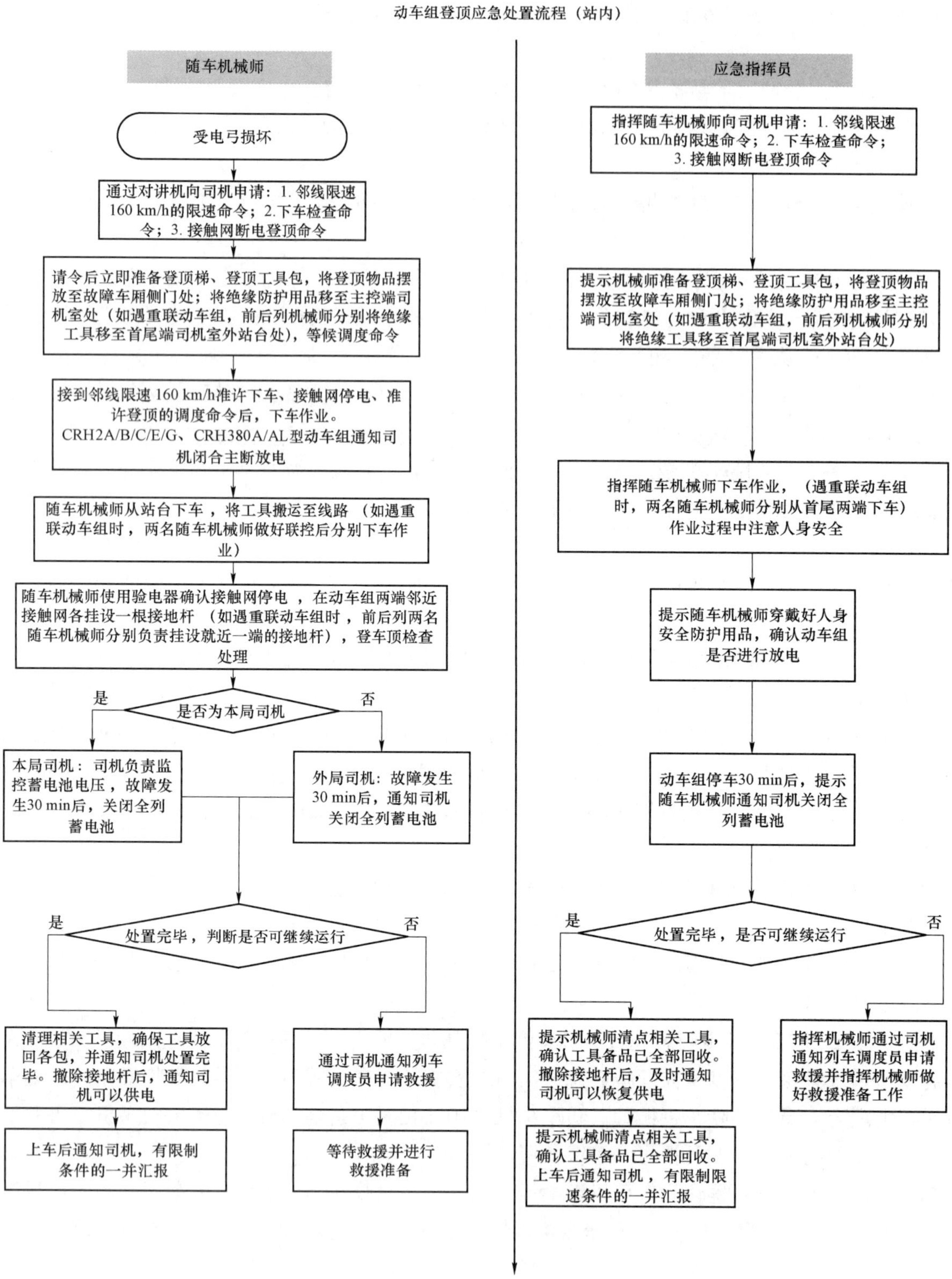

图 7-10　动车组在站内停车需登顶作业流程图

7.2.11　CRH 系列动车组恶劣天气下限速要求

CRH 系列动车组恶劣天气下限速要求如表 7-4 所示。

表 7-4 CRH 系列动车组恶劣天气下限速要求

序号	雪情	无砟轨道区段（限速值）	有砟轨道区段（限速值）	隧道内（限速值）
1	中雪及以上或积雪覆盖轨枕板、道砟面	≤200 km/h	≤160 km/h	
2	动车组转向架结冰	≤200 km/h	≤160 km/h	≤160 km/h
3	接触网导线结冰受电弓取流不畅	≤160 km/h	≤160 km/h	

中雪、大雪、暴雪的界定标准：以气象部门公布或工务部门观测为准（中雪：24 h 内地面积雪厚度为 3～4.9 cm；大雪：24 h 内地面积雪厚度为 5～7.9 cm；暴雪：24 h 内地面积雪厚度达 8 cm 以上）。

限速等级：无砟轨道区段按 250 km/h、200 km/h、160 km//h 及以下，有砟轨道区段按 200 km/h、160 km/h、120 km//h 及以下。

7.2.12 CR400BF-A 型动车组故障限速表

CR400BF-A 型动车组转向架设备故障相关限速要求如表 7-5 所示。

表 7-5 CR400BF-A 型动车组转向架设备故障相关限速要求

系统	故障描述		限速/（km/h）	限速方式
转向架及其辅助部件	横向加速度报警		280（2 min）	自动
			200	
			40	
	监控设备检测到车轮抱死		40	自动
	车轮擦伤	擦伤深度为大于 0.25 mm 小于 0.5 mm	200	人工
		擦伤深度为大于 0.5 mm 小于 1 mm	120	人工
		擦伤深度大于 1 mm	80	人工
	车轮剥离凹陷	长度≤20 mm； 长度深度≤0.5 mm，面积≤200 mm^2； 长度深度≤0.75 mm，面积≤150 mm^2； 长度深度≤1 mm，面积≤100 mm^2；	不影响运营	
	车轮踏面硌伤	车轮直径>840 mm 时： 长度≤30 mm 深度≤0.25 mm 车轮直径≤840 mm 时： 长度≤25 mm 深度≤0.25 mm	不影响运营	
	空气弹簧泄漏、爆裂或切除		160	人工
	1 个轴箱弹簧断裂		30	人工
	轴箱定位装置明显损坏		10	人工
	轴箱定位装置零部件缺失		30	人工
	高度控制阀 L15 或（和）高度调节杆故障		160	人工
	抗蛇行油压减振器失效		200	人工
	抗蛇行油压减振器连接螺栓缺失或松动		10	人工
	横向止挡损坏或缺失		30	人工
	抗侧滚扭杆损坏或连杆螺栓（螺纹）连接损坏		10	人工
	热轴预警		轴温预警故障后，须在 1 min 之内减速至 200 km/h，否则施加强制制动降速并自动限速到 200 km/h	人工/自动
	热轴报警		40	自动

CR400BF-A 型动车组空气制动切除限速要求如表 7-6 所示。

表 7–6　CR400BF–A 型动车组空气制动切除限速要求

切除比例	列控车载设备当前顶棚速度					
	350 km/h	300 km/h	250 km/h	200 km/h	160 km/h	120 km/h
1/16	330 km/h	275 km/h	240 km/h	190 km/h	150 km/h	115 km/h
2/16（1/8）	320 km/h	255 km/h	230 km/h	185 km/h	145 km/h	110 km/h
3/16	310 km/h	245 km/h	220 km/h	175 km/h	140 km/h	105 km/h
4/16（2/8）	290 km/h	235 km/h	210 km/h	170 km/h	135 km/h	100 km/h
5/16	280 km/h	225 km/h	200 km/h	160 km/h	130 km/h	95 km/h
6/16（3/8）	260 km/h	220 km/h	195 km/h	155 km/h	125 km/h	90 km/h
7/16	250 km/h	210 km/h	185 km/h	145 km/h	115 km/h	85 km/h
8/16（4/8）	235 km/h	200 km/h	170 km/h	140 km/h	110 km/h	80 km/h

注：（1）制动切除比例中分子为累计切除换算的单车制动数量。

（2）切除 8/16（4/8）以上时以 80 km/h 运行到前方站进行换乘处理。若重联动车组其中一整列无制动力，则按动车组相互救援规定执行。

CR400BF–A 型动车组其他设备故障限速要求如表 7–7 所示。

表 7–7　CR400BF–A 型动车组其他设备故障限速要求

系统	故障描述	限速/（km/h）	限速方式
车体	车窗玻璃破损导致车辆密封失效	160	人工
空调	空调故障开门运行（加防护网）	60（高站台 40）	人工

实　训

完成项目 7 任务 7.2 工作单（见表 7–8）。

表 7–8　项目 7 任务 7.2 工作单

项目名称	项目 7 应急预案		
任务名称	任务 7.2 行车应急预案		
班级名称		姓　名	
学习小组			
【基础知识认知】			
1. 应急处置基本原则：确保安全、保障运输、统一指挥、____________。 2. 判断：随车机械师接到或发现动车组故障信息后，应立即与司机联系，了解故障详细情况，需到司机室确认时应立即赶赴司机室，并在 10 min 内将故障基本情况先后向故障发生地所在铁路局动车调度员和配属动车所调度员报告。（　） 3. 判断：动车组运行途中，出现受电弓不明原因自动降弓或挂异物时，须立即采取停车措施。（　） 4. TEDS 检测到轴箱弹簧被冰雪覆盖时，无砟轨道区段须限速（　）km/h 及以下运行。 A. 120　B. 160　C. 200　D. 250 5. TEDS 检测到转向架制动夹钳单元被冰雪覆盖时，隧道内须限速（　）km/h 及以下运行。 A. 120　B. 160　C. 200　D. 250 6. TEDS 检测到空气弹簧与转向架构架间隙被冰雪填充时，有砟轨道区段须限速（　）km/h 及以下运行。 A. 120　B. 160　C. 200　D. 250			
【职业能力训练】			
1. 在“动车组在铁路局管内区间停车需登顶作业流程图-随车机械师作业内容”的空白方框中填入相应内容。			

动车组登顶应急处置流程（铁路局管内区间）

随车机械师

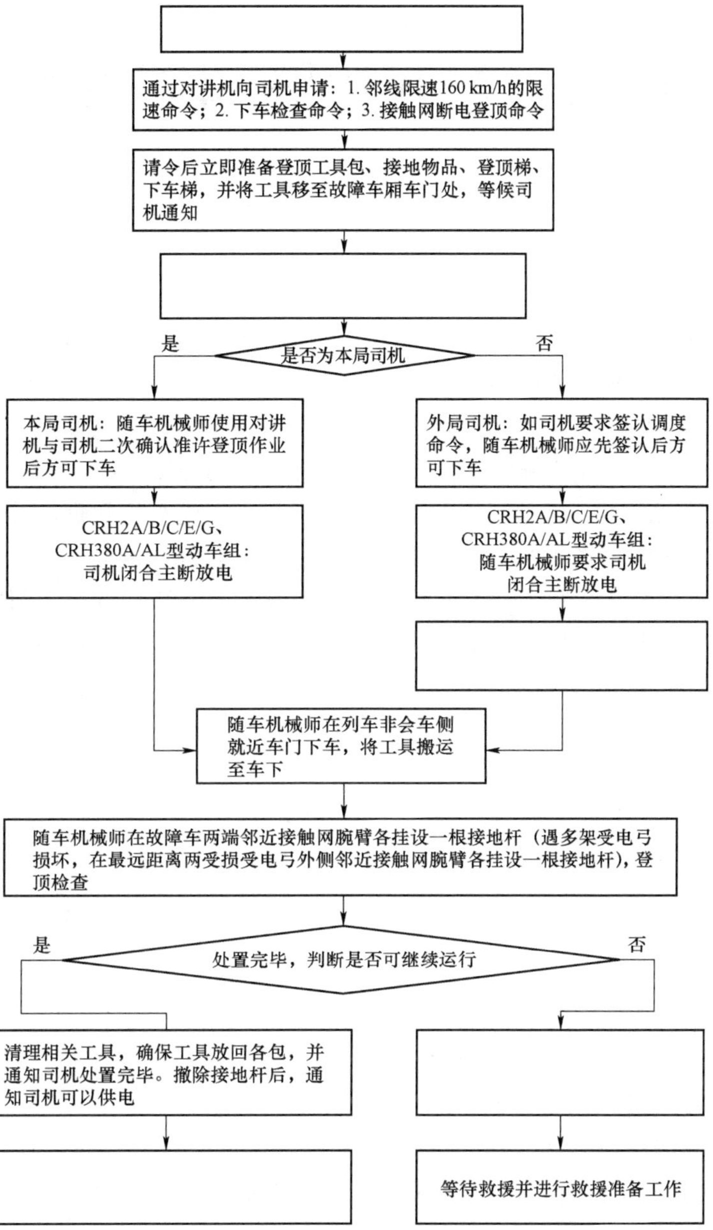

2. 针对真实行车安全案例，以小组为单位，采用角色扮演的方式，模拟进行出现典型故障或恶劣天气时的应急处置

【实训总结】

指导教师评价：

任务完成人签字：　　　　日期：　　年　　月　　日

指导教师签字：　　　　日期：　　年　　月　　日

项目 8　相互救援与回送作业

项目描述

动车组发生故障请求救援时，随车机械师应根据动车组故障情况，提出被救援后的运行限制条件。接到救援申请后，铁路局应急指挥中心根据动车组和机车分布情况，按照“有利于尽快开通区间、有利于旅客换乘”的原则共同制定救援方案和旅客换乘方案，应急指挥中心值班主任报主持救援的铁路局领导批准后实施。实施过程中要坚持调度集中统一指挥和行车单一指挥的原则。

救援动车组时可采用动车组、机车两种救援方式，优先采用动车组救援。动车组救援动车组时按动车组相互救援办法执行，机车救援动车组作业参照动车组回送作业办法执行。

本项目任务 8.1 主要依据铁路局《动车组相互救援作业实施办法》编写，帮助学生掌握动车组相互救援作业相关要求，任务 8.2 主要依据《动车组回送作业办法》和铁路局《CR400BF、CR400BF－A 型动车组无动力回送操作程序》编写，使学生熟悉有动力回送和无动力回送相关规定，掌握 CR400BF、CR400BF－A 型动车组无动力回送操作程序。

本项目任务

任务 8.1　相互救援作业

任务 8.2　回送作业

教学目标

1. 知识目标

（1）熟悉铁路局《动车组相互救援作业实施办法》；

（2）掌握动车组相互救援方式及限制条件；

（3）熟悉《动车组回送作业办法》；

（4）掌握铁路局《CR400BF、CR400BF－A 型动车组无动力回送操作程序》。

2. 能力目标

依托高铁综合实训基地，采用角色扮演的方式，完成以下任务：

（1）进行动车组相互救援作业中连挂车适配模块安装拆解操作；

（2）进行 CR400BF 型动车组无动力回送操作程序中的连挂准备操作。

3. 课程思政目标

（1）培养实际操作能力，培养劳动意识；

（2）培养团队协作能力；

（3）培养严谨认真的态度、安全生产的意识、遵章守纪的作风。

任务 8.1　相互救援作业

任务单

任务名称	相互救援作业
任务分析	从总则、总体要求、救援方式、救援作业办法等方面学习动车组相互救援作业实施办法，同时掌握动车组相互救援方式及限制条件
学习任务	完成项目 8 任务 8.1 工作单
成果展示	项目 8 任务 8.1 工作单、进行连挂车适配模块安装拆解操作的影像资料

学习引导文

8.1.1　铁路局《动车组相互救援作业实施办法》

第一章　总　　则

第一条　为提高动车组故障应急救援效率，根据《铁路技术管理规程》《铁路动车组运用维修规则》《CRH 系列动车组相互救援暂行作业办法》，结合铁路局实际，制定本办法。

第二条　按照动车组编组、制动性能和车钩形式的不同，动车组及综合检测车总体可分为以下 13 类。

（一）CRH1 系列短编组：CRH1A－200 型、CRH1A－250 型、CRH1A－A 型。

（二）CRH380D 型短编组。

（三）CRH1 系列长编组：CRH1B 型、CRH1E 型、CRH1E 型改进卧铺动车组、CRH1A 型重联、CRH380D 型重联。

（四）CRH2 系列短编组：CRH2A 型、CRH2A 统型、CRH2C（CRH2C－1、CRH2C－2）型、CRH2G 型、CRH2J 型、CRH380A 型、CRH380A 统型、CRH380AJ 型、CRH380AM 型。

（五）CRH2 系列长编组：CRH2B 型、CRH2E 型、CRH380AL 型、CRH2B（4096－4105）型、CRH2E 改（2461－2465）型、CRH380AL（2913－2920，2926－2930）型及 CRH2 系列短编组重联。

（六）CRH3 系列短编组：CRH3C 型、CRH380B 型、CRH380BG 型、CRH380BG 统型、CRH380BJ 型、CRH380BJ－A（长客）型。

（七）CRH3 系列长编组：CRH380BL 型、CRH380CL 型及 CRH3 系列短编组重联。

（八）CRH5 系列短编组：CRH5A 型、CRH5G 型、CRH5J 型。

（九）CRH5 系列长编组：CRH5 系列短编组重联。

（十）CR400 系列短编组：CR400AF 型、CR400BF 型。

（十一）CR400 系列长编组：CR400AF 型、CR400BF 型短编组重联。

（十二）CRH3A 型短编组。

（十三）CRH3A 型长编组：CRH3A 型短编组重联。

第二章　总体要求

第三条　救援过程中，动车组防溜、下道作业、连挂引导、联控用语等按既有规定执行。

第四条　动车组相互救援时的限速要求。

（一）动车组之间通过重联方式救援，电气车钩正常连挂（或车组间网络能够正常配置）时，按照《动车组途中应急故障处理手册》规定确定救援限速。

（二）救援动车组能够控制被救援动车组常用制动，整列救援列车无车辆空气制动切除时救援限速 120 km/h，有车辆空气制动切除时救援限速 60 km/h。

（三）救援动车组不能控制被救援动车组常用制动时，救援限速 60 km/h。

第五条　动车组救援时，按照相关规定做好防溜，在救援运行过程中，被救援动车组司机原则上不允许操作制动控制器、紧急制动按钮等施加制动的装置。

第六条 短编组动车组救援长编组动车组，在大于10‰的坡道救援时，禁止向上坡道方向起动。××长大坡道，禁止使用短编组救援长编、重联动车组；使用动车组、机车救援时，原则上向下坡道方向牵引救援，需向上坡道方向牵引救援时，须经调度所（副）主任批准。

第七条 动车组救援时，允许采用退行或反方向运行的方式，相关要求按《铁路技术管理规程》的规定执行。

第八条 动车组相互救援时，前端机械车钩可通过直接连挂或使用统型过渡车钩两种方式进行连挂。

第九条 短编组与长编组连挂最大长度为 643 m，长编组与长编组连挂最大长度为 858 m，救援时应考虑动车组总长对站台及线路股道有效长、信号、车尾保持的影响。

第十条 救援过程中，被救援动车组具备条件时，可以升弓供电，救援和被救援动车组司机做好联控，救援动车组与被救援动车组相邻受电弓不得同时升起。

第三章　救援方式

第十一条 为提高救援效率，节省救援时间，救援时原则上按照同型号动车组、同平台动车组、不同平台动车组的优先顺序进行相互救援。

第十二条 有牵引、制动故障的动车组不允许担当救援任务。原则上，重联动车组不得担当救援任务。

第十三条 各系列动车组救援时限制条件。

（一）CRH1 系列动车组限制条件

1. CRH1 系列短编组可以救援各系列动车组。

2. CRH1 系列长编组（CRH1B/1E 型、CRH1E 型改进卧铺动车组）可以救援各系列短编组及 CRH1 系列长编组，被救援动车组须切除空气制动和停放制动；不能救援 CRH2 系列长编组、CRH3 系列长编组及 CRH5 系列长编组。

（二）CRH380D 型动车组限制条件

CRH380D 型短编组可以救援除 CRH2 系列长编组以外的各系列动车组。

（三）CRH2 系列动车组限制条件

1. CRH2 系列短编组可以救援各系列短编组，可以救援制动状态正常的 CRH2 系列长编组，被救援动车组须切除空气制动和停放制动；不能救援 CRH1 系列长编组、CRH3 系列长编组、CRH5 系列长编组及制动故障的 CRH2 系列长编组。

2. CRH2 系列长编组只能救援制动状态正常的 CRH2 系列动车组，不能救援其他系列动车组及制动故障的 CRH2 系列动车组。

3. CRH2 系列动车组被其他系列动车组救援时，须切除空气制动和停放制动。

（四）CRH3 系列动车组限制条件

1. CRH3 系列短编组可以救援各系列动车组。

2. CRH3 系列长编组可以救援除 CRH1 系列长编组、CRH2 系列长编组以外的各系列动车组。

3. CRH3 系列短编组相互救援、救援 CRH5 系列短编组、救援 CRH1 系列短编组、CRH380D 型短编组和 CRH3A 型短编组时，可使用备用制动。

（五）CRH5 系列动车组限制条件

1. CRH5 系列短编组可以救援各系列动车组。

2. CRH5 系列短编组相互救援、救援 CRH3 系列短编组、救援 CRH1 系列短编组、CRH380D 型短编组和 CRH3A 型短编组时，可使用备用制动。

（六）CR400 系列动车组限制条件

1. CR400 系列短编组可以救援各系列动车组。

2. CR400 系列长编组可以救援除 CRH1 系列长编组、CRH2 系列长编组以外的各系列动车组。

（七）CRH3A 型动车组限制条件

1. CRH3A 型短编组可以救援各系列动车组。

2. CRH3A 型长编组可以救援除 CRH1 系列长编组、CRH2 系列长编组以外的各系列动车组。

第十四条　因救援需要进行空气制动和停放制动切除时，须在连挂后、制动试验前完成。

第四章　救援作业办法

第十五条　动车组救援作业分工如下：

（一）随车机械师：负责过渡车钩和专用风管的拆装，电气连接线的连接与摘解，动车组截断塞门操作，车门开关，连挂状态确认，开闭机构手动操作，连挂、解编作业中其他开关操作，运行途中动车组状态监控等。

（二）动车组司机：负责连挂端激活（退出）、司机室占用操作，操作受电弓、主断路器、司机警惕装置、车载列控设备，自动开启头罩，进行牵引制动试验。运行中监控总风压力、蓄电池电压及列车运行状态，配合随车机械师安装与拆卸过渡车钩和专用风管。

第十六条　各型动车组相互救援时，动车组准备工作、连挂作业、制动试验等救援作业流程。（略）

第十七条　××长大坡道间向下坡方向救援试拉时，采用逐级缓解制动方式进行试拉（先缓解停放制动，然后逐级缓解常用制动，4 级以下每级缓解间隔时间不少于 10 s，试拉完毕后立即施加最大常用制动和停放制动），不得施加牵引进行试拉。

第十八条　开车前，须确认防溜装置已全部撤除。

第十九条　救援过程中避免制动与牵引之间快速切换，做到平稳操纵，应尽量避免实施最大常用制动及紧急制动。在意外施加上述制动后，司机通知随车机械师下车检查，确认救援连挂端及相邻两个连挂端状态。

第二十条　救援过程中，动车组司机需在被救援动车组连挂端司机室密切监视蓄电池电压和总风风压，具体要求如下。

（一）动车组总风风压：各型动车组总风风压应在 530 kPa 以上，若低于 530 kPa，需停车检查，待风压恢复正常后行车，必要时切除停放制动或空气制动。

（二）蓄电池电压：蓄电池电压低于限值时需停车充电，若不具备充电条件，切除空气制动和停放制动。各型动车组蓄电池限值如下。

1. CRH1 系列、CRH380D 型短编组动车组蓄电池电压应在 97 V 以上。

2. CRH2 系列动车组蓄电池电压应在 84 V 以上。

3. CRH3 系列动车组蓄电池电压应在 96 V 以上。

4. CRH5 系列动车组蓄电池电压应在 20 V 以上。

5. CR400AF 型动车组蓄电池电压应在 100 V（锂电池）或 96 V（碱性电池）以上；CR400BF 型动车组蓄电池电压应在 105 V 以上。

6. CRH3A 型动车组蓄电池电压应在 105 V 以上。

第二十一条　救援任务结束后，动车组司机操作救援动车组停车，指挥被救援动车组做好防溜，组织随车机械师进行解编作业。动车组司机、随车机械师按分工将救援动车组恢复正常状态。

8.1.2　动车组相互救援方式及限制条件

动车组相互救援方式及限制条件如表 8-1 所示。

表 8–1 动车组相互救援方式及限制条件

被救援动车组 救援动车组	CRH1 系列短编组	CRH1 系列长编组	CRH380D 型短编组	CRH2 系列短编组 [制动正常]	CRH2 系列短编组 [制动不正常]	CRH2 系列长编组 [制动正常]	CRH2 系列长编组 [制动不正常]	CRH3 系列短编组	CRH3A 型 短编组	CRH3A 型 长编组	CRH3 系列长编组	CRH5 系列短编组	CRH5 系列长编组	CR400 系列短编组	CR400 系列长编组
	CRH1A-200 型/1A-250 型/1A-A 型	CRH1B 型/1E 型/1E 型改进卧铺动车组/1A 型重联/1A-A 型重联/380D 型重联	CRH380D 型	CRH2A 型/2A 统型/2C 型/2G 型/2J 型/380A 型/380A 统型/380AJ 型/380AM 型	CRH2A 型/2A 统型/2C 型/2G 型/2J 型/380A 型/380A 统型/380AJ 型/380AM 型	CRH2B 型/2E 型/380AL 型/2 系列短编重联	CRH2B 型/2E 型/380AL 型/2 系列短编重联	CRH3C 型/380B 型/380BG 型/380BG 统型/380BJ 型/380BJ-A 型（长客）	CRH3A 型	CRH3A 重联	CRH380BL 型/380CL 型/3 系列短编重联	CRH5A 型/5G 型/5J 型	CRH5 系列短编重联	CR400AF 型/BF 型	CR400AF 型/BF 型重联
CRH1 系列短编组	1. 同型动车组按重联方式相互救援，限速参照应急手册执行。 2. 其他情形最高限速 60 km/h	1. 最高限速 60 km/h。 2. 禁止向大于 10‰上坡起动。 3. 连挂长度约 643 m	最高限速 60 km/h	1. 被救援动车组空气/停放制动完全切除。 2. 最高限速 60 km/h	1. 被救援动车组空气/停放制动完全切除。 2. 最高限速 60 km/h	1. 被救援动车组空气/停放制动完全切除。 2. 最高限速 60 km/h。 3. 禁止向大于 10‰上坡起动。 4. 连挂长度约 617 m	1. 被救援动车组空气/停放制动完全切除。 2. 最高限速 60 km/h。 3. 禁止向大于 10‰上坡起动。 4. 连挂长度约 617 m	最高限速 60 km/h	最高限速 60 km/h	1. 最高限速 60 km/h。 2. 禁止向大于 10‰上坡起动。 3. 连挂长度约 621 m	1. 最高限速 60 km/h。 2. 禁止向大于 10‰上坡起动。 3. 连挂长度约 614 m	最高限速 60 km/h	1. 最高限速 60 km/h。 2. 禁止向大于 10‰上坡起动。 3. 连挂长度约 617 m	最高限速 60 km/h	1. 最高限速 60 km/h。 2. 禁止向大于 10‰上坡起动。 3. 连挂长度约 620 m
CRH1 系列长编组 （1B/1E）	1. 被救援动车组空气/停放制动完全切除。 2. 最高限速 60 km/h。 3. 连挂长度约 643 m	1. 被救援动车组空气/停放制动完全切除。 2. 最高限速 60 km/h。 3. 连挂长度约 858 m	1. 被救援动车组空气/停放制动完全切除。 2. 最高限速 60 km/h。 3. 连挂长度约 643 m	1. 被救援动车组空气/停放制动完全切除。 2. 最高限速 60 km/h。 3. 连挂长度约 643 m	1. 被救援动车组空气/停放制动完全切除。 2. 最高限速 60 km/h。 3. 连挂长度约 643 m	不能救援	不能救援	1. 被救援动车组空气/停放制动完全切除。 2. 最高限速 60 km/h。 3. 连挂长度约 630 m	1. 被救援动车组空气/停放制动完全切除。 2. 最高限速 60 km/h。 3. 连挂长度约 637 m	不能救援	不能救援	1. 被救援动车组空气/停放制动完全切除。 2. 最高限速 60 km/h。 3. 连挂长度约 641 m	不能救援	1. 被救援动车组空气/停放制动完全切除。 2. 最高限速 60 km/h。 3. 连挂长度约 636 m	不能救援
CRH380D 型短编组	最高限速 60 km/h	1. 最高限速 60 km/h。 2. 禁止向大于 10‰上坡起动。 3. 连挂长度约 643 m	1. 同型动车组按重联方式相互救援，限速参照应急手册执行。 2. 其他情形最高限速 60 km/h	1. 被救援动车组空气/停放制动完全切除。 2. 最高限速 60 km/h	1. 被救援动车组空气/停放制动完全切除。 2. 最高限速 60 km/h	不能救援	不能救援	最高限速 60 km/h	最高限速 60 km/h	1. 最高限速 60 km/h。 2. 禁止向大于 10‰上坡起动。 3. 连挂长度约 623 m	1. 最高限速 60 km/h。 2. 禁止向大于 10‰上坡起动。 3. 连挂长度约 616 m	最高限速 60 km/h	1. 最高限速 60 km/h。 2. 禁止向大于 10‰上坡起动。 3. 连挂长度约 616 m	最高限速 60 km/h	1. 最高限速 60 km/h。 2. 禁止向大于 10‰上坡起动。 3. 连挂长度约 621 m
CRH2 系列短编组	1. 被救援动车组空气/停放制动完全切除。 2. 最高限速 60 km/h	不能救援	1. 被救援动车组空气/停放制动完全切除。 2. 最高限速 60 km/h	1. 同型动车组按重联方式相互救援，限速参照应急手册执行。 2. 其他情形最高限速 120 km/h	最高限速 60 km/h	1. 最高限速 120 km/h。 2. 禁止向大于 10‰上坡起动。 3. 连挂长度约 604 m	不能救援	1. 被救援动车组空气/停放制动完全切除。 2. 最高限速 60 km/h	1. 被救援动车组空气/停放制动完全切除。 2. 最高限速 60 km/h	不能救援	不能救援	1. 被救援动车组空气/停放制动完全切除。 2. 最高限速 60 km/h	不能救援	1. 被救援动车组空气/停放制动完全切除。 2. 最高限速 60 km/h	不能救援
CRH2 系列长编组 （不含短编重联）	不能救援	不能救援	不能救援	1. 最高限速 120 km/h。 2. 连挂长度约 604 m	不能救援	1. 最高限速 120 km/h。 2. 连挂长度约 803 m	不能救援	不能救援	不能救援	不能救援	不能救援	不能救援	不能救援	不能救援	不能救援

续表

被救援动车组 / 救援动车组	CRH1 系列短编组	CRH1 系列长编组	CRH380D 型短编组	CRH2 系列短编组 [制动正常]	CRH2 系列短编组 [制动不正常]	CRH2 系列长编组 [制动正常]	CRH2 系列长编组 [制动不正常]	CRH3 系列短编组	CRH3A 型短编组	CRH3A 型长编组	CRH3 系列长编组	CRH5 系列短编组	CRH5 系列长编组	CR400 系列短编组	CR400 系列长编组
	CRH1A-200 型/1A-250 型/1A-A 型	CRH1B 型/1E 型/1E 型改进卧铺动车组/1A 型重联/1A-A 型重联/380D 型重联	CRH380D 型	CRH2A 型/2A 统型/2C 型/2G 型/2J 型/380A 型/380A 统型/380AJ 型/380AM 型	CRH2A 型/2A 统型/2C 型/2G 型/2J 型/380A 型/380A 统型/380AJ 型/380AM 型	CRH2B 型/2E 型/380AL 型/2 系列短编重联	CRH2B 型/2E 型/380AL 型/2 系列短编重联	CRH3C 型/380B 型/380BG 型/380BG 统型/380BJ 型/380BJ-A 型（长客）	CRH3A 型	CRH3A 重联	CRH380BL 型/380CL 型/3 系列短编重联	CRH5A 型/5G 型/5J 型	CRH5 系列短编重联	CR400AF 型/BF 型	CR400AF 型/BF 型重联
CRH3 系列短编组	1. 全列常用制动正常可控，限速 120 km/h；任意车切空气/停放制动或被救援车空气/停放制动不可控，限速 60 km/h。 2. 可使用备用制动	1. 最高限速 60 km/h。 2. 禁止向大于 10‰上坡起动。 3. 连挂长度约 630 m	1. 全列常用制动正常可控，限速 120 km/h；任意车切空气/停放制动或被救援车空气/停放制动不可控，限速 60 km/h。 2. 可使用备用制动	1. 被救援动车组空气/停放制动完全切除。 2. 最高限速 60 km/h	1. 被救援动车组空气/停放制动完全切除。 2. 最高限速 60 km/h	1. 被救援动车组空气/停放制动完全切除。 2. 最高限速 60 km/h。 3. 禁止向大于 10‰上坡起动。 4. 连挂长度约 604 m	1. 被救援动车组空气/停放制动完全切除。 2. 最高限速 60 km/h。 3. 禁止向大于 10‰上坡起动。 4. 连挂长度约 604 m	1. 同型动车组按重联方式相互救援，限速参照应急手册执行。 2. 其他情形时，全列常用制动正常可控，限速 120 km/h；任意车切空气/停放制动或被救援车空气/停放制动不可控，限速 60 km/h。 3. 可使用备用制动	1. 最高限速 120 km/h。 2. 可使用备用制动	1. 最高限速 60 km/h。 2. 禁止向大于 10‰上坡起动。 3. 连挂长度约 608 m	1. 最高限速 60 km/h。 2. 禁止向大于 10‰上坡起动。 3. 连挂长度约 601 m	全列常用制动正常可控，限速 120 km/h；任意车切空气/停放制动或被救援车空气/停放制动不可控，限速60 km/h	1. 最高限速 60 km/h。 2. 禁止向大于 10‰上坡起动。 3. 连挂长度约 601 m	1. 最高限速 120 km/h。 2. 可使用备用制动	1. 最高限速 60 km/h。 2. 禁止向大于 10‰上坡起动。 3. 连挂长度约 607 m
CRH3 系列长编组（××长大坡道间可使用 CRH380B 型重联动车组担当救援任务）	1. 最高限速 60 km/h。 2. 连挂长度约 614 m	不能救援	1. 最高限速 60 km/h。 2. 连挂长度约 616 m	1. 被救援动车组空气/停放制动完全切除。 2. 最高限速 60 km/h。 3. 连挂长度约 601 m	1. 被救援动车组空气/停放制动完全切除。 2. 最高限速 60 km/h。 3. 连挂长度约 613 m	不能救援	不能救援	1. 最高限速 60 km/h。 2. 连挂长度约 601 m	1. 最高限速 60 km/h。 2. 连挂长度约 608 m	不能救援	1. 最高限速 60 km/h。 2. 连挂长度约 802 m	1. 最高限速 60 km/h。 2. 连挂长度约 612 m	1. 最高限速 60 km/h。 2. 连挂长度约 846 m	1. 最高限速 120 km/h。 2. 可使用备用制动	不能救援
CRH3A 型短编组	全列常用制动正常可控，限速 120 km/h；任意车切空气/停放制动或被救援车空气/停放制动不可控，限速 60 km/h	1. 最高限速 60 km/h。 2. 禁止向大于 10‰上坡起动。 3. 连挂长度约 637 m	全列常用制动正常可控，限速 120 km/h；任意车切空气/停放制动或被救援车空气/停放制动不可控，限速 60 km/h	1. 被救援动车组空气/停放制动完全切除。 2. 最高限速 60 km/h	1. 被救援动车组空气/停放制动完全切除。 2. 最高限速 60 km/h	1. 被救援动车组空气/停放制动完全切除。 2. 最高限速 60 km/h。 3. 禁止向大于 10‰上坡起动。 4. 连挂长度约 611 m	1. 被救援动车组空气/停放制动完全切除。 2. 最高限速 60 km/h。 3. 禁止向大于 10‰上坡起动。 4. 连挂长度约 611 m	全列常用制动正常可控，限速 120 km/h；任意车切空气/停放制动或被救援车空气/停放制动不可控，限速 60 km/h	1. 同型动车组按重联方式相互救援，限速参照应急手册执行。 2. 遇其他情形时，全列常用制动正常可控，限速 120 km/h；任意车切空气/停放制动或被救援车空气/停放制动不可控，限速 60 km/h	1. 最高限速 60 km/h。 2. 禁止向大于 10‰上坡起动。 3. 连挂长度约 630 m	1. 最高限速 60 km/h。 2. 禁止向大于 10‰上坡起动。 3. 连挂长度约 608 m	1. 全列常用制动正常可控，限速 120 km/h；任意车切空气/停放制动或被救援车空气/停放制动不可控，限速 60 km/h	1. 最高限速 60 km/h。 2. 禁止向大于 10‰上坡起动。 3. 连挂长度约 608 m	最高限速 120 km/h	1. 最高限速 60 km/h。 2. 禁止向大于 10‰上坡起动。 3. 连挂长度约 608 m

续表

救援动车组 \ 被救援动车组	CRH1系列短编组	CRH1系列长编组	CRH380D型短编组	CRH2系列短编组[制动正常]	CRH2系列短编组[制动不正常]	CRH2系列长编组[制动正常]	CRH2系列长编组[制动不正常]	CRH3系列短编组	CRH3A型短编组	CRH3A型长编组	CRH3系列长编组	CRH5系列短编组	CRH5系列长编组	CR400系列短编组	CR400系列长编组
	CRH1A-200型/1A-250型/1A-A型	CRH1B型/1E型/1E型改进卧铺动车组/1A型重联/1A-A型重联/380D型重联	CRH380D型	CRH2A型/2A统型/2C型/2G型/2J型/380A型/380A统型/380AJ型/380AM型	CRH2A型/2A统型/2C型/2G型/2J型/380A型/380A统型/380AJ型/380AM型	CRH2B型/2E型/380AL型/2系列短编重联	CRH2B型/2E型/380AL型/2系列短编重联	CRH3C型/380B型/380BG型/380BG统型/380BJ型/380BJ-A型（长客）	CRH3A型	CRH3A重联	CRH380BL型/380CL型/3系列短编重联	CRH5A型/5G型/5J型	CRH5系列短编重联	CR400AF型/BF型	CR400AF型/BF型重联
CRH5型系列短编组	1. 全列常用制动正常可控，限速120 km/h；任意车切空气/停放制动或被救援车空气/停放制动不可控，限速60 km/h。 2. 可使用备用制动	1. 最高限速60 km/h。 2. 禁止向大于10‰上坡起动。 3. 连挂长度约640 m	1. 全列常用制动正常可控，限速120 km/h；任意车切空气/停放制动或被救援车空气/停放制动不可控，限速60 km/h。 2. 可使用备用制动	1. 被救援动车组空气/停放制动完全切除。 2. 最高限速60 km/h	1. 被救援动车组空气/停放制动完全切除。 2. 最高限速60 km/h	1. 被救援动车组空气/停放制动完全切除。 2. 最高限速60 km/h。 3. 禁止向大于10‰上坡起动。 4. 连挂长度约614 m	1. 被救援动车组空气/停放制动完全切除。 2. 最高限速60 km/h。 3. 禁止向大于10‰上坡起动。 4. 连挂长度约614 m	全列常用制动正常可控，限速120 km/h；任意车切空气/停放制动或被救援车空气/停放制动不可控，限速60 km/h	全列常用制动正常可控，限速120 km/h；任意车切空气/停放制动或被救援车空气/停放制动不可控，限速60 km/h	1. 最高限速60 km/h。 2. 禁止向大于10‰上坡起动。 3. 连挂长度约619 m	1. 最高限速60 km/h。 2. 禁止向大于10‰上坡起动。 3. 连挂长度约612 m	1. 同型动车组按重联方式相互救援，限速参照应急手册执行。 2. 全列常用制动正常可控，限速120 km/h；任意车切空气/停放制动或被救援车空气/停放制动不可控，限速60 km/h。 3. 可使用备用制动	1. 最高限速60 km/h。 2. 禁止向大于10‰上坡起动。 3. 连挂长度约635 m	全列常用制动正常可控，限速120 km/h；任意车切空气/停放制动或被救援车空气/停放制动不可控，限速60 km/h	1. 最高限速60 km/h。 2. 禁止向大于10‰上坡起动。 3. 连挂长度约618 m
CR400系列短编组	全列常用制动正常可控，限速120 km/h；任意车切空气/停放制动或被救援车空气/停放制动不可控，限速60 km/h	1. 最高限速60 km/h。 2. 禁止向大于10‰上坡起动。 3. 连挂长度约636 m	全列常用制动正常可控，限速120 km/h；任意车切空气/停放制动或被救援车空气/停放制动不可控，限速60 km/h	1. 被救援动车组空气/停放制动完全切除。 2. 最高限速60 km/h	1. 被救援动车组空气/停放制动完全切除。 2. 最高限速60 km/h	1. 被救援动车组空气/停放制动完全切除。 2. 最高限速60 km/h。 3. 禁止向大于10‰上坡起动。 4. 连挂长度约610 m	1. 被救援动车组空气/停放制动完全切除。 2. 最高限速60 km/h。 3. 禁止向大于10‰上坡起动。 4. 连挂长度约610 m	全列常用制动正常可控，限速120 km/h；任意车切空气/停放制动或被救援车空气/停放制动不可控，限速60 km/h	全列常用制动正常可控，限速120 km/h；任意车切空气/停放制动或被救援车空气/停放制动不可控，限速60 km/h	1. 最高限速60 km/h。 2. 禁止向大于10‰上坡起动。 3. 连挂长度约629 m	1. 最高限速60 km/h。 2. 禁止向大于10‰上坡起动。 3. 连挂长度约607 m	全列常用制动正常可控，限速120 km/h；任意车切空气/停放制动或被救援车空气/停放制动不可控，限速60 km/h	1. 最高限速60 km/h。 2. 禁止向大于10‰上坡起动。 3. 连挂长度约608 m	1. 同型动车组按重联方式相互救援，限速参照应急手册执行。 2. 其他情形时，全列常用制动正常可控，限速120 km/h；任意车切空气/停放制动或被救援车空气/停放制动不可控，限速60 km/h	1. 最高限速60 km/h。 2. 禁止向大于10‰上坡起动。 3. 连挂长度约608 m

实　训

完成项目 8 任务 8.1 工作单（见表 8–2）。

表 8–2　项目 8 任务 8.1 工作单

项目名称	项目 8　相互救援与回送作业		
任务名称	任务 8.1　相互救援作业		
班级名称		姓　名	
学习小组			
【基础知识认知】			
1. 救援动车组不能控制被救援动车组常用制动时，救援限速（　　）km/h。 A. 20　B. 40　C. 60　D. 80 2. 短编组动车组救援长编组动车组，在大于（　　）‰的坡道救援时，禁止向上坡道方向起动。 A. 5　B. 10　C. 20　D. 30 3. 救援过程中，动车组司机需在被救援动车组连挂端司机室密切监视总风风压，各型动车组总风风压应在（　　）kPa 以上，若低于该值，需停车检查，待风压恢复正常后行车，必要时切除停放制动或空气制动。 A. 500　B. 510　C. 520　D. 530 4. 判断：救援过程中，动车组司机需在被救援动车组连挂端司机室密切监视蓄电池电压，蓄电池电压低于限值时需停车充电，若不具备充电条件，切除备用制动。（　　） 5. 救援过程中，CRH3 系列动车组蓄电池电压应在（　　）V 以上。 A. 97　B. 84　C. 96　D. 20			
【职业能力训练】			
依托高铁综合实训基地，以小组为单位，采用角色扮演的方式，进行动车组相互救援作业中连挂车适配模块安装拆解操作。每个小组作业结束后，其余学生可以指出作业中存在的问题，教师针对注意事项和操作步骤进行提问，同时对作业情况进行点评			
【实训总结】			
指导教师评价：			
任务完成人签字：　　　　日期：　　年　　月　　日 指导教师签字：　　　　日期：　　年　　月　　日			

任务 8.2　回送作业

任务单

任务名称	回送作业
任务分析	从总则、回送组织、回送分工、有动力回送、无动力回送等多个方面学习动车组回送作业办法，同时掌握 CR400BF、CR400BF–A 型动车组无动力回送操作程序
学习任务	完成项目 8 任务 8.2 工作单
成果展示	项目 8 任务 8.2 工作单、进行连挂准备操作的影像资料

学习引导文

8.2.1　动车组回送作业办法（节选）

第一章　总　　则

第一条　为规范各型动车组回送作业，确保动车组回送安全，特制定本办法。

第二条 本办法适用于动车组有动力及无动力回送作业。

第三条 同型短编动车组可以重联回送。

第二章 回送组织

第四条 动车组出入厂、转属、借用等需跨局回送时，由动车组所在地铁路局向国铁集团调度员提出回送申请，国铁集团下达调度命令；铁路局管内回送时，由动车（客车）段、造修单位向铁路局调度员提出回送申请，铁路局下达调度命令。

第五条 动车组回送申请应明确编组辆数、牵引总重、全长、随车机械师担当、建议回送日期时刻、回送区段、回送方式、回送要求、回送径路。调度命令须明确乘务担当、回送方式、回送径路等。

第六条 动车组跨局回送径路按国铁集团公布的跨局回送径路执行，铁路局管内回送径路由各铁路局自行公布。回送径路发生变化时，须由相关铁路局对弓网、电务设备等匹配条件进行核准确认。

第七条 动车组有动力回送时，配属局依据调度命令规定的回送径路，负责确认车载电务设备相关数据。

第八条 有动力回送区段超过配属局动车组司机乘务交路担当区段时，途经局应提前安排司机带道或值乘。

第九条 动车组一般情况下不得通过半径小于 250 m 的曲线，且通过半径为 250 m 的曲线时，须限速 15 km/h；所有动车组不得侧向通过小于 9 号的单开道岔和 6 号的对称双开道岔。

第十条 通过和停靠 1 200 mm 以上的站台时，须确认站台边缘距轨道中心线距不小于 1 750 mm。

第十一条 动车组回送防溜设置作业按照相关规定办理。

第三章 回送分工

第十二条 动车组回送作业分工如下。

（一）随车机械师：负责过渡车钩和专用风管的拆装，电气连接线的连接与摘解，动车组截断塞门操作，车门开关，连挂状态确认，开闭机构手动操作，以及连挂、解编作业中其他开关操作，运行途中动车组状态监控等。

（二）动车组司机：负责连挂端激活（退出）、司机室占用操作，操作受电弓、主断路器、司机警惕装置、车载列控设备，自动开启头罩，进行牵引制动试验。运行中监控总风压力、蓄电池电压及列车运行状态，配合随车机械师安装与拆卸过渡车钩和专用风管。

（三）机车司机：负责机车与回送过渡车的连挂和回送过渡车与机车间车钩、软管摘解（单班单司机值乘由车辆乘务员负责），机车折角塞门的操作，其他按照《铁路技术管理规程》规定执行。

（四）回送过渡车押运员：负责回送过渡车与机车间软管连接，回送车折角塞门操作。单班单司机值乘时负责回送过渡车与机车间车钩、软管摘解，以及机车与回送过渡车的连挂。其他按照《铁路技术管理规程》规定执行。负责运行过程中过渡车运行状态的监控与车上设备的操作。

第四章 有动力回送

第十三条 新造或检修出厂的动车组回送前，造修单位负责组织列控车载设备生产厂家对 ATP、LKJ、CIR 状态进行检查确认，保证状态良好。新造动车组出厂回送时，造修单位及 ATP 生产厂家应派员押运。

第十四条 有动力回送前，动车组技术状态及车载行车安全设备技术性能均需满足上线运行的条件；回送途中，动车组采用 ATP/LKJ 控车，按动车组标尺速度运行。

第十五条 安装 CTCS–3 级 ATP 设备的动车组新造出厂时按 C2 模式行车，在测速雷达没有标定时，为防止速度跳变触发制动，最高速度 250 km/h。

第十六条 动车组运行有关要求按《铁路技术管理规程》相关规定办理。

第五章 无动力回送

第十七条 动车组无动力回送时列车管压力为 600 kPa。使用统型过渡车钩时，须确认相互连挂的车钩中心水平线高度差不得超过 50 mm，如超限，由随车机械师调整过渡车钩高度。

第十八条 CRH2A/2B/2C/2E/380A（L）/380A（统型）/380AM 型动车组无动力回送时间在 2 h 以内时，可使用机车直接连挂动车组的方式回送；无动力回送时间超过 2 h 时，必须加挂能向蓄电池供电的回送过渡车。

第十九条 使用回送过渡车时，回送过渡车比照客车车辆管理。回送过渡车所属主机厂须委派具备车辆乘务员资质的押运员担当回送过渡车值乘任务。

第二十条　动车组无动力回送，制动可用时限速 120 km/h，制动不可用时限速 5 km/h。

第二十一条　动车组使用非统型过渡车钩无动力回送时，CRH3/380B（L）/380CL 型动车组通过的线路坡度不应大于 20‰，CRH3 型动车组重联无动力回送限速 80 km/h。

第二十二条　动车组无动力回送时，发生紧急制动后，本务司机必须通知随车机械师，经随车机械师检查过渡车钩状态良好后方可继续运行。

8.2.2　CR400BF、CR400BF–A 型动车组无动力回送操作程序

本作业程序适用于 CR400BF、CR400BF–A 型动车组无动力回送（不含 CR400BF–0305 动车组）。

一、连挂准备

1. 动车组司机停车并施加停放制动，确认连挂端司机室处于“占用”状态，蓄电池电压高于 105 V 以上，断开主断路器，降下受电弓，自动打开连挂端开闭机构（无法自动打开时，随车机械师手动打开）；随车机械师确认开闭机构处于全开锁闭状态。

2. 随车机械师确认连挂端 BP 救援转换装置供电空气开关 28–F31（位于司机室左边柜内）闭合，将司机室右柜转换开关面板上的救援开关置“被救援”位（CR400BF–0507 动车组将司机室右柜故障开关面板上的拖曳开关置“被拖拽”位，同时需将转向架监控环路的旁路开关置“关”位）；动车组司机将司机室右边柜第二操作区的 ATP 隔离开关置“隔离”位，司机警惕装置旁路开关置“关”位，GFX–3A 隔离开关和乘客紧急制动环路旁路开关置“关”位。

3. 随车机械师目视确认动车组所有受电弓均处于降下状态，检查机械车钩状态，检查电气连接器状态，确认电钩处于缩回位置（适用于 CR400BF）。

4. 随车机械师打开连挂端一位侧检查门，确认列车管截断塞门 B52 置于“截断”位，打开连挂端二位侧检查门，将电气车钩供风截断塞门 Z35 置于“截断”位（CR400BF–A 型动车组无此截断塞门）；打开连挂端车体二位侧 BP 救援转换装置裙板，确认阀板上的 T31、T03、Z30 塞门置于“接通”位。

5. 随车机械师将过渡车钩安装在密接车钩上，并确认连接状态良好。

6. 启用自发电功能时，动车组司机将司控器手柄置于“0”位，连挂端方向选择开关置于“前向”位，动车组将自动启动自发电功能。不启用自发电功能时，动车组司机退出占用连挂端司机室，将蓄电池开关置“关”位。同时随车机械师须将非连挂端外部照明模式选择开关置“红灯开”位。

7. 机车司机控制机车停在距离动车组约 3 m 的位置。机车司机确认机车车钩置于全开位。

二、连挂作业

1. 随车机械师引导机车以不超过 5 km/h 的速度连挂，连挂后试拉，确认车钩连接良好。

2. 随车机械师检查机车车钩、过渡车钩、动车组密接钩连挂状态。

3. 随车机械师连接机车与动车组之间的制动管软管，打开 BP 管供风截断塞门 B52，打开机车列车管折角塞门。

三、制动试验

1. 动车组司机确认动车组停放制动已施加，紧急制动缓解。

2. 机车司机向动车组充风至 600 kPa，动车组司机确认动车组全列空气制动缓解。

3. 机车司机控制列车管减压 50 kPa，动车组司机通过 HMI 确认动车组全列空气制动施加。

4. 动车组司机缓解动车组停放制动，通过 HMI 确认动车组停放制动缓解。

四、运行监控

1. 运行中动车组司机监控总风压力不低于 530 kPa，蓄电池电压降至 100 V 时，申请在就近车站停车并通知随车机械师。接到随车机械师通知后进行升弓充电，降弓后确认蓄电池电压高于 105 V 后，动车组方可继续回送。

2. 运行中应尽量避免紧急制动，发生紧急制动后，动车组司机须通知随车机械师确认车钩连挂状态良好后，方可开车。防滑监控功能未启用或防滑失效时，发生紧急制动后，还需检查车轮踏面状态。

3. 蓄电池开启时，动车组运行速度大于 55 km/h 时自动启动自发电功能（CR400BF–0507 动车组运行

速度大于 60 km/h 时自动启动自发电功能），此时 HMI 屏设备切除界面显示辅助变流器处于工作状态（CR400BF 型动车组 2 个辅助变流器工作即可满足全列供电需求；CR400BF–A 型动车组 01 至 08 车至少 2 个辅助变流器工作，09 至 16 车至少 2 个辅助变流器工作，即可满足全列供电需求）。动车组运行速度低于 35 km/h 时，自动退出自发电状态。

五、机车摘解

1. 列车停车。
2. 动车组司机施加停放制动。
3. 随车机械师关闭机车与动车组连挂端制动管折角塞门，将制动管与动车组过渡车钩软管分离。
4. 机车司机操纵机车与动车组分离，摘解车钩。
5. 随车机械师拆卸过渡车钩，关闭头罩。
6. 随车机械师将“救援”开关（CR400BF–0507 动车组为“拖拽”开关）置“0”位；动车组司机将司机警惕装置旁路开关、GFX–3A 隔离开关置“开”位、将 ATP 隔离开关置“运行”位、确认方向选择开关置“0”位。
7. 随车机械师确认电气车钩供风截断塞门 Z35（CR400BF–A 型动车组无此截断塞门）置“接通”位。
8. 随车机械师将非连挂端外部照明模式选择开关置“自动”位。

实 训

完成项目 8 任务 8.2 工作单（见表 8–3）。

表 8–3　项目 8 任务 8.2 工作单

<table>
<tr><td>项目名称</td><td colspan="3">项目 8 相互救援与回送作业</td></tr>
<tr><td>任务名称</td><td colspan="3">任务 8.2 回送作业</td></tr>
<tr><td>班级名称</td><td></td><td>姓　名</td><td></td></tr>
<tr><td>学习小组</td><td colspan="3"></td></tr>
<tr><td colspan="4">【基础知识认知】</td></tr>
<tr><td colspan="4">1. 判断：动车组回送申请应明确编组辆数、牵引总重、全长、随车机械师担当、建议回送日期时刻、回送区段、回送方式、回送要求、回送径路。（　）
2. 判断：所有动车组不得正向通过小于 9 号的单开道岔和 6 号的对称双开道岔。（　）
3. 动车组通过半径为 250 m 的曲线时，须限速（　）km/h。
A. 5　B. 10　C. 15　D. 30
4. 动车组通过和停靠（　）mm 以上的站台时，须确认站台边缘距轨道中心线距不小于 1 750 mm。
A. 900　B. 1 000　C. 1 100　D. 1 200
5. 动车组无动力回送时列车管压力为（　）kPa。
A. 500　B. 600　C. 700　D. 800
6. 判断：使用统型过渡车钩时，须确认相互连挂的车钩中心水平线高度差不得超过 100 mm，如超限，由随车机械师调整过渡车钩高度。（　）</td></tr>
<tr><td colspan="4">【职业能力训练】</td></tr>
<tr><td colspan="4">依托高铁综合实训基地，以小组为单位，采用角色扮演的方式，进行 CR400BF 型动车组无动力回送操作程序中的连挂准备操作。每个小组作业结束后，其余学生可以指出作业中存在的问题，教师针对注意事项和操作步骤进行提问，同时对作业情况进行点评</td></tr>
<tr><td colspan="4">【实训总结】</td></tr>
<tr><td colspan="4"></td></tr>
<tr><td colspan="4">指导教师评价：</td></tr>
<tr><td colspan="4">任务完成人签字：　　　　日期：　年　月　日
指导教师签字：　　　　日期：　年　月　日</td></tr>
</table>

项目9　信息化工作

项目描述

21世纪是信息化的时代，信息技术产业是当今世界上发展最为迅速的产业，信息处理技术突飞猛进、日新月异，给人类社会带来了前所未有的冲击和变革，信息技术水平已经成为衡量一个国家科学技术水平的重要标志。信息技术的不断发展，同样给动车组的维修管理提出了更高的要求，实现动车组维修管理的信息化，对提高动车组检修质量，保证动车组高速运行具有重要意义。

动车组管理信息系统（EMU management information system，EMIS）是支撑动车组运用维修管理，及时掌握动车组维修、运用状态，提高动车组专业管理水平的重要技术平台，其分为四个级别：国铁集团级、铁路局级、段级和运用所级（高级修车间级）。本项目任务9.1主要依据动车段《动车组管理信息系统使用管理办法》编写，帮助学生熟悉动车组管理信息系统的使用管理情况。动车组运行故障动态图像检测系统（trouble of moving EMU detection system，TEDS）是保障动车组安全运行的重要检测设备，可以实现动车组运行途中关键部位的监控及动车组早期故障的诊断。本项目任务9.2主要依据动车段《动车组运行故障动态图像检测系统（TEDS）运用安全管理办法》和动车段《检测车间TEDS分析员非重点作业指导书（CR400BF）》编写，帮助学生熟悉TEDS的使用管理情况。TEDS监控的动车组分为重点和非重点两类，重点监控的动车组检查项点较多，作业时间为3～5 min，由于本任务不以掌握分析员作业标准为目的，因此只介绍非重点监控动车组作业流程。

本项目任务

任务9.1　动车组信息化管理系统

任务9.2　动车组运行故障动态图像检测系统

教学目标

1. 知识目标

（1）熟悉动车段《动车组管理信息系统使用管理办法》；

（2）掌握动车所一级检修作业刷卡步骤；

（3）熟悉动车段《动车组运行故障动态图像检测系统（TEDS）运用安全管理办法》；

（4）熟悉TEDS分析员上报故障流程、动车所复核TEDS预报故障流程，以及外局TEDS报警、车站拦停应急处置流程；

（5）了解动车段《检测车间TEDS分析员非重点作业指导书（CR400BF）》。

2. 能力目标

采用角色扮演的方式，完成以下任务：

（1）填写《动车组一级检修竣工单》（辆动－019）和《动车组出所质量联检记录单》（辆动－020）；

（2）根据TEDS发现的故障案例，模拟进行故障上报。

3. 课程思政目标

（1）培养实际操作能力，树立劳动意识；

（2）培养团队协作能力；

（3）培养严谨认真的态度、安全生产的意识、遵章守纪的作风。

任务 9.1　动车组信息化管理系统

任务单

任务名称	动车组信息化管理系统
任务分析	从总则、职责分工、各模块使用管理、日常检查与考核等方面学习动车组管理信息系统的使用管理情况，同时掌握动车所一级检修作业刷卡步骤
学习任务	完成项目 9 任务 9.1 工作单
成果展示	项目 9 任务 9.1 工作单

学习引导文

9.1.1　动车段《动车组管理信息系统使用管理办法》

第一章　总　　则

第一条　动车组管理信息系统（以下简称信息系统）是支撑动车组运用维修管理，及时掌握动车组维修、运用状态，提高动车组专业管理水平的重要技术平台。为进一步规范信息系统的运用、管理和维护工作，保证信息系统数据准确，运行可靠，制定本办法。

第二条　本办法适用于动车段动车组管理信息系统的使用、维护及管理工作。

第二章　职责分工

第三条　信息技术科为信息系统归口管理科室，信息技术科应设置信息系统专职人员，负责维护信息系统内基础信息。定时汇总、统计、分析信息系统在现场运用中出现的软、硬件问题，并向段领导及车辆处汇报。组织软件开发单位对系统使用人进行必要的培训。

第四条　技术科为信息系统使用管理部门，负责向信息技术科提供信息系统内基础技术数据。督促各车间规范使用信息系统。

第五条　各动车所、检修车间、转向架车间应设置信息专职人员，负责本车间信息系统日常数据录入的管理、监督和考核工作。

第六条　信息系统（包括部分功能模块）如因故障停用，各车间信息专职人员应做好应急措施，保存好纸质资料数据，信息系统恢复后及时补录。

第七条　各车间需制定本车间信息系统的使用管理细则，明确本车间相关人员的职责分工，以及信息系统的管理、使用和维护办法。

第三章　各模块使用管理

第一节　履历管理

第八条　主机厂根据采购合同的有关条款，按照 CRH 型动车组履历填报规范的相关要求，在向国铁集团申请新造动车组配属前，通过信息系统准确填报动车组新造履历。如为新型动车组，主机厂应在申请配属 2 个月前将关键配件范围及装配清单提交信息系统开发单位完成配置。

第九条　动车组车组级、车辆级静态履历信息因技术改造等原因发生变更时，由主机厂与铁路局车辆部（借出动车组由担当局车辆部通知本局车辆部）共同确认。改造完成后，技术科及时与主机厂（改造单位）进行确认，并填记动车组静态履历信息变更申请表，在改造完成 24 h 内报铁路局车辆部。铁路局车辆部在接到申请表后 48 h 内完成审核，并以传真方式或邮件方式提交至信息系统开发单位，信息系统开发单位负责更新。

第十条　各部门、车间应规范使用信息系统中动车组配属、运用、检修等功能，确保信息系统中车组状态、走行公里、配属信息、开行信息、检修信息、关键配件更换记录、技术改造、软件升级、故障等动车组动态履历信息的实时采集和动态更新。

第二节　配属管理

新造配属

第十一条　国铁集团根据运输需求和主机厂新造动车组配属申请，对上报的动车组新造履历审核后，下发新造配属电报并在信息系统中发布。

第十二条 铁路局车辆部接到国铁集团配属电报后，48 h 内将动车组配属到段。段技术科在接到铁路局配属信息后，48 h 内将动车组配置到相应动车所，并通知配属动车所。配属动车所负责新造动车组的接车、试运行等相关工作。

第十三条 主机厂、驻厂监造机构、段配属动车所相关人员应及时填写新造动车组竣工验收移交记录（车统–1A 和车统–13A），主机厂向所在铁路局申请动车组回送命令并在信息系统中填报回送交路，动车组出厂后在信息系统中填写送车登记，进行送车确认。

第十四条 动车所在动车组接回后通过信息系统进行接车确认，完成试运行相关工作后，在信息系统中填写《动车组新造试运行确认表》，动车组由新造状态转为备用状态。

第十五条 需运行考核的新型动车组比照新造配属办理。

动车组转属

第十六条 国铁集团根据运输需求下发动车组转属电报并在信息系统中发布。

第十七条 铁路局车辆部接到国铁集团转属电报后，48 h 内在信息系统中将动车组配属到段。段技术科在接到铁路局配属信息后，48 h 内将动车组配置到相应动车所，并通知配属动车所。

第十八条 转出动车所与转入动车所共同办理交接车手续，对信息系统中遗留故障进行确认，接车发现故障由转出动车所负责录入。交接完成后，转出动车所负责请令并填报回送交路，动车组出所后在信息系统中填写送车登记，进行送车确认。

第十九条 动车组接回后，转入动车所在信息系统中完成接车确认，获得该动车组支配权，负责维护该动车组履历。

动车组调整配属

第二十条 铁路局根据运输需求下发动车组调整配属电报并在信息系统内发布。

第二十一条 动车段技术科在接到铁路局调整配属信息后，48 h 内将动车组配置到相应动车所，并通知配属动车所。动车组调整配属的接、送车程序比照动车组转属办理。

第二十二条 动车段根据运输需求可以对段内各动车所动车组配属进行调整，段内各动车所动车组调整配属的接、送车程序比照动车组转属办理。

动车组借用

第二十三条 因运输需要，铁路局与其他配属单位借用或借出动车组时，双方明确相关借用事项后，报国铁集团核备。铁路局管内动车（客车）段间因运用检修需要，需借用动车组时，双方明确相关借用事项后，报铁路局核备。借出段负责请令并填报回送交路，借出动车所在信息系统中填写送车登记，进行送车确认。

第二十四条 动车组接回后，借入动车所在信息系统中完成接车确认，获得该动车组支配权，负责维护该动车组履历。

动车组代管

第二十五条 委托铁路局代管的路用动车组的支配权转换比照借用办理，支配单位负责维护该动车组履历。

第三节 关键配件管理

第二十六条 动车组关键配件实行全寿命周期管理，以 CRH 型动车组履历填报规范公布的范围为准。动车段相关部门和车间应结合运用检修和高级检修不断补充、完善动车组关键配件装车信息。

第二十七条 动车组装用关键配件应进行铁路产品标识代码赋码，相关要求按照 CRH 型动车组零部件编码管理办法执行。

第二十八条 各车间应指定专人负责实时维护信息系统中关键配件备件信息库，发生关键配件更换时，应从关键配件备件信息库中选择。

第二十九条 高级修车间应在动车组高级修竣工前，动车所应在动车组上线前，通过信息系统准确维护技术改造、软件升级及关键配件更换等信息。

第四节 计划管理

检修项目

第三十条 国铁集团机辆部规定的各型动车组的检修项目、周期和相应记录表报由信息系统开发单位完成相关配置。铁路局规定的检修项目及段自定义项目和周期，由技术科组织各动车所进行梳理确定，提报给信息技术科，信息技术科会同信息系统开发单位及时进行配置，并应同步配置相应检修记录（派工）单。

第三十一条 技术科组织各动车所，根据检修实际，优化检修项目、内容和周期（二级检修项目还应明确打包方案、质量控制方式等），由各动车所技术人员维护系统配置，项目、内容删减或周期延长，按规定报技术科、信息技术科审核，经主管段领导批准后实施。

运用检修计划

第三十二条 调度科通过运用检修计划管理模块，按规定时间完成动车组运用检修月、周检修计划编制，经审核后组织实施。动车所根据调度科编制的月、周检修计划编制日计划，并按计划组织执行检修作业。

第三十三条 动车所内涉及运输、客运、机务、供电、电务、公安及动车组售后服务等部门及外属动车组的作业任务均应纳入动车所日计划管理。

第三十四条 动车所日检修计划（包括一、二级检修）兑现率不低于 98%。

高级检修计划

第三十五条 技术科按规定时间完成动车组高级检修年计划的编制和上报。技术科结合在修动车组检修实际情况，制定下月动车组高级修检修建议计划，经调度科审核后于每月 1 日前经主管段长审批后报铁路局车辆处。年、月计划经铁路局车辆处审核后报国铁集团机辆部，经批准后由铁路局组织实施。

第三十六条 已下发的月计划发生变更时，由车辆部及时向国铁集团机辆部申请计划变更。

第五节 调度管理

交路管理

第三十七条 铁路局担当的动车组图定交路（列车运行图公布的交路，含临客交路、每日开行的确认列车）的维护，由铁路局车辆部牵头组织各段、铁科院电子所等部门按分工负责。调度科根据调图文件对本段担当交路进行梳理。各动车所根据调图文件对本所担当交路进行梳理，并填记动车组交路维护申请表，在图定交路实施 2 周前（图定交路临时变更时在实施 72 h 前）报铁科院电子所。铁科院电子所在图定交路实施 1 周前（图定交路临时变更时在实施 48 h 前）完成交路维护，动车所调度人员使用交路信息前应进行确认。

第三十八条 运行图调整首日，动车所应安排专人对本所上报的交路信息进行逐一核实，确保交路信息准确。技术科对动车所交路信息进行核查。

第三十九条 动车组临时交路（综合检测、联调联试、回送、试运行等空载交路）由担当动车所负责维护，应在始发 1 h 前完成。

第四十条 交路维护人员应准确填报担当局、交路车次、里程、始发时间、终到时间、始发站、终到站、交路区间、图定车型、车底组数、编组形式、图定列数、经由线路、折返属性等交路基础参数。

调报信息管理

第四十一条 动车所应指定专人及时填报动车组调报信息，包括开行情况、车组状态、检修实绩、乘务管理、故障处理情况等信息。

第四十二条 动车所应在每日 6:00 前，及时、准确填报动车组当日开行计划（含热备）、乘务计划等运用信息。若运用信息上报后发生调整，应在开车 1 h 前重新上报。

第四十三条 信息系统中检修过期或上线后过期的动车组不允许上报运营交路。

走行公里维护

第四十四条 动车组走行公里以信息系统为准。

第四十五条 动车所应指定专人，在每日 8:00 前核对信息系统中动车组前日走行公里数据累计情况，如发现信息系统中累计记录与实际存在差异，应由动车所所长立即组织进行原因分析并记录在案，24 h 内将分析情况上报技术科，并填写《动车组管理信息系统走行公里校正申请表》，技术科汇总审核后，报铁路局车辆部，由车辆部（由外局借入动车组由铁路局车辆部通知配属局车辆部）负责校正。

第四十六条 动车组高级修完成后，接车动车所应核对信息系统中动车组走行公里数。

第四十七条 每月每列动车组校正值应在 5 000 km 以内。

第四十八条 动车组发生转配属或局间调用时，接车动车所接车时应对动车组走行公里数据进行确认、核实，并将核实结果报转出单位相关部门。

第六节 运用检修管理

第四十九条 运用检修包括动车组一级检修、二级检修、临修（临时任务）。运用检修任务的作业单据，包括各型动车组一级检修记录单、试验单、二级检修记录单、TEDS 预报故障复核通知单、轮径变化通知单、受电弓、轮对超限数据复核通知单等，均由信息系统下达并进行任务派工。

一级检修

第五十条 动车所实施动车组一级检修作业时应根据实际作业时间，按设置防护号志、有电作业开始（有—无—有作业模式）、有电作业结束（有—无—有作业模式）、无电作业开始、无电作业结束、有电作业开始、有电作业结束、撤销防护号志的基础作业流程进行刷卡作业。

第五十一条 日检修计划中的一级检修计划由动车所调度员编制并下发至班组，工班长根据日检修计划在信息系统内对班组人员进行派工作业，检修人员按照一级检修作业标准进行刷卡作业，一级检修刷卡作业过程中调度员、质检员、隔离开关操作员等相关人员应及时做好刷卡确认工作。一级检修作业结束后检修小组各成员用个人账号登录信息系统，回填一级检修检修记录单、一级检修试验记录单、故障处理记录单，单据格式以信息系统为准。

第五十二条 检修班组在动车组一级检修竣工后应立即回填相关作业单据，并及时通过信息系统填写《动车组一级检修竣工单》，作为一级检修竣工的依据。上线运营的动车组还须通过信息系统填写《动车组出所质量联检记录单》。

二级检修、临修

第五十三条 动车组扣车集中二级检修或故障临修时，动车所应通过信息系统填写《动车组扣修单》，修竣后（需试运行应在完成试运行相关工作并通过信息系统填写《动车组临修试运行确认表》后），及时填写《动车组扣修竣工单》，动车组由检修状态转为备用状态。

第五十四条 技术科组织动车所梳理各型动车组二级检修检修项目、打包方案，提报给信息技术科，信息技术科会同信息系统开发单位及时维护相关基础配置信息。

第五十五条 二级检修（含临修）日检修计划由动车所技术员在信息系统内编制并下发至班组。班组工长（含质检工长）登陆信息系统接受派工后将作业内容分派至作业人员，确认派工完成后生成并打印派工单（每个检修项目为独立一张表单），作业人员依照派工单进行作业并在纸质单据上填写数据，完成作业后，作业人员应在信息系统内及时、准确回填检修记录单，纸质记录签字后按要求存档，记录单格式以信息系统内的格式为准。检修记录单填写完成后由工长及质检人员确认，确保检修记录单及时、准确上传。

第七节 高级检修管理

第五十六条 动车组送修前，送修动车所应先通过信息系统填写《动车组扣修单》，填报送修临时交路（入本段检修的调车也需填报调车径路，如××动车所入××动车段），并填写送车登记表格，进行送车确认。高级修承修单位在动车组到达后通过信息系统进行接车确认，负责维护动车组检修履历。

第五十七条 高级修期间，调度科每日 18:00 前通过信息系统上报当日检修进度，通过信息系统的计划编制、作业刷卡等实现检修进度的自动统计上报。

第五十八条 动车组修竣后，高级修车间应及时维护动车组检修记录；调度科及时填写检修动车组竣工验收移交记录（车统-33A 和车统-36A）。检修车间负责申请动车组回送命令，在动车组出段前通过信息系统填报回送交路，进行送车登记。返厂高级修由厂家进行填写。

第五十九条 动车所在动车组接回后通过信息系统进行接车确认，组织完成试运行相关工作并在信息系统中填报《动车组高级修试运行确认表》后，及时填写《动车组扣修竣工单》，动车组由检修状态转为备用状态。

第八节 故障管理

行车设备故障

第六十条 凡因发生动车组车辆设备故障造成列车途中停车或晚点时，担当动车所须在故障发生 1 h 内通过信息系统上报故障发生时间及地点、故障影响、故障现象及处理情况等故障车基本信息。

检修故障

第六十一条 动车组运用检修、高级检修故障均应按规范格式录入信息系统故障库。故障字典维护单位负责定期收集、梳理、补充、完善故障字典。

第六十二条 动车所应安排专人将动车组车载故障、《乘务日志》故障、质量鉴定及设备检测发现的故障在动车组检修计划实施前准确录入信息系统，并执行故障派工，处理结果应在故障质检和出库联检前及时录入。

第六十三条 运用检修过程中发现的故障应在动车组故障质检和出库联检前，高级检修过程中发现的故障应在高级修竣工前，准确录入信息系统并回填处理情况。

故障闭环管理

第六十四条 质检人员应严格进行故障检修质量控制，在完成故障质检后及时将质检结果填入信息系统，质检不合格和质检过程中发现的故障应及时录入，动车所调度通过信息系统生成《返修通知单》后下发返修任务并按要求执行。

第六十五条 动车所技术组要对重点故障进行把控，如发现动车组 3 次一级检修尚未处理的故障，由所长组织，将其纳入碎修，分析原因并整改，对责任者进行追责。

第六十六条 动车所技术组应通过信息系统故障分析模块，定期分析故障数据，指导维修工作。

第九节 技术文件管理

第六十七条 技术管理子系统是动车组技术文件的动态管理平台，主要提供共享技术文件纵向查询，即铁路局可查询国铁集团、动车段、动车所共享的技术文件；动车段可查询国铁集团、铁路局、动车所共享的技术文件；动车所可查询国铁集团、铁路局、动车段共享的技术文件，系统不支持同级之间的横向查询，如跨局查询等。

第六十八条 各部门和车间安排专人负责技术文件归档工作。段职能部门负责维护段级技术文件管理目录二级及以下分类，及时收集、整理、保管、上传最新段发技术文件电子版，删除已废止的文件。各车间负责维护本车间技术文件管理目录二级及以下分类，及时收集、整理、保管、上传最新的动车所发技术文件电子版，删除已废止的文件。

第六十九条 各部门和车间应在技术文件归档一周内将文件电子版上传至系统。为防止文件被篡改，上传的技术文件电子版必须为 PDF 或 JPG 格式。

第七十条 上传文件时应根据文件内容，正确填写文件编号、分类目录、文件名称、关键词、有效期、年度等相关信息。同时要维护文件的时效性，根据时间、文件内容等要求及时调整，保证系统内文件的有效性。

第七十一条 技术文件实行严格管理，下载后严禁发布到互联网等公共媒体。严禁在任何有互联网连接的计算机或 U 盘、移动硬盘等移动存储介质上保存、阅读技术文件。各部门和车间维护人员应定时查看系统文件使用日志，掌握技术文件上传、使用情况。

第四章 日常检查与考核

第七十二条 车间信息化专职人员对调度管理、作业管理、技术管理三个模块每周检查不少于 2 次，主管信息化副主任（副所长）每月抽查不少于 2 次。技术科信息专职人员每月抽查不少于 2 次。发现问题对相关责任人进行考核，重复发生问题，升级考核。

第七十三条 考核分为组织管理与填报管理两部分，填报管理考核数据来源以每月国铁集团通报为准。

第七十四条 如因为信息系统故障导致的问题可暂不考核，相关车间要立即联系信息技术科解决问题。

9.1.2 动车所一级检修作业刷卡步骤

动车所一级检修作业刷卡步骤如表 9-1 所示。

表 9-1 动车所一级检修作业刷卡步骤

序号	节 点	刷卡人	备注
1	接车通知	安全调度	接车作业
2	接车人员到位	接车人员	
3	接车作业完成	接车人员	
4	主控钥匙回到调度室，通知班组无电作业	安全调度	一级检修断电作业
5	①、②号作业人员领取主控钥匙，开始接触网断电操作	隔离开关操作人员	
6	接触网断电作业完毕，接地杆已挂	隔离开关操作人员	

续表

序号	节　　点	刷卡人	备注
7	断电完成，调度卡控作业，允许班组作业	安全调度	一级检修断电作业
8	①、②、③、④号作业人员断电作业开始	①、②、③、④号作业人员	
9	①、②、③、④号作业人员断电作业结束	①、②、③、④号作业人员	
10	调度通知接触网供电	安全调度	一级检修供电作业
11	①、②号作业人员供电作业开始	隔离开关操作人员	
12	①、②号作业人员供电作业结束	隔离开关操作人员	
13	供电完成，调度卡控作业，允许班组作业	安全调度	
14	①、②、③、④号作业人员供电作业开始	①、②、③、④号作业人员	
15	①、②、③、④号作业人员供电作业结束	①、②、③、④号作业人员	
16	检修作业完成，通知联检	安全调度	联检作业
17	质检员组织联检开始	质检员	
18	质检员组织联检结束	质检员	
19	通知送车人员到位	安全调度	送车出库
20	送车人员到位	送车人员	
21	送车作业完成	送车人员	
22	调度联控出库	安全调度	

备注：部分动车所根据本所的实际情况对刷卡节点进行调整，具体一级检修作业刷卡节点以信息系统要求为准。

9.1.3　动车组一级检修竣工单

《动车组一级检修竣工单》如表 9-2 所示。

表 9-2　动车组一级检修竣工单

辆动-019

CRH	××××段××××所	版本号：201307
	动车组一级检修竣工单	

车组号：CRH________　　入/出所车次：________/________　　作业股道：________

检修项目	作业起止时间	检修情况	负责人签字
一级检修			
ATP 设备检修			
LKJ 设备检修			
CIR 设备检修			
客服整备			
车体外皮清洗			
其他			

竣工时间：________年______月______日______时______分

填写说明：

1. 此单作为动车组一级检修作业竣工的依据；
2. “作业起止时间”需填写月、日、时、分；
3. 按计划时间完成作业任务则在“检修情况”栏填写良好。
4. “竣工时间”为所有相关一体化相关单位作业完成时间。

9.1.4 动车组出所质量联检记录单

《动车组出所质量联检记录单》如表9－3所示。

表9－3 动车组出所质量联检记录单

辆动－020

CRH	××××段××××所	版本号：201307
	动车组出所质量联检记录单	

________年______月______日

入/出所车次	/	车组号	
交接完成时间		交接股道	
交接项目	质量状态	交接人签字	
动车组技术状态		检修工长	
		质检员	
驾驶设备技术状态		动车组司机	
		质检员	
列控车载设备技术状态		列控检修人员	
		动车组司机	
LKJ 设备技术状态		LKJ 检修人员	
		动车组司机	
CIR 设备技术状态		CIR 检修人员	
		动车组司机	
固定服务设施技术状态		客运人员	
		质检员	
客服整备		整备人员	
		质检员	
车内保洁		保洁人员	
		质检员	
外皮清洗		外皮清洗	
		质检员	

填写说明：

1. 本表作为动车组出所前，动车组技术状态及各部质量状态的交接依据，一体化相关单位按实际情况填写并签认；
2. “交接完成时间”为全部交接完成时间。

实　训

完成项目9任务9.1工作单（见表9-4）。

表9-4　项目9任务9.1工作单

项目名称	项目9 信息化工作		
任务名称	任务9.1 动车组信息化管理系统		
班级名称		姓　名	
学习小组			
【基础知识认知】			
1. 判断：动车所应在每日7:00前，及时、准确填报动车组当日开行计划（含热备）、乘务计划等运用信息。（　　） 2. 判断：若运用信息上报后发生调整，应在开车1 h前重新上报。（　　） 3. 动车所日检修计划（包括一、二级检修）兑现率不低于（　　）%。 A. 97　B. 98　C. 99　D. 100 4. 铁路局车辆部接到国铁集团配属电报后，（　　）h内将动车组配属到段。 A. 12　B. 24　C. 48　D. 72 5. 判断：动车组走行公里以信息系统为准。（　　）			
【职业能力训练】			
1. 填写《动车组一级检修竣工单》（见表9-2）。 2. 填写《动车组出所质量联检记录单》（见表9-3）			
【实训总结】			
指导教师评价：			
任务完成人签字：　　　日期：　　年　　月　　日 指导教师签字：　　　日期：　　年　　月　　日			

任务 9.2 动车组运行故障动态图像检测系统

任务单

任务名称	动车组运行故障动态图像检测系统
任务分析	从总则、组织机构及部门职责、人员管理、作业条件、管理制度、运用验收、作业要求、营业线 TEDS 检测故障预报处置、动车所出入库线 TEDS 检测故障预报处置、故障处理流程及信息反馈、责任界定、评价考核、设备故障处置、在线设备检查及维修安全管理措施、检查监督、奖励与考核等方面学习 TEDS 的使用管理情况，同时熟悉 TEDS 分析员上报故障流程、动车所复核 TEDS 预报故障流程，以及外局 TEDS 报警、车站拦停应急处置流程，熟悉 TEDS 分析员作业流程
学习任务	完成项目 9 任务 9.2 工作单
成果展示	项目 9 任务 9.2 工作单、模拟进行 TEDS 故障上报的影像资料

学习引导文

9.2.1 动车段《动车组运行故障动态图像检测系统（TEDS）运用安全管理办法》

第一章 总 则

第一条 动车组运行故障动态图像检测系统（以下简称 TEDS）是保障动车组安全运行的重要检测设备。为加强 TEDS 的运用管理，充分发挥安全防范作用，根据铁路局《动车组运行故障动态图像检测系统（TEDS）运用管理细则》，结合动车段运用实际，特制定本办法。

第二条 安装在动车所出入库线上的 TEDS 原则上应接入动车段检测车间，暂时不具备接入条件的应在动车所调度室设置监控终端。

第三条 TEDS 系统是利用动态图像采集设备对通过动车组进行图像信息采集、传输、显示、存储、监控、预报故障信息的检测系统。现阶段 TEDS 分为正线车站型和动车所型两种，分别用于对正线运行的动车组运行状态的监控和对入库动车组早期故障的诊断。

第四条 本办法适用于动车段管辖范围内的正线车站型及动车所出入库线上的 TEDS 设备运用安全管理。

第五条 TEDS 运用管理工作实行分级管理。动车段负责制定 TEDS 运用管理办法并监督实施；检测车间及各动车所负责 TEDS 运用管理，制定 TEDS 运用作业指导书，并承担日常运用管理责任。

第六条 现阶段动车段正线车站型 TEDS 的监控运用工作由检测车间 TEDS 集中监控中心负责，动车所型 TEDS 的监控运用工作由各动车所负责。

第二章 组织机构及部门职责

第七条 TEDS 作为保证动车组安全平稳运行的一项重要安全设备，各相关部门须高度重视，把动车段 TEDS 的使用作为一项重要的安全工作来抓。

（一）段成立 TEDS 运用安全领导小组

组 长：主管安全副段长、主管运用副段长、总工程师。

副组长：安全科、设备和信息化科、劳动人事科、职工教育科科长，安全生产调度指挥中心、检测车间、设备车间主任，各动车所所长。

组 员：安全科、设备和信息化科、劳动人事科、职工教育科相关人员，安全生产调度指挥中心、检测车间、设备车间、各动车所相关人员。

（二）管理职责

1. TEDS 运用安全领导小组职责

负责领导、组织动车段管辖范围内 TEDS 建设及应用管理工作，贯彻落实国铁集团、铁路局的规章、制度、标准和要求，建立健全相关制度、岗位职责和台账记录，对设备使用工作进行监督、检查与考核。

2. 安全科职责

（1）负责动车段 TEDS 相关规章制度的制定和落实。

（2）负责将动车段检测车间的监控运用情况纳入每日交班内容，汇报 24 h 内段检测车间的运用情况、动车组故障预报情况、设备故障情况。

（3）负责对全段 TEDS 运用工作和台账管理进行监督检查。

（4）负责对 TEDS 系统检测数据、故障信息的监督检查。负责对全段 TEDS 的运用“4 率”（开机率、准确率、分析率、复核率）数据进行抽查，具体内容见《TEDS“4 率”月、季、年度统计表》。

3. 检测车间职责

（1）负责段正线车站型 TEDS（以及部分动车所型 TEDS）的运用安全管理工作，确保每台 TEDS 监控终端机每班有 1 名具有上岗资质的监控分析员在岗，对监控结果进行分析，准确判断预报类别。

（2）负责检测车间终端机和设备的日常点检工作。

（3）负责定期对正线车站型 TEDS（以及部分动车所型 TEDS）的故障报警和预报故障数据进行统计、分析，并上报安全科。

（4）负责按月、季、年分别统计“4 率”，并上报安全科。

（5）负责制订检测车间的各岗位作业指导书，TEDS 各岗位职责、交接班、考勤、培训、考核奖励、台账、职场文明、计算机网络安全等管理制度及发现故障后应急处置流程。

4. 设备和信息化科职责

负责 TEDS 设备专业管理、维护、维修和业务指导工作，具体分工按照有关规定执行。

5. 劳动人事科职责

落实国铁集团、铁路局要求，结合检测车间 TEDS 监控作业的实际情况，合理地配备监控人员。

6. 职工教育科职责

负责组织 TEDS 操作人员岗前资格性培训和重点适应性培训工作。

7. 安全生产调度指挥中心职责

负责接收相关 TEDS 监控工作的重点信息。

8. 动车所职责

负责对检测车间预报的相关疑似故障进行复核确认并按照要求如实、准确地进行相关信息反馈。

9. 设备车间职责

负责全段正线型及动车所型 TEDS 系统设备维护、故障维修工作的具体实施工作。

第三章　人员管理

第八条　动车组进行分析作业时，值班主任通过铁科院系统给作业班组分析员进行派车。每班次配备 TEDS 作业组长和分析员，保证通过 TEDS 动车组监控数据在 15 min 内完成分析确认及上报工作。

第九条　TEDS 作业人员须具有大专及以上文化程度，通过动车组机械师资格性培训，且应具有 1 年及以上地勤机械师工作经历，熟练掌握动车组转向架、制动装置、牵引传动装置、轮对组成、车端连接装置等结构，具备一定的计算机技术知识，工作责任心强，身体健康。

第十条　TEDS 作业人员上岗前，由国铁集团组织岗前资格性培训，考核合格后，由培训承办单位在已持有的《高速铁路岗位培训合格证书（CRH）》“资格性培训合格证”上填记“参加 TEDS 作业人员岗前资格性培训”并签章。上岗后由段职教部门组织每年考核鉴定一次，考核结果记载在《高速铁路岗位培训合格证书（CRH）》“适应性培训考核记录”中。段职教部门每年向国铁集团机辆部上报培训需求，组织实施 TEDS 作业人员岗前资格性培训和重点适应性培训工作。同时，根据管内 TEDS 检测动车组车型变化情况，及时开展适应性培训及鉴定，以满足图像分析要求。

第四章　作业条件

第十一条　检测车间 TEDS 集中监控中心应设有监控室、学习室、更衣室、间休室和服务器机房。安装在营业线上的每套 TEDS 设备至少配置 4 台监控终端，每台监控终端占用面积不少于 3 m^2，监控室面积应根据监控终端数量进行设置。

第十二条　检测车间 TEDS 集中监控中心监控室应铺设防静电地板，配备空调设施、液晶显示屏、传真机、复印机、激光彩色打印机及具备录音功能的铁路直拨电话、市话直拨电话、与铁路局动车调度员直通电话等办公设备。

第五章　管理制度

第十三条　TEDS 集中监控中心应建立以下管理制度。

（一）TEDS 作业人员岗位职责。应根据 TEDS 管理人员、作业组长、分析员等岗位设置情况制订相应岗位职责。

（二）TEDS 作业人员交接班制度。应明确交接班时间、交接内容及程序等相关内容。

（三）TEDS 作业人员考勤制度。应明确日常考勤统计、请销假程序、休假安排、无故旷工考核等相关内容。

（四）TEDS 作业人员教育培训制度。应明确培训计划制订与落实、岗前培训、适应性培训及日常培训等相关内容。

（五）TEDS 检测故障统计分析制度。应建立 TEDS 检测故障日统计、周分析、月总结制度。每日对 TEDS 使用情况、发现故障、作业质量及存在问题等进行统计小结，每周进行汇总分析，每月形成分析总结。

（六）记录管理制度。应明确 TEDS 运用管理相关台账填写、存放、保存期限等具体要求。

（七）文明生产制度。应明确集中监控中心现场管理、“6S” 管理等相关要求。

（八）计算机及网络安全管理制度。应针对 TEDS 特点，明确有关计算机使用及确保网络安全等相应内容。

（九）干部检查制度。应明确各级干部检查内容及量化标准，制定定期检查、抽查等相关制度。

（十）设备点检制度。

第十四条 TEDS 集中监控中心应建立以下记录。

（一）TEDS 检测故障记录。

（二）TEDS 集中监控中心交接班记录。

（三）TEDS“4 率”月、季、年度统计表。

（四）TEDS 预报故障通知/处置单。

（五）TEDS 预报故障复核通知单。

（六）TEDS 集中监控中心当日故障信息反馈表。

第六章 运用验收

第十五条 TEDS 设备安装调试完成后，由动车段 TEDS 运用安全领导小组审核同意后，开始对新建 TEDS 设备试运行进行准备。由安全科下发试运行管理制度，组织设备和信息化科、劳动人事科、职教科和使用车间完成设备安装调试、机构设置、人员配备及培训工作，并向铁路局车辆部进行报告，经铁路局批复同意后，由安全科下发新建 TEDS 设备正式试运行通知，正式投入试运行。在试运行期间 TEDS 预报故障的处置，比照 TEDS 正式使用情况处理。

第十六条 安装在营业线上的 TEDS 正式投入使用前，必须经过铁路局组织的运用验收。动车段相关部门在轨边设备、监控中心设备验收合格、服务及配件供应协议签订且试运行 3 个月后，完成监控中心机构设置及人员配备、管理制度制订、表报台账编制等工作并符合要求后，由安全科以正式文件形式报铁路局，由铁路局按程序组织开展运用验收工作。

第十七条 安装在营业线上的 TEDS 运用验收合格后，铁路局发文给予公布，并报国铁集团机辆部备案，同时抄送相关铁路局。未经铁路局批准，任何单位或个人不得擅自改动 TEDS 设备及软件，否则将追究相关部门管理责任。

第十八条 TEDS 自动报警功能通过审查验证后方可投入正式使用。审查验证工作由铁路局负责，会同铁科院进行，通过验证后，由铁科院出具自动报警模块验证报告。铁路局负责组织给 TEDS 统型设备加装自动报警模块，应保证通过验证的自动报警模块及时投入使用。

第七章 作业要求

第十九条 安装在营业线上的 TEDS 负责对通过探测站的动车组进行监测，监测范围为动车组底板、裙板、车端连接、转向架（含牵引传动装置）可视部位。

第二十条 动车段根据安装在动车所出入库线上的 TEDS（具备出、入库检测功能），结合动车组出入库计划制定 TEDS 检测计划，继乘的本属动车组应安排入库检测，检修后出库上线的动车组应安排出库检测。

第二十一条 检测车间 TEDS 集中监控中心对通过正线车站型 TEDS 探测站的动车组监控数据进行分析作业。当动车组连续通过同一枢纽地区多个 TEDS 探测站（探测站间隔小于 100 km）时，可只进行一次

TEDS 分析作业。

第二十二条 动车组入库过程中连续通过安装在营业线上的 TEDS 探测站和安装在动车所出入库线上的 TEDS 探测站，这两个探测站间隔小于 30 km 时，可只安排一次 TEDS 分析作业，原则上应优先安排对动车组通过营业线 TEDS 的检测数据进行分析。

第二十三条 对于实现自动报警功能的部位，对报警信息进行自动分析；对于未实现自动报警功能的部位，或自动报警功能不能正常使用时，采用人工分析的作业方式。根据 TEDS 发现故障的不同等级，采取立即停车检查、前方站检查、前方办客站检查、途中监控入库检查、限速运行或取消限速的处置方式。其中限速运行或取消限速，按照相关应急处理要求执行。

第二十四条 遇到以下情况时须限速运行，其中无砟轨道区段限速 250 km/h 以下，有砟轨道区段限速 200 km/h 以下。

（一）空气弹簧与转向架构架间隙被冰雪填充；

（二）轴箱弹簧被冰雪覆盖；

（三）横向止挡处及中央牵引装置被冰雪覆盖；

（四）转向架制动夹钳单元被冰雪覆盖。

第二十五条 检测车间 TEDS 集中监控中心分析员应严格按照作业计划进行作业，在接到动车组 TEDS 监控数据 15 min 内须完成分析上报工作，对发现的故障须执行分析员、作业组长“双确认”并及时预报。

第二十六条 检测车间 TEDS 集中监控中心分析员对 TEDS 组成、系统原理必须有较深刻认识，能处理一些简单的临时性异常问题；能够根据动车组图像区分具体车型，以便准确填写、反馈信息，熟练掌握动车组底部、转向架及侧部各部位名称，以便准确填写故障类型；熟悉动车组易发生故障部位，能够根据故障提醒快速、准确判断故障的部位与真伪。

第二十七条 检测车间 TEDS 集中监控中心每日汇总涉及动车段配属动车组的故障情况，填写《TEDS 预报故障复核通知单》并下发至相关配属动车所。由动车所组织对预报故障进行全数复核，并以《TEDS 集中监控中心当日故障信息反馈表》的形式汇总故障复核、处置情况，反馈检测车间 TEDS 集中监控中心。

第二十八条 检测车间要规范填写各类基础台账，做好日、周、月定期故障统计汇总，并形成定期分析报告。

第二十九条 TEDS 设备故障后检测车间 TEDS 集中监控中心应按要求及时报修。

第八章 营业线 TEDS 检测故障预报处置

第三十条 经“双确认”的故障，对于采取立即停车检查、前方站检查、前方办客站检查、限速运行或取消限速处置方式的情况，TEDS 作业组长须立即将故障信息、列车车次、处置方式等预报事项电话通知铁路局动车调度员，并通过系统填报《TEDS 预报故障通知/处置单》；对于采取途中监控入库检查方式的情况，由故障发现监控中心通过系统和电话通知配属动车段监控中心，由配属段监控中心通知动车组担当动车所及应急指挥中心，由担当动车所通知随车机械师途中监控。

针对采取途中监控入库检查方式的情况，若动车所判断预报故障需立即停车检查、前方站检查、前方办客站检查、限速运行或取消限速，由动车所调度员通知检测车间 TEDS 监控中心，检测车间 TEDS 监控中心负责上报铁路局动车调度员。

第三十一条 针对检测车间 TEDS 集中监控中心预报动车组疑似故障的具体位置信息，全部按照动车组相应技术位置进行预报，若预报故障涉及动车组左右侧时以动车组担当交路的实际运行方向左右侧为依据进行预报。例如:“G1 次 CRH380BL－5524 动车组 1 位转向架 1 轴实际运行方向右侧轴端存在疑似故障”。动车所调度员接到检测车间 TEDS 集中监控中心预报故障时，应第一时间与来电部门确认、核实预报故障车组号、车辆号、具体部位、位数、运行方向的左右侧等基本信息，并按照核实后的位置进行故障确认和信息传递。

第三十二条 铁路局动车调度员接到预报后，须立即核实列车车次和列车所在位置，5 min 内通知列车调度员。如列车已驶出局管界，则应立即电话通知列车驶入铁路局动车调度员，并通过系统将“TEDS 预报故障通知/处置单”转驶入铁路局动车调度员，由其通知列车调度员。列车调度员接到动车调度员通知后，应及时通知司机按要求处置。

（一）接到须立即停车检查口头指示时，动车组司机应立即使用最大常用制动停车并通知随车机械师。随车机械师按规定程序下车检查、处置并及时向所在铁路局动车调度员反馈信息。

（二）须到站停车检查时，列车调度员须提前通知动车组司机，动车组司机接到通知后按列控车载设备（信号）显示停车并通知随车机械师。需避开高站台时，随车机械师需及时通过司机向列车调度员提出请求。随车机械师按规定程序下车检查、处置并及时向所在铁路局动车调度员反馈信息。

（三）接到需要限速运行口头指示时，动车组司机按规定限速运行并通知随车机械师，途中遇动车组司机换乘时，交班动车组司机和随车机械师须将限速情况向接班动车组司机交接清楚。动车组随车机械师须重点监控积冰积雪严重车辆，发现异常情况须按规定处置并及时反馈信息（包括提出限速或停车要求）。如TEDS监控发现列车积冰积雪状态缓解可取消或改变限速时，TEDS作业组长及时通知动车调度员要求随车机械师在前方站或前方办客站下车检查确认，由动车调度员通知随车机械师，随车机械师根据通知要求向司机提出申请，到站下车检查确认，根据检查情况决定是否取消或改变限速，并将情况按规定程序向所在铁路局动车调度反馈信息。如可以取消或改变限速时，由随车机械师通知动车组司机并在司机手账签认，动车组司机接到通知报告列车调度员（车站值班员）后，按要求运行。

第三十三条 因TEDS监控系统未实现联网、故障等原因导致系统不能传递“TEDS预报故障通知/处置单”或相关信息时，TEDS作业组长与铁路局动车调度之间、相关动车（客车）段TEDS集中监控中心之间须立即使用电话通知并通过传真方式传递“TEDS预报故障通知/处置单”、故障部位图片等相关信息。

第三十四条 动车组异地存放时，配属动车所须对故障全数掌握，并做好故障跟踪，及时将途中处置及复核情况录入动车组管理信息系统。

第三十五条 检测车间TEDS集中监控中心须将发现的全部故障及外段集中监控中心发现的本段配属动车组故障全部记录在《TEDS检测故障记录》中，并及时做好本段配属动车组监控故障的途中处置与终到所复核情况的跟踪与记录填记。

第三十六条 检测车间TEDS集中监控中心、各动车所及相关车间须重点做好TEDS惯性故障（动车组同一位置3次及3次以上故障）的跟踪和统计。

针对TEDS惯性故障，检测车间须进行重点通报，各动车所及相关车间须重点分析、查找故障原因并妥善处理，确保动车组运行安全。

第九章 动车所出入库线TEDS检测故障预报处置

第三十七条 监控作业前准备。

（一）动车所TEDS监控小组当班分析员每日通过动车所调度员领取当日入段区的动车组计划表；动车所调度计划改变后，动车所调度员及时通知本所TEDS作业人员。

（二）当班分析员对前一班次发现的重点疑似故障及安全科TEDS集中监控中心预报的故障进行重点交接。

（三）当班分析员根据本班各动车组到达动车所的时间，至少提前30 min登录客户端，注意刷新当日检测数据，当有数据生成时，进行图像检测检查，并根据作业实际情况、时间节点填写《TEDS监控记录台账》。

第三十八条 安装在动车所出入库线上的TEDS对入库动车组检测发现故障的，经作业组长或工长确认后，填记《TEDS预报故障复核通知单》，并立即通知动车组入库动车所调度员。动车所调度员按以下要求进行处置。

（一）对于需要立即停车检查的故障，动车所调度员接到通知后，立即通知随车机械师，并逐级上报。随车机械师通知司机立即停车，按规定程序申请下车检查处理，及时按规定上报相关信息。

（二）对于其他类别故障，或需停车检查时动车组已入库（存车线）停车的，动车所调度员根据当日检修计划，将《TEDS预报故障复核通知单》下发至相应检修班组进行复核；无检修作业安排的，由动车所值班所长安排人员进行复核。

第十章 故障处理流程及信息反馈

第三十九条 处理流程及信息反馈。

（一）对入库检修动车组执行如下程序：

1. 分析员发现疑似故障按标记方法标记，并将疑似故障详细信息填入《TEDS 预报故障复核通知单》，交予动车所检修调度员。

2. 动车所检修调度员通知相关检修工长领取《TEDS 预报故障复核通知单》。

3. 检修工长组织人员复核疑似故障，复核人填写《TEDS 预报故障复核通知单》中“复核时间”“复核结果”，在“处理情况”栏写明故障问题，并在“复核人”栏签字。

4. 故障处理完毕后，检修工长签字确认；将《TEDS 预报故障复核通知单》交予质检员，质检员复查完毕后，在“质检员”栏签字确认，将《TEDS 预报故障复核通知单》交予动车所检修调度员。

5. 动车所检修调度员在确认本车组技术状态后，在《TEDS 预报故障复核通知单》中“动车所调度员”栏签字，将复核信息回填至信息系统（48 h），并将《TEDS 预报故障复核通知单》交至动车所资料室，由资料室统一收集、整理、存档，保存期限为 1 年。

（二）对非入库检修动车组执行如下程序：

1. TEDS 分析员发现疑似故障按标记方法标记，并将疑似故障详细信息填发《TEDS 预报故障复核通知单》，交予动车所检修调度员。

2. 动车所检修调度员安排人员，对疑似故障进行复核。

3. 复核人员对疑似故障进行复核确认后，向动车所检修调度员进行反馈。

（1）如属于误报或故障处理完毕的，复核人员在《TEDS 预报故障复核通知单》“复核时间”“复核结果”“处理情况”栏内如实填写，并签字。由动车所检修调度员确认后，将复核信息回填至信息系统（48 h），并将《TEDS 预报故障复核通知单》交至动车所资料室，资料室统一收集整理、存档，保存期限 1 年。

（2）如为须入库处理或无法确认的故障，动车所行车调度员联系动车段调度员安排入库，后续程序按照“入库扣修动车组执行程序”执行。

（三）对异地停留动车组执行如下程序：

1. TEDS 分析员发现疑似故障按标记方法标记，并将疑似故障详细信息填发《TEDS 预报故障复核通知单》，交予动车所检修调度员。

2. 动车所检修调度员负责通知随车机械师，随车机械师须全数掌握 TEDS 预报故障并复核确认。

（1）故障可以处理的，随车机械师向动车所检修调度员反馈处理情况（处理结果拍照留存，照片需单独存档，存档期为 1 个月），待动车组回库后安排库内检修班组复核，将复核结果填入纸质《TEDS 预报故障复核通知单》，提交检修工长、质检员、动车所检修调度员确认。

（2）故障未能处理，但可以确认故障且判断故障不影响正常运行，待动车组回库后安排库内检修班组复核（作业流程参照入库检修动车组复核程序）。

（3）无法确认故障或判断故障动车组无法上线运行，须联系异地动车所安排入库处理，后续程序按照“动车组故障异地处置流程”执行。

（四）动车所对检测车间 TEDS 集中监控中心预报的故障执行如下程序：

1. 动车所调度员在接到检测车间 TEDS 集中监控中心通报的故障预警及下发的《TEDS 预报故障复核通知单》后，安排相关动车组在入库时经过动车所 TEDS 设备，并将故障信息通报当班动车所 TEDS 分析员。

2. 动车所 TEDS 分析员在接到故障信息后，在相关动车组通过动车所 TEDS 设备时，对动车组进行重点监控。

3. 动车所按照要求对 TEDS 集中监控中心预报的故障进行全数复核，并将相关故障检查复核情况如实反馈检测车间 TEDS 集中监控中心。

（五）检测外局配属动车组存在疑似故障时，检测车间分析员将《TEDS 预报故障复核通知单》发送至配属动车段监控中心并电话通知。

第四十条 TEDS 监控设备出现故障执行如下程序：

（一）设备车间立即核实故障现象并处理。不能及时修复的通知设备厂家，并通知设备和信息化科，由设备和信息化科负责组织应急处理并督促及时修复故障。需上线作业时，按照上线作业流程组织。故障修复后，由设备车间向报修部门销号。报修流程按照《动车组运行安全监控系统设备检修维护管理办法》文件内容执行。

（二）对于在动车所 TEDS 设备非正常情况下未能进行检测的动车组，由配属动车所调度员进行统计；值班所长亲自审核并加强对当日一级检修作业和下次通过 TEDS 系统检测的盯控。

第四十一条 各动车所 TEDS 作业小组定期对检测故障情况进行统计、分析，具体内容包括检测车组数、检测故障、确认故障、故障描述等，并填写《TEDS 系统日、周、月检测故障统计、分析表》，日报于每日 9:00、周报于每周日 9:00、月报于每月 25 日前报安全科。

第四十二条 动车所 TEDS 监控小组每月、季、年对本部门 TEDS 运用情况进行汇总分析，并将专题分析报告报安全科。

第四十三条 动车所 TEDS 作业人员应认真填写《TEDS 系统调度日志》；接班人员组织确认设备状态，了解设备使用及故障复核情况，双方人员在《TEDS 系统调度日志》上签字。交接内容包括：TEDS 终端机、打印机、网络等硬件状态；开机检查软件，确认系统客户端程序运行正常，对相关台账及重点故障进行交接。

第四十四条 动车所 TEDS 监控人员根据前一班次《TEDS 预报故障复核通知单》中未确认故障和本班入库车组情况进行整理，将本次入所的属于同一动车组的未确认故障进行摘记，待本次监控作业后一并交动车所检修调度员安排地勤作业人员复核处理。

第十一章 责任界定

第四十五条 TEDS 分析员未按规定要求对 TEDS 监控数据进行分析造成漏检，未及时将故障信息向作业组长报告，违章操作造成设备故障，在计算机上使用无关软件发生病毒感染，列为 TEDS 分析员责任。

第四十六条 TEDS 作业组长未将接车任务分配到分析员造成漏检，未及时确认分析员报告的故障信息，未及时将预报信息报告铁路局动车调度员，未及时将系统故障通知设备维修组，违章操作造成设备故障，在计算机上使用无关软件发生病毒感染的，列为 TEDS 作业组长责任。

第四十七条 动车组随车机械师未按调度命令要求进行故障检查处置造成后果的，未按要求及时反馈信息造成信息传递延误的，列为动车组随车机械师责任。

第四十八条 动车所未对检测车间预报的相关疑似故障进行全数复核，未如实反馈相关处置结果，未及时回填信息系统，列为动车所责任。

第四十九条 因设备原因或已实现自动报警功能但未自动报警而导致漏检的，列为设备厂家责任，同时追究设备管理部门责任；因设备使用维护管理不到位导致漏检的，追究相关设备维修、管理部门责任。

第五十条 未经铁路局及动车段批准，不得允许任何部门及个人随意修改 TEDS 系统软件，凡发生上述情况的，追究相关部门管理责任。

第五十一条 在试运行期间因 TEDS 设备本身原因造成的漏报、误报，比照有关事故调查处理规定处理。

第十二章 评价考核

第五十二条 检测车间建立 TEDS 运用管理分析汇总机制，每季度分析汇总 TEDS 运用管理情况，并对 TEDS 进行系统评价，主要指标为开机率、准确率、分析率、复核率，简称 TEDS“4 率”。开机率须达到 100%，准确率须达到 50%及以上，分析率须达到 100%，复核率须达到 100%。

（一）开机率=（系统理论工作时间和－系统故障停机时间和）/系统理论工作时间和×100%。时间以分钟为单位，“系统理论工作时间和”不包括计划检修时间。

（二）准确率=分析员预报故障件数/报警故障件数×100%。

（三）分析率：

自动报警分析率=分析故障件数/报警故障件数×100%。

人工作业分析率=实际分析图片数/应分析图片数×100%。

（四）复核率=复核故障件数/“双确认”预报故障件数×100%。

第五十三条 检测车间按月、季、年分别统计“4 率”并报铁路局车辆部作为运用管理考核及系统评价的主要依据。检测车间每月 3 日前，将 TEDS“4 率”统计表、TEDS 故障发现及处置统计表、月度分析材料报铁路局车辆部。

第十三章 设备故障处置

第五十四条 TEDS 集中监控中心发现设备出现严重丢图、窜图、曝光或停机等故障造成无法进行图像分析检查、设备无法使用时，必须在第一时间通知相应主管领导、铁路局车辆部、动车段设备和信息化科、设备车间、设备厂家进行全面检查，并在《设备故障报修及维修记录簿》中对报修时间、报修人、接报人、设备故障情况等做好详细记录，同时通知安全科值班干部。

第五十五条 对严重影响监控作业的设备故障在短时间内不能修复的，TEDS 集中监控中心上报铁路局动车调度员，由铁路局动车调度员上报国铁集团主管部门，报告设备故障停机情况。

第十四章 在线设备检查及维修安全管理措施

第五十六条 涉及 TEDS 设备上线检查、维护、维修作业时，作业人员须严格按照铁路局车辆部《关于印发〈车辆系统轨旁设备上线作业安全防护办法〉的通知》及动车段《关于印发〈轨旁设备上线作业安全防护管理办法〉的通知》文件要求，严格执行在天窗时间进行上线检查、维修（天窗时间按照每月下发的施工计划及电报通知为准）。

第十五章 检查监督

第五十七条 TEDS 集中监控中心按照本办法要求对 TEDS 系统使用、违章违纪问题、作业标准不落实问题、设备安全隐患问题、故障定期统计分析、设备点检保养、台账管理等情况的相关规定进行自查；动车所要针对 TEDS 预报故障复核、处置不到位的情况进行自查，并撰写相关报告。

第十六章 奖励与考核

第五十八条 安全科负责定期对 TEDS 系统运用管理情况、分析员作业情况、典型故障分析调查情况进行通报考核。

第五十九条 TEDS 监控人员发现疑似故障隐患，经复核确认为预报准确，防止了行车事故，按段相关考核办法进行奖励。

9.2.2 故障上报、复核流程

1. TEDS 分析员上报故障流程

TEDS 分析员上报故障流程图如图 9－1 所示。

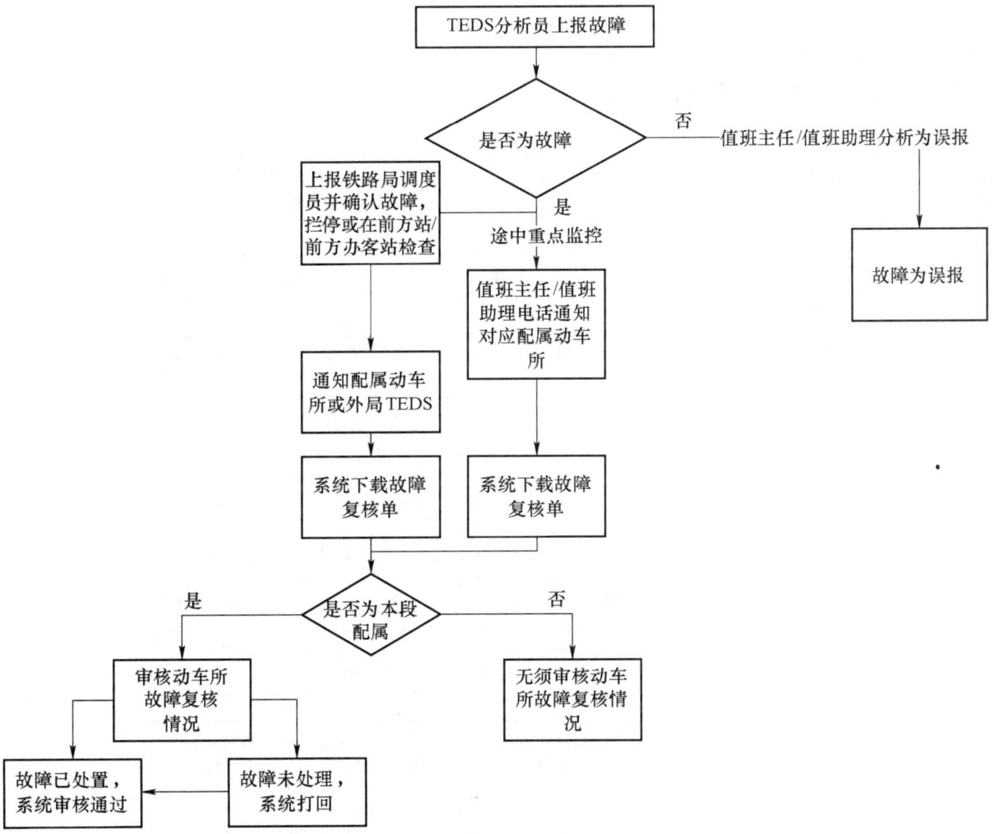

图 9－1 TEDS 分析员上报故障流程图

2. 动车所复核 TEDS 预报故障流程

动车所复核 TEDS 预报故障流程图如图 9-2 所示。

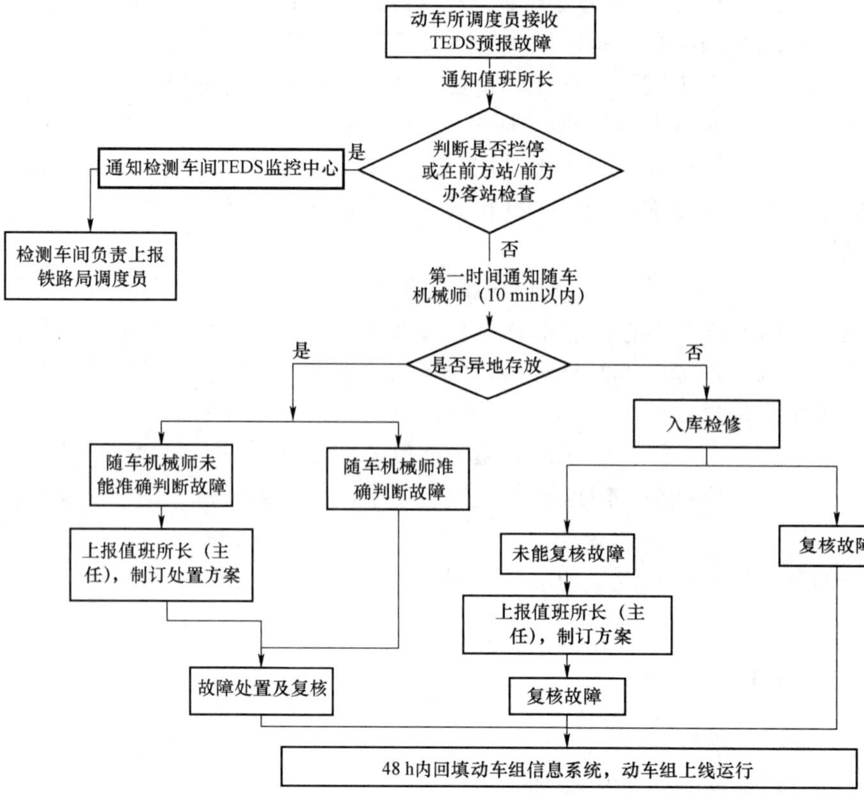

图 9-2　动车所复核 TEDS 预报故障流程图

3. 外局 TEDS 报警、车站拦停应急处置流程

外局 TEDS 报警、车站拦停应急处置流程图如图 9-3 所示。

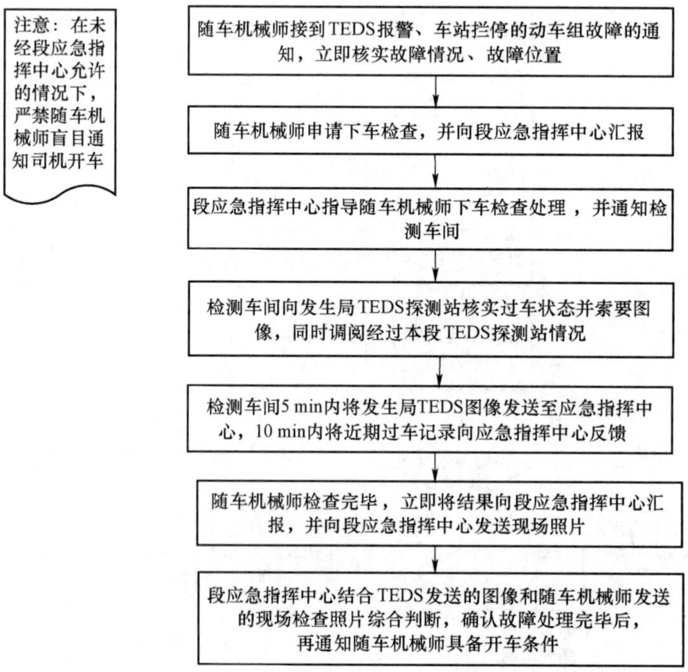

图 9-3　外局 TEDS 报警、车站拦停应急处置流程图

9.2.3 动车段检测车间 TEDS 分析员非重点作业指导书（CR400BF）

动车段检测车间 TEDS 分析员非重点作业指导书（CR400BF）如表 9–4 所示。

表 9–4 动车段检测车间 TEDS 分析员非重点作业指导书（CR400BF）

检测车间 TEDS 作业指导书	作业项目	非重点监控动车组运行状态等
	作业准备	适当调节系统亮度，确保能清楚查看各部件
	作业提示	关键项点：轴箱（接地包）、撒砂装置、闸片、夹钳装置
	作业时间	60～90 s

通道名称	左侧上部、右侧上部
整体要求	车辆整体未夹挂明显异物；无部件整体脱落、缺失、破损现象；无大面积击打、脱漆现象；头罩、盖板等未开启

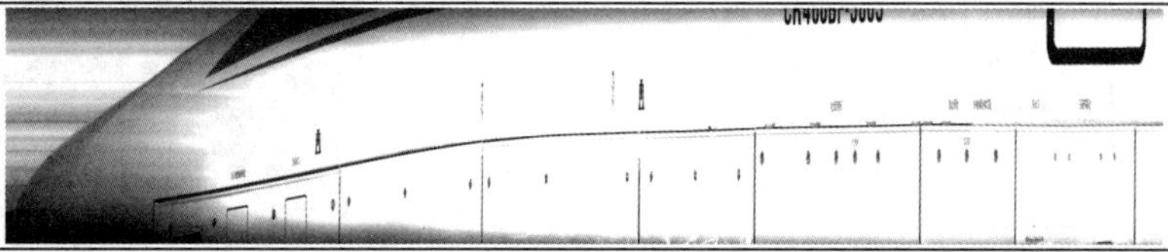

通道名称	左侧下部、右侧下部（拖车）
整体要求	车辆整体未夹挂明显异物；无部件整体脱落、缺失、破损现象；无大面积击打、脱漆及油迹现象；头罩、盖板等未开启；关键部件状态良好

关键项点

序号	部件名称	作业标准	作业图示
1	轴箱（接地包）	轴端盖未缺失，轴端盖安装螺栓（6 颗）状态良好，未缺失	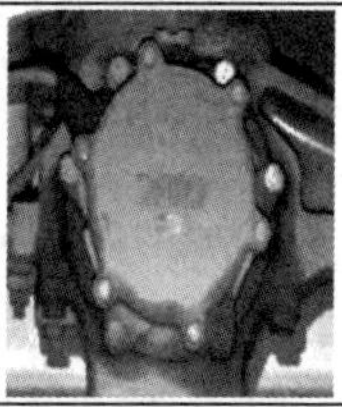

通道名称	底中（拖车）
整体要求	车辆整体未夹挂明显异物；无部件整体脱落、缺失、破损现象；无大面积击打、脱漆及油迹现象；头罩未开启；关键部件状态良好

续表

关键项点			
序号	部件名称	作业标准	作业图示
1	撒砂装置	撒砂管无明显断裂、脱开现象	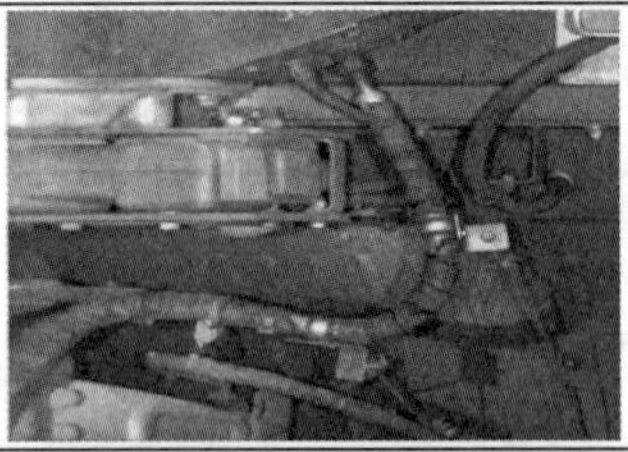
2	闸片、夹钳装置	闸片未缺失，研磨块无明显脱落现象，夹钳装置无明显掉块、裂损现象	
通道名称		底左、底右（拖车）	
整体要求		车辆整体未夹挂明显异物；无部件整体脱落、缺失、破损现象；无大面积击打、脱漆及油迹现象；头罩未开启；关键部件状态良好	

续表

关键项点			
序号	部件名称	作业标准	作业图示
1	撒砂装置	撒砂管无明显断裂、脱开现象	
2	闸片、夹钳装置	闸片未缺失，研磨块无明显脱落现象，夹钳装置无明显掉块、裂损现象	
通道名称		左侧下部、右侧下部（动车）	
整体要求		车辆整体未夹挂明显异物；无部件整体脱落、缺失、破损现象；无大面积击打、脱漆及油迹现象；盖板等未开启；关键部件状态良好	

关键项点			
序号	部件名称	作业标准	作业图示
1	轴箱（接地包）	轴端盖未缺失，轴端盖安装螺栓（6 颗）状态良好，未缺失	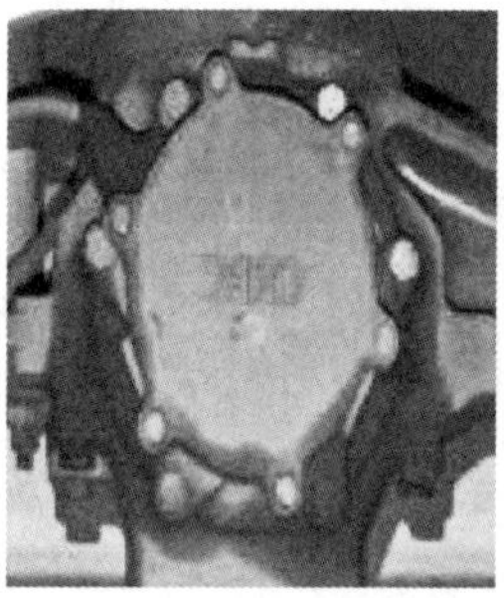

续表

通道名称	底中（动车）
整体要求	车辆整体未夹挂明显异物；无部件整体脱落、缺失、破损现象；无大面积击打、脱漆及油迹现象；关键部件状态良好

关键项点

序号	部件名称	作业标准	作业图示
1	闸片、夹钳装置	闸片未缺失，研磨块无明显脱落现象，夹钳装置无明显掉块、裂损现象	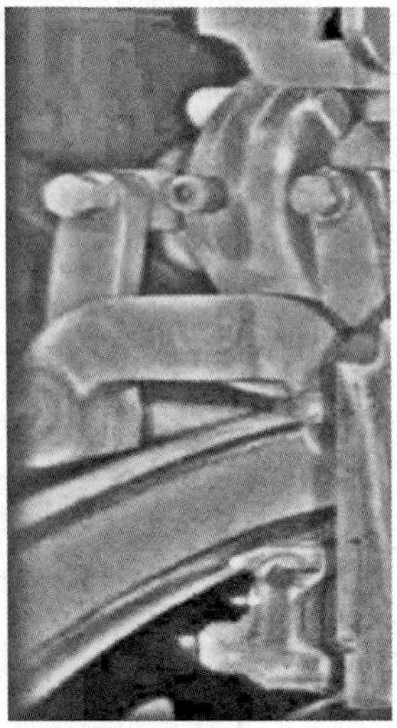

续表

通道名称	底左、底右（动车）
整体要求	车辆整体未夹挂明显异物；无部件整体脱落、缺失、破损现象；无大面积击打、脱漆及油迹现象；关键部件状态良好

序号	部件名称	作业标准	作业图示
1	闸片、夹钳装置	闸片未缺失，研磨块无明显脱落现象，夹钳装置无明显掉块、裂损现象	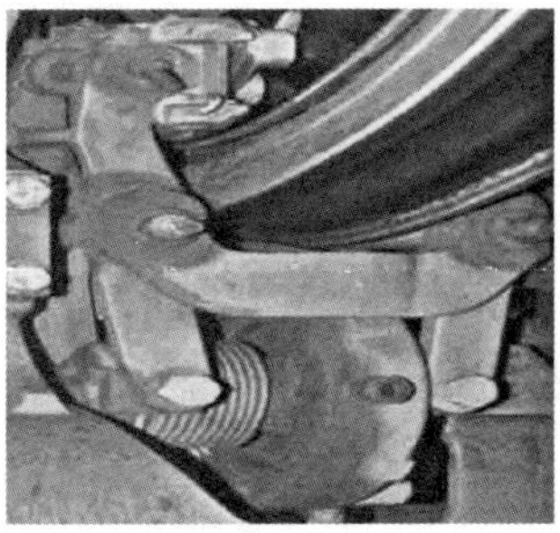

实 训

完成项目 9 任务 9.2 工作单（见表 9-5）。

表 9-5　项目 9 任务 9.2 工作单

<table>
<tr><td>项目名称</td><td colspan="3">项目 9 信息化工作</td></tr>
<tr><td>任务名称</td><td colspan="3">任务 9.2 动车组运行故障动态图像检测系统</td></tr>
<tr><td>班级名称</td><td></td><td>姓　名</td><td></td></tr>
<tr><td>学习小组</td><td colspan="3"></td></tr>
<tr><td colspan="4">【基础知识认知】</td></tr>
<tr><td colspan="4">1. 判断：TEDS 系统是利用动态图像采集设备对通过动车组进行图像信息采集、传输、显示、存储、监控、预报故障信息的检测系统。（　）
2. 判断：现阶段 TEDS 分为正线车站型和机务段型两种，分别用于对正线运行的动车组运行状态的监控和对入库动车组早期故障的诊断。（　）
3. 判断：TEDS 的运用“4 率”是指开机率、准确率、报警率、复核率。（　）
4. 每班次配备 TEDS 作业组长和分析员，保证通过 TEDS 动车组监控数据在（　）min 内完成分析确认及上报工作。
A. 5　B. 10　C. 15　D. 20
5. 判断：TEDS“4 率”均须达到 100%。（　）
6. 动车组入库过程中连续通过安装在营业线上的 TEDS 探测站和安装在动车所出入库线上的 TEDS 探测站，这两个探测站间隔小于（　）km 时，可只安排一次 TEDS 分析作业，原则上应优先安排对动车组通过营业线 TEDS 的检测数据进行分析。
A. 10　B. 20　C. 30　D. 40</td></tr>
<tr><td colspan="4">【职业能力训练】</td></tr>
<tr><td colspan="4">1. 在“TEDS 分析员上报故障流程”的空白方框中填入相应内容。
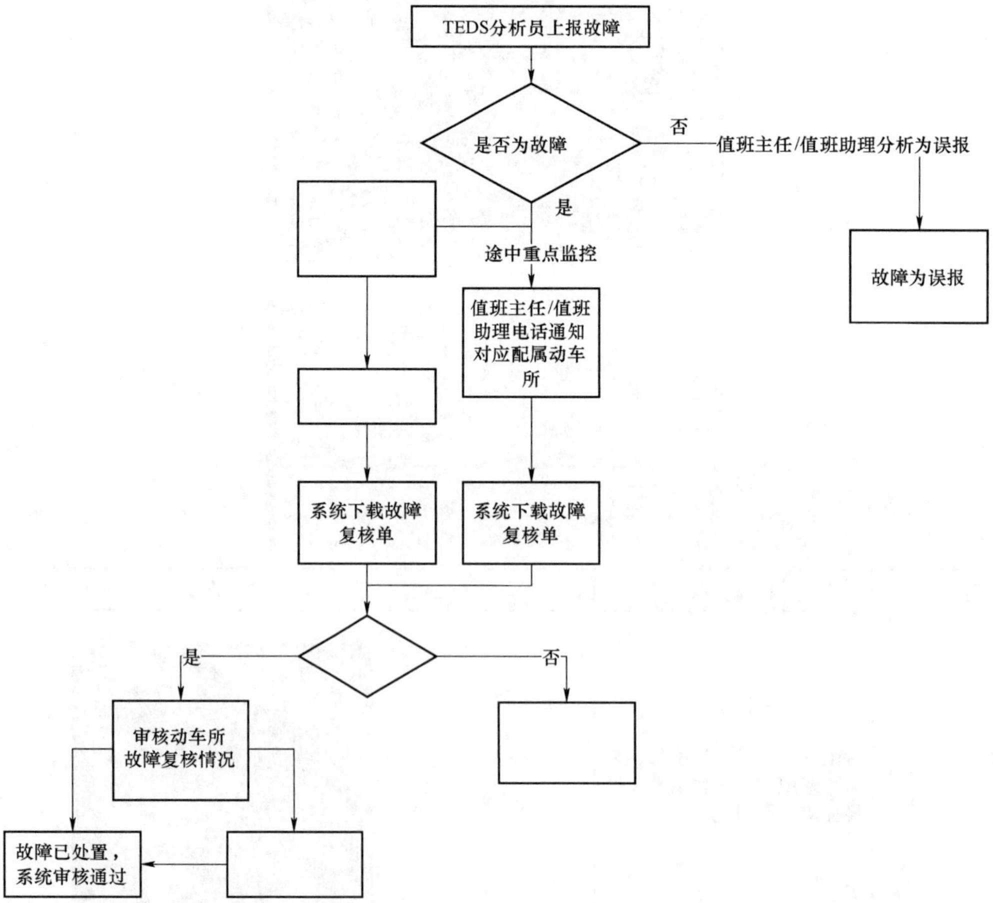
</td></tr>
</table>

续表

2. 在“动车所复核 TEDS 预报故障流程”的空白方框中填入相应内容。

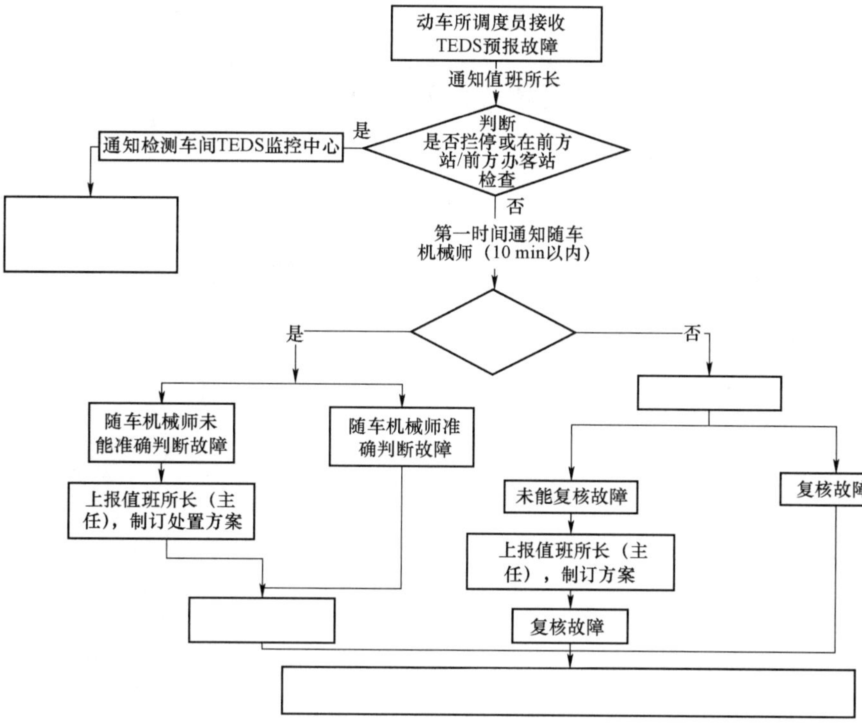

3. 在“外局 TEDS 报警、车站拦停应急处置流程”的空白方框中填入相应内容。

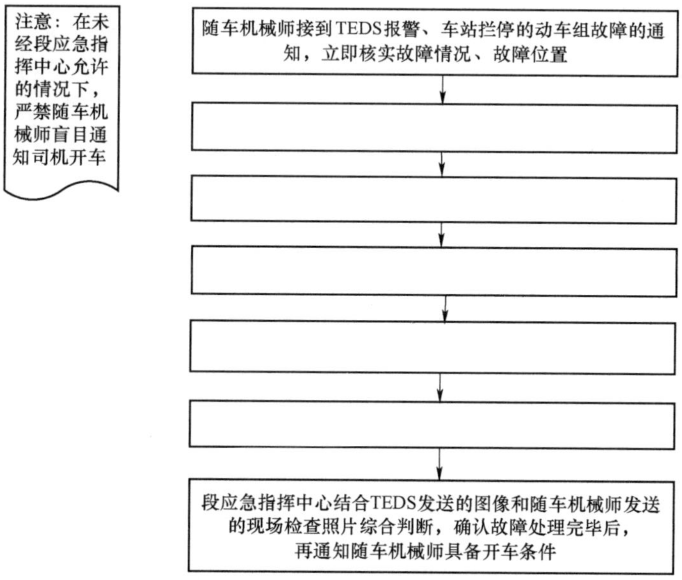

4. 根据 TEDS 发现的故障案例，以小组为单位，采用角色扮演的方式，模拟进行故障上报

【实训总结】

指导教师评价：

任务完成人签字：　　　　　　　　　　　　日期：　　年　　月　　日

指导教师签字：　　　　　　　　　　　　　日期：　　年　　月　　日

参考文献

[1] 梁炜昭，宋艳阳. 动车组运用. 北京：北京交通大学出版社，2016.